投资交易笔记

——2002~2010年中国债券市场研究回眸

董德志　著

经济科学出版社

图书在版编目（CIP）数据

投资交易笔记——2002～2010年中国债券市场研究回眸／董德志著. —北京：经济科学出版社，2011.5（2024.9重印）

ISBN 978－7－5141－0670－1

Ⅰ.①投… Ⅱ.①董… Ⅲ.①债券市场－中国－2002～2010 Ⅳ.①F832.51

中国版本图书馆CIP数据核字（2011）第083089号

责任编辑：杜 鹏 王东岗
责任校对：刘欣欣
版式设计：代小卫
责任印制：邱 天

投资交易笔记

——2002～2010年中国债券市场研究回眸

董德志 著

经济科学出版社出版、发行 新华书店经销

社址：北京市海淀区阜成路甲28号 邮编：100142

总编部电话：88191217 发行部电话：88191540

网址：www.esp.com.cn

电子邮件：esp@esp.com.cn

固安华明印业有限公司印装

787×1092 16开 21.25印张 450000字

2011年5月第1版 2024年9月第24次印刷

ISBN 978－7－5141－0670－1 定价：62.00元

（图书出现印装问题，本社负责调换）

自 序

2002 年以来，中国债券市场的变化发展无疑是一个从初级阶段不断深化、不断发展并趋于成熟的关键时期。无论从债券存量、市场化程度，还是从市场机构的参与深度与广度而言，至今为止这 9 年时间的变化都是令人吃惊的。

更为难得的是在这长达 9 年的时期中，我国的宏观经济变化经历了一个非常完整的经济周期，不同经济表现下的利率变动情况为市场参与者积累了宝贵的经验策略，是值得每一个投资者与交易者回顾与反思的。

正像英国首相丘吉尔所说：“回顾愈深，思之愈远”，人们所渴求的“经验”无非是对于历史事件的总结与归纳，“以史为鉴”永远是研究社会科学的一项根本“利器”。本书所贯彻的宗旨即为如此，是希望那些经历过或者没有经历过那个时期的研究者能够反思或了解这段宝贵的历史，笔者深信这对于把握未来而言是具有深远意义的。

本书并非是从制度建设角度来讲述中国债券市场的发展，而是从一个交易员、投资者以及分析员的角度来描述那些曾经发生，而且未来一定会再度发生的事件。本书所涉及的 2002 ~ 2010 年也正是笔者精力最为旺盛、求知欲最强的时期，每每望着自己这些年来积累的厚厚九本心得笔记，总觉得这是自己的一笔财富，也由此萌生了将其总结归纳，保留一份历史资料的念头，这也是写作本书的主要原因。

从交易员到分析员的经历也使笔者看待市场的思路从微观而至宏观。作为市场交易员时期，总是需要将更多的精力关注在一些导致市场波动的微观因素上，而进入分析员阶段，则开始学会了从宏观角度来把握市场的方向与趋势，这可能是一个潜移默化的变化，但一定是一个通向成熟的必然过程。

对于债券市场的理解和把握，总有一个自然而然的发展和领悟经历，回忆自身，在这些年中，笔者大致经历了如下几个变化的阶段：

1. 了解市场。由于我国的债券市场主体—银行间市场具有典型的

OTC 特征。机构类型不同、风险偏好不同、交易习惯不同……各种各样的特色构成了这个市场的风格与习俗。作为一个希望深入了解这个市场的人员而言，这些特征的领会与掌握是一个初入市场者的必修课程。

2. 对于债券性质的研究。这些年来，我国债券市场中发行了各种各样的债券，在成熟金融市场中所存在的债券类型，在我国债券市场上基本都存在了，对于这些不同债券性质的研究是必修功课的第二部分内容。

从本质而言，针对这一环节的深化主要是基于现金流分析基础的技术研究，这个过程不涉及利率方向的变化，更为核心的是对于不同性质债券价值的相互比较，反映到市场实践中对应的则是“Spread Trading”（利差交易）。对于这部分内容的研究与介绍目前的相关资料不少，其中尤其经典的则是所罗门兄弟公司的相关研究与分析，有兴趣的朋友可以找来一览。

3. 对于利率方向的研究。从事交易、投资的朋友都清楚，无论是多么高明、复杂的金融工具或者金融组合，其最终的盈亏主要取决于对未来利率指标的“赌博”。采用“赌博”这个词汇是笔者反复思量再三的结果，在投资与交易行为中，缜密的分析与判断固然重要，但是万万不可否认运气成分在其中所扮演的重要角色。也正因为如此，对于利率方向性的研究并无尽头，是一个反复摸索、不断在否定中进步的过程。

本书主要是立足于第三个层面进行论述归纳，本着“授人以鱼不如授人以渔”的美好愿望，希望那些有兴趣了解这个市场的投资、交易以及研究分析人员能够从中得到一些有益的启发。

在本书中的第一部分，笔者试图引领阅读者从微观的角度来回顾若干年来我国利率市场的变化与波动，其目的是希望读者从中领悟各类利率策略在历史实践中的用途，以期形成感性化认知。在随后的内容中，笔者倾向于在实践的基础上将影响利率市场的诸多因素总结归纳，细致介绍对每一类要素的分析方法和分析过程。最后结合笔者自身多年的感受，写下一些随笔心得，以期与广大读者共勉。

本书历时 10 个月时间完成，期间得到了很多同仁的帮助与支持。首先笔者要感谢中国银行交易中心（上海），在近 10 年的工作时间中，总经理乐延先生为笔者的研究工作提供了充分的时间与空间，这是笔者细致观察市场的前提与基础。同时笔者还要感谢银行间市场的广大同仁，他们的经验与实践为我的研究工作提供了养分，其中特别要指出的是申银万国研究所的屈庆先生，他对于债券市场研究的激情与热爱给了我莫大的鼓励，他对于海外市场与国内市场的联动性研究依然是我日后需要继续加强的地方。最后我还要感谢我的家人，感谢他们对我工作的无私支持。

是为序。

董德志

2011 年 3 月 10 日

目　录

第一篇

2002 ~ 2010 年利率市场变化回顾

导　读

我国银行间债券市场始建于1997年6月份，酝酿形成的原因是，早期的商业银行在交易所市场参与债券交易，客观上成为了股票一级市场以及二级市场的资金供应方①，加大了股票市场的泡沫成分。为此，在1997年6月份我国管理当局决定商业银行退出交易所债券市场，同时成立了银行间债券市场。

相比而言，银行间债券市场流通的主要基准品种——记账式国债诞生的更早，其发行始自1991年，远早于凭证式国债的诞生。从1997年开始，我国银行间债券市场逐渐发展，1998年5月份，中央银行公开市场操作在1996年试办的基础上得以重新恢复，9月份国家开发银行、中国进出口银行开始采用招标方式在该市场发行债券，1999年初推出了短期贴现债券和浮动利率债券……一系列创新发展令银行间债券市场的品种进一步丰富。

此外，从交易主体看，银行间债券市场从1999年开始试点探索引入双边报价商机制，当时仅有南京银行、烟台住房储蓄银行等中小银行试点参与，而大型商业银行多采取观望态度，这导致了银行间债券市场的交易活跃度不高，而且这种情况持续了多年。

进入2004～2005年，银行间债券市场的发展进入了一个飞跃时期，这一时点也对应了交易所债券市场的发展由“盛”而“衰”。在2005年之前，从市场交易的活跃度而言，交易所市场要明显强于银行间市场，而且从两个市场所传递的利率信号来看，前者也要敏感于后者。2005年以来，银行间债券市场的建设与发展不断加速，迅速超越交易所市场，成为中国利率市场的主体。

本书追溯回顾的银行间债券市场变化始自于2002年，之所以要以此为起点描述若干年来银行间债券市场的变化，主要是出于如下几点考虑：

1. 虽然银行间债券市场始建于1997年，但是在2002年之前的市场容量与交易活跃度非常有限。此外，当时利率市场化进程初启，1997～2001年间债券利率的市场化程度不高，利率变化数据不具备很强的参考性。

2. 论述利率的变化轨迹必须要结合宏观经济的周期。从历史回顾角度来看，以2002年为起点，我国进入了一个新的经济循环周期，在这一周期中利率的变化轨迹是具有很强的历史参考性的。

3. 笔者从2003年进入银行间债券市场，手边所累计的大量资料都来源于市场的切身感受。因此，从所引用历史资料的真实可靠性而言，对2002～2010年利率市场的描述具有准确性。

2002年至今，我国银行间债券市场的利率变化经历了一个完整的运行周期，这一周期的完成与回顾都将对未来若干年我国债券利率品种的交易与投资产生重要的历史参考意义，因此对这长达9年时间的市场情况进行回顾与记录将是一件非常有意义的事情。

在对于整体债券利率体系进行描述前，有必要首先明确本书中的重点分析标的。众所周知，债券市场中存在着诸多的利率品种，但是从长期观察实践来看，笔者认为，有3个期限品种的利率是最为重要且具有基准意义的，这3个基准利率可以较为完整地描述和展现整体利率市场

---

① 股票投资、投机机构可以通过债券回购的方式从商业银行进行融资。

的变化。因此，在本书所有的分析中，基本是以如下 3 个市场利率作为分析标的来进行描述的。

（1）银行间市场 7 天回购利率的加权平均水平（或 1 天回购利率的加权平均水平）。

（2）1 年期（1Y）［或 3 个月（3M）、3 年（3Y）期］① 中央银行票据的发行利率（或交易利率）。

（3）银行间市场的长期基准国债利率。在此，笔者倾向于选择 10 年期国债②作为参照品种，但是由于 10 年期国债的基准地位在 2007 年度方才确立，在前期市场更多倾向于以 7 年期国债为基准品种。

在本书中，我们依然采用 10 年期国债利率作为基准品种，在缺乏市场成交的情况上，考虑采用推导的方式，利用 7 年期利率的变化来推导 10 年期国债的交易利率。在特殊情况下，本书也可能会采用上证国债指数（代码：000012）的变化来衡量长期利率的升降③。

那么，为什么上述三个利率对于整体利率市场而言，具有重要基准意义呢？

从属性来划分，大致有四类因素会对利率的走向产生重要影响，分别为：经济基本面因素、资金面因素、政策面因素以及技术面因素。

其中较为关键的是前三者，而基本面因素又是其中最为根本的因素。从利率变化的内涵属性来看，基准利率与上述几类影响因素的关系大致如下：

银行间市场的 7 天（或 1 天）回购利率的变化更多反映的是市场资金面因素的变化；公开市场中的 1 年（或 3M、3Y）票据发行利率的变化更多传递的是政策面信号的变化；长期利率（以 10 年国债或 7 年国债为代表）的变化更多反映了经济基本面因素的变化。

上述因素之间的关系是相互交织、互相影响的，很难绝对的把某一类因素的作用效果完全集中在某一期限品种上。比如，10 年期国债利率的变化很可能是三类因素的综合作用体现，而其中经济基本面因素所占据的权重可能要大一些。

长期来看，经济基本面因素是最为领先的指标，资金面以及政策面因素是紧随其后而反映的。用后期资金面和政策面因素的变化可以反证出经济基本面已经发生的变化，但同时需要说明的是，基本面因素的变化也往往是最难以感觉和把握的。因此在市场操作中，交易人员可能更倾向于用资金面以及政策面的变化去反证、检验基本面因素已经发生的变化。

基于上述关系，在 2002～2010 年的市场回顾中，读者需要特别关注如上三个利率的关系，特别需要关注长期利率是如何反映短期利率（即回购利率）和公开市场发行利率的变化，对于该部分内容的详细分析在本书第二篇中有集中论述。经过长期的历史回顾，可能会发现，从交易层面来说，用反证的思路来对待较难把握的中长期利率变化可能是一种有效的手段。

在利率周期的变化中，有一个非常奇怪，但是却很有趣的现象。即站在历史回顾的角度来解释利率的变化，其解释脉络是非常清晰的，你可以把一个相对较长时期的利率趋势变化原因归结到一个相对宏观的层面。比如，你可以非常清晰地将 2008 年债券牛市和 2009 年债券熊市的原因归结到经济增长问题的变化层面，这就是一个主要矛盾对于一个相对长时期利率周期所产生的决定作用。我们将这种能够解释利率变化长期趋势的因素称为主要矛盾。

但是实际的情况则是，站在任何一个时间点上，市场参与者很难预知未来一段时期的主要矛盾是什么，能够做的工作只能是在应对无数的、微观的“小矛盾”的同时不断摸索可能的

---

① 在其后分析中，采用 3M、6M、1Y 分别代表 3 个月、6 个月以及 1 年期中央银行票据。

② 在其后分析中，采用 10Y 代表 10 年期国债。

③ 相比于银行间债券市场，2002～2004 年期间，交易所市场上证国债指数的敏感度与准确性较强。

“主要矛盾”，这种主要矛盾清晰化的过程绝对不可能是一蹴而就的，是在摸索了无数微观层面的小矛盾之后，主要矛盾才日渐清晰化的，即市场是在对无数小矛盾的整理总结中日渐清晰化主要矛盾。从笔者的直观感觉来看，在一个年度的中期，摸索到影响全年利率趋势的主要矛盾是一个较为正常的速率，因此不必对于年度初期的所谓主流判断寄予过高的信任度。

在本书内容的结构安排中，笔者会对促成相对长周期利率趋势的主要矛盾做出提前说明。但是希望学习实战交易策略的读者切勿将此作为“理所应当”，应该更多关注在后文的详细介绍，了解每一个小波段形成的微观层面解释，并在详细了解微观层面小矛盾的同时不忘宏观层面的主要矛盾，自发摸索确认主要矛盾，并最终令其清晰化。

在每一个年度的描述中，笔者首先会总体描述当年利率绝对水平所处的历史水平区间；其次按照每一个大的利率周期（滤去其中的利率小波动）的变化特征，描述出导致该利率趋势形成的内在主要矛盾；最后详细介绍构成每一个利率小波动的微观层面的小矛盾。

2002年：强弩之末

鉴于从业时间原因，笔者未曾经历过2002年的银行间债券市场变化，但是从事后诸多资料的回顾来看，2002年应该是9年利率大周期的起步之年，同时这一年也被很多市场参与者认定为崩溃前的疯狂之年。

站在历史回顾的角度而言，2002年的债券市场似乎确有疯狂之嫌，但是假如设身处地地站在当初时点，对未来进行展望，2002年长期利率的低位运行却有其必然性和合理性。

即便在目前点位来衡量2002年的长期利率变化，笔者依然认为2002年的所谓“狂热”主要体现在市场对超长期利率的定位上，而并非是针对于10年期基准利率水平的。为此，笔者相信，对当年的利率变化进行回顾，是非常有必要且有参考价值的。

第一节 2002年基准国债利率运行轨迹综述

从9年利率周期回顾来看①，2002年的利率处于一个低水平区间，10年期国债利率最低到达2.40%，最高达到过3.50%，基本覆盖了历史上的利率低水平区间，如图1-1-1所示。

聚焦2002年10年期国债利率变化（见图1-1-2），可以发现，10年期国债利率的全年变化形态为大“V”形，最低利率（大约2.40%附近）出现在年中6月份上旬，而进入四季度后，市场利率的波动明显加大，如图1-1-2所示。

① 2002~2010年期间，10年期国债利率最低为2.40%，最高为5.35%，如果按照高、中、低三个区间来平均划分，低水平区间为（2.40%，3.40%），中水平区间为（3.40%，4.30%），高水平区间为（4.30%，5.30%）。9年利率大周期运行中，10年期国债的历史均值为3.60%。

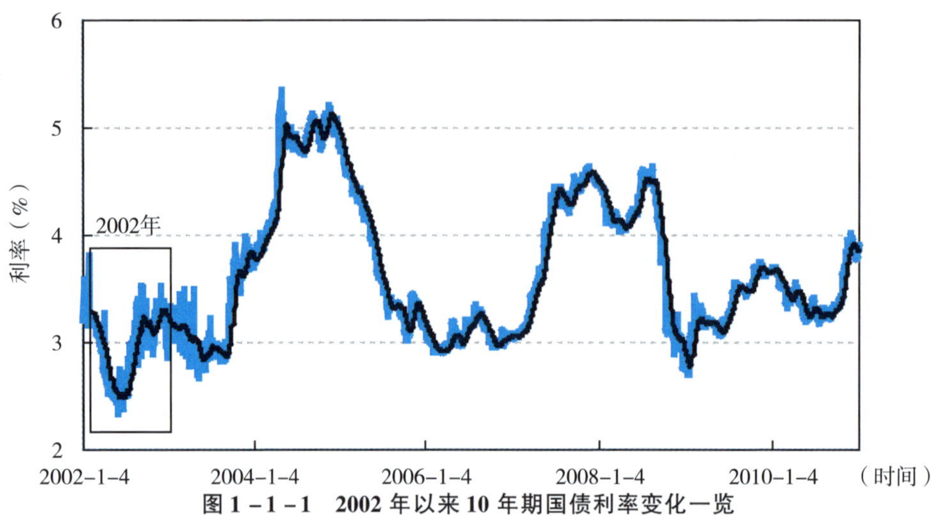

图1-1-1　2002年以来10年期国债利率变化一览

注：CDC系中央国债登记结算有限责任公司英文缩写。

资料来源：参照CDC数据，www. chinabond. com. cn。

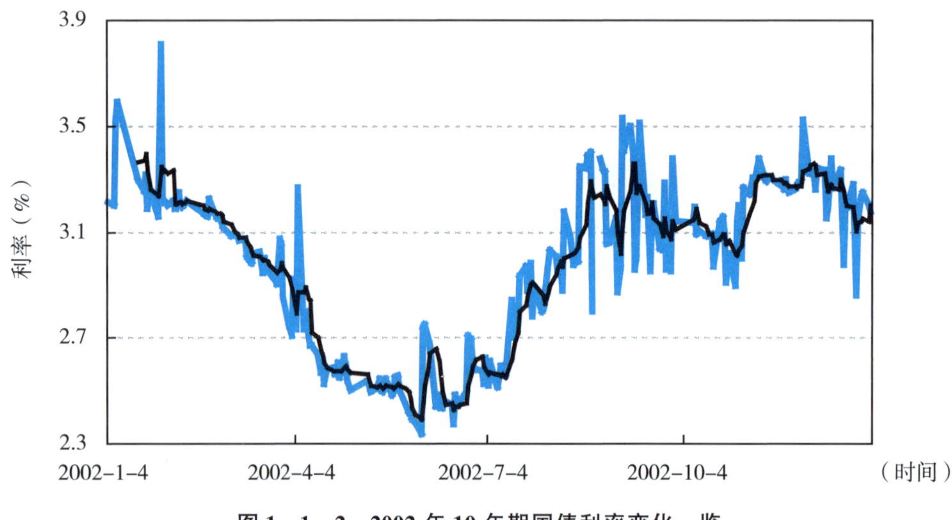

图1-1-2　2002年10年期国债利率变化一览

资料来源：参照CDC数据，www. chinabond. com. cn。

从事后归纳来看，2002年利率低水平运行态势以及V形变化轨迹是由当年的宏观经济基本面因素所决定，更为具体一些而言，则是与当年CPI的同比运行态势高度吻合的。

2002年正是我国彻底摆脱亚洲金融风暴冲击，重新步入新一轮经济高速增长的起始时期。但是需要注意的则是，站在当年时点做出上述乐观判断是较为困难的，之所以如此，是因为当期的海外市场、外围经济表现非常低迷并且具有很大的不确定性。

2000～2001 年期间国际经济局势并不明朗，2000 年美国科技网络股泡沫破灭[①]、2001 年美国“9·11”事件进一步加剧了美国经济的衰退，并引发了战争预期，因此外围经济环境给国内债券投资者传递的预期是非常悲观的。只有站在后期回顾的角度，才能意识到中国经济实际上已经逐步摆脱 1997 年金融危机的影响，而这才是国内经济变化的主流脉络。

此外，需要说明的是，当时市场机构对于经济分析的工具与方法较为初级，对于经济增长类指标的关注度以及分析深度有限，市场更多的精力则是聚焦于 CPI 的运行态势上。因此，在 2002 年中形成了一个有趣的现象：长期利率的变化轨迹跟随 CPI 同比变化，亦步亦趋。

第二节　2002 年长期利率波动详解

在后期之所以将 2002 年定义为疯狂之年，一个标志性事件是我国首只超长期国债（代码 020005，期限 30 年）的发行。2002 年 5 月 24 日，30 年国债 020005 招标发行，最终发行利率为 2.90%。

这是此后近 10 年时间中，该期限利率从未达到过的低位。也正是在 2002 年，10 年期国债 020001（3 月 15 日发行）、020009（7 月 19 日发行）的发行利率达到了 2.70%，而当时的 1 年期国债 020008（7 月 12 日发行）的发行利率为 1.90%，1 年期政策性金融债在二级市场的交易利率全年大致保持在 2.50% 附近窄幅波动。

定义当时债券市场的非理性主要是针对于超长期债券利率而言的，30 年国债与 1 年期国债的发行利率利差仅为 100BP（基点），这一窄利差水平在随后的历史岁月中再也没有出现过。

导致超长期利率奇低的因素来自于当时的经济基本面。2002 年市场的主流预期是通货紧缩（因为 CPI 的同比数据长期在负数区域，年初甚至还有一次降息），这一预期的普及化导致了市场投资机构对于长期利率的疯狂追捧。从当时的经济数据指标而言，2002 年的确是一个通缩之年，全年各月 CPI 运行水平均为负值，如图 1－1－3 所示。

2002 年的通货紧缩是 1997 年我国遭受亚洲金融风暴后经济回落（且经济增长曾出现过双底运行态势）所形成的“后遗症”。

1997 年 7 月份开始，金融风暴席卷亚洲，并在 1998 年对我国的经济运行产生了

---

① 2000 年 1 月 19 日，汇丰银行发布经济研究报告称，美国的网络股泡沫有可能破灭。而根据格林斯潘回忆录内容，在 2001 年美国“9·11”事件发生前，由于科技网络股泡沫破灭，当时的美国经济已经出现了 7 个月左右的轻微衰退，美国联邦储备委员会已经开始调降利率拯救经济。美国“9·11”事件的发生令其宽松的步伐明显加快，经济运行在 9～11 月份间表现很差（美国各界担忧恐怖活动可能会继续发生）。从 12 月份开始，经济开始好转（以每周申请失业救济人数的变化为主要标志）。但是在后期进行的阿富汗战争以及伊拉克战争，令世界的忧虑没有彻底缓解。这一切奠定了对于 2002 年世界经济的悲观预期。

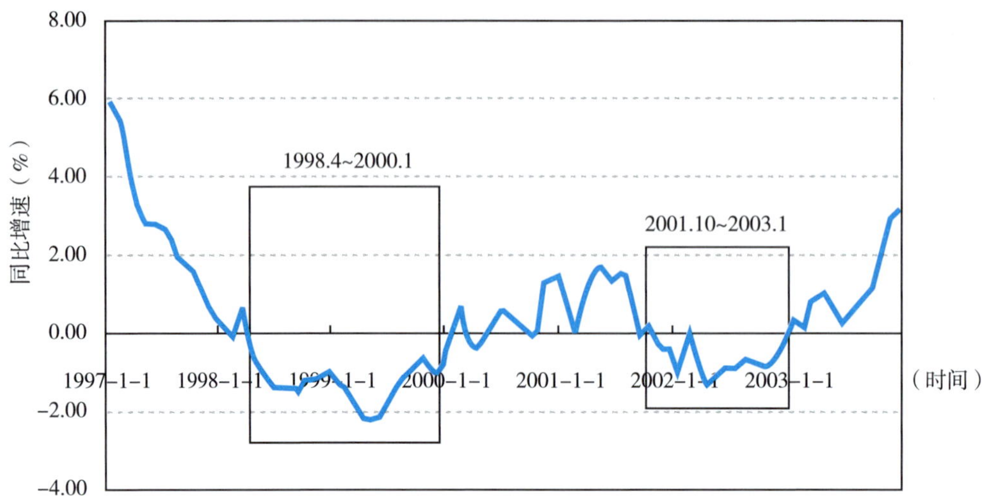

图1-1-3　1997~2003年我国CPI同比变化轨迹

资料来源：国家统计局，www. stats. gov. cn。

明显影响，从GDP数据统计来看，我国在1998年第一季度和1999年第一季度出现了双底运行态势①。

从宏观经济指标运行规律而言，物价数据是经济增长数据的滞后指标，我国的CPI同比增速分别从1998年二季度和2002年一季度开始步入负增长区间，并于1999年二季度和2002年二季度达到最低增速水平（如果按照GDP与CPI的同比来看，当时的GDP见底领先于CPI见底约12~15个月）。

这本来是一个非常清晰的宏观经济指标传导路径，但是在2002年期间，受制于多方面原因，投资者对于债券市场的分析水平与经验尚处于初级，市场对于所谓的GDP分析以及其与CPI的关系认识并不深刻，更倾向于单纯认为CPI是决定债券利率的重要因素。

市场更为关注经济运行的滞后指标-CPI，这直接误导了当时的投资者，促成了市场机构对于长期债券的非理性追捧。总结来看，当期市场对于国内与国际的看法是：外围经济偏悲观，特别是来自于美国的信息；对国内经济基本面运行指标的传导途径理解不透彻，过度关注了滞后指标-CPI，上述两个因素导致了市场对于长期利率的狂热追捧。

如果说，2002年的惨痛教训告诉了市场区别先行指标（GDP）与滞后指标（CPI），则2008~2009年的市场变化则更深一步地揭示了环比指标领先于同比指标的规律，此为后话。将2002年和2009年进行对照，可以清晰地理解经济增长指标和通货膨胀指标焦点转换对于利率市场的影响，也更容易发现市场的进步之处。

客观而言，在判断利率趋势的运行方向上，市场出现了宏观运行方向的失误，但

① 这是从GDP环比指标而言，如果从同比指标而言，双底成形的时期分别为1998年二季度和1999年四季度。

是从微观层面而言，市场却表现的相对理性。2002 年，10 年期国债的利率运行呈现明显的“V”形，利率于 2002 年 6～7 月份创出最低点（2.50%，2.60%），最高点大约在 3.40% 附近。这一变化轨迹恰好与 CPI 同比增速在 2002 年 4～5 月份期间创出最低密切关联（数据发布日期应该在 6 月份）。因此，一个直观的判断就是，2002 年的长期利率亦步亦趋的跟随 CPI 同比增速在同向运行。

从事后评价而言，后期的市场投资者经常会提及 2002 年的非理性泡沫。但是平心而论，站在当初的时点来审视当时的利率环境，各种正面和负面的因素是相互交织的，世界经济在当时并没有完全脱离经济衰退的挣扎，美国网络科技股泡沫破灭以及可能发生的世界经济衰退是各界的一个主流预期。

而聚焦国内经济基本面，通货紧缩的现实是决定国内利率不断走低的关键因素，因此 2002 年的市场是在国际动荡与国内通货紧缩的双重背景下运行的，在当时很难用理性或非理性去解读判断。

第二章

2003 年：利率起步回升之年

第一节　2003 年基准国债利率运行轨迹综述

2003 年长期利率的变化没有延续 2002 年年底所表现出的上行态势。全年利率变化幅度在（2.65%，4.0%）区间，从历史周期来看，2003 年的 10 年期国债利率正在“脱离低水平区域，进入中性区间”，并于四季度超越了 9 年利率大周期的平均值 -3.60%，如图 1-2-1 所示。

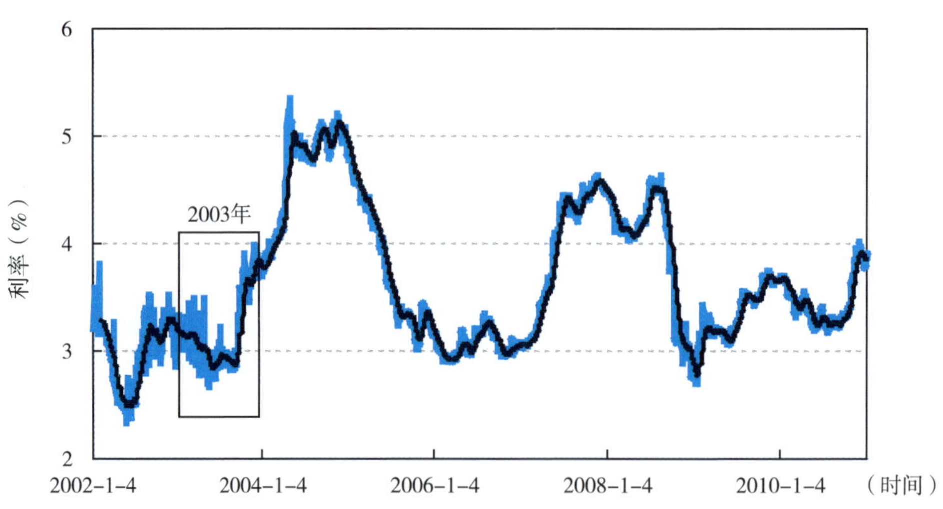

图 1-2-1　2002 年以来 10 年期国债利率变化一览

资料来源：参照 CDC 数据，www. chinabond. com. cn。

从 10 年期国债利率的变化形态而言，2003 年上半年长期利率的变化没有延续 2002 年后期逐级走高的态势，甚至出现了小幅度下行，这种下行态势特别在 5 月份中体现明显，甚至有所加速。

从原因解释来看，上半年长期利率下行的主导因素来自于经济基本面因素，

而且从某种程度来说，导致 2003 年长期利率下行的因素多少具有一些“黑天鹅”属性。①

2003 年 8 月下旬开始，长期利率出现了明显加速上行的迹象，从大约 2.80% 快速上行到 3.90%。下半年利率加速上行的主要推动力来自于资金面因素，系政策面和资金面双重紧缩的结果。从后期回顾角度来看，2003 年后期，我国尚显幼稚的债市进入了第一次熊市洗礼，如图 1－2－2 所示。

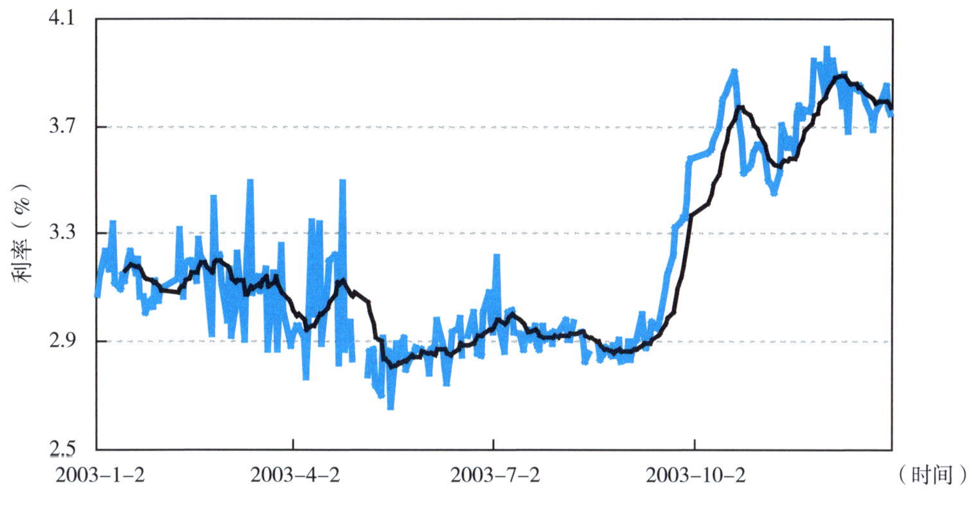

图 1－2－2　2003 年 10 年期国债利率变化一览

资料来源：参照 CDC 数据，www.chinabond.com.cn。

第二节　2003 年长期利率波动详解

一、2003 年第一季度：降息预期与供需失衡，造就小牛市的“苟延残喘”

从经济基本面发展状况来看，始自 2002 年 6 月份以来的利率升势应该得以持续，但是在 2003 年 2 月 1 日春节前，中央银行为保证市场资金充裕，进行了惯例性的货币投放，2003 年年初的债券市场得到了资金面的支撑②。

也许就是从那时以来，资金面因素与基本面因素对于利率方向的决定作用孰大孰小，这一问题令市场争论不已。特别是两者作用方向恰好相背时，究竟谁的力量更大，曾产生过不少争论。在现实中，读者也经常会听到资金面推动债券行情的说法，事实是否如此？直至 2009 年后，笔者心中才树立了一个基本判断标准，而这一结论的得出则是来自于惨痛的失败。

除去资金面充裕这一有利条件外，2003 年年初的市场中还弥漫了超额存款准备

① “黑天鹅”属性指难以预期到的小概率事件。

② 2002 年 11 月、12 月、2003 年 1 月中央银行在公开市场中连续净投放货币。

金利率继续降低的预期，该利率在2002年2月21日曾由2.07%降低至1.89%。

实际而言，这种降低并非是货币政策工具方向性的体现，当时管理层推出这一措施的主观愿望在于试图激发商业银行灵活运用资金，但是其客观效果则是正面激励债券市场。当时的货币管理当局表示将继续改革这一工具手段，这为2003年的市场留下了遐想空间①。

"年初资金面的充裕以及市场对于政策面利好的朦胧预期"，双重因素扭转了2002年下半年以来的利率上行势头，这两个因素实际上可以归结为资金面因素对于债券市场的正面激励，从而令债券利率在2003年年初（春节前后各一个月）有所回落。

资金供求失衡造就长期利率下行，这一原因与当初中国人民银行货币政策司司长所论述的看法基本一致②。从债券供应节奏来看，一季度的国债供应确实非常少，整整一个季度国债的供应仅有一只7年期品种，代码030001。

以10年国债利率为例，在2003年一季度中，10年期国债由年初约3.10%位置回落到一季度末期2.90%附近，回落幅度为20个基点。

总体来看，资金面的供求失衡格局是当期长期利率回落的主要因素。虽然经济已经开始显示回升，但是一季度的数据并没有给市场以特别巨大的惊喜，即没有超越2002年下半年的水平，CPI同比依然保持在1%以内低位震荡。此时的债券市场，资金力量超越了基本面力量，成为主导当时长期利率的主要矛盾。

二、2003年第二季度："非典"疫情为债券小牛市再添动力

一季度宏观经济基本面数据缺乏超预期亮点以及债券供需失衡导致了债券市场多头行情演进。进入二季度以来，市场显现出一定的谨慎气氛，曾在一季度市场中支撑多头信心的两个因素都发生着一些微妙变化。

首先，从二季度开始，先前的供求失衡发生变化。主要体现为新债发行频率在二季度明显加快，这将缓解或者逆转一季度供求失衡的矛盾。其次，消费价格指数已连续两个月保持正值，市场的通货膨胀预期逐渐强化。

上述两个因素的微妙变化首先在交易所债券市场层面得以体现。进入4月份以来，长期以缓步上涨姿态运行的上证国债指数（代码：000012）出现了少见的下跌。整个4月份中，国债指数基本保持在101.00～101.10点的窄幅区间内盘整。如果考虑到国债指数的全价属性，可以明显意识到4月份的债市表现并不尽如人意③。

---

① 实际上，超额存款准备金利率的再度下调则要等到2003年12月20日。

② 一季度末期，时任央行货币政策司司长指出"今年以来债券价格整体上涨及相应收益率的下跌主要是债券供求失衡所致"。

③ 在此需要说明的是，在我国债券市场发展的早期，交易所市场对于银行间市场的引导指示作用是非常强烈的，甚至可以说，交易所市场变化所代表的利率趋势性要强于银行间市场。2003年4月份中交易所市场的盘整一方面有市场对宏观经济预期的作用在其中，当然另一方面也可以用股票市场分流效应来解释，但是笔者个人认为前者是主因。

负面冲击在市场层面得以明确化的标志依然来自发行事件。4 月 17 日交易所市场发行长期国债 100303（20 年期），其发行利率达到了 3.40%，这比当时二级市场相似期限品种—010107（当时剩余年限约 18.4 年，二级市场交易利率为 3.29%）的交易利率要高出不少。

在此需要特别注意的是，直至 2003 年前期，市场对于政策面的主流预期依然是"存在降息预期"，这站在历史回顾角度而言，似乎是较为荒唐的事情，当初的市场投资主体根本没有领会来自宏观经济基本面方面的信息。这一预期的扭转时点一直要等到 4 月中旬，当时，国家统计局发布了 2003 年一季度各项宏观经济指标，在出口劲增、投资向上、物价转正等多方面信息引导下，前期蔓延的降息预期才日趋弱化。

如果单纯从已经公布的宏观经济基本面信息来看，债券市场进入弱势格局的概率应该是很大的，但是 2003 年令世人瞩目的"非典"事件令本已日暮西山的债券牛市得以"苟延残喘"，而且从事件属性角度来看，"非典"对于债券的影响则是属于比较典型的"黑天鹅"属性事件。

"非典"疫情蔓延始自 2002 年年底①，到了 2003 年 3 月份开始被社会格外关注，债券市场从 4 月份开始思考病情蔓延对于整体宏观经济面的影响，这一疫情直到 2003 年 6 月份才得以平息。也就是说 2003 年二季度中，我国的宏观经济增长格局完全被突如其来的疫情所打断，经济出现了一个较为明显的回落，如图 1－2－3 所示。

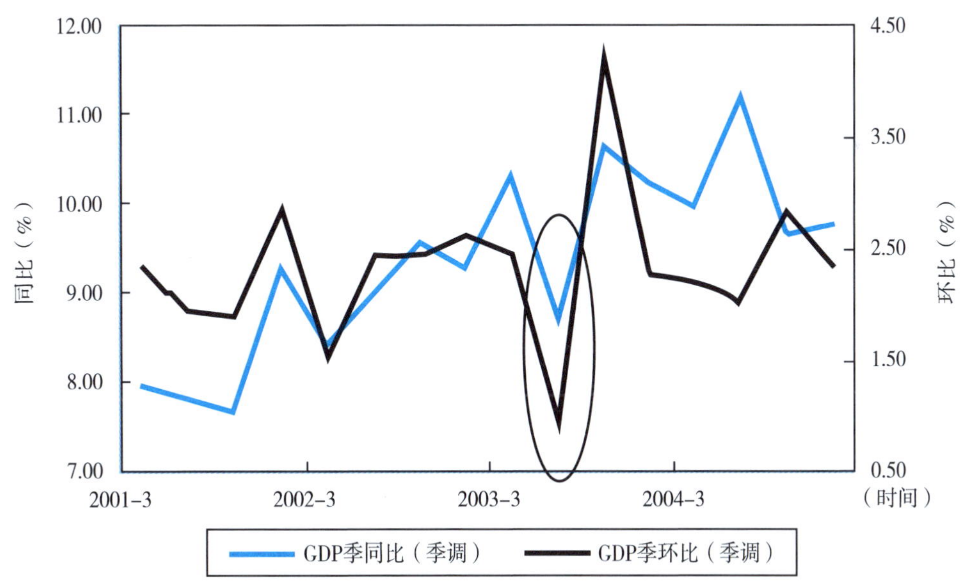

图 1－2－3　2001～2004 年我国 GDP 变化一览

资料来源：国家统计局，www.stats.gov.cn。

① 首发自广州，随后在 2003 年年初在北京爆发，直到 3 月份才弄清楚其病毒是"冠状病毒"，到 5 月底，世界卫生组织才宣布了解禁令，国家旅游局在 6 月初宣布有限制的恢复国内游。

从4月中旬开始，债券市场的关注焦点逐渐转移到“非典疫情”事件上，应该说这一关注焦点的转移在很大程度上弱化了前期经济良性恢复的预期。在随后的月度经济数据中，表现最为明显的当属社会消费品零售总额指标的变化，该指标的同比增速在2月份创出11.5%的阶段性高点后出现明显回落，并在5月份出现了加速回落的迹象，由前期大约10%附近的同比增速回落到5月份4.3%的增速，同期城镇固定资产投资完成额以及出口指标并没有出现明显的下行。应该说消费的迅速回落是拉低二季度GDP的主要原因。

当时的市场情绪是被两种似乎彼此矛盾的预期所左右。一方面是整体宏观经济摆脱了衰退影响，趋势向好；另一方面则是突发事件势必会对短期内的经济走向造成负面冲击。对于宏观经济走向而言，短空长多是对利率走向的主流预期。

但是即便在“长多”的预期下，由于市场投资者对于疫情危机的持续性心中没底，在市场方向选择上依然是选择了做多债券资产①。

4月份中旬直至5月底，债券市场基本被“非典疫情”负面冲击经济的预期所主导，利率突破了前期构筑的盘整位置，呈现下行态势。10年期国债利率从4月上旬约2.90%再度回落到5月底的2.70%附近。2003年5月底的利率水平是未来相当长时期内的大底，如图1－2－4所示。

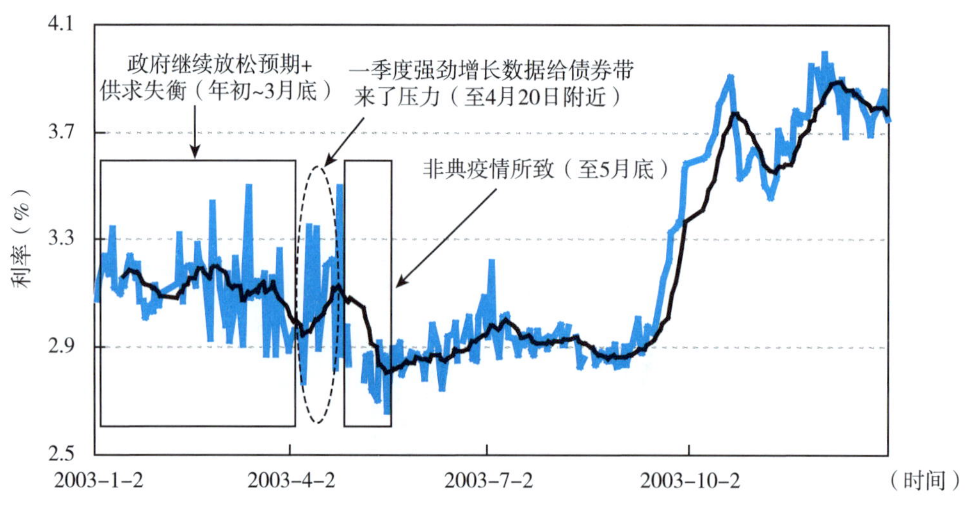

图1－2－4　2003年10年期国债利率变化一览

资料来源：参照CDC数据，www.chinabond.com.cn。

总结一下，2003年6月份之前债券市场的变化基本可以划分为三个小的波段：

1. 年初至3月底：主要受制于一季度债券市场供求失衡原因以及市场依然存在货币政策继续放松的预期（上述两方面原因归根结底是属于资金面范畴），债券市场

① 当期的市场评论：“近期市场对未来利率走势预期有所分化，部分参与者因为‘非典’对中国经济带来不利影响以及周边国际环境的影响，预期人民币利率将面临下调压力；但另一些对中国经济持乐观态度的参与者却认为人民币利率未来还是面临上调压力”。

依然处于一个小牛市过程中。7 天回购利率从年初 2.30% 回落到 3 月底的 1.97%，同期 10 年期国债利率从年初的 3.30% 回落到 3 月底约 2.90% 附近。

2. 3 月底至 4 月 20 日：回购利率基本保持了稳定，在 1.95%～2.00% 区间内窄幅波动，伴随市场新债供应的增加，市场资金面不平衡状况得以缓解，同时国家统计局在 4 月上旬公布的一系列宏观经济指标揭示出宏观经济增长正在脱离前期底部，表现强劲，弱化了市场对货币政策继续放松的预期。在此期间，长期利率出现了一定幅度的调整，在短短的两旬期间，10 年期国债利率从 2.90% 再度回升到 3.20% 附近，回升幅度达到 30 个基点。

3. 4 月下旬至 5 月底："非典" 疫情牵动了债券投资者的预期。伴随 "非典" 疫情越发受到重视①，市场机构预期我国的经济增长，特别是消费增长将受到明显打击，这有可能中断我国前期良性恢复的经济增长。债券市场迅速做出反应，10 年期国债利率从 3.20% 回落到 2.85% 附近。

需要注意的是，在此期间，回购利率从 1.95% 上行到 2.10%，资金宽松因素在消失。伴随资金的变化，2003 年 4 月 29 日开始，公开市场操作品种（3M 票据）利率也呈现上行局面。

虽然短期利率变化反映出了资金面不容乐观的看法，但是此期间，市场对于经济基本面的担忧战胜了对于资金面的担忧，甚至战胜了对于政策面因素的担忧②。综合来看，三个基本因素虽然传递的信号各不相同，但是最终的综合效应则是长期利率下行。类似的情况也曾发生在 2010 年 5 月份初期，当时回购利率在超预期的上行，但是市场基于对欧州债务危机的担忧，经济基本面因素战胜资金面因素，最终形成长期利率下行的格局。

三、2003 年下半年："非典" 因素消失，资金因素主导利率重归升途

（一）6 月份至 7 月 9 日：疫情解除，空头信号频现

5 月底，世界卫生组织对于我国 "非典" 疫情解禁令发出，终结了市场对此突发事件冲击国内经济的担忧。市场利率重新回归到资金面、政策面以及经济基本面的相互博弈中。

在此期间，7 天回购利率从 2.10% 上行到 2.27%，上行幅度为 17 个基点，3M 票据发行利率则从 2.19% 上行到 2.31%，上行幅度为 12 个基点。长期利率在失去了基本面预期的支撑后，在政策面以及资金面因素的双紧压制下，开始出现回升。10 年期国债利率从 2.80% 回升到 7 月 9 日的 3.02% 附近，回升幅度为 22 个基点，利率曲

---

① 4 月 20 日北京市长孟学农因 "非典" 事件辞职。

② 虽然当时的公开市场发行利率变化可能未必代表管理层政策松紧的态度，但是 "票据发行" 从无到有这一事实则确实代表了政策面趋紧的思路转变。

线呈现陡峭化上行的变动态势。

此期间，回购利率以及公开市场发行利率的变化可以解释长期利率的变化方向，但是从市场层面来理解三大代表性利率变化的路径在哪里呢？即空头信号是如何依次频出，并最终造成市场明显调整的呢？

5月底至6月初，各个方面均显现出一些对债券市场利空的信号，并且越来越多，依次观察如下：

1. 5月底，世界卫生组织宣布了对我国“非典”疫情的解禁令。

2. 公开市场操作动向微妙变化，1年期票据重启发行。

从2002年10月份开始至2003年5月底，中央银行在公开市场操作中停止了1年期票据的发行①，2003年5月27日中央银行重新开启1年期票据发行，首发规模为200亿元。市场预期央行有抽离稍长期限资金的意图，对于未来资金面压力的担忧增加，导致了市场中包括回购利率在内的短期利率上行。

3. 中国人民银行在6月6日发布月度金融统计报告，表示要进一步创造条件加大公开市场操作力度，并可能选择适当的时机调整存款准备金率。央行的报告无疑给当时已风声鹤唳的债市以沉重打压。

因此从6月份上旬开始，债券市场重归谨慎，二级市场利率开始逐步走高。从6月份开始的利率上行中，有一个现象值得关注，即长期利率的调整幅度要弱于短期利率的调整幅度，收益率曲线整体呈现平坦化上行。从调整原因来看，这一形态的变化还是较为理性的。

调整原因主要来自于市场对资金面紧缩的预期。无论是1年期票据的发行还是上调法定存款准备金率的预期，都紧密联系到资金紧缩预期的，而从经济基本面情况来看，虽然市场正越发意识到我国已经走出了通缩，但是“走出通缩”和“步入通胀”之间依然存在一定的距离，来自经济基本面的压力并不大。因此，长期利率所受到的负面冲击要弱于短期利率。

以当时市场中成交活跃的3M票据为例，其发行利率从5月下旬的2.15%上行到7月上旬的2.31%，上行幅度为16个基点，6M票据由2.20%附近上行到2.40%附近，上行幅度为20个基点。同期，10年期国债利率则由5月底的2.90%上行到3.00%，幅度仅为10个基点。

这个阶段债券市场下跌的推动力并非来自实际的经济基本面情况，而是由政策面因素变化以及资金面因素预期所主导的市场调整。

（二）7月9日~8月20日期间：信号混乱，预期混乱

在此期间，市场发生了预期外的变化，打乱了投资者原有的思路。首先7月8日

① 该期间1年票据暂停发行的初始原因可能是为了在2002年年底前保持春节期间的资金充裕性，而3~5月份的暂停则可能更多地是受到“非典”疫情的影响。

的3M票据发行利率持平于上周，确立了公开市场利率上行的态势暂告一段落[①]。7月9日~8月12日期间，公开市场利率始终保持稳定，政策面因素的紧缩担忧有所弱化。

几乎同期，7天回购利率从7月9日开始出现下行，并一直延续到8月19日，从2.27%回落到2.10%附近，回落幅度为17个基点。

短期利率的“意外”回落促成了10年期国债利率的回落。在此期间，长期利率从3.0%回落到2.85%附近，回落幅度达到15个基点。

如果单纯从回购利率以及中央银行票据的发行利率趋势引导来看，此期间长期利率的变化是有章可循的。但是如果纠缠于当时政策消息面信号，可以发现7月上旬至8月上旬是一个政策信号混乱、市场预期混乱的典型时期，市场对于未来政策动向缺乏统一的认识和预期。

在此期间，来自管理层的多空言论纷纷出现，导致当期的市场预期十分混乱。这种预期混乱一直持续到8月23日[②]，紧缩政策的出台令市场最终确立了紧缩的统一认识。

有兴趣的读者可以从如下资料中去体会当期市场信号的混乱：

1．6月25日，中国人民银行副行长吴晓灵表示由于“非典”疫情与伊拉克战争对于中国经济的影响目前还难以估量，因而央行不会轻易改变宽松货币政策的连贯性，目前只是进行一些微调。

该讲话极大地缓解了笼罩于市场的关于“上调准备金率”的强烈预期，同时在上周央行公开市场操作中，央行只发行了总计200亿元的央行票据，比前周减少了100亿元（其实这个信号不足以作为政策紧缩度放缓的依据，事实上随后一周中央银行又开始扩张发行量了），这也在一定程度上提振了市场的信心，至少缓解了前期市场对资金面逐步趋紧的预期。

在此情况下，交易所债市率先走稳反弹，从6月底开始走出了一波小幅上扬行情，并带动银行间债券市场上涨。

市场对于资金紧缩预期的缓解在回购利率的变化中也得以体现。此期间，银行间市场回购利率的走势起到了信号灯作用，灵敏有效地指导了现券市场的变化。

7月2日开始，银行间市场7天回购加权平均利率增长幅度开始变缓，逐渐表现为平台整理态势。7月4日开始，7天回购交易加权平均利率呈现下降走势，收出了6月底以来的首根下跌阴线，在此信号的指引下，现券市场的走势也逐渐企稳，改变了前期的盘跌走势。

2. 7月29日，中央银行行长周小川在央行内部学习班上表示，要注意警惕通货膨胀的发生。强调“要根据从货币供应量过度增长到出现通货膨胀有大约半年的时滞

---

① 这一规律将在后期长期适用，由中央银行所主导控制的公开市场发行利率具有很强的趋势性，很少出现忽上忽下的波动。

② 2003年8月23日周六晚间，中央银行宣布将于9月21日上调法定存款准备金率1个百分点。

这一经验规律，作好宏观政策的前瞻性调控”。

这是管理层首次声明要警惕经济发展中的通货膨胀问题，由此引发了市场人士对于后期央行操作力度加强的预期，令市场走势再度趋于疲弱。

3. 几乎与上述事件同时，国家统计局总经济师在新闻发布会上宣称，中国目前不存在通货膨胀压力。在更为重量级的中央经济会议中，国务院总理温家宝也强调了要保持宏观货币政策的连续性和稳定性。在紧缩预期浓重的背景下，对于政策稳定性的描述传递出的信号基本会被市场解读为“不宜趋紧”，这无疑给予市场投资者一定的宽慰，使得市场中的空头气氛略有缓解。

总之，诸多监管部门表态所传递的信号各不相同，市场在犹豫迟疑中发展变化，因此这个期间可谓“信号混乱、预期混乱”。

（三）8月20日~10月20日：债券市场的首度惨痛下跌

各类混乱的信号预期纷纷传递，不过市场的变化则反映出投资者对周小川行长有关通货膨胀的警告更为重视。进入8月份以来，债券市场开始步入了缓步下行态势，但是初期的调整幅度非常有限。直至8月中旬（21、22日开始加速）开始，债市出现了破位加速下行。

该阶段债市快速下行的导火索主要有三：其一，市场资金面受货币当局抽离资金力度加大的影响，已出现了实质性紧张，市场利率水平开始上扬；其二，华夏银行大盘股IPO的信息令投资机构大量沽出现券，筹措资金，申购新股；其三，即对准备金率上调传言的恐惧，而且特别值得关注的是这是我国债券市场长期以来第一次面临紧缩政策实施，市场情绪显现出前所未有的恐慌。

以上三个因素使得市场一度出现恐慌情绪，交易所市场和银行间市场均出现了明显沉重的抛压。长期走牛的中国债券市场进入了历史上第一个“波澜壮阔”的下跌时期。

这轮本质属性为资金紧缩所导致的市场下跌过程，起始点可以追溯到8月21日。按照空头行情的演进节奏，笔者倾向于划分为3个阶段，参考如下：

8月21日~8月26日：8月21日市场盛传上调法定存款准备金率的传言（8月23日晚间得以证实），此外华夏银行大盘股即将发行，市场机构对后市资金面极度看空，纷纷抛出债券，套取现金，导致市场大跌。

8月27日~8月29日：市场出现了三天反弹。主要原因则是央行进行了逆回购与票据发行相结合的方式，采用数量招标方式向市场投放资金。在一定程度上缓解了市场对于资金紧缺的恐慌预期。

9月1日~9月17日：市场再度出现大幅下跌，原因同样来自于资金面因素。其一，9月1日，央行将前期的逆回购数量招标方式转化为利率招标方式①；其二，9月

① 在资金紧张未得到实质性缓解的前提下，利率招标无疑将造成短期利率飞涨。

15 日公开市场操作中，央行再次大幅回笼资金，发行央行票据 400 亿元；其三，交易所发行的第 8 期国债受制于资金紧张因素而意外流标，一举造成 10 年期国债的二级市场利率上扬至 3.26%，这令市场看空预期越发浓重。

随后的债券市场延续了 8 月 21 日至 9 月 17 日加速调整的局面，长期利率加速回升，并一直持续到 10 月 20 日才显现出企稳的迹象。

从理论上看，由于资金面紧张所造成的利率曲线调整应该呈现出平坦化上行的态势，但是在本次调整中以 3M 票据上行幅度和 10 年期国债利率上行幅度来看，却呈现陡峭化上行的态势，其主要原因为：这是一个政策紧缩的初期，过于浓重的看空预期必然先导致长期利率品种出现调整。

（四）10 月 20 日～12 月 31 日：艰难的筑底回升

2003 年 10 月中旬，债券市场依然处于一个加速恐慌下跌过程中，但是一些积极的信号已然开始出现，并最终促成了利率市场的企稳。这些信号分别是：

1. 10 月 14 日在公开市场操作中，央行针对 9 家做市商进行现券买入操作，招标券种为 2000 年以来发行的、期限为 5 到 10 年的固息国债和政策性金融债，其中国债 18 只，金融债 16 只，本次招标采用美国式多重价位招标。根据央行最终结果公告来看，央行共计买入现券 79.5 亿元人民币，这一操作在一定程度上提振了市场的人气。

2. 7 天回购利率的加权平均值在 10 月份中旬创出新高 3.20%，随后出现阶段性回落（虽然在 11 月份再度冲高），表明资金面的紧张局面得以一定缓解。

3. 10 月 21 日，3M 票据发行利率终于出现了回落，这给当前处于寒冬的债市一丝暖意。

4. 10 月 24 日，财政部以荷兰式单一价格招标方式，在银行间市场招标发行了 2003 年第 9 期 15 年期固定利率附息国债。该只国债是四季度以来财政部首只发行的债券。起先，受到原第 9 期国债发行被紧急叫停的影响，市场投资者对该债发行普遍持谨慎态度。但是招标结果却显示，本期债券的认购倍数为 1.22 倍，中标利率为 4.18%，低于财政部公告要求的 4.20% 的利率上限水平，主要认购机构为资金实力雄厚的四大国有银行和全国社保基金。

5. 中央银行在次周再度针对 9 家做市商以价格招标方式进行了现券买入操作，招标券种为 2001 年以来发行的，期限在 5 到 10 年的固息国债和政策性金融债的部分券种，以及 2001 年以来发行的 15 年期国债。买入债券总额为 100 亿元，多于上次的 79.5 亿元。

在诸多回暖信号的作用下，10 月 20 日～10 月 24 日期间，加速下行已久的债券市场终于出现了难得的反弹，在短短数个交易日中，10 年国债利率从 3.90% 回落到 3.53%。

总体来看，10 月 20～24 日市场反弹的主要推动力来自于中央银行在公开市场中的现券买断操作，而在 25～31 日当周中，中央银行停止了连续两周的买入现券行为，并将当周票据发行总量从前期的100亿元增至200亿元，最终发行利率较上周均略有回升。

几乎与此同时，上交所公布了11月份现券回购的标准折算比例，国债品种折算成回购标准券的比率均有所下调，造成了投资者入市购债意愿减弱，交易所市场再度出现连续回调，并进一步影响到了银行间债市，抛压进一步加大。

无独有偶，悬疑多日的长江电力大盘股①的发行终于尘埃落定，计划于11月5日正式发行，前期稍有缓解的资金面紧张预期被再度强化，市场信心再度丧失，回购利率再入升途。

因此，长期利率终结了20~24日的快速下行局面，在10月25日~10月31日期间，10年期国债利率再度走高，从3.53%回升到3.63%。

为了缓解IPO因素给市场资金面带来的冲击，央行在11月4日的公开市场操作中，停止了央行票据的发行，采用了向市场投放资金的7天逆回购操作方式，共计融出资金200亿元人民币②。

在资金投放效应下，银行间市场回购利率转而下行，并带动了债市短期品种的走强，相比较下，市场对于长期利率变化依然心存芥蒂，长期债券利率仅顺势小幅度下降。在2003年11月3日至11月7日期间，10年期国债利率从3.63%回落到3.46%。

在顺利结束长江电力IPO后，中央银行转变了前期的公开市场操作策略，恢复发行中央银行票据。2003年11月11日，在公开市场上招标发行200亿元央行票据，与此前发行方式不同，本次票据发行采用数量式招标方式，而且所确定的实际收益率水平为近期（与前期公开市场发行利率相比）新高，达到2.7968%。

需要注意的则是，这是中央银行第一次使用数量招标方式发行中央银行票据。当首次经历这种新型招标方式时，市场机构并不了解中央银行核定发行利率的真实意图。

11月11日中央银行票据所核定的发行利率是2.7968%，比前次发行利率高了近10个基点，当时给债券市场传递的信号就是中央银行有意引导利率上行，该利率水平的核定并没有传递出中央银行平稳利率市场的意图。

其后，在11月18日二度数量招标中，中央银行所核定的发行利率有所下行，但是幅度有限，仅从2.79%回落到2.71%，而同期经济数据对于债券市场的负面冲击则成为市场焦点，暂时居于主导因素。

11月25日，在第三度数量招标中，中央银行所核定的发行利率出现了超乎预期的大幅度下调，但招标结果却是流标，流标的现实极大地弱化了发行利率大幅度下调所传递的利好作用。

因此在连续三周的中央银行票据数量招标过程中（特别是前两周），债券市场没有感受到暖意，更为不巧的则是11月中旬恰逢10月份各项宏观经济数据发布，10

① 筹资总额接近百亿元，是年内发行额最大的一只股票。

② 7天逆回购采用的招标方式为美国式招标，最终确定的平均中标利率水平为3.7561%，而同期银行间回购市场的加权平均利率水平为3.64%，明显低于公开市场操作所确定的水平。

月份 CPI 同比增幅达到 1.8%，创出近 3 年来的新高水平。从数据构成来看，对 CPI 上涨贡献度最大的是粮油价格的上扬，市场预期由于粮食生产供给的扩大具有时滞性，至少一定时期内 CPI 将在高位徘徊，这对于长期债券品种造成了极大的压力。

因此，在政策面信号传递稳定意图不明确（或暂不为市场所理解接受）的前提下，10 月份宏观经济指标（主要是 CPI）成为该期间利率上行的导火索。

11 月 10 日～11 月 25 日期间，10 年期国债利率从 3.46% 起步，一直上行到 3.94%，上行幅度为 48 个基点。

基本面数据发布后，长期利率以快速上行态势消化了 CPI 上涨对于市场的冲击①，基本面因素的负面冲击告一段落②，市场的关注焦点再度转移到公开市场层面。

11 月 25 日中央银行的数量招标利率的大幅下调，虽然导致了发行流标现象，但是确实传递了中央银行维稳利率的意图。同期，7 天回购利率一直保持小幅下行的局面，上述因素日渐缓解着资金面紧张的市场预期。

在基本面负面冲击消失的条件下，资金面因素与政策面因素均对长期利率呈现正面效应的背景下，11 月 26 日～12 月 24 日期间，长期利率再度回转到下降通道中。更为激励市场信心的则是，12 月 20 日中央银行下调了超额存款准备金利率，由前期的 1.89% 下降到 1.62%，这导致市场中短期债券品种成为最大的受益者，前期收益率水平不具吸引力的央行票据价值凸现，受到市场追捧，如图 1－2－5 所示。

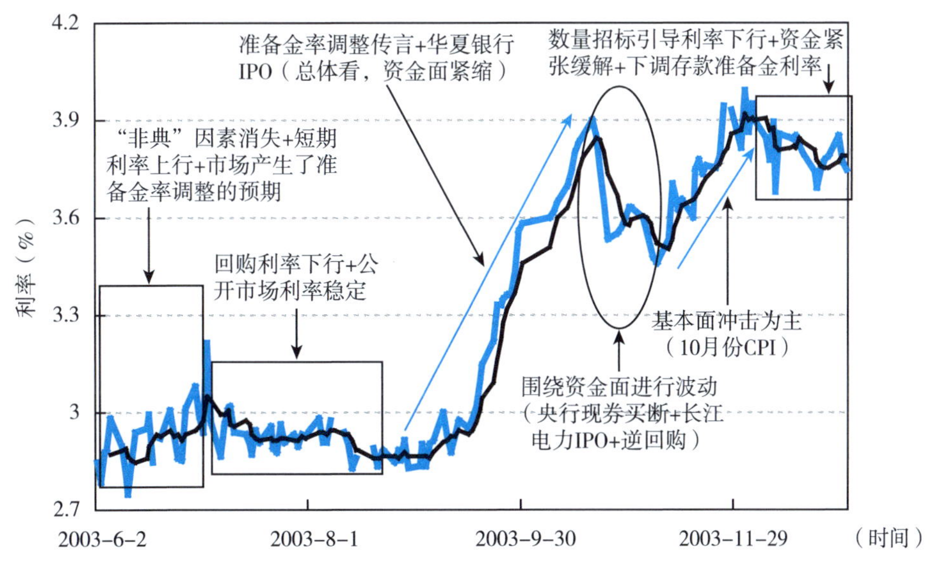

图 1－2－5　2003 年 6～12 月份 10 年期国债利率变化

资料来源：参照 CDC 数据，www.chinabond.com.cn。

① 需要注意的是，11 月份 CPI 快速走高到 3.00%，比 10 月份的 1.8% 有一个较为明显的上行，但是在发布期间（12 月 15 日附近）却基本没有引发市场负面影响，相比而言，多方竟然占据上风，原因可能是在于 10 月份 CPI 的冲击对于后期的市场预期产生了一定的免疫效应。

② 从长期经验来看，上月经济数据对于当期利率的影响周期大约在 7～10 天时间。

总体来看，2003年6～12月份期间①，债券市场基本上是以资金面因素为背景进行调整变化的。同期的政策面因素实质上也是伴随资金面变化而后续发挥作用的，当时市场主流预期的政策紧缩无非是紧缩资金的意思，所谓价格型的紧缩工具（比如利率政策调整）在当初的市场预期中并不居于主导地位。

2003年11月份以来，伴随CPI的走高，理论界对于当前经济处于通货膨胀还是通货紧缩展开了激烈争论，争论的一个焦点内容就是PPI的变化。

与CPI逐渐上行态势相比，2003年3月份以来，PPI的同比增长幅度却呈现回落走势，并一度滑落至1.2%的低水平。11月份PPI同比1.9%的增幅却改变了两者之间的背离现状，CPI与PPI呈现出同步上扬的态势。但是仅仅11月份的增幅走高，似乎还难以说明问题，如果在后续月份中，CPI与PPI能够同步走高，则宏观经济中确实已经蕴涵了较大的通胀压力。这一看法正日渐引发市场关注，并对中长期债券品种走势形成较大压力②。

① 11月10日～11月25日期间受到经济基本面因素——CPI影响。

② 对于PPI与CPI关系的争论在2007～2008年度再度趋于白热化。

第三章

2004 年：带有一些“非理性”意味的大崩溃

2003 年主导债券市场发生剧烈下跌的主要矛盾来自资金面因素，而从经济基本面角度来看，当时的 GDP 增长（无论从同比还是环比角度）都没有显示出经济增长过热，CPI 数据也保持一个相对低位水平。

从 2003 年 11 月份开始，资金因素的影响力日益弱化，伴随 CPI 的逐渐走高，市场关注焦点转移到了通货膨胀问题上，这种关注焦点的转化揭开了 2004 年市场再度崩溃下行的序幕。

第一节 2004 年基准国债利率运行轨迹综述

2004 年 10 年期国债利率基本呈现单边向上态势，利率波动幅度范围在（3.70%，5.35%），全年运行在历史均值水平上方，并在多数时期（4～12 月份）长期利率居于高水平区间内运行。如图 1－3－1 所示。

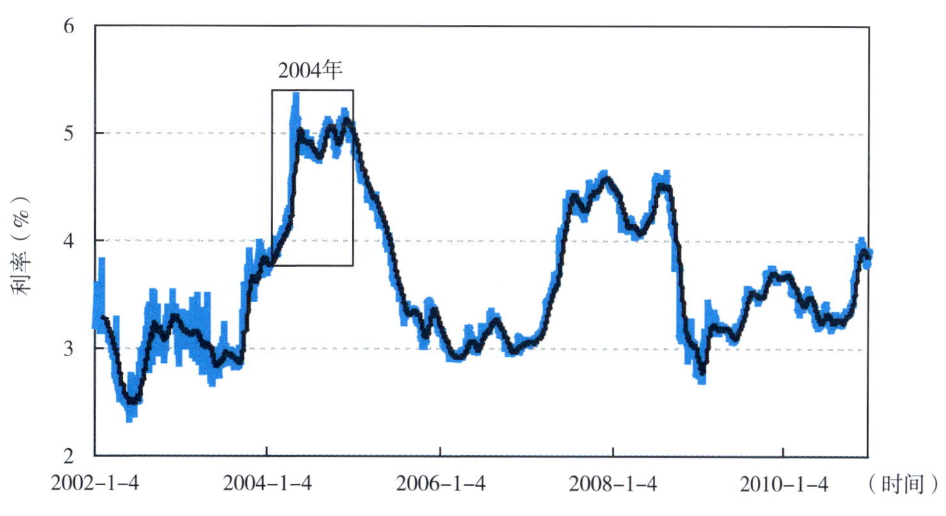

图 1－3－1 2002 年以来 10 年期国债利率变化一览

资料来源：参照 CDC 数据，www.chinabond.com.cn。

从当年利率变化形态来看，10年期国债利率在全年呈现冲高并平台整理态势，集中冲高月份是在1～4月份，4～12月份长期利率则围绕5%附近做平台整理。如图1－3－2所示。

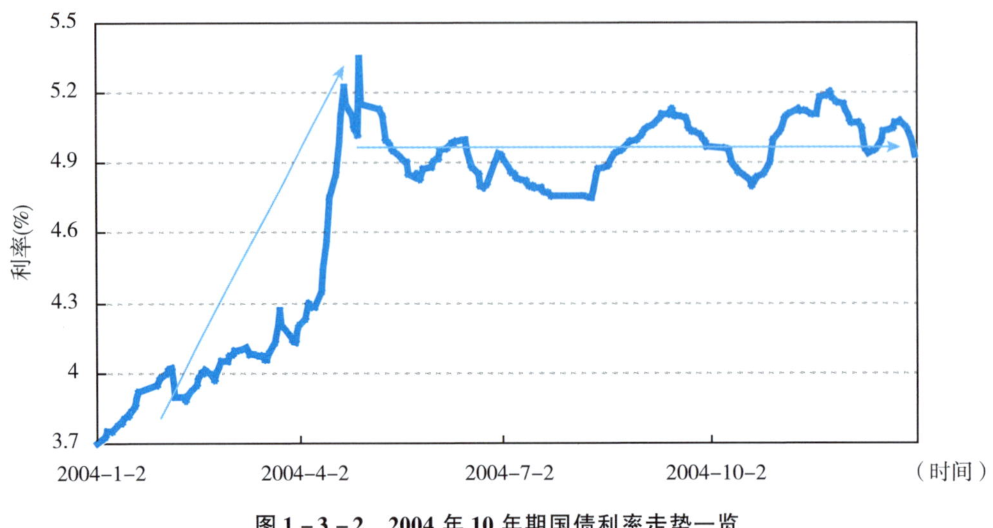

图1－3－2　2004年10年期国债利率走势一览

资料来源：参照CDC数据，www.chinabond.com.cn。

2004年长期利率的冲高走势基本上是对于经济基本面这一主要矛盾的反映[①]。在众多的经济基本面指标中，上半年中最受市场关注的是信贷、投资类指标，下半年最受到市场关注的则是CPI指标。也正是在这一年，发生了2002～2010年期间的首度通货膨胀。

第二节　2004年长期利率波动详解

2004年的债券市场从年初开始就显现出与前两年不同的特色，如果说前两年的债券市场在很多情况下是受到资金面因素的影响，2004年的债券市场从一开始就显现出经济基本面因素变化的重大影响。

一、2004年第一季度：市场焦点迅速转移到基本面因素

（一）1月1日～2月4日：基本面因素成为长期利率的定盘星

2004年债市变化的苗头可以追溯到2003年年底，从2003年12月26日开始，长期利率开始终止下行态势，出现企稳回升势头。这主要是市场对于2003年11月份

① 有人也将2004年的债券市场下跌原因归结为政策面因素影响。但是从传递先后关系来看，经济基本面因素是领先于政策面因素、走在前方发出信号的。因此笔者更认同于基本面因素作为主要矛盾。

CPI 走高的滞后反映。之所以说是滞后的，原因在于：虽然 2003 年 11 月份高达 3% 的 CPI 是在 12 月 15 日附近公布，但是 12 月 20 日中央银行出人意料的下调超额存款准备金利率打乱了这一基本面信号所传递的效应。笔者相信，从那时开始，市场已经开始酝酿将关注焦点转移到基本面因素了。

在基本面信号发生微妙转变过程中，政策面与资金面因素却始终保持稳定。从 2003 年 11 月 11 日开始的 3M 票据数量招标发行模式一直延续到 2004 年 2 月 3 日。此期间，发行利率始终维持不变。应该说来自公开市场的政策面信号没有显现出任何方向，尤其是没有透露出紧缩取向①。

从资金面上来看，7 天回购利率从年初到春节后，始终较为稳定的保持在 2.20% 附近，期间虽然出现过上冲，但是基本可以归咎为春节因素②。因此，从方向而言，资金面也没有传递出紧张信号。

较为意外的是，从年初至 2 月 4 日附近，长期利率却从 3.70% 起步，一直上行到 2 月 4 日的 4.02%，上行幅度达到 32 个基点。

因此 2004 年年初至 2 月 4 日是一个较为特殊的时期，这时期长短期利率的方向并不一致。这种方向不一致在 2003 年“非典”期间也曾发生过，其根本原因还是在于该期间的基本面信号对于长期利率的指导占据了重要地位。虽然政策面信号与资金面信号并不支撑长期利率的上行，但是长期利率在基本面信号的作用下还是出现了独立的上行走势。

此期间，基本面焦点集中于 CPI 指标。从 2003 年 11 月份开始，CPI 同比增速一举跃上 3% 高位，在 2004 年 1 月中旬期间（即 2003 年 12 月份 CPI 即将公布的时期），市场投资机构多数预期 12 月份的 CPI 同比将在 11 月份 3% 的基础上继续冲高，并增幅巨大，预计将达到 3.50% 以上水平。这一预期对于以交易所市场券种为代表的长期利率形成了巨大冲击③。

造成利率市场调整的另一个关键因素则是来自于股票市场层面。从 2003 年 11 月初期开始，长期不振的股票市场出现了一波罕见的反弹走势，特别是进入 2004 年以来，股票指数快速上行，从年初的 1500 点一口气上涨到 2 月 20 日的 1720 点，这对于债券市场的打击同样非常巨大。

（二）2 月 5 日～2 月 11 日：一个短暂的资金推动行情

该期间，债券市场出现了较为难得的喘息机会，10 年期国债利率从 4.02% 回落到 3.88% 附近。其原因除去股票市场出现了中途调整外，还有一个原因是：较为重

---

① 稳定的公开市场发行利率不能成为刺激长期利率方向变化的持续性因素。票据发行利率的稳定对于长期利率的刺激作用在初期是明显的，但是伴随长期利率对“稳定持平”信息消化完毕，长期利率将自发寻找新的因素并进行方向选择。

② 2004 年 1 月 21 日是春节。

③ 最终证实，2003 年 12 月份的 CPI 同比为 3.2%，低于预期。

要的短期利率变化起到了正面作用。

2月9日（周一下午），中央银行宣布于2月10日发行两期央行票据，与前期不同，本次发行模式不再沿用前面连续10周所采用的数量招标方式，恢复价格招标。本次招标模式的转变对二级交易市场所起的作用完全不同于前期①。

从当时二级市场情况来看，由于市场对于长期利率相对看空，大量的资金追逐着短期票据，已经在事实上造成了二级市场交易利率低于当初数量招标所核定的一级市场发行利率。在此时将发行模式改为价格招标，无疑将意味着招标所确定的发行收益率必然低于前期央行核定的利率。

这引发了市场对于中央银行此轮操作意图的猜测。这是否意味了央行有意调低市场利率水平？如此一来，则可能意味着短期利率将进入一个趋势性下行过程。是否如此，当初的市场对于央行持续性低利率政策的猜测存在较大分歧。但无论如何，从短期内来看，可预期的较低的中标收益率将刺激短债的上涨，并带动长期利率的稳定。

（三）2月12日～3月24日：公开市场利率牵引效用迅速消失

事实上，从2月10日中央银行在公开市场票据发行中转变招标模式后，一直持续到3月中旬，大量的资金堆积在利率曲线的前段，造成短期利率快速下行。而长期利率则在短暂回暖后，再度遭受到一些意外的利空冲击，最终选择了明显上行的方向。

2月12日～3月24日期间，3M票据的发行利率从2.46%迅速下降至1.87%，跌幅达到59个基点，而10年期国债利率却从3.90%附近上行到4.27%，上行幅度为37个基点，这种长短期利率的方向性差异在历史上是较为少见的。

短期利率下行，主要归咎于资金面的充裕，数量招标转化为价格招标后，势必会造成大量资金在短期内推动利率曲线前段下探。长期利率的上行则是多方面因素（甚至是一些意外因素）所综合决定的。这些冲击长期利率的负面因素体现如下：

1. 2月18日，南方证券被托管或质押的54.72亿元人民币交易所国债，以招标竞买的方式出售。此次南方证券招标出售的国债共19个品种，总金额54.72亿元，被分为20个组合，单个组合的金额约2.7亿元，各投标机构以组合为单位进行投标。

由于此次抛售的量相对巨大，市场已然预计中标价格将明显低于市场价格。此外由于所有待售债券中，跨市场交易债券所占比重较大，进而影响银行间债市中期债券品种的走势。

2. 2月25日，南方证券被打包出售的债券当天在交易所入市交易，伴随供应集中增大，交易所债市各类债券品种都出现了不同程度的下跌，进而带动了跨市场债券在银行间债券市场的下跌。

3. 3月1日，伴随当时央行防通货膨胀的言论日渐频繁，市场内出现了再次提高法定存款准备金率的传言。这令本已偏于空头的投资者行为变得更加谨慎，债市整体

① 2003年9月1日，中央银行将票据招标模式由数量型改为价格型。

下挫，跨市场债券更是在交易所债市的影响下，快速下跌，只有剩余期限在两年以内的短期债券品种保持了相对稳定。

4. 3月23日，央行以价格招标的方式发行3期央行票据，计划发行总量为600亿元。在前期招标利率连续下行后，受央行将再度调整存款准备金率传闻的影响，市场成员行为谨慎，进而导致当周央行票据的发行收益率较前期明显上扬。

因此可以看出，在2月12日~3月24日期间，长期利率主要受到意外供求失衡因素的影响。虽然2月12日公布的经济数据增长依然比较强劲，当月CPI达到了3.20%，但是这没有对市场造成更大的冲击，因为市场已经预期到当月CPI的高增长中存在着春节因素的扰动。导致长期利率走高的主要因素则在于对南方证券国债的拍卖事件。

应该这样归纳，基本面因素虽然对债市的压力依然存在，但是在当期并非是促发债市调整的主要因素（至多是一个推波助澜的辅助因素），供求失衡是导致当时长期利率调整的最重要原因。

如果细致划分一下长期利率的调整阶段，详情如下：

2月12日~2月27日：主要是南方证券拍卖事件导致长期利率调整（两个重要时间点是2月18日和2月25日），该时期大约导致长期利率的调整幅度为15个基点。

3月1日~3月24日：主要是准备金率上调的传言导致长期利率调整，并导致了3月23日公开市场票据发行利率的大幅度上行，该时期大约导致长期利率的调整幅度为20个基点。

（四）3月24日~3月31日：政策紧缩力度弱于预期，市场超调反弹

在市场预期的政策紧缩氛围中，3月24日中国人民银行宣布，将从4月25日起实行差别存款准备金率制度，将资本充足率低于一定水平的金融机构存款准备金率提高0.5个百分点，执行7.5%的存款准备金率。

虽然准备金率的确上调，但是由于此次上调不涉及国有独资商业银行和城市及农村信用社，仅涉及部分股份制商业银行、城市商业银行等少数金融机构，且调整幅度有限，政策的严厉程度与市场预期相比小了很多，这显得市场前期的反应有过度之嫌。因此政策宣布次日，各类券种普遍出现超跌反弹走势。

此外，3月29日央行宣布当周的公开市场票据发行模式由此前的价格招标再度转变为数量招标（上周央行票据发行流标导致发行收益率偏高，为稳定市场利率水平，中央银行转变了招标发行的模式）。其中3个月期品种核定发行利率为2.1139%，较前期发行利率回落8个基点，1年期票据品种核定发行利率为2.6062%，较前期发行利率回落21个基点①。

① 3月29日前，三个月央行票据二级市场交易利率为2.15%，六个月央行票据的交易利率为2.40%。最终数量招标结果显示，200亿元3个月期票据全部招满，认购倍数约为1.33倍，显示市场机构对央行指导利率基本认同。而原定发行300亿元的1年期票据仅发行了85亿元，流标比例逾七成，这是连续第二周出现票据发行流标现象。

核定发行利率明显低于二级市场水平，且发行量有所减少，受到此消息刺激，短期债券利率快速下行，买盘涌现。

详解如图1－3－3所示。

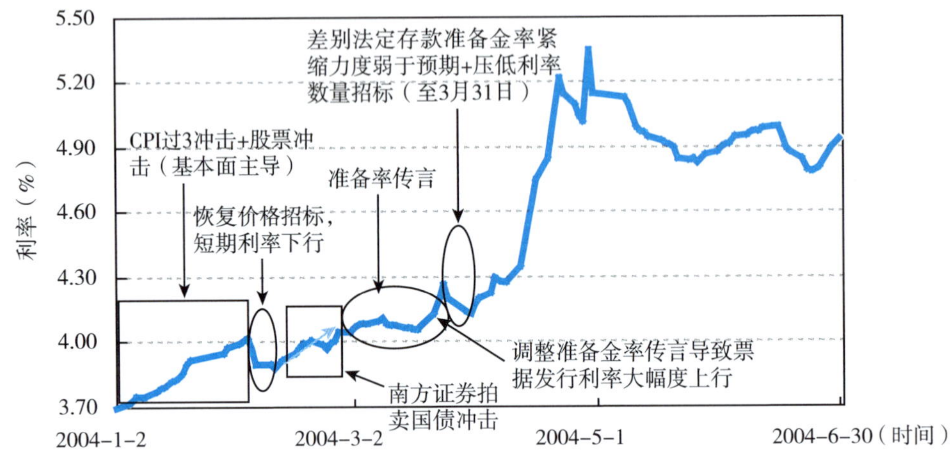

图1－3－3　2004年1～6月份10年期国债利率变化

资料来源：参照CDC数据，www. chinabond. com. cn。

二、2004年第二季度：负面因素集中冲击，长期利率创历史最高

（一）2004年的“黑色”4月

2004年4月份注定是一个应该被债券投资者牢记的时期，在此期间，市场各类利率急速攀升，创出了9年利率大周期中的最高点，而且中途毫无停歇反复。

此期间，7天回购利率从月初1.88%上行到2.46%，上行幅度为58个基点，1年期中央银行票据发行利率从月初2.60%上行到3.00%附近，上行幅度达到40个基点，10年期国债利率从月初4.18%上行到月末5.35%，上行幅度竟然达到117个基点。

回顾2004年这个“黑色”4月，几乎可以发现国际、国内各类负面因素集中对国内债券市场形成了明显冲击。这些负面因素可归结如下：

1. 2004年4月9日，国务院召开季度经济形势分析会，正式确立了后期宏观调控的方向和重点。在本次会议上，温家宝总理指出目前经济运行中存在信贷规模过大及通货膨胀等风险，确立了后期调控重点是抑制固定资产投资的增长过快①。

2. 在国务院精神指引下，中央各大部委联合出击，调控固定资产投资领域。作为总量调控主要职能部门的中央银行于2004年4月11日宣布再度上调法定存款准备金率0.5个百分点。

① “铁本事件”是本轮宏观调控的一个标志性样本。

3. 4月上旬，央行及国家统计局公布的宏观经济数据显示，前期一系列的紧缩措施，即2003年下半年以来，以法定存款准备金率上调为代表的一系列调控措施，并没有抑制住M2、CPI及固定资产投资增速的继续上涨。当时市场成员纷纷预期，如果固定资产投资增速持续上涨，并且CPI涨幅超过3%，则可能促使中央银行采用最后的货币政策工具—加息。

4. 从4月中旬开始，国际周边环境也发生了一系列的变化。对中国货币政策取向影响最大的美联储表示，面对美国经济向好的景象，美联储可能考虑提高利率。同时央行负责人李若谷与吴晓灵分别在不同场合表示，中国经济正在出现过热迹象，如果央行目前的措施没有取得效果，将会进一步采取措施为经济降温。吴晓灵更是警告各微观主体，要重视央行的信息，不要逼迫央行采取进一步的紧缩措施，这将是更为严厉的。这一表态令升息预期异常浓重。

当期，市场机构对“五一”期间升息的预期非常浓重，甚至某些媒体发布消息，称央行已经在“五一”前夕，召开紧急会议，研究固定资产投资过热问题，并决定实施加息，其中贷款利率上调50个基点，存款利率上调25个基点。

5. 中国人民银行在此期间主动引导票据发行利率上行①。中央银行分别于4月6日和4月20日两次将数量招标的发行利率分别上调20个基点和15个基点②。

其中需要注意的一点是，4月份利率曲线呈现陡峭化上行态势，这是较为罕见的变化形态。后期在2007年度，这种曲线形态也曾发生过，主要体现为升息预期来临（实际确认前夕），市场资金离场，撤离长期利率品种。

（二）2004年5月：长期利率的高位钝化

经过“漫长”的“五一”假期，市场并没有等来预期中的加息措施，这多多少少缓解了前期过度紧张的气氛。同时，节前4月28日，监管机构要求股份制银行暂停放贷，尽管这也是一种紧缩措施，但其直接作用到调控目标的最前端—贷款发放本身，所以没有对债券市场资金面及利率预期产生直接影响③。

5月份的债券市场又一次体现出长短期利率方向变化上的相异。从5月份整体表现来看，三个基准性利率的各自表现不尽相同：

1. 7天回购利率是趋势性下行的，从月初的2.46%回落到2.15%附近。

2. 10年期国债利率也是趋势性下行的，从月初最高5.35%④，回落到4.88%，

---

① 这轮票据发行利率上调的原因也有人解读为中央银行为提高发行量，被迫提高发行利率，但笔者更认同中央银行主动提高利率、实施政策紧缩的观点。

② 4月6日首次上调发行利率前，二级市场的票据利率为2.65%，仅略高于当时一级发行利率——2.61%。

③ 实际而言，限制放贷对于债券市场是具有利好效应的，但是当年的市场对于信贷与债券投资的长期联动效应并不敏感。

④ 虽然有看法认为5.35%的长期利率非理性，不宜过多参照，但是笔者相信剔除掉这一非理性成分，10年期国债利率在5.20%在现实中是可以达到的。

回落32个基点。

3. 较为特殊的是1年期票据发行利率却呈现持续攀升的态势。

节后5月11日的公开市场发行中，中央银行在连续多次数量招标后，将央行票据发行方式恢复为价格招标。结果中标收益率对应为3.2098%，比此前的二级市场水平高出25个基点以上，并且仅发出228亿元（流标）。从当时的情况来看，这个较高的中标利率也是在央行的主动指导下才达成的，否则中标利率将远高于此。5月18日，中央银行继续采用价格招标方式缩量发行票据，中标利率则继续上行至3.32%。

因此，此期间长期利率的坚挺稳定确实有些出乎市场预期，特别值得提及的是040004（7年期国债，2004年5月25日发行）的发行结果低于市场当时预期。

因此，虽然公开市场票据发行利率连续攀升，但是市场对于未来票据发行利率即将见顶回落的预期却越发浓重起来。表现在二级市场中，即1年期票据交易利率明显脱离发行市场约束，有所下行，这也是在历史表现中较为特殊的一个现象。

终于在5月25日，中央银行票据的发行结果如市场预期一般，出现了2个基点的降幅，这个微小的变化更加坚定了投资者对于长期债券的多头看法。

对于2004年5月份长短期债券利率的非同向变化，至今笔者无法找到合理的解释，而这种看似奇怪的现象在2007年度也曾出现过，一个共同的特征就是当时长期利率居于历史周期的高位。在这一个共同特征下，笔者倾向于将此现象称为是“长期利率在高位钝化的现象”，即当长期利率调整到一定水平（一般是历史高水平区间）后，投资价值已经被充分体现出，因此在此高位对于任何利空因素的敏感度都会降低，更大概率是在此高位平台徘徊。

（三）2004年6月：确认通货膨胀

始自5月份初以来的长期利率下行行情进入6月份便戛然夭折。一方面原因在于6月1日的1年期中央银行票据发行利率没有延续5月25日的回落态势，而是再度出现了9个基点“超乎预期”的上涨。另一方面，在此期间央行行长周小川在各地调研时指出：“央行会密切关注宏观经济形势的变化，特别是价格水平的变化趋势，利率的变动要跟上价格变化，否则会导致负利率，引发微观行为与宏观调控目标发生背离”。管理层再度提及利率与物价指数的关系，令债券市场再蒙压力。

果不其然，5月份的CPI同比增长幅度（6月上旬发布）上冲到4.4%，市场联系到管理层对于利率与物价指数的评论，升息传言再度涌现，打击了市场的情绪。

从事后回顾，理性的投资者在当初更应该关注其他类经济数据，比如投资、工业增加值等（因为“固定资产投资”是本轮宏观调控的主要目标），这些关键指标在当时已经出现了较为明显的回落，显现出前期的调控措施正在发挥作用。但是当时的市场被升息传言所左右，造成了长期利率再度回归到上行通道中，6月1日～6月15日期间，10年期国债利率从4.88%再度回升到5.0%。

6月15日，1年期中央银行票据的发行利率再度出现回落，同时人民银行否认了近期

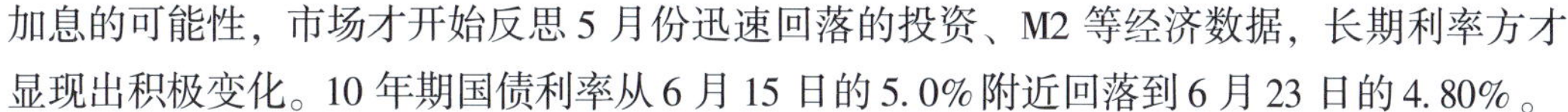

加息的可能性，市场才开始反思 5 月份迅速回落的投资、M2 等经济数据，长期利率方才显现出积极变化。10 年期国债利率从 6 月 15 日的 5.0% 附近回落到 6 月 23 日的 4.80%。

从 6 月中旬以来，市场不断接触到的主流信息就是“前期的宏观调控政策已经显现效果，后期管理层似乎并不急于再度出台严厉的控制政策”。在这一舆论环境下，长期利率则步入一个缓慢而又较为长期的下降环境中，这个环境的覆盖期间是 6 月 15 日 ~8 月 10 日。此期间中，10 年期国债利率从 5% 回落到 4.75%，幅度虽然不大，仅为 25 个基点，但是延续的时间却很长。如图 1－3－4 所示。

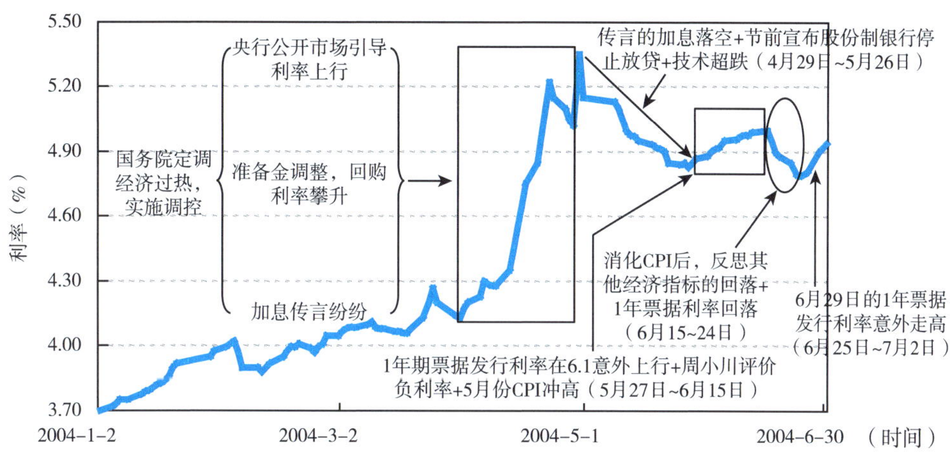

图 1－3－4 2004 年 1 ~6 月份 10 年期国债利率变化

资料来源：参照 CDC 数据，www.chinabond.com.cn。

三、2004 年三季度：长期利率随管理层舆论导向而“舞”

2004 年下半年的利率市场，缺乏一个明确的趋势。一个值得关注的时期是 7 月 2 日 ~10 月 20 日，在此期间，一个非常有意思的现象是：短期利率（回购利率与中央银行票据发行利率）几乎和长期利率的变化是完全负相关的，那这个期间长期利率走向究竟是由什么因素决定的呢？这是一个非常值得关注的问题。

从利率变化的表象来看，7 月 1 日 ~10 月 20 日各类利率的变化大致可以划分为三个阶段：

1. 7 月 2 日 ~8 月 10 日：长期利率小幅度下降 25 个基点，此期间的回购利率方向无变化，1 年期票据的利率基本上是上行态势。三个利率的变化方向不一致。

2. 8 月 10 日 ~9 月 14 日：长期利率从 4.75% 再度上行到 5.13%，回购利率却缓步走低，1 年期中央银行票据的发行利率基本持平。三个利率的变化方向不一致。

3. 9 月 14 日 ~10 月 20 日：长期利率从 5.13% 再度回落到 4.80%，回购利率呈现先上再下的态势，趋势性不强，1 年期中央银行票据的发行利率基本以上行为主，整体重心走高。三个利率的变化方向不一致。

首先关注一下7～10月份的宏观经济基本面指标：投资依然在高位，处于缓步回落态势；信贷缓步回落；物价变化高位走稳，略显回落；工业增加值指标基本在历史平均数附近持平。因此经济基本面状态可以概括为：经济增长有回落，但是回落速度有限，从经济基本面数据看不出什么趋势性方向；认为经济已着陆，似乎证据不足；认为经济继续过热，也不现实。总体看该阶段的经济基本面信号是较为模糊的。

无论从短期利率变化角度还是从经济基本面角度，理解当时长期利率的变化都颇费周折。但是若转化思路，结合当时管理层的言论导向以及由此所引发的市场情绪变化来理解长期利率的变化方向和节奏则相对明确一些。

需要特别说明的是：在这个时期，管理层的言论导向令市场左右波动，那么这种言论导向究竟应该归属到什么因素呢？基本面还是政策面因素？笔者至今难以得出一个明确判断。从9年利率周期变化来看，也仅有这段时期长期利率的决定因素是如此特殊。

在此期间，短期利率指导意义丧失，而长期利率则走出了3个较具规律性的波动态势。

（1）7月1日～8月10日：10年期国债利率从4.92%下行到4.75%，回落幅度17个基点。

（2）8月11日～9月14日：10年期国债利率从4.75%上行到5.13%，上行幅度38个基点。

（3）9月15日～10月20日：10年期国债利率从5.13%回落到4.80%，回落幅度33个基点。

对应此三个阶段利率的变化，如下的相关背景资料为当初的利率方向提供了借鉴信号。

第一阶段（该阶段基本上属于心理预期的修正行情，中途虽然短期利率上下波动，甚至在7月27日1年期票据发行利率也曾一次上行到3.50%，但是没有动摇长期利率的方向）：追溯第一个阶段起源，应该是以2004年6月21日《人民日报》的头版头条社论“坚持宏观调控的基本原则”一文为代表的。

这篇文章可以看做是一个分水岭式的社评。极大地淡化了前期将本轮调控作为简单紧缩和控制的初级看法，并指出本轮调控的两个重点是投资过快增长、加强农业生产和煤电油运生产（在上述两个问题的解决过程中，利率工具似乎发挥不了太有效的作用，而且前期控制信贷的措施可能正在对控制投资发挥作用）。这在很大程度上淡化了长期压制市场的升息预期。因此面对6月30日美联储的首次升息举措，中国人民银行行长周小川在7月5日表示，“中国不急于跟随美国升息”。这一言论更令升息预期所降温。

仔细挖掘管理层做出上述表态的原因，可以从两个方面来进行分析：首先，从市场观点来看，升息措施所主要针对的问题是居民消费价格（CPI）增幅过大，即通货膨胀问题（在多数企业预算“软”约束背景下，升息对于解决投资过快问题作用甚微），而从货币政策传导机制来看，货币政策的实施应主要是针对于预期现象的，如果通货膨胀问题不具有可延续性，货币政策的过早出台无疑是失败的。因此，矛盾焦点集中于 CPI 的可持续性及可控性上，针对这一焦点，在 7 月 6 日 ~7 月 13 日期间，管理层智囊机构——发改委宏观经济研究院、国家信息中心、国务院发展研究中心金融研究所等权威机构纷纷发表预测报告，普遍预计 CPI 有见顶迹象，下半年 CPI 继续上行的动能不足，全年 CPI 不会超过 4% 的年初目标。特别是在 7 月 19 日国家统计局对于下半年的经济热点问题做出预测，认为：（1）下半年经济增长速度将逐季放缓，并有可能减至 9% 以下，全年经济增速为 9% ~ 10% 之间；（2）下半年固定资产投资增幅继续回落，预计城镇固定资产投资三季度会有较快的回落，四季度将进一步回落至 15% 左右，全年预计在 22% 左右；（3）2003 年下半年物价上涨带来的“翘尾”因素，会从 8 月份开始逐渐减弱，居民消费物价涨幅也会随之回落，下半年不会在通货膨胀方面出现严重问题。上述一系列言论都为管理层暂缓升息举措提供了理论基础，导致管理层对于利率调整采取谨慎的态度。上述观点可能会导致管理层暂缓升息，但是可能并非决定性因素。下述因素可能是制约升息决策的关键所在，即对于前期宏观调控矫枉过正的担忧。

其实从二季度末开始，面对中国经济发展“一松就热，一紧就死”的历史惯例，管理层已经开始有所担忧。面对收紧信贷的调控方式，在 7 月 12 日国家统计局发布调查报告，称宏观调控措施实施以来，超过一半国内重点企业感到流动资金紧张状况加剧，其中建材、钢铁、有色金属等行业的反映比较突出。同时国家统计局多位专家指出目前宏观经济调控中出现的一些问题值得关注，其中包括银行信贷增长波动过大以及企业生产经营所需资金明显偏紧等问题。而且煤电油运紧张的矛盾非常突出，特别是电，非常紧张，信贷投放中对短期贷款控制过严，给企业的生产经营活动带来新的困难。信贷紧缩造成企业生产所需的流动资金严重紧缺，还造成投资增幅锐减，上述一切引发了管理层对经济“硬着陆”的担忧，而且从政府角度来看，相对于适当的通货膨胀，“硬着陆”所造成的经济下滑、失业增加更是政府所不愿看到的。在这种情况下，升息举措无疑对可能存在的经济风险是雪上加霜的作用。正是出于这种担忧，在 7 月 29 日，央行有关负责人表示，会准确把握货币政策力度和节奏，合理控制货币信贷增长，引导商业银行正确判断市场风险，及时为好的企业提供正常的流动资金支持。同时在 7 月 30 日，银监会也召开四大商业银行负责人座谈会，要求信贷政策有保有压，要加快金融创新，改变过度依赖利差收入的状况。

因此，明显划分第一阶段应该是从 6 月 21 日开始至 8 月 6 日止。该阶段以《人民日报》的头版头条社论“坚持宏观调控的基本原则”一文为启动标志，市场焦点分布于 CPI 回落可期和宏观调控矫枉过正两条主线，极大地淡化了市场的升息预期。

第二阶段（国内 CPI 达到 5.3% 以及美联储第 2 次上调利率是一个触发点，并后续引发了市场对于前期过于乐观情绪的修正）：第一阶段对于宏观调控矫枉过正的担忧，导致市场对于管理层可能会放松紧缩力度产生了期望，但是 8 月 9 日《人民日报》评论员文章打碎了这种松懈的思想。

文章明确指出，从2003年下半年开始，党中央、国务院采取的一系列宏观调控政策措施是及时、正确、有效的。同时指出，当前宏观调控仍处于关键阶段，要充分认识新形势下宏观调控的艰巨性、复杂性，决心不动摇，工作不放松。紧随其后，面对各级部门、地方政府可能存在的松懈思想，国务院总理温家宝在8月10日指出，目前宏观调控还处于关键阶段，取得的成效是初步的、阶段性的，基础还不巩固，固定资产投资扩张和生产资料价格上涨的压力依然很大，煤电油运供求依然紧张，加强和改善宏观调控仍然是当前经济工作的重点。甚至在8月17日，胡锦涛主席也指出，要充分认识到当前宏观调控取得的成效还是初步的、阶段性的，影响经济健康发展的深层次矛盾和问题还没有得到根本解决，宏观调控任务依然繁重。

无独有偶，集中于8月中旬公布的各项宏观经济数据显示，CPI继续攀升至5.3%的历史高位，城镇固定资产投资增幅有所反弹，同时8月11日美联储再度抬升联邦基金利率25个基点。内外部压力同时涌现，导致了央行行长周小川表示，当前总需求扩张和通胀压力没有明显减弱。市场的升息预期再度高涨。在此阶段，最为引人注意的是8月13日、9月1日和9月7日，国务院研发中心、国家统计局核算司和国家信息中心分别发布研究报告，从负利率导致储蓄分流、保护消费结构升级产业等角度分析，建议适时加息。这对于升息预期的高涨无异于火上浇油。面对这种情况，央行行长周小川分别于8月24日和9月3日连续发表对于目前宏观经济形势的看法，认为当前总需求和通胀压力没有明显减弱，宏观调控稍有放松就可能出现反弹。市场对于升息的预期空前浓重，甚至有传言称，央行将在“十一”期间出台加息措施。面对市场近似恐慌的局面，中国人民银行行长周小川首次对升息问题作出表示，称央行是否升息或采取更进一步的宏观调控措施，还要根据即将公布的8月份经济数据而定。市场在重压中发展变化。

因此，8月11日～9月13日构成了第二个阶段。这一阶段以8月9日《人民日报》的评论员文章为转折点，为前期宏观调控是否存在矫枉过正的争论画上了句号，明确了保持调控力度、防止反弹依然是工作重点。

对于中央的这一指导精神，市场的聚焦点很自然的落到了升息举措出台这一问题上，而对债券市场更具杀伤力的是权威级的各大政府研究机构不约而同地提出适时加息的建议。同时美联储再度抬高联邦基金利率，而与“利率”密切相关的CPI指标在7月、8月同比连续在5.3%高位运行，并出现环比增幅抬高的现象，这一切都增加了通胀预期。

再者市场联系到二季度中，央行研究局局长穆怀鹏指出央行会以7～9月经济数据作为利率是否调整的重要依据。市场对“十一”期间升息的出台怀有强烈预期，而央行对8月份经济数据的评判成为市场关注的焦点。

第三阶段：8月份宏观经济数据集中于9月中旬出台，但是在随后的近一周时间中，央行并没有对上述数据做出评论，直到9月21日，央行行长周小川仅发表了简短评论“物价运行还算平稳”，这似乎给了市场一丝转机，因为从宏观数据来分析加

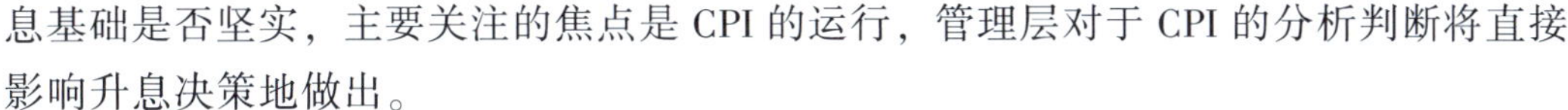

息基础是否坚实，主要关注的焦点是CPI的运行，管理层对于CPI的分析判断将直接影响升息决策地做出。

真正确立市场信心的还在于9月24日正在国外访问的国务院总理温家宝首次对于CPI走势做出详尽分析，他表示中国是否加息，主要视乎整体宏观经济情况及通货膨胀走势而定。温总理称，“今年1～8月，中国物价居高，这有相当大的部分是属于去年的‘翘尾’因素，而且主要是同食品有关的价格，那么今年中国农业丰收，下半年的消费物价会出现纾缓的趋势，在这种情况下，我们对加息与否是要从全国的实际出发”。

这是最高管理层首次对物价走势表达看法，而且从内容分析，似乎表明单从物价角度考虑，升息的基础还并不是很充分。这一论调大大的淡化了市场的升息预期，而且市场传言称，央行上报国务院的升息方案建议已经被否决，这至少意味着在相当一段时间内，关于升息的讨论将告一段落。随即在9月28日召开的央行货币政策委员会三季度例会公告依然强调后期会适度控制金融体系的流动性，而对利率问题没有做出任何表示。

综合分析，应该承认，对于升息与否，管理层自身也处于艰难的选择之中，在公布的一系列宏观经济数据中，除了CPI增长态势依旧外，M2、固定资产投资、信贷增量都出现了明显下滑。以货币供应量变化为例，有经济学家表示，按照这种递减速度，年初17%的计划目标将难以完成，这无疑也在加大“硬着陆”的风险。在这种情况下，利率调整作为“双刃剑”的特征在此时表露无遗，再三的权衡令升息举措不能出台，中国目前经济发展状况令货币政策的操作难度空前。

因此，从9月14日开始，一直延续到10月中旬，构成了三季度政策消息面因素主导的第三个阶段，在此期间，升息预期大为淡化，而且从管理层的言论导向来看，后期调控力度不会放松，但是从手段选择上来说，可能更侧重于数量型的货币政策工具和行政性为主的调控方式。宏观经济指标所显现出的背离状态，将令管理层在利率调整问题上慎之再慎。

详解如图1－3－5所示。

四、2004年四季度：首历加息

（一）10月20日～11月23日：债市首历加息冲击

9月14日以来的长期利率下降实际上是延续到10月底的，10月28日晚间宣布的加息信息多多少少出乎市场预期的，因为在此前，多项经济数据都显现回落苗头，市场升息预期在明显的弱化，这种突发而至的升息举措，给市场以突兀之感。

从10月20日开始一直到11月23日，市场显现恐慌性调整，10年期国债利率从4.80%上行到5.20%。

在此调整期间，虽然从11月9日开始，1年期票据发行利率出现了下行，但是依然没有缓解市场对于长期利率上行的预期以及恐惧。

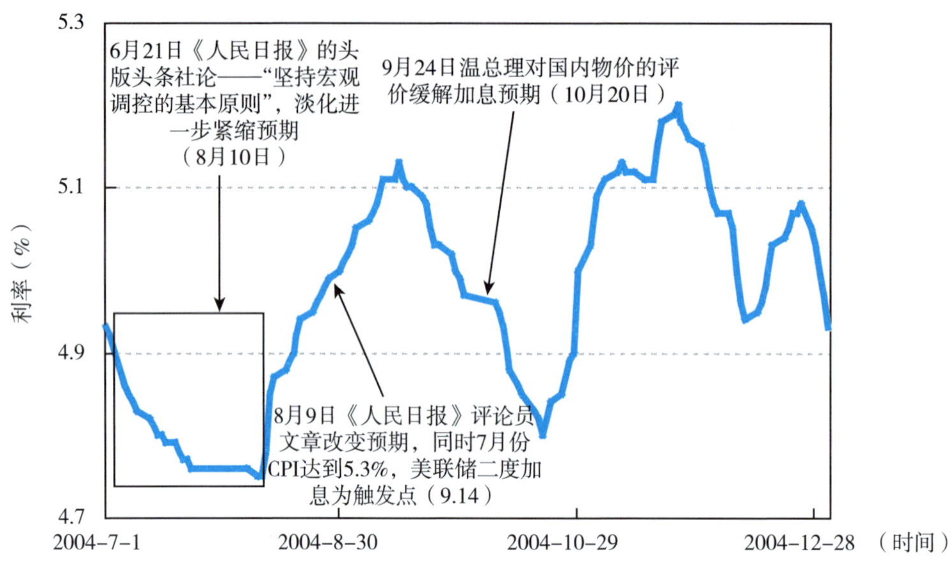

图 1－3－5　2004 年 7～12 月份 10 年期国债利率走势一览

资料来源：参照 CDC 数据，www.chinabond.com.cn。

实际而言，从升息的冲击幅度来看，本次加息对于中长期利率冲击影响基本在 20～25 个基点附近，长期利率在从 4.85% 调整到 5.10% 附近时，基本已经消化了升息冲击。从影响的时间上来看，剧烈影响期无非是 11 月 1 日、2 日、3 日三个交易日，随后利率基本保持在 5.10% 的平台上进行窄幅整理。

11 月 18 日～11 月 23 日期间的长期利率继续冲高，原因并非来自于加息因素，交易所市场中国债的再度拍卖打破了债券市场的供需平衡①。这一事件导致长期利率在 5.10% 高位的基础上继续上行了 10 个基点，达到了 5.20%。

（二）11 月 24 日至年底：公开市场牵引长期利率下行

11 月 25 日开始，中央银行主动性的牵引票据发行利率下行，1 年期中央银行票据的发行利率由起先的 3.46% 下行到 3.17%（12 月 9 日）。

期间，虽然在 12 月 9 日市场历经了一个 3 年期票据发行的意外冲击②，但是长期利率的重心整体下降。同时 2004 年 11 月份中，长期居于 4% 以上的 CPI 同比增幅一举回落到 3% 以内，这也为长期利率下降提供了明显的推动力。

详解如图 1－3－6 所示。

也正是从 2004 年 11 月 23 日开始，中国债券市场竟然步入了一个罕见而又相对长期的大牛市。但是站在当时的角度来看，2004 年 11 月底所展开的利率下行是以

① 这次交易所市场中的国债拍卖不同于 2004 年 2 月份对南方证券持有国债的拍卖，本次国债拍卖主要是对交易所保证金制度引发的违约债券进行拍卖。

② 2004 年 12 月 9 日，中央银行创设 3 年期票据工具，并首度发行。从事后观察来看，3 年期票据创设的基本目的可能是为 2005 年的汇率改革铺路。

CPI 同比增长明显回落为诱因的，在当时，主流的市场预期仅仅将长期债券的上涨定义为反弹，难谈反转。

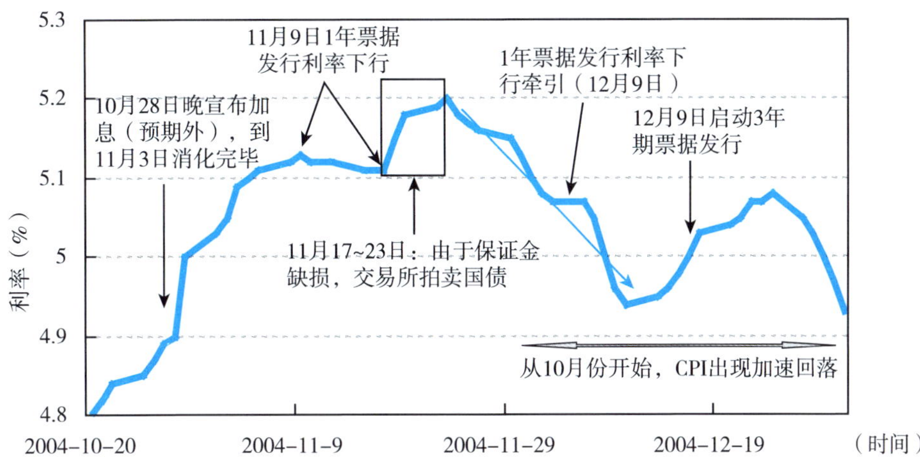

图 1-3-6　2004 年四季度 10 年期国债利率走势一览

资料来源：参照 CDC 数据，www. chinabond. com. cn。

第四章

2005年：大牛市[①]

从2004年11月23日开始，中国债券市场竟然步入了一个相对长期的大牛市中。当时反弹的展开是以CPI同比增幅明显回落为触发因素的，因此当初的市场看法仅将其定义为反弹，并未形成市场反转的统一认识。但是伴随各类因素在2005年的“意外”碰头，2005年债券市场的大牛市格局渐次的、波澜壮阔地展开了。

第一节　2005年基准国债利率运行轨迹综述

2005年长期利率走向呈现非常明显的下行趋势，长期利率从年初到年末一路下行，中途几乎没有产生波动，10年期国债利率的变化覆盖了（3.00%，4.90%）区间，一举从利率高水平区间步入利率低水平区间。

从历史回顾角度来看，2005年的债券牛市是9年周期中最大的一轮牛市，利率下行幅度甚至超越了后来的2008年下半年。如图1－4－1所示。

2005年长期利率的变化基本呈现单边下行的格局，10年期国债利率从年初4.88%一路回落到10月21日的3.00%，下行幅度近200点，其后虽然出现波动，但是利率重心始终没有脱离低位区间。如图1－4－2所示。

归纳总结来看，2005年债券牛市的主要推动因素在于政策面因素（货币政策不断放松，特别是体现在公开市场层面），也许有些人将政策变化的深层次因素归结到当年进行的人民币汇率改革问题，但是对于债券市场而言，更为直接的主导影响因素则在于公开市场引导。

① 2005年的春节在2月9日。

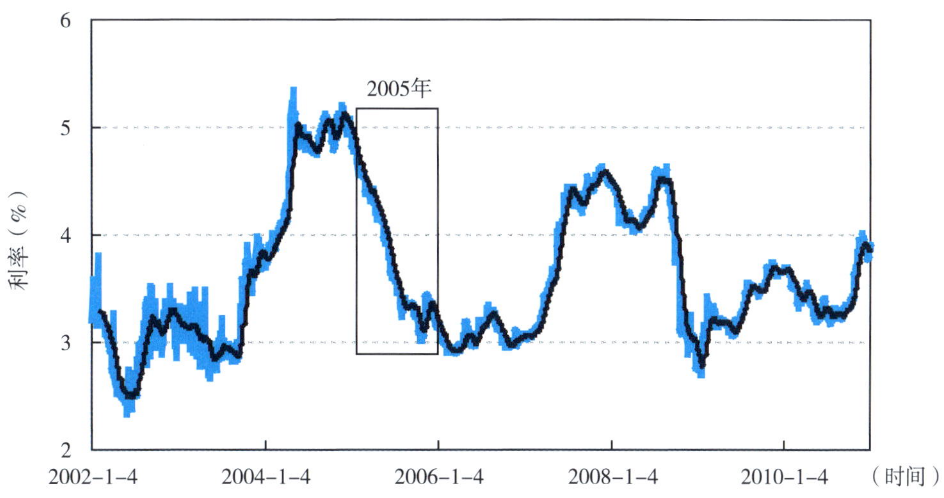

图 1－4－1　2002 年以来 10 年期国债利率变化一览

资料来源：参照 CDC 数据，www. chinabond. com. cn。

图 1－4－2　2005 年 10 年期国债利率走势

资料来源：参照 CDC 数据，www. chinabond. com. cn。

我国两次汇率改革的相关资料

2002～2010 年期间，我国经历过两次较为重要的汇率改革，第一次发生在 2005 年 7 月 21 日，简称为“7. 21 汇改”，第二次发生在 2010 年 6 月 19 日，简称为“6. 19 汇改”。两次汇改对于国内利率市场产生的影响并不一样。

“7.21汇改”前后，债券市场处于一个罕见的大牛市格局中，需要强调的是，并非是汇率改革本身催生了国内债券市场的牛市格局，其中有一个重要的传输环节在于公开市场发行利率的牵引作用。在2005年汇改前后，中央银行本着“利率平价”的调控思路，在公开市场中主动性地将票据发行利率引导向下，导致了2005年国内债券市场牛市的生成。其中一个显著的特征是，2005年中，长期利率（10年期国债利率）与短期利率（1年期中央银行票据利率）是同步同幅度下行的，充分显示了公开市场发行利率变化对于长期利率的主导牵引作用。因此应该这样说，不是汇率改革本身对于国内债券市场有直接的利多作用，而是当时辅助汇率改革顺利进行的公开市场动向对于国内债券市场具有直接的利多作用，公开市场作为重要的中枢环节是“功不可没”的。

相比于“7.21汇改”，“6.19汇改”后国内债券市场由于缺乏当期公开市场的指引效应，因此无法重现2005年牛市格局，因此2010年的“6.19汇改”基本没有对当时的国内债券市场产生什么影响，债券市场依然沿着原有的轨迹而运行。

因此，汇率改革本身并不是决定国内利率市场的主导性、直接性因素，而是辅之而来的货币政策基调才是影响国内债券市场的主要性、直接性因素。

第二节　2005年长期利率波动详解

一、2005年上半年：公开市场利率一路牵引下行，长期利率显著回落

2004年11月份下旬开始，难以预期的一轮牛市展开。回首2005年的超级大牛市，其中一个不可或缺的前提条件是2005年的CPI同比增长出现了趋势性的下行，其固然有2004年基数过高的原因。如果从现在较为成熟的测算角度来看，这种下行态势是可以预期的，但是在当时，市场对于估算CPI短期运行趋势的方法还并不完善，因此在当初能明确预期CPI下行的结论并不多见。

此外2004年的宏观调控年极大地平抑了经济过热的情况，因此无论从经济增长角度还是从通货膨胀角度，宏观经济基本面因素的稳定为大牛市的展开提供了坚实的基础。

但是从利率的实际运行角度来看，这个牛市也并非一蹴而就的。长期利率下行的主要牵引力来自于公开市场操作。

事实上，从2004年11月23日1年期中央银行票据发行利率创出阶段性新高——3.39%以来，中央银行票据的发行利率就进入了一个相对稳定的下降通道中，进入2005年后，这个趋势则更为明显。

2005年年初期，由于当时的1年期中央银行票据发行利率远高于定期存款利率，由此衍生出很多人民币理财方面的需求，这股力量是推动公开市场发行利率下行的重要因素但非决定性因素。归根结底，公开市场利率的连续下行是中央银行刻意推动的结果，虽然这个主要因素在期初并不为市场所明确。

（一）2005 年 1～2 月份："莫名其妙"的公开市场利率下行

2005 年债券市场的变化焦点从年初以来就集中在公开市场操作动向上，而且应该说，在初期市场对于中央银行的利率引导方向就感觉有些莫名其妙。

第一次较为显著的超预期事件来自 1 月 18 日的公开市场操作事件，当天中央银行票据的发行结果出乎市场预期。1 年期票据发行利率由上周的 3. 28% 一举回落到当周的 3. 18% 。需要格外注意的是，这次利率下跌伴随的是当周中央银行票据发行量的缩减，从量价关系而言，这已经明显透露出中央银行刻意为之的意图，但是这点在当时并不为市场所关注。

这种在当时被认为是较为反常的情况反而引发了市场机构的诸多疑虑，而且"疑虑"多数是从负面角度来理解央行意图的①。

市场怀疑中央银行后续有其他紧缩性手段，同时市场内盛传再度提高法定存款准备金率的传言。总体来看，这一本质利好的公开市场发行事件反而在短期内导致部分机构选择在收益率的"相对低点"获利抛售自己手中的短期债券。

随后的 1 月 21 日，更是出现了较为戏剧化的变化，而这次市场的焦点则集中在 3 年期中央银行票据上。

3 年期中央银行票据突然在连续发行 5 期之后出现了暂停发行，即 1 月 21 日、1 月 28 日、2 月 4 日（中间为春节假日）连续 3 周出现了停发②。

这一莫名其妙的停发在当时极大地激励了债券市场多头气氛。此期间，3 年期中央银行票据的利率迅速从原 4. 15% 的发行利率回落到二级市场约 3. 90% 附近③，回落幅度约 25 个基点。

同期，1 年期中央银行票据的利率也从 3. 30% 回落到 2. 80% ，回落幅度更是达到 50 个基点。受此影响，10 年期国债利率从年初的约 4. 90% 回落到 2 月中旬（停发三周的 3 年期中央银行票据被重启发行前）的 4. 60% ，回落幅度 30 个基点。

2 月 18 日，停发数周的 3 年期票据重新发行，在当时二级市场利率为 3. 90% 的情况下，新发 3 年期票据的发行利率却达到 3. 81% ，进一步激励了二级市场利率的下降。

几乎同时，2 月 22 日公布的 1 月份 CPI 同比增长仅为 1. 9% ，也明显低于市场预期，长期利率成为最大的受益主体，10 年期国债利率进一步回落到 2 月底的 4. 40% 附近。

整体来看，1～2 月份债券市场多头氛围的主要推动力来自公开市场层面的牵引。随后的交易日中，市场也曾出现过短暂的调整。比如在 3 月初期，由于 3 月 4 日的 3 年期票据发行利率出现了 8 个基点的意外的上行（未成趋势，短暂一周），导致了 3

① 这种市场心态充分反映出 2005 年年初的市场氛围依然被空头思维所笼罩。

② 为什么 3 年期票据在当时突然暂停发行，其背景原因至今未明。

③ 2 月 17 日，剩余期限在 2. 8 年附近的 0401098 二级市场成交利率为 3. 82% 。

月初期10年期国债利率从4.40%回升到4.46%附近，但是真正的大转折是发生在3月中旬。

（二）2005年二季度：牛市格局预期成型

3月17日，中国人民银行宣布下调金融机构超额存款准备金利率，从原来的1.62%下调到0.99%①。当天招标发行的3M和3Y票据分别比上周大幅下跌了57个基点和42个基点，1年期票据利率也从2.70%回落到2.20%附近。

但是从二级市场的表现来看，长期利率对于超额存款准备金利率的调整却是总体表现犹疑。虽然一级市场的利率较为坚定的下行，但是在二级市场中却表现出如下两个特征：

1. 在中央银行票据市场中，二级利率和一级利率相脱节，二级市场参与者对于一级发行利率并没有完全认可。4月初期，1年期票据的发行利率在2.16%附近，同期二级利率交易利率为2.20%，3年期票据的发行利率为3.21%，但是二级市场利率为3.24%。这种一二级市场利率相脱离的情况在日后将不断上演；

2. 3月17日~4月6日期间，长期利率表现得非常犹疑（除了在3月17日当天，长期利率出现了约10个点的降幅后，后期则一直保持稳定），10年期国债面对这一利好，利率却在4.40%~4.45%一线反复震荡。一个重要原因是，3月22日中国人民银行行长周小川表示，“随着经济的发展，调控将更加注重于依赖利率，央行正在考虑制定一些宏观和微观方面的规则，以更适应利率型的调控”，同时周小川行长表示，“中国利率市场化的条件越来越成熟，商业银行应该进一步学会对自己的存贷款价格作出决策”。随后，某媒体报道，周小川对于升息问题做出评论，表示第二季度可能会上调利率。这一信息对于目前高位徘徊的债券市场来说具有较强的杀伤力。虽然央行在随后的声明中否认了曾经做出过升息评论，但是对于市场投资者而言，已然造成了较大的心理压力。②

4月8日，3年期票据发行利率继续超预期下行6个基点，市场对于即将发行的5年期跨市场国债050003（4月25日发行）燃起多头热情，终于推动长期利率跌破4.40%这一平台，下行至4月下旬的4.15%附近。

4月21日，票据发行结果再度令市场惊魂，3M和3Y票据发行利率分别意外的上行了8个基点和10个基点，造成长期利率向上调整10个基点，10年期国债利率一举上调到4.25%附近。4月26日，市场久已期待的5年期跨市场国债050003发行结果明显低于市场预期，又重新推动10年期国债利率向下跌破4.20%。

---

① 如果说，以前的超额存款准备金利率下调具有其他的政策含义，比如增强银行的资金运用效率等含义，而本次的超额存款准备金利率下调则体现出中央银行主动向下引导市场利率的意图。

② 当时市场的主流心态是：债券市场依然是处于缓慢上行的通道之中，但是从多数机构的分析观点来看，二季度债券市场依然面临较大的调整压力，前期被极大缓解的升息预期极有可能再度燃起，这也造成了当时浮动债券品种受到青睐。进入二季度后投资操作应以谨慎防守为主基调，静待诸多政策面因素的明朗化。

从当时的市场变化来看，由于在4月下旬至5月上旬之间，公开市场发行利率出现了较为意外的反复，发行利率没有像年初以来一样持续下行，中间甚至出现了超乎预期的上行，因此，即便5年期跨市场国债的招标结果明显低于市场预期①，也没能给市场以长久持续的推动力。从4月25日至5月10日间，市场长期利率保持一个平台整理、微幅回落的态势，10年期国债利率在4.15%~4.20%之间震荡。

"五一"长假过后，5月10日~5月23日期间，一级市场发行利率持续走低（主要是指中央银行票据发行利率），进而带动长期利率持续下行，从4.15%回落到3.95%，下行幅度达到20个基点。

进入5月底（5月23日~5月31日期间），由于当时发行的7年期国债利率没有出现前期常见的"明显低于预期"的现象以及公开市场票据发行利率再度反复，市场长期利率出现回调，其中7年期国债利率上行幅度越15个基点，而10年期国债利率则从3.95%回升到4.05%。

进入6月份以来，3年期票据再度出现了停发②。3年期票据的意外停发导致了市场中很多投资机构的投资计划与节奏被打乱③，二级市场利率随即出现了明显回落，10年期国债利率在6月份期间从4.05%一举回落到3.60%附近，降幅达到45个基点。详解如图1－4－3所示。

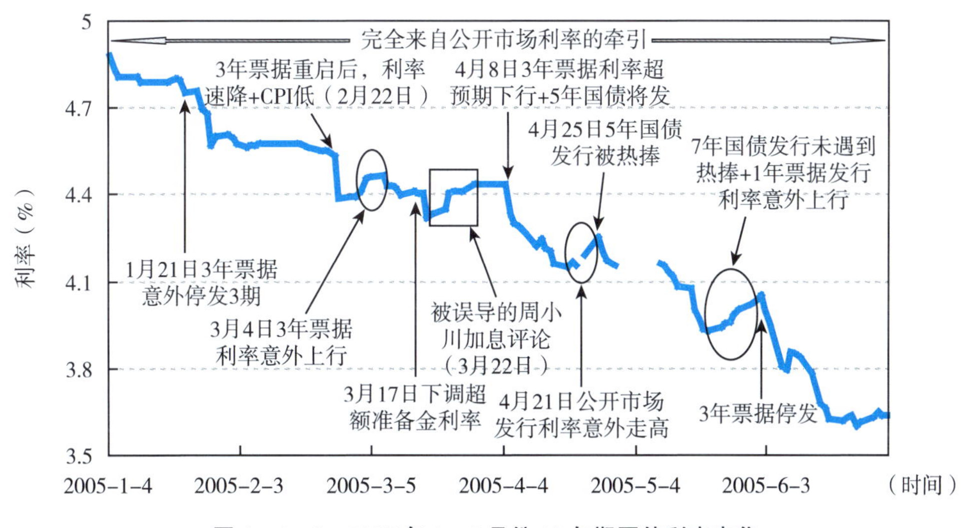

图1－4－3 2005年1~6月份10年期国债利率变化

资料来源：参照CDC数据，www.chinabond.com.cn。

总体来看，在2005年上半年期间，长期利率的波动变化基本是围绕公开市场票据发行利率的变化而展开的。

---

① 5年期国债050003发行前市场的主流预期利率为3.45%~3.50%，实际发行结果为3.30%。

② 本次停发在后期才被发现是长期性的，和春节前的连续3周的停发性质并不相同。

③ 投资配置类机构在此前已经将3Y票据作为重要的、有计划的配置品种，并已经将其每周的发行频率列入当年度配置购买的计划。

二、2005年下半年：汇率改革启动，债券牛市步入下半场

2005年上半年公开市场操作方向的变化给市场一种出乎预期的感受，那么从何时开始，市场才意识到这种“反常”是在为汇率改革而铺路呢？从笔者个人感受来看，至少到6月份期间，市场还只是隐约感觉到利率的变化与汇率制度改革之间似乎存在某种联系，但是对此关系并不确认，而且也不清楚一旦人民币升值开始，将会对利率产生什么影响。在2005年下半年中，上述谜团被一一揭示。

（一）2005年7月21日：人民币第一次汇率制度改革拉开帷幕

在消化完3年票据停发对于二级市场利率的冲击后，6月20日～7月5日期间，长期利率陷入了一个相对滞涨的境地。

此期间，10年期国债利率围绕在3.60%～3.65%区间进行窄幅震荡，市场心态较为犹疑，其原因依然是公开市场中1年期票据的发行利率出现意外反复的变化。

在经过上周1年期票据发行利率出现急速下降后①，6月21日和6月28日1年期票据发行利率出现了莫名其妙的上行，从1.52%上行到1.63%。同时从6月底开始，7天回购利率也出现了止跌回升的迹象，两方面因素造成了市场投资者的困惑，不少机构在此位置选择了获利出局，长期利率也因此出现了微幅回升的迹象。当时市场的主流看法是：基本面（主要来源于CPI数据的持续低位）依然支持债券的强势，负面的忧虑主要来自于资金面。

7月5日，1年期票据的发行利率再度出乎市场预期，从前周的1.636%回落到1.595%，这一信号改变了前期市场对于资金面的担忧，债券市场再续强势。

从7月5日一直到8月9日，1年期票据发行利率进入了一个明显的下降通道中，发行利率从1.59%回落到1.3377%，回购利率也稳定的保持在1.15%～1.20%这一低位区间内。理所当然，10年期国债利率从3.63%回落到3.23%附近，回落幅度为40个基点。

也正是在上述期间内，我国正式揭开了第一次汇率改革历程（7月21日）。结合当时的金融市场焦点——汇率改革问题，市场机构也从各种不同渠道了解到了当时主管汇率改革事宜的中央银行领导——易纲的一些思路，即利率平价关系。这令一度困扰市场的加息预期明显弱化，已经成型的债券牛市得以较为坚定的持续展开。

此处作为一个花絮，可以回顾一下当时中国债券市场面对人民币汇率升值时的一些言论以及即期的市场变化：

6月30日：高盛（亚洲）首席中国经济学家周三表示，假设人民币出现升值情

① 6月14日，1年期中央银行票据发行利率从上周的1.84%一举回落到1.52%，回落幅度达到32个基点。这是来自3年票据停发的刺激。

况，则目前债市低企的收益率将出现回升，大量投机热钱会借机获利出境从而令市场资金全面告急，若人民币汇率不出现变动，那么短期内债券市场收益率仍有下跌空间。

7 月 21 日：面对汇率改革的消息，市场的主流看法是：人民币升值的消息对于中国债券市场的影响目前难以断定，但是从正常理论来说，市场机构对于人民币的后期继续升值依然怀有强烈的预期。因此，从中长期来看，目前小幅度的升值对于债券市场而言是具有利好支撑的，但是预计近期内市场机构不会轻易选择方向，观望是市场的主流。

市场面对人民币升值，多空看法较为分歧，宣布汇率改革消息当天的市场总体呈现弱势。但是从周边市场的反映来看，亚洲债券市场多数将人民币的升值解读为利好，而且货币政策委员会委员余永定也表示出短期内升值压力会进一步加大，这可能意味着热钱的流入会进一步加剧，大量资金的出逃在短期内是难以出现的，债券市场整体依然向多头方向发展。

应该说，从 7 月中旬一直到 8 月上旬期间，是单纯的汇率改革因素作用于债券市场。而从 8 月 5 日开始，一直到 9 月 15 日，长期利率暂时迷失了方向。

首先，市场较为明确地反映了升值对于债券市场的利好，这一激励因素在慢慢消退，此外，1 年期票据发行利率在此阶段出现了长期持平现象，当时的市场对于短期利率见底基本形成了共识。

8 月中旬，1 天回购利率在 1.10% 附近，1 年票据发行利率在 1.32%。当时的市场有一个基本测算，较为理智的揭示出了短期利率见底的现状，计算过程如下：

8 月 3 日，公开市场中的 28 天 100 亿元正回购操作的中标利率创出历史新低，仅为 1.01%，由于人行超额备付金计息法则是按 360 天计息，而央行正回购是按 365 天计息，因此超额备付 0.99% 所对应的回购盈亏平衡点为 1.00375%，所以此次中标利率与超额备付金利率的差异仅为 0.00625%，几乎持平。

在短期利率见底的背景下，长期利率的再度下滑面临政策面和资金面的阻力，当然如果此时的基本面能够予以支撑，长期利率下行的空间是依然存在的。

但是较为不巧的是，8 月 11 日所公布的 7 月份 CPI 同比数据为 1.80%，超过当时的市场预期，并对投资交易者产生了较大的震动，由于当时市场对于 CPI 的走势把握并不成熟，市场“理所当然”的预期 8 月份 CPI 将继续回升，这都造成了对长期利率的压力，二级市场气氛异常谨慎。10 年期国债利率从 8 月 5 日的 3.23% 回升到 9 月 15 日的 3.35% 附近，回升幅度约 12 个基点。

但是 9 月 11 日公布的 8 月份 CPI 同比增幅没有如市场预期般的超过 1.80%，而是再度回落到了 1.30%，随后 9 月份 CPI 进一步回落到 0.90%，在短期利率平稳（票据和回购）的前提下，基本面因素替代了政策面因素和资金面因素成为支撑长期利率走低的坚实基础，10 年期国债利率从 9 月 15 日的 3.36% 回落到 10 月 25 日的 3.00%。

应该说，无论是8月5日～9月15日的调整，还是9月15日～10月25日长期利率的再度回落，都是和当初的基本面因素（即对于CPI的走势判断）密切相关的，基本上脱离了汇率改革因素的影响。由此可见，汇率制度改革影响利率市场的时间周期进入8月份后基本消弭于无形。

（二）2005年10月中旬：货币政策转向

乐极必生悲，危机也在渐渐酝酿中，苗头显现是在10月18日。1年期票据发行利率在长达8周持平于1.3274%后，当天发行较为意外地出现了1个基点上升，但是当时的市场并没有过多关注，更加主流的看法是认为这是一个技术上的失误①，随后的10月25日，票据发行利率依然保持在上周1.33%水平，更加强化了市场前期所谓中央银行公开市场操作技术性失误的乐观判断。

但是从11月1日开始，1年期票据发行利率出现了加速上行的局面，从11月1日的1.33%一直上行到12月6日的1.90%，政策信号反转，造成了市场的极大恐慌，各期限市场利率加速上行。

在10月25日～11月24日期间，长期利率伴随公开市场利率的走高而加速上行。1年期票据利率从1.33%上行至1.65%附近，10年期国债利率则从3.0%起步回升到3.40%。

从政策层面找原因，公开市场利率的回升是主要的。但是在回升之前，隐约的导火索则来自于中央银行高层的言论以及长期国债招标发行的意外事件，10月下旬市场调整的前奏主要由如下两个事件构成：

（1）中国人民银行行长周小川与副行长吴晓灵几乎在同一时间表示，中国长期债券收益率和货币市场利率太低了，已经存在了较大的风险。

（2）15年期国开行金融债券050223在10月26日的招标发行中，利率没有如市场机构预期般“明显低于二级市场”②。

这两大事件导致了市场机构的预期发生了微妙变化，恐慌性抛售现象出现。仅在10月24日至10月28日当周，银行间市场的国债收益率曲线和金融债收益率曲线上行幅度超过了20个基点。

从曲线变化形态来看，10月份长期债券的调整在11月份中充分地向曲线前段进行传导，而且收益率曲线前段的调整幅度超出了后段。

10月末以来，1年期央行票据的发行收益率从1.3377%起步，连续5周迅速上行，截至11月底已经达到1.8019%的水平，创出自6月上旬以来的新高。特别值得关注的是，在11月17日的发行中，6个月期票据品种竟然出现了罕见的“流标”现象，这对于市场人气的打击最为猛烈。

---

① 何谓技术性失误：即可能由于1年周期的实际天数不同，造成利率的微小差异。

② 当时市场对于050223发行利率的预期在3.40%～3.50%，二级市场相似期限品种的真实交易水平在3.62%，实际发行利率则为3.60%，高于市场预期。

（三）11 月 25 日 ~12 月 31 日：票据发行利率稳定，促使长期利率再度回落

11 月份一个奇怪的现象是一二级市场表现相互背离。当时的市场格局非常微妙，存在着诸多相互矛盾之处：一方面市场对资金面趋紧的预期在加剧；另一方面实际的市场流动性依然保持着相对充裕；一方面机构对于二级市场利率不断看高；另一方面一级市场的发行收益率却屡次低于预期。可以断定，真正的市场主力——一级市场投资配置机构并没有彻底看空当时的债市。

正是因为在二级市场调整、一级市场持强的背景下，市场从 11 月 25 日开始酝酿反弹，虽然 11 月 25 日至 12 月初期，1 年期票据的发行利率依然保持快速上行，但是由于市场对于中央银行票据发行利率每周上行的幅度预期已经调整到足够大，11 月 29 日的票据发行利率虽然从前周的 1.64% 上行到 1.80%，但是没有出乎市场的预期。11 月 23 日招标发行的 7 年期国债——050013 的发行利率保持在了市场预期水平内，一级市场的多头情绪稳定着二级市场的利率。

因此，从 11 月份下旬开始，市场趋于稳定，长期利率逐渐流露出下行态势，但是由于公开市场利率上行势头依然没有停歇，长期利率就此展开强势反弹的基础并不牢固，但是市场心态已经趋于稳定。市场情绪的稳定迹象主要体现在如下几个方面：

（1）市场对于每周票据发行利率的上行速度与幅度均已经调整好预期。

（2）一级市场的多头氛围是二级交易者的“定心丸”。

（3）市场对于 12 月份公开市场中大量到期的资金怀有良好期待。

（4）更为根本的是，当前的 CPI 水平依然保持低位。

（5）从投资配置角度而言，市场认为投资账户一般会在年底做多，为来年投资计划作准备。

终于在 12 月 6 日，当天人民银行发行了 300 亿元 1 年期央行票据，中标价 98.13 元，对应收益率 1.9056%，较上周升约 10 个基点，但低于市场此前预期的 2.0%。这个弱于预期的利率升幅成为市场继续回暖的催化剂。随后次周，1 年期票据发行利率开始回落，并保持在 1.80%~1.90% 区间内徘徊，终于点燃了市场对于长期债券的做多热情。

11 月 25 日 ~12 月 5 日，市场长期利率从 3.40% 回落到 3.35%，基本属于朦胧酝酿阶段。从 12 月 6 日开始一直延续到年底，长期利率从 3.35% 继续回落到 3.15%，则属于比较确认的强势反弹。公开市场发行利率的稳定为长期利率回落提供了重要基础。

在 12 月份的长期利率回落期间，一些对于债券市场有利的因素渐次出现。比如，12 月 9 日，中央银行宣布当天央行暂停发行三月和六月期央行票据，这一消息给市场提供了想象空间，多头继续发力，并启动了对长期债券的购买；12 月 13 日，经济数据发布显示，11 月份 CPI 环比为负，进一步推动债券市场上行，长期利率继续回落并一直持续到年底。

总体来看，2005 年 CPI 的低位徘徊是一个基础性利多因素，而债券牛市的主要推动因素则是来自于公开市场利率的变化。

详解如图1－4－4所示。

图1－4－4　2005年7～12月份10年期国债利率变化

资料来源：参照CDC数据，www.chinabond.com.cn。

背景资料：

3年期中央银行票据首度发行的背景资料

2004年12月9日中央银行启动了3年期中央银行票据的发行，这在当时被认定为是紧缩措施之一，也一直牵动着市场的神经，导致了2004年年底前长期利率出现了大约10个基点幅度的上行。

2004年12月9日市场评论显示："对于3年期中央银行票据这一新品种，市场也表现出了相当的兴趣，当天的首期发行利率较二级市场3年期金融债的收益率低约9个基点。3年央票发行利率的走低刺激了同期金融债的快速上涨，其中，04国开16券的最新报价100.45元，回售收益率为4.12%。"

中央银行曾在2004年12月9日至2005年5月26日期间共计发行19期3年期央行票据，此后该期限品种停止发行。2007年1月23日，3年期央行票据重新启动发行。

第一次中央银行发行3年期票据的时期是2004年12月9日至2005年5月26日。为什么在这个时期中央银行推出了中央银行票据的3年期品种呢？这固然和当时商业银行的强烈要求是有联系的，但是主要的决定因素可能是中央银行的主动调整，可能和后期的汇率改革有密切关系。

第一次3年期票据的启动并没有给市场造成很大的影响，市场倾向于将其与3年期金融债券相比较，因此首期4.14%的发行利率还低于同期金融债券约9个基点，当时给予市场的作用还是正面的。

第五章

2006 年[1]：波动市——成亦央票，败亦央票

总体来看，2006 年是我国经济基本面较为稳定的时期。经济基本面因素能够给利率市场提供的方向性指引不强，而当年度中央银行票据的发行利率则呈现出主动性多变的格局，这成为引导长期利率变化的主要驱动力。但是需要注意的是在 2006 年下半年，长短期利率出现了方向相异的走势，这个时期的短期利率变化无法解释长期利率的方向，但是经济基本面所体现出的类似“滞胀”格局能够提供长短期利率变化方向相异的理论解释。

第一节　2006 年基准国债利率运行轨迹综述

2006 年的长期利率在（2.90%，3.35%）一个相对窄幅的区间内运行，全年利率波动幅度很窄，从历史利率周期角度来看，2006 年的长期利率居于一个低水平运行区间。如图 1－5－1 所示。

从 2006 年全年长期利率的运行态势来看，利率缺乏明显的方向性，呈现一种典型的箱体震荡态势。如图 1－5－2 所示。

2006 年的宏观经济基本面延续了 2005 年以来的稳定态势（即低通货膨胀环境），这决定了利率难以产生明显大幅度的波动。在宏观经济基本面稳定的背景下，市场利率运行的焦点集中在政策面变动以及资金面变动上，每一个利率波段的产生在背后都是上述两方面因素相互博弈的结果。

从后期比较来看，2006 年是一个货币政策的转型期，是由 2005 年极度宽松状态向中性状态进行转化的时期，但是政策基调转变的幅度不是非常明显。

在当年度末期，受到 IPO 因素影响，资金面的变动也促成了长期利率的些许波动。但是总体来看，决定当年长期利率波动的主要影响因素还是在于

① 2006 年的春节是在 1 月 29 日。

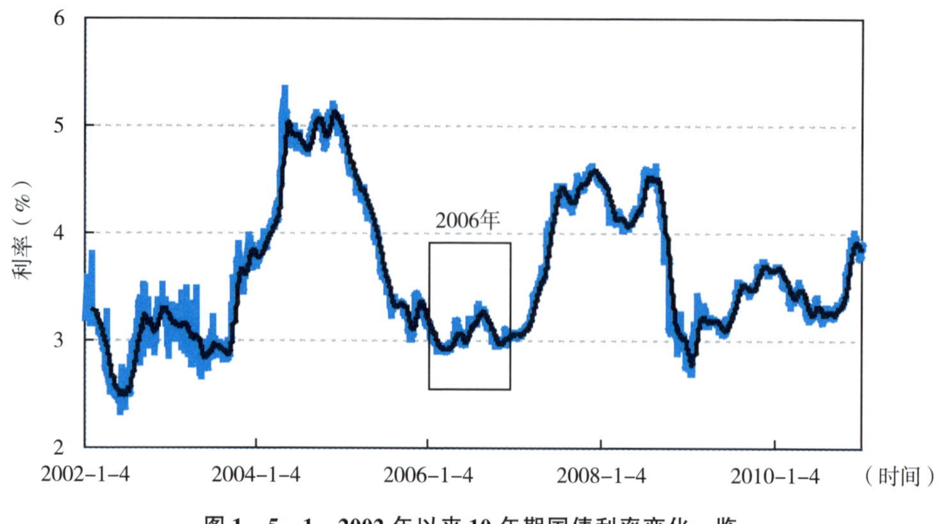

图1-5-1　2002年以来10年期国债利率变化一览

资料来源：参照CDC数据，www. chinabond. com. cn。

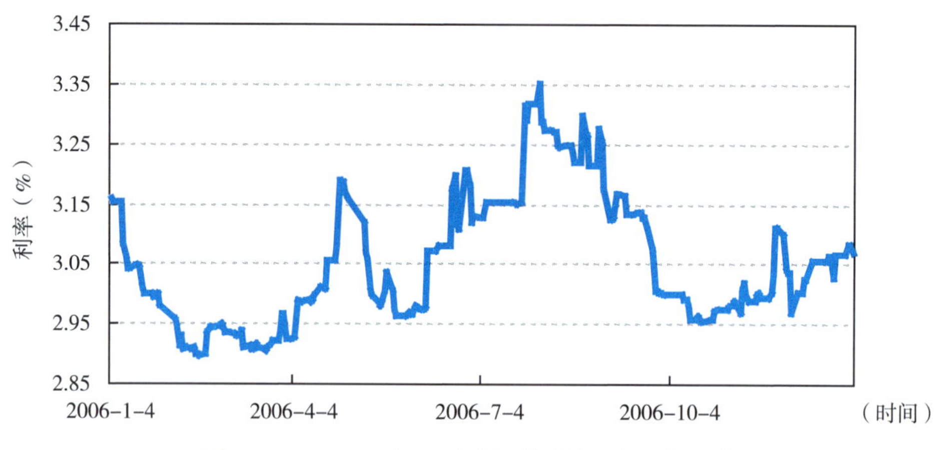

图1-5-2　2006年10年期国债利率运行态势一览

资料来源：参照CDC数据，www. chinabond. com. cn。

政策层面，即以公开市场利率为代表的一系列货币政策取向的变化上，如果分离主要影响因素，则长期利率的变化可以描述为“成亦央票，败亦央票”。

第二节　2006年长期利率波动详解

一、2006年上半年：长期利率处在2.90%～3.20%的窄幅箱体内震荡

2006年年初的债券市场延续了2005年年底以来的上涨势头，内在支撑因素还是来自基本面的稳定。2005年物价的低位运行现实促成了市场对2006年低通货膨胀环境的良好预期，

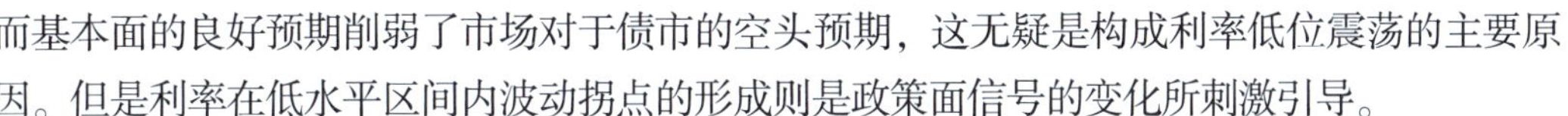

而基本面的良好预期削弱了市场对于债市的空头预期，这无疑是构成利率低位震荡的主要原因。但是利率在低水平区间内波动拐点的形成则是政策面信号的变化所刺激引导。

（一）2006 年年初至 2 月 14 日：宽松流动性引导长期利率下行

2006 年年初的债券强势开始于 2005 年年底，具有基准意义的 1 年期中央银行票据发行利率从 1 月份的 1.90% 回落到 2 月 7 日的 1.83%。此外，该期间恰好为春节，中央银行对于流动性的宽松采取较为容忍的态度。长期利率借此东风，从年初的 3.15% 回落到 2 月份上旬的 2.90% 附近。

在年初时期，市场对利率分析的思路依然被约束在“利率平价关系”这一框架内，认为当期中国所面临的汇率压力会制约利率的变化。特别是在 2 月 13 日，时任中国人民银行行长助理的易纲表示：“目前中国 1 年期票据利率比美国 1 年期同业拆借利率低 300 多点，这为中国货币政策和宏观经济政策提供了有利的空间，也有利于人民币汇率的稳定”。

上述表态至少传递了两个基本意思：（1）所谓的“中美利差”的比较对象具体指什么（即中国 1 年期票据利率与美国 1 年期同业拆借利率的比较）；（2）所谓“提供有利空间”一说，从后期演变来看，是指人民币利率的上调已经具备了条件，这实际上对债券市场而言是具有利空性质的。但是当期市场的理解却恰好相反，针对货币市场利率低于存款利率的现状，市场反而高呼降低法定存款利率（降低国内利率）以弥补这种倒挂的结构①。

（二）2006 年 2 月 15 日 ~2006 年 3 月 21 日：预期分化，长期利率徘徊

春节过后，2 月 7 日、2 月 14 日连续两周的票据发行规模扩大引起了市场警觉，其中 2 月 14 日 1 年期票据的发行利率还有所走高，这终结了始自 2005 年年底长期利率回落的格局。

在 2 月 14 日票据发行利率走高后，市场预期出现了明显调整，对于收益率曲线短期端的上行基本形成共识，分歧点在于对长期利率的看法，因为毕竟 CPI 并不高，市场对于整体利率曲线能否继续演绎平坦化态势分歧很大。

因此从 2 月中旬一直到 3 月 21 日期间，虽然市场确立了短期利率走高的共识，但是由于 1 年期中央银行票据的利率始终保持在 1.90%~1.95% 区间内震荡，并没有显示太强烈的方向性，呈现类似表现的还有回购利率和 3M 票据利率。因此，该期间对长期利率形成的压力并不大，10 年期国债利率始终在 2.90%~2.95% 区间内窄幅震荡，缺乏明显的方向性。

（三）2006 年 3 月 21 日 ~2006 年 4 月 28 日：长期利率突破平台，向上运行

从 3 月 28 日开始，1 年期票据发行利率终于突破 1.95% 上行到 1.99%，与此同时，7 天回购利率也突破 1.40%，快速上行到 1.60% 附近，这终于导致了长期利率调整。

---

① 后期的实际运行结果显示，中国央行却主动提高了国内利率。

但是总体来看，3月底的这次调整中，波动的幅度有限，10年期国债利率不过从3月21日的2.90%上调到2.97%附近。而且在3月底4月初的4个交易日中，由于7天回购利率出现了回落①，长期利率在公开市场缺位时期（3月30日到4月4日期间）竟然还出现了约4~5个基点的回落。

随后4月4日1年期票据发行利率再度走高1个基点，连续两周的上行基本确立了短期利率上行的局面，从4月4日开始，长期利率才真正踏上了上行的通道，即便在此期间7天回购利率继续下行也已经无法改变长期利率上行的趋势了。

从4月4日开始一直到4月底，1年期票据发行利率从2.0%上行到2.20%，上行幅度20个基点，而7天回购利率则演绎先下后上的格局，但是临近4月底，回购利率快速上涨，给债券市场增添了进一步压力。长期利率从2.92%上行到3.19%，上行幅度27个基点，整体利率曲线呈现陡峭化上行。

4月份的利率上行局面，起步于公开市场利率的变化，持续推动力则是市场机构对于3月份的信贷增长持谨慎态度，担心信贷过高，造成资金分流，但是真正造成长期利率加速上行的因素则是4月底回购利率出现了快速上行。7天回购利率从月中约1.50%起步，在月末形成快速拉升态势，达到2.11%的高位，这应该是压垮长期利率的最后一根稻草。伴随市场长短期利率的共同波动，市场对于政策紧缩的预期明显抬头，市场迅速形成了如下的主流预期："需要在未来时期加息，以控制信贷增长"。

（四）2006年4月28日~2006年5月29日：加息方式弱于预期，反令长期利率回落

终于在4月28日晚间，中国人民银行宣布上调贷款基准利率。在加息政策落定的首个交易日（4月29日）中，市场表现得较为有趣。面对这个政策变化，市场一时显得无所适从，最终市场选择的交易方向是买入做多，一个主流解释是：这次单纯的贷款利率调整比预期②中的紧缩力度要小得多。

因此虽然出现了加息，但是在随后的4月29日~5月29日期间，市场却呈现长短期利率变化方向相异的格局。1年期票据发行利率从2.20%上行到2.33%，同期7天回购利率却从2.11%回落到1.61%，10年期国债利率却从3.19%回落到2.96%。

从原因分析，虽然1年期票据发行利率不断走高传递着政策面紧缩的预期，但是由于法定贷款利率已经调整，市场对于存贷款利率政策再度调整的预期明显弱化，因此政策紧缩预期对于市场的影响力明显降低。与此同时，反映资金面因素的回购利率却快速下行，为长期利率的下行提供了一定的支撑。

（五）2006年5月29日~2006年6月30日：政策面紧缩力度超乎预期，修正市场乐观情绪

进入6月份后，一些先前支撑长期利率下行的因素在发生改变。一是IPO的重新

---

① 3月30日的7天回购利率创出了一个阶段性新高，随后回落。

② 先前的预期是存贷款利率的共同调整，而存款利率的调整才对债券市场形成直接冲击。

启动为资金面蒙上阴影，这是影响回购利率变化的关键因素。从 5 月底 6 月初开始，回购利率走上一个回升的通道。二是 1 年期中央银行票据的发行利率在 6 月份中的升势不止，并出现了加速上行态势，从 2.33% 上行到 2.63%，这种超乎预期的利率上行体现了中央银行对利率上行的有意引导。三是 6 月 19 日，中央银行宣布再度调升法定存款准备金率 0.5 个百分点。这个政策的出台有些出乎市场预期①。

支撑 5 月份长期利率回落的因素在 6 月份中全部消失甚至已经发生逆转，因此 6 月份的长期利率出现了较大幅度的回升。10 年期国债利率从 2.96% 一举上行到 3.20%，上行幅度为 24 个基点，基本上回吐了 5 月份长期利率的全部降幅。

详解如图 1－5－3 所示。

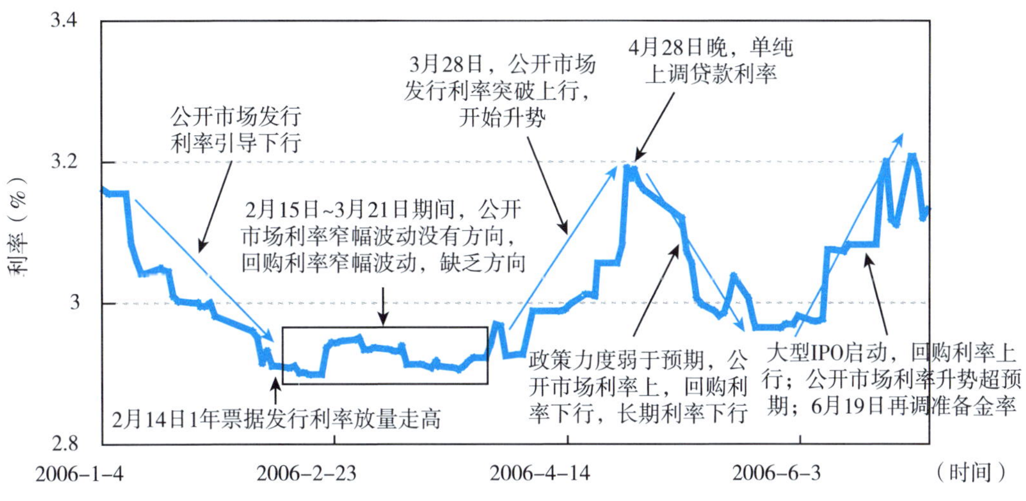

图 1－5－3　2006 年 1～6 月份 10 年期国债利率走势变化

资料来源：参照 CDC 数据，www.chinabond.com.cn。

长期利率的这波调整到 6 月 21 日基本结束，结束的原因同样是来自于回购利率的变化。6 月 21 日中国银行 IPO 结束网下申购，回购利率从高位回落，长期利率也结束了不断攀升的局面，出现高位企稳的态势。

二、2006 年下半年：紧缩政策出台频度加快，利率波幅加大

（一）2006 年 6 月 21 日～2006 年 7 月 24 日：短期利率趋稳，恐慌气氛消散

6 月 21 日～7 月 24 日期间，回购利率缓步下行，这是长期利率企稳的最关键因素。公开市场也散发出较为积极的信号，在 7 月 4 日的 1 年期票据发行中，发行利率仅比前周上行 3 个基点，弱于市场预期，令市场产生了阶段性见顶的预期。7 月 6 日的 3M 票据虽然在上周 2.3399% 的基础上继续上行到 2.3699%，但是由于考虑到本

① 前期市场对于政策面的预期是：在贷款利率调整后，其他的紧缩政策可能暂时不再出台。

期票据的到期日跨越“十一”长假，实际存续期为93天。这样折算，实际中标利率并没有发生变化，更加强化了市场稳定的预期。因此，在6月21日～7月24日期间10年期国债利率在3.15%～3.20%之间平台震荡，多头气氛有所恢复。

（二）2006年7月24日～2006年8月21日：政策紧缩超预期，数量招标稳利率

7月24日，中央银行宣布再度调整法定存款准备金率0.5个百分点，债券市场瞬时间的反映则是恐慌抛售。10年期国债利率从3.15%回升到3.31%～3.32%，同时当周的1年期票据发行利率从2.70%上行到2.79%。

7月28日开始，回购利率在短暂小幅度冲高后稳定回落。更为重要的是，8月1日中央银行宣布将公开市场发行方式改为数量招标，这极大地稳定了市场预期。

从8月1日开始一直到8月21日，中央银行一直维持数量招标方式，与此同时，回购利率继续回落，这都为长期利率的下行提供了基础。在此期间，10年期国债利率从3.35%回落到3.22%，回落幅度达到13个基点。

除去数量招标方式反映了政策面维稳、回购利率回落反映资金面宽松因素外，还有一些其他的利好因素后续推动长期利率回落，在当时的多空理由博弈中，多方因素占据了上风。

比如，当时促进多头思维的因素有：（1）公开市场数量招标方式仍有沿用的可能；（2）IPO发行暂停两周；（3）CPI增长幅度低于市场预期；（4）传闻银监会对商业银行放贷速度方面有所指导。支持空方的理由主要是市场对7月份信贷增量过大有所担忧。

（三）2006年8月21日～2006年10月16日：加息仅导致短暂调整，公开市场利率牵引长期利率继续下行

较为超乎预期的事件在8月18日（周五）发生了，当晚中央银行宣布存贷款利率同步调升27个基点。法定存贷款利率的本次调整，多少有些出乎市场预期，但是相比于2004年度的加息，市场反映在这次则理性从容得多。

市场关注焦点马上转移到了升息当周（8月22日）的公开市场操作，希望从中央银行指导的公开市场定价中观察出法定利率调整对于市场利率影响的幅度。在公开市场操作前，银行间市场主要以缩量方式来静待、观察本次利率调整，8月21日（周一）市场的波动幅度弱于预期。

以5年期内的金融债券为例，8月21日（周一）的二级市场成交收益率比加息政策出台前上行了约10个基点，曲线整体呈现平行上行态势。周一下午，央行宣布，改变前期一直沿用的数量招标模式，采用价格招标模式进行8月22日的1年期票据发行。本次发行利率的定位成为市场关注焦点。

8月22日公开市场1年期票据发行恢复了价格招标形式，有助于市场价格的定位。招标结果显示，本期央票中标收益率2.8912%，略高于此前2.85%的市场预期，

比升息前的 2.79% 水平高约 10 个基点。这一结果对于市场情绪产生正面影响，市场普遍认同，10 个基点的利率调整已经充分消化了此次加息的冲击。当天乐观预期导致市场涌现买盘，双边报价的卖出报价数次被点击成交，令上一交易日（8 月 21 日）各券种收益率上行约 10 个基点的情况得到小幅纠正，当天主要交易券种收益率下行了 3 ~4 个基点。

总体来看，8 月 18 日晚间的升息措施，仅仅对于债券市场产生了 2 天的影响（21 日全天，22 日半天），价格招标所确定的 1 年期票据发行利率顺利定位在 2.89%，比升息前上行了 10 个基点，基本消化了加息的负面影响。

10 年期国债利率仅仅从升息前的 3.22% 上行到 3.30%，上行 8 个基点，回购利率也在短暂冲高后出现回落，市场信心明显增强，伴随后期票据发行利率的再度回落，长期利率也从 3.30% 起步开始回落，并一直持续到 10 月 16 日的 2.95%，回落幅度为 35 个基点。同期 1 年期票据发行利率回落幅度为 11 个基点，回购利率回落幅度为 13 个基点①，利率曲线明显的平坦化下行。

长达近 2 个月的长期利率回落除去公开市场以及资金面的触发条件外，还夹杂了其他一些预期之外的利好因素：（1）8 月底美联储停止加息。（2）9 月 13 日，时任国家统计局局长的邱晓华表示，宏观调控在投资领域已经见到积极成效，8 月份城镇固定资产投资增长 21.5%，比 7 月份回落 5.9 个百分点，1 ~8 月份增速则为 29.1%，继续处于偏快的增长区间。他表示，“目前采取的措施是只要抓好落实，就能保证预期目标的实现，现在是抓好落实，不需要什么新的措施”。（3）9 月 18 日，中国人民银行行长周小川在参加 7 国集团和国际货币基金组织会议期间表示，“目前再次升息为时过早，因为中国还在评估今年两次升息的效果”。

同时在此时期，需要重点提及的是，在 2006 年 9 ~10 月期间，中央银行的公开市场操作正式形成了“认购预报”的制度。以前，中央银行在每周的公开市场发行中，总是首先核定当周的票据发行规模，然后由各个一级交易商自主投标认购。2006 年 9 月份后，首先由各个一级交易商在周初预报本周预认购的数量以及要求利率，随后中央银行根据所有一级交易商的汇总需求，再行核定发行规模。这将令中央银行对于公开市场发行利率的控制力度更加强化。

（四）2006 年 10 月 16 日 ~2006 年 12 月 31 日：长期利率初入“熊”途

始自 8 月下旬的债券强势格局在 10 月 16 日终结，其终结的主要触发因素依然来自于回购利率的变化。

虽然在此后期间，基本面因素对债券市场均呈现正面有利作用，但是长达两个月的牛市已经将此类利好因素体现的较为充分，而所出现的回购利率变化则多少有些超预期性，因此形成了终结牛市的触发因素。谁也未曾想到，也正是从此时开始，中国

① 该期间，1 年期票据发行利率从 2.89% 回落到 2.78%，7 天回购利率从 2.43% 回落到 2.30%。

的债券市场又将步入一个漫长的“熊”途。

10 月 16 日开始，回购利率突然走高，原因是当期工商银行 IPO 以及在其资金解冻后伴随的又一轮 IPO 热潮。在 IPO 冲击下，回购利率快速走高，而且在 11 月 3 日晚间中央银行还意外的再度调整法定存款准备金率 0.5 个百分点，更加造成了雪上加霜的局面。

10 月 16 日到 11 月 23 ~ 24 日期间，回购利率从 2.30% 上行到 3.90% 高位。在 11 月 21 日公开市场 1 年期票据的发行中（价格招标模式），发行利率竟然脱离前期持续保持的 2.7855% 位置，上行到 2.8172%[①]。这一切都造成了长期利率的持续调整，10 年期国债利率从 2.95% 回升到 3.10%，上行幅度为 15 个基点。

11 月 21 日中央银行票据发行利率的意外走高可能反映出在资金紧张、气氛恐慌的背景下，中央银行对于价格招标模式中的利率确定已经难以把握。因此从 11 月 28 日开始，中央银行再度恢复了数量招标，并将 1 年期票据的发行利率维持在 2.7961%（稍有回落）。同时从 11 月 27 日当周开始，新股 IPO 被暂时停止，这些因素综合下来，缓解了资金面紧张的预期和现状。从 11 月 29 日开始，回购利率快速下行，长期利率也在 3.10% 附近触顶。

随后一直持续到年底，10 年期国债利率基本保持在 3.0% ~ 3.10% 区间内窄幅波动，同期公开市场票据发行利率则始终被数量招标模式保持在 2.7961%，回购利率则恢复常态。

详解如图 1 - 5 - 4 所示。

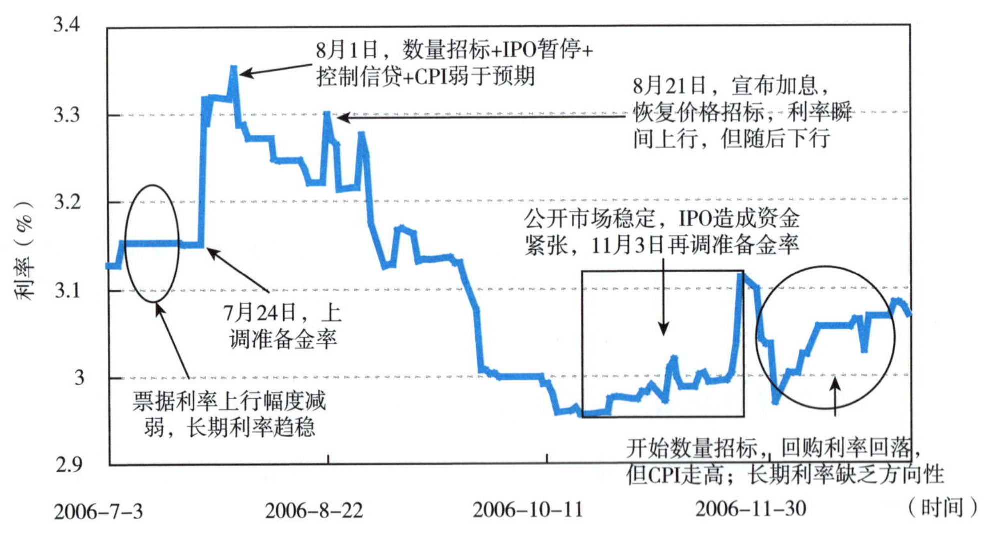

图 1 - 5 - 4　2006 年 7 ~ 12 月份 10 年期国债利率走势

资料来源：参照 CDC 数据，www.chinabond.com.cn。

---

① 这次属于资金市场倒逼公开市场发行利率走高，有点类似于 2010 年 5 ~ 6 月份的 1 年期票据发行利率的上行。

第六章

2007 年[①]：通胀年，大熊市

第一节　2007 年基准国债利率运行轨迹综述

2007 年长期国债利率呈现单边上行格局，10 年期国债利率在（3.05%，4.60%）区间内运行，一举从利率低水平区间跨越到高水平区间。如图 1－6－1所示。

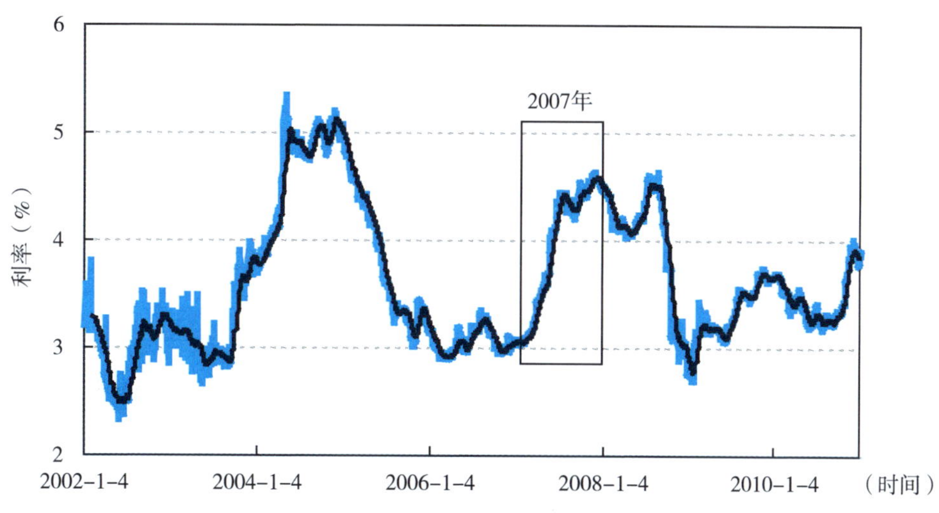

图 1－6－1　2002 年以来 10 年期国债利率变化一览

资料来源：参照 CDC 数据，www. chinabond. com. cn。

从调整幅度来看，能够与 2007 年相比拟的只有 2004 年，而从调整周期来看，2007 年熊市的调整周期要长于 2004 年。如图 1－6－2 所示。

2007 年长期利率的单边上行主要是由经济基本面因素所驱动的，这一年也是这 9 年周期中的第二次通货膨胀年。

伴随经济基本面的变化，我国利率市场也经历了一轮真正意义的加息周

① 2007 年的春节是 2 月 17 日。

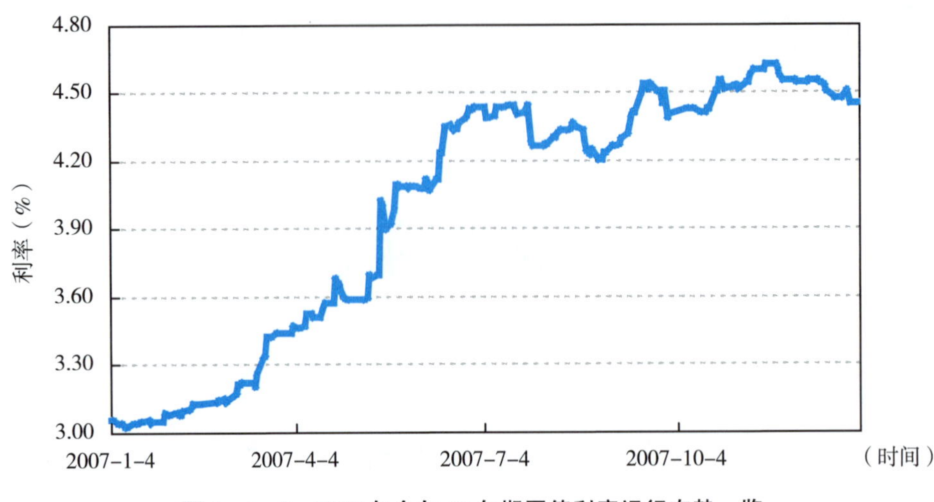

图1-6-2　2007年全年10年期国债利率运行态势一览

资料来源：参照CDC数据，www. chinabond. com. cn。

期，此外2007年的长期利率还经受了特别国债发行导致供需失衡的考验。

因此，在2007年影响长期利率的主要矛盾来自于宏观经济基本面因素，特别来自于通货膨胀因素，随后所引发的加息周期（政策面因素）以及特别国债发行事件（资金面因素）相辅相成造就了长期利率的明显上行。

第二节　2007年长期利率波动详解

一、2007年1月份：紧缩苗头显现，空头气氛渐浓

刚一进入2007年，中央银行就展开了对于货币资金的调控。虽然1年期中央银行票据的数量招标模式依然维持，票据发行利率还保持在2.7961%，但是中央银行在1月5日宣布上调法定存款准备金率0.5个百分点，这一紧缩措施的出台时点非常出乎市场预期。一般情况下，市场预期的货币政策出台时点基本都是在春节过后，甚至在明确一季度经济数据后（基本在4月份初期），但是本次政策出台的时点要明显早于市场预期。

本次法定存款准备金率的调整在出台时点上出乎市场预期，预计主要是为了对抗2月份货币乘数放大而采取的紧缩措施。由于市场对于准备金率的调整已经较为熟悉，从公告发布当日的市场反映来看，机构心态平稳，联接法定存款准备金率调整与证券市场变化的指标——回购利率几乎没有受到任何影响。

在宣布法定存款准备金率调整后的一周中，中央银行在公开市场操作中将保持六周的数量招标发行模式转变为价格招标，结果1年期中央银行票据发行利率依然保持

在 2.7961%。回购利率与票据发行利率都保持稳定，导致长期利率缺乏方向。

2007 年年初的市场就是在过多流动性现状以及并不明确的通货膨胀预期之间犹豫徘徊，但是鉴于在初期市场对全年通货膨胀的发展势头并不确认，因此长期利率在 1 月份期间显得较为犹豫。虽然从年初就开始经历紧缩政策的冲击，但是 10 年期国债利率始终在 3.05% 附近反复震荡，没有显现出明确方向。

1 月 23 日，中央银行宣布，重新启动 3 年期中央银行票据的发行。当时二级市场中 3 年期金融债券的交易利率在 2.93% 附近，市场对于 3 年期票据重启后发行利率的预期定位也在此附近，但是实际发行利率为 2.97%，高于市场预期。

1 月 30 日，国家开发银行发行 5 年期金融债券 200 亿元。在平稳的市况中，市场普遍预期该期金融债应基本保持在二级市场水平 3.10% 附近，但招标结果却令市场成员大跌眼镜。该期金融债的最终票面利率竟然达到了 3.50%，远高于市场预期①。市场抛盘涌现，双边报价买入方被频频点击，金融债券利率定位非常混乱，而受影响相对较小的国债收益率则普遍上行 2 ~ 3 个基点。

总体来看，除去法定存款准备金率调整因素外，长期利率在 1 月份调整的直接触发因素是来自发行市场，10 年期国债利率突破了长期盘整的 3.05% 平台，在月末上行到 3.10% 附近。

二、2007 年 2 月 1 日 ~ 2007 年 3 月 30 日：公开市场主动牵引长期利率上行

进入 2 月份后，一个重要的市场变化信号就是长期以来保持稳定的公开市场票据发行利率出现了上行，而本次上行并非最先体现在基准 1 年期票据品种上，而是率先由 3 年票据以及 3M 票据品种启动。

2 月 1 日，中央银行在公开市场招标发行了 3 年期及 3 个月期限央行票据。招标结果较为意外，3 年期央票中标利率较前周上升 5 个基点，3 个月期限品种中标利率微幅上升 1 个基点。

虽然 1 年期票据发行利率始终稳定在 2.7961%，但是 3 年期票据发行利率在重新启动的次周就率先启动上行，同样加重了市场谨慎气氛。这令 10 年期国债利率由 3.05% 上行至 3.10% 的状况得以确认②。

此外从 2 月初开始，银行间市场受新股平安人寿申购和春节因素的双重影响，回购利率继续上行，资金面趋紧的态势（哪怕只是春节前暂时性的）也给长期利率以一定的压力。在此背景下，10 年期国债利率缓步走高，春节前缓步走高至 3.13% 附近。

---

① 当时对于这个明显高于市场预期的发行事件原因存在诸多猜测，主要集中如下：一是国开行转型导致其债券被市场抛弃；二是一种偶然现象，无法用具体的理由来解释。

② 10 年期国债利率从 3.05% 上行到 3.10% 主要源于 5 年国开金融债券的意外发行，先前市场多认为是个偶然因素，因此一直在质疑这 5 个基点上行幅度的合理性。

可以说，在春节（2月17日）前市场的基本情况是：谨慎气氛浓重，在回购利率以及公开市场利率走高影响下，长期利率缓步走高，但是由于市场对于未来并没有完全绝望①，因此长期利率的调整幅度有限。并且当时市场对于3年票据发行利率的持续走高并不确信，更倾向于认为在短期内3年期中央银行票据的发行利率能够企稳，甚至还可能带动市场出现小幅反弹。

但是3月2日3年期票据发行利率继续走高，再度出乎预期，公开市场3年期央行票据发行利率的连续走高对市场前期的多头预期形成明显压制。相对而言，市场在当时已经不再将是否升息作为主要的利空因素来考虑，其关注焦点更多的集中于公开市场的变化上。3年期央行票据发行利率的变化已经成为主导市场收益率曲线形态的关键因素。

终于在3月6日，始终处于“按兵不动”状态的1年期票据发行利率也出现了意外回升，脱离保持13周的2.7961%水平，上涨4个基点，达到了2.8383%。这宣告了1年期票据发行利率的上行通道已然开启。

来自公开市场一次又一次的“超乎预期”导致10年期国债利率从3月7日开始一举跃升到3.20%以上。

3月8日，3年期中央银行票据的发行利率却再度意外的持平于前期，各类不同票据品种发行利率此涨彼落令市场预期混乱，导致长期利率暂时失去了方向。从3月8日（当天消化了1年期票据发行利率上行的利空冲击）到3月15日期间（3年期票据发行利率持平期），长期利率保持在3.21%～3.22%区间内窄幅震荡。

再度出乎市场预期的是3月16日，3年期票据发行利率再度上行，打消了市场预期稳定的想法，而同周发行的1年期票据以及3M票据发行利率也继续走高。这标志着公开市场利率全线上行，并彻底击垮了市场多头的信心。

从3月16日一直到3月底，1年期票据发行利率从2.79%上行到2.97%，3年票据发行利率从3.10%上行到3.28%，10年期国债利率也脱离了3.22%平台，3月底达到了3.44%，上行幅度为22个基点。

这阶段调整中包含了一个重要事件是，3月17日中央银行宣布了法定存贷款利率的上调。在3月20日的1年期票据发行中，发行利率以7～8个基点的利率升幅体现了本次加息所造成的负面冲击。

三、2007年4月份：按下“葫芦”浮起“瓢”

终于在4月3日，中央银行1年期票据发行利率终止了上行态势，呈现持平，这给予市场信心一定的多头支撑。按照以往规律，这应该促发长期利率的一波回落，但是4月5日，中央银行宣布再度上调法定存款准备金率0.5个百分点，并在4月中旬

① 当时的主流判断是：CPI不高，而且全年走势呈现前高后低的态势。

付诸实施。

需要注意的是，法定存款准备金上缴实施日恰好与大盘股发行的日子相合，导致了资金回购利率开始加速上行。

正所谓按下“葫芦”（公开市场利率持平）浮起“瓢”（资金紧张、回购利率上行），10年期国债利率再度受到打击，从3.44%上行到4月9日的3.48%。

回购利率的回升是长期利率继续调整的“引子”，而持续推动力则来自于宏观经济基本面。4月10日附近，市场蔓延3月份经济数据传言，传言3月份的信贷增速和CPI增速依然高企，这导致了市场对于政策紧缩调控的预期进一步强化，长期利率调整加剧。

综合下来看，本轮长期利率的调整从3月17日开始一直持续到4月25日，该期间传导的逻辑是：“公开市场发行利率全部走高→加息→票据发行利率持平→上调法定存款准备金率+大盘股发行→回购利率上升→一季度数据传言不利→利率加速上行”。在此期间，10年期国债利率从3月17日的3.22%上行到4月25日的3.68%。

四、2007年5月份~2007年7月25日：多重利空集中冲击长期利率

4月24日，回购利率创出近期新高，从4月25日开始出现回落。伴随诸多利空因素的消失，回购利率的回落为长期利率的稳定带来了支撑。期间，虽然4月30日中央银行再度宣布提高法定存款准备金率0.5个百分点，但是由于对资金感觉最为敏感的回购利率始终处于下行通道，因此该政策的变动并未对当期的长期债券形成过多的冲击①。从4月25日到5月9日，10年期国债利率从3.68%回落到3.60%附近。

“五一”长假刚过，市场再度出现加息传言②，5月10日（周四）当天，国债利率调整剧烈，10年期国债利率上行幅度约10个基点，从节前的3.60%迅速上行到3.70%。

在升息预期浓重的背景下，财政部恰好连续发行30年期国债（5月7日）和7年期国债（5月16日），中长期国债的发行与市场恐慌情绪相碰头，10年期国债利率加速陡峭上行。从5月10日一直到5月16日，10年期国债利率从3.60%上行到4.02%。其后虽然也曾在回购利率下行的激励下出现过技术性回落，但是整体而言，上行趋势明显。

5月19日，中国人民银行宣布：“自2007年5月21日起银行间即期外汇市场人民币兑美元交易价浮动幅度由3‰扩大至5‰；从2007年6月5日起，上调存款类金融机构人民币存款准备金率0.5个百分点；从2007年5月19日起，上调金融机构人

---

① 法定存款准备金率调整向长期利率传导的关键中间环节是资金市场回购利率。

② 升息预期强化与定向票据的发行有密切关系。一般情况下，市场认为加息信号来自两个方面：一是1年期票据被中央银行主动引导而起，是加息前奏；二是定向票据发行是加息前奏，2007年加息与定向票据发行节奏的关系非常吻合。

民币存贷款基准利率。金融机构一年期存款基准利率上调0.27个百分点，一年期贷款基准利率上调0.18个百分点，其他各档次存贷款基准利率也相应调整。个人住房公积金贷款利率相应上调0.09个百分点”。

前期的传言与预期终于兑现，二级市场在5月21日、22日、23日三个交易日中消化这次加息考验，尤其重要的是，5月24日与5月29日两次1年期中央银行票据发行利率持平（比加息前上行约12～13个基点），稳定了市场情绪。从5月24日一直到5月底，长期利率基本保持稳定，10年期国债利率保持在4.10%附近波动。

进入6月份，市场主要关注焦点放在了5月份的CPI数据上，而且从管理层言论来看，也已经在密切关注猪肉涨价对于CPI的影响①。也就是从这一时期开始，市场终于达成共识：2007年引导利率市场变化的根本焦点（也即主要矛盾）在于CPI。

由于市场已经普遍预期到了通货膨胀问题，因此长期债券弱势不改，利率延续小幅上行的态势。但也正是由于预期的普遍性，也令市场缺乏了导致利率加速调整的触发因素。

触发因素总是由一些超预期的意外事件来充当。压垮市场情绪的“最后一根稻草”发生在6月11日，当天国家开发银行发行5年期金融债券200亿元。最终4.0%的中标利率令市场成员颇感意外，因为此前二级市场中5年期金融债的收益率在3.90%附近。招标结果给二级市场造成了相当大的压力。

“祸不单行”，6月12日经济数据显示5月份与前期相比，各类指标呈现加速上行态势。从6月13日开始，长期利率突破了4.10%附近的盘整平台，一路上行。

更为重要的利空则是，2007年6月18日，财政部决议通过中投公司运作发行特别国债，总额度为2000亿美元，期限集中在中长期。

5～6月份CPI的连续超预期冲高、6月中旬特别国债发行消息成为引发长期利率调整最为重要的因素。而在公开市场中，1年和3M期限中央银行票据发行利率却始终保持平稳，显然是中央银行刻意维持。但是3年央行票据虽然发行量已经缩至极致，却没能避免利率上行的结果。从6月22日开始，3年票据发行利率再度上行至3.49%，而当时该期限品种在二级市场中的利率已经达到3.75%。

详解如图1－6－3所示。

需要注意的是，2007年年初期1年期中央银行票据发行利率的走高具有中央银行主动引导上行的意图，但是从“3.17”第一次加息后，中央银行对于中央银行票据发行利率基本采取维持平稳的态度，并一直持续到年末。基本上每次发行利率的变化都是在加息政策落定后，中央银行随后才调整发行利率，但是基本都是采用一步到位的调整方式，随后马上令发行利率持平运行。

总体来看，在6～7月份上旬，基本面利空以及供需失衡问题主导了长期利率快

---

① 中国人民银行行长周小川当时表示，正在密切关注猪肉等食品价格的上涨，人行将观察5月份全面数据，再决定下一步宏观调控措施。

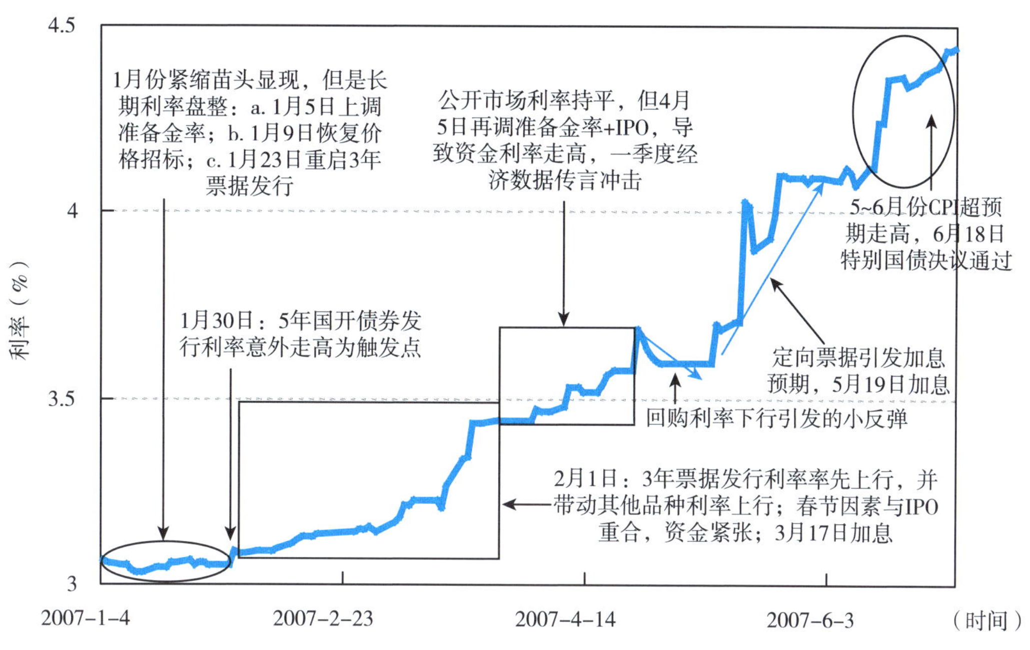

图 1－6－3　2007 年 1～6 月份 10 年期国债利率变化

资料来源：参照 CDC 数据，www. chinabond. com. cn。

速上行，10 年期国债利率从 6 月初的 4. 10% 上行到 7 月下旬（7 月 25 日）的 4. 45% 附近。

期间，债券市场也再度经历了年内第三次加息的考验。7 月 20 日晚间，中央银行宣布再度上调法定存贷款利率。由于前期市场利率的加速上行在一定程度上已经在消化加息利空，因此面对这次加息，市场利率没有做更多的反应。仅仅是 7 月 24 日的 1 年期票据发行利率上行了 15 个基点，达到 3. 24% 。

1 年期票据发行利率在调整后基本把前期一二级市场存在的利差弥补，同时也符合市场预期。按照以往加息后的规律，加息后当周票据的发行利率定位基本可以将加息政策的负面冲击消化完毕。因此，市场终于在 7 月下旬获得了稳定支撑。

从前后比较来看，5～7 月份长期利率的调整速度和幅度都是相对比较大的，是多重利空冲击集中释放的时期。

五、2007 年 7 月 25 日～2007 年 8 月 29 日：市场对通货膨胀的耐受力增强，长期利率整体回落

所谓否极泰来，经过 5～7 月份长期利率的大幅度调整后，市场对于各类利空的耐受力明显增强。7 月 31 日 1 年期票据发行利率反而比前周降低了 2 个基点，这成为触发长期债券价格超跌反弹的导火索，多头行情在短期内展开。

首先从 7 月 25 日一直到 8 月 3 日，10 年期国债利率从 4. 45% 回落到 4. 27% 附

近，回落幅度将近20个基点。

但是，随后一周（8月7日）1年期票据发行利率没有延续回落趋势，就此持平，降低了市场多头预期。此外，伴随7月份宏观数据公布日期的临近，市场谨慎情绪再度涌现，长期利率再度步入上行通道。

值得庆幸的是，经过前期CPI数据对于利率市场形成一次又一次的超预期冲击后，市场对于CPI的短期次月预测方式①已经较为理性成熟。在预期提前释放的背景下，7月份高达5.6%的CPI（在8月14日公布）数据并没有给市场造成过大的冲击（另一个很重要的原因也在于刚刚经历加息不久，市场心态较为良好）。因此，在这段消化CPI上行冲击的过程中，10年期国债利率仅从4.27%上行到4.35%（8月17日附近），幅度相对有限。

在当时一个并不易引发市场关注的是消息是：8月18日，美国宣布降低贴现利率。由于当时的国内债券市场处于熊市，而且国内市场和国际市场的联动性有限，这一消息并没有引发市场关注。但是，实际上这个信号的出现为2008年的国际金融市场动荡埋下了伏笔。

在此期间较为有趣的一个时期是在8月17日到8月29日。期间8月21日，中央银行宣布再度加息，距离上次调升利率仅相隔不足一个月。

面对这次加息，市场的变化显得较为有趣。公开市场票据发行利率自然受到加息影响，1年期票据发行利率由先前的3.22%上行到3.32%，但是奇怪的是中长期利率却没有出现预期中的调整，反而出现下降。从8月17日到8月29日，10年期国债利率从4.35%回落到4.20%。长期利率高位钝化的现象似乎再度出现了。

8月份债券市场的表现确实有些出乎预期，即便面临略超预期②的加息冲击，长期利率却依然选择了下行方向。一方面是市场机构对政策面利空出尽的预期在酝酿，即便是出乎意料的升息也被市场迅速消化；另一方面，市场主要配置机构在一级市场的投资需求也是拉动市场反弹的关键因素。

在此前债券市场的沉重走势中，市场大部分机构都缩短了投资久期，短期品种成为集中配置的券种，而随着中长期券种收益率的提高，其吸引力逐步增强。在7月份市场展开反弹态势之后，8月份众多机构对一级市场投资表现出巨大热情。无论是金融债还是国债，连续低于预期的招标结果以及较高的认购倍数都清晰的说明了这一点。

从现在来看，8月份长期债券的这种强势变化显然无法用经济基本面、政策面因素来解释，"高位钝化"之说可能更合理一些。

---

① 该预测方式本书将在后面的"经济基本面篇"中论述。

② 虽然7月份高企的CPI数据使升息预期在所难免，但8月18日央行升息时间的选择距离上次如此之短，却出乎市场预期。

六、2007 年 8 月 29 日～2007 年 9 月 21 日：多重利空再度集中冲击长期利率

9 月份长期利率无论从变化原因来看，还是从变化幅度来看，基本类似于 2007 年 6～7 月份的市场情况。

从负面冲击的原因来看，通货膨胀预期、政策紧缩措施以及特别国债问题再度浮出水面，严重冲击了长期利率。2007 年 8 月 29 日～9 月 21 日期间，10 年期国债利率从 4.20% 一举上行到 4.54%，上行幅度达到了 34 个基点。

8 月 29 日，财政部宣布即将发行特别国债，再配合以近期北京银行等大盘股即将发行的消息，市场对于后期资金面产生了忧虑。同时进入 9 月份后，又将面临 8 月份宏观经济数据特别是 CPI 的公布。市场的谨慎气氛日渐浓重，前期长期利率回落的格局被打断。

9 月 6 日，中央银行宣布从 9 月 25 日起再度上调法定存款准备金率 0.5 个百分点，并于 9 月 7 日在公开市场发行了 1500 亿元定向票据，CPI 的高企预期、定向票据的发行纷纷强化了市场的加息预期，而且资金紧张预期在法定存款准备金率再度调整以及大盘股发行在即的背景下进一步明确。因此，从 9 月 7 日起步，10 年期国债利率脱离前期 4.20%～4.26% 的盘整平台，上行突破至 4.30%。

随后的 9 月 10 日～9 月 20 日期间，预期中的各类利空因素纷至沓来，长期利率遭受了集中冲击。在此期间较为重要的几个利空因素可排列如下：

1. 9 月 10 日，中央银行行长周小川表示，“中央银行重视并希望实际利率为正值，但是实际衡量的方式有很多，不能只以单个月份的通货膨胀率来衡量实际利率，一般以前 6 个月或 12 个月的均值来衡量”。

2. 9 月 10 日，财政部正式公告，将在年底前在银行间市场发行 2000 亿元特别国债。分别是三、四季度各 1000 亿元。

3. 9 月 11 日，国家统计局公布了 CPI 数据，一如预期般高企，市场加息预期再度升温。

4. 9 月 14 日晚间，中央银行宣布上调法定存贷款利率，1 年存款利率加至 3.87%。

5. 9 月 18 日，周二公开市场 1 年期票据发行利率上行至 3.4447%，比加息前上行 13 个基点。

直至 9 月 21 日，10 年期国债利率上行到 4.54%，而在当天招标发行特别国债 0700003 的中标利率比市场预期略低后①，市场心态才相对稳定，但是由于当时资金

① 首只公开发行的特别国债 0700002 发行利率高于预期，而在 9 月 21 日发行的特别国债 0700003，期限 10 年，市场先前预期为 4.50%～4.55%，而实际发行利率为 4.46%。

利率依然在高位徘徊，市场心态依然偏于谨慎。9月21日～9月27日之间，10年期国债利率在4.50%的高位附近盘整。

另外，与8月18日美联储降低贴现窗口利率相似，在此期间，美联储降低了联邦基金利率50个基点，这是美国在四年时间内的首度降息。但是同样由于国内市场的焦点集中在资金紧缩以及特别国债发行的负面冲击中，没有引发市场的特别关注。

七、2007年9月27日～2007年11月20日：资金回暖，长期利率暂回落；公开市场牵引，长期利率再回升

9月21日开始，回购利率出现高位回落，同时1年期央行票据发行利率在9月25日持平于上周，这为长期利率的回落提供了契机。从9月27日一直到10月中旬(15日附近)，长期利率从4.51%回落到4.41%。这个回落可以认为是资金面紧缩预期缓解所导致的。

10月13日（周六)，中央银行宣布再度上调法定准备金率0.5个百分点，这次准备金率的上调和中国石油IPO事件相重合，导致资金利率再度走高，而且又到了经济数据公布的前期。资金紧缩预期以及基本面利空预期再度重合，长期利率再回升势。

10月15日至10月25日期间，长期利率的上行基本上反映的是资金紧张以及对宏观数据不确定预期的因素，10年期国债利率从4.41%上行到4.53%。

而从10月30日开始，出现了一轮中央银行主动牵引公开市场票据发行利率上行的局面，并一直持续到11月20日，这一轮公开市场利率的拉升是中央银行刻意为之的，究竟是出于什么目的中央银行主动提高公开市场利率，并不清晰。此期间，1年期票据发行利率从3.45%上行到3.99%，上行幅度达到54个基点，伴随这一政策面条件的恶化，10年期国债利率继续从4.53%上行到4.63%。

因此在9月底到11月底期间，长期利率的变化可以简化为三阶段。一是受到资金利率回落、资金紧张预期缓解影响，长期利率出现了小幅度回落；二是在资金紧缩以及宏观经济数据冲击下再度回升；三是后续再度上行的主要推动力则是公开市场发行利率的牵引上行。

八、2007年11月20日～2007年年底：长期利率“高位钝化”，起步下行

如同在以前历史中所经历，长期利率似乎一旦达到4.40%附近位置就会出现一个莫名其妙的“钝化”现象。这时候，似乎用基本面、资金面、政策面因素都无法解释清晰。在经历了11月份的明显调整后，10年期国债利率已经位于4.60%的历史高位，这种“钝化”现象再度显现。

当然长期利率的稳定甚至下行脱离不了资金面因素以及政策面因素的稳定效应。

11 月 27 日，长期快速上行的 1 年期票据发行利率率先出现稳定，这给予市场一定的支撑。此外前期一度飙升的资金回购利率也渡过了 IPO 冲击的艰难期，出现回落。在资金面条件与政策面条件双稳定的前提下，长期利率开始松动下行。

期间，虽然在 12 月 8 日中央银行宣布再度上调 1 个百分点的法定存款准备金率，但是由于信息发布后回购利率依然处于一个回落趋势中（宣布当天回购利率丝毫没有变化），因此没有影响到债券市场的交易，长期利率继续呈回落态势。

特别能够反映市场配置机构对于长期利率水平已经相对认可的信号依然来自于发行市场，在 12 月中旬发行的 10 年期特别国债 0700008 获得了市场的高度认可，发行利率低于预期，认购倍数高于预期。这进一步坚定了长期利率下行的步伐。

虽然在 12 月 20 日晚间，中央银行宣布再度加息，将 1 年期法定存款利率上调至 4.14%。但是面对这次加息，市场的反应非常平静。在公开市场发行利率重新定位前，各期限债券的利率不过上行 1～2 个基点，12 月 26 日加息后首度进行的 1 年期中央银行票据发行显示，发行利率仅比加息前上行约 6～7 个基点，市场在平静中消化了本次加息。从 11 月 20 日开始一直到年底，10 年期国债利率从 4.60% 回落到 4.45%，结束了对债券投资者而言极其痛苦的 2007 年。2007 年的中国债券市场正式经历了 ·个完成的加息周期。

详解如图 1－6－4 所示。

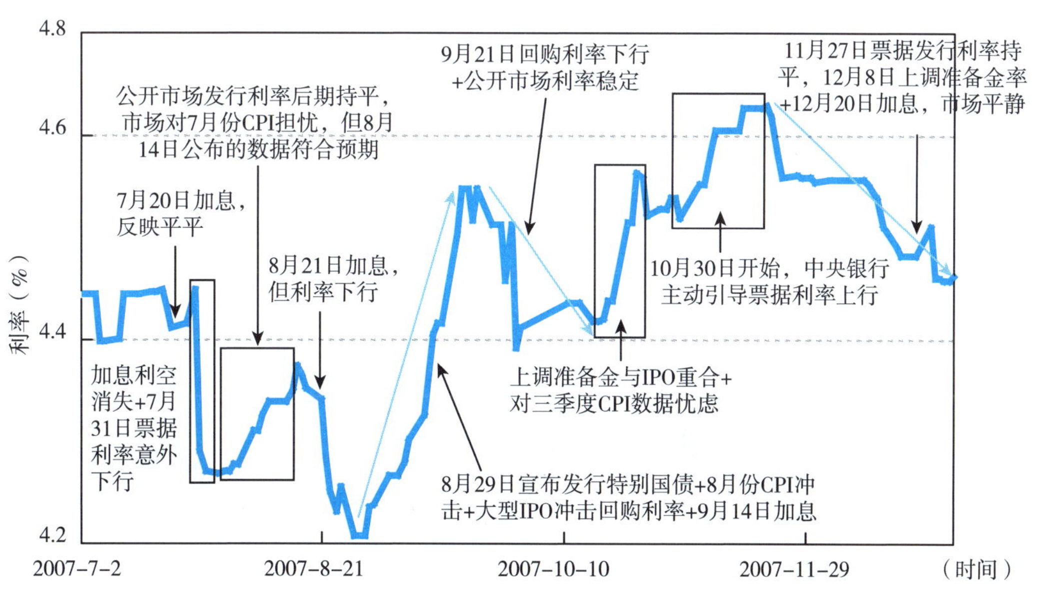

图 1－6－4　2007 年 7～12 月份 10 年期国债利率变化

资料来源：参照 CDC 数据，www.chinabond.com.cn。

第七章

2008 年[①]：峰回路转，大起大落

第一节　2008 年基准国债利率运行轨迹综述

在长达 9 年的利率大周期中，2008 年的利率变化无疑是最为扑朔迷离，也最为惊心动魄的。投资者的心态在这一年中无疑经历了从“地狱”到“天堂”的剧烈转变。

10 年期国债利率在 2008 年可谓大起大落，全年运行区间在（2.70%，4.65%），基本来看，上半年长期利率运行于高水平区间，下半年则迅速回落到低水平区间。

如图 1－7－1 和图 1－7－2 所示。

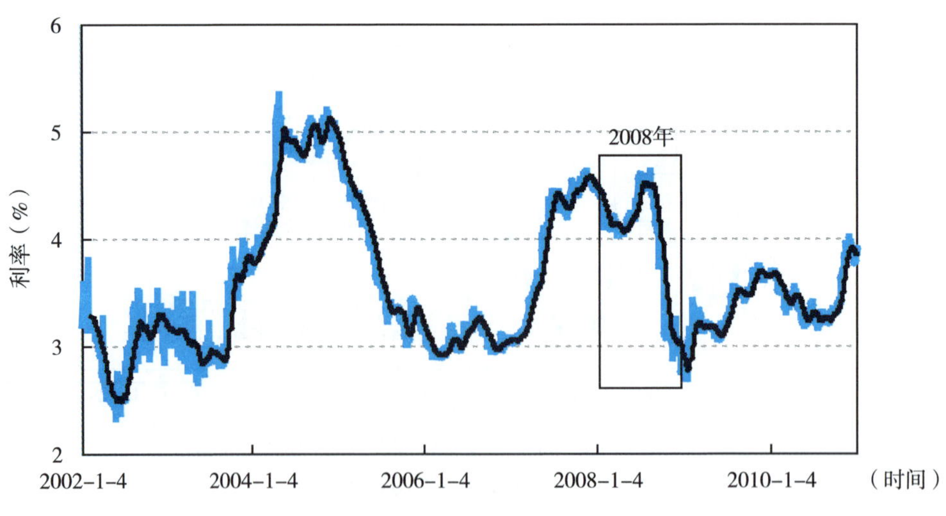

图 1－7－1　2002 年以来 10 年期国债利率变化一览

资料来源：参照 CDC 数据，www.chinabond.com.cn。

① 2008 年的春节是在 2 月 7 日。

图 1－7－2　2008 年 10 年期国债利率运行态势一览

资料来源：参照 CDC 数据，www. chinabond. com. cn。

相比于 2007 年，过于趋紧的货币政策在 2008 年中松动，主导 2008 年长期利率变化的因素完全集中在宏观经济基本面上，上半年市场的聚焦点在于通货膨胀问题，而下半年则一举转变到经济增长层面。也正是从此开始，市场开始学习、关注经济增长因素对债券市场的影响。

第二节　2008 年长期利率波动详解

一、2008 年年初～2008 年 2 月 20 日：经济增长因素“小试牛刀”

进入 2008 年，债券市场始自 2007 年 11 月 20 日以来的暖意依然存在，同时春节前政策面因素缓和平稳的预期始终是投资者的惯性思维。年初以来一直到 2 月 20 日，长期利率的基本形态可以划分为两个小阶段。

（一）2008 年年初至 1 月 20 日：市场心态稳定，利率窄幅波动

2008 年年初到 1 月 20 日附近，债券市场长期利率始终保持一个温和盘整的态势，10 年期国债利率始终保持在 4. 40%～4. 45% 区间窄幅震荡。同时在此期间，公开市场保持稳定，回购利率则小幅度下行。

平静的债市运行过程中，也出现过两次较为意外的小波动。第一次发生在 1 月 11 日，当天 3 年期票据发行利率突然上行 4 个基点，这在一定程度上引发了市场担忧，但是鉴于当时较为宽松的资金面条件，没有给市场造成进一步冲击。随后 1 月 15 日 1 年期票据的发行利率依然持平于上周，这令市场的忧虑得以消除。

另一次是发生在1月16日，当天中央银行宣布再度上调法定存款准备金率0.5个百分点，但是由于随后交易日中，回购利率没有作出丝毫反弹上行的反映，因此也没有对债券市场形成冲击。

总体来看，1月20日前，市场心态总体乐观、市场资金充裕。这特别体现在市场对于中短期品种的追捧上。相对而言，市场对于长期利率的看法相对谨慎，依然认为始自2007年的货币紧缩基调没有发生变化。当期市场中的多头力量主要是一些投资配置类机构，大家没有把这种买入作为主动型购买来对待，基本都解读为被动型配置需求。

（二）2008年1月21日～2月20日：双重超预期事件推动长期利率"再下一城"

长期利率的突然转机发生在1月21日，重要的导火索则是两个事件：一是1月21日，美国联邦储备委员会宣布紧急降息75个基点，这次紧急降息就是由后期著名的次贷危机事件所引发，但是当时的国内市场并没有意识到次贷危机对世界经济的重要影响；二是中国南方地区发生了罕见的雪灾。

两方面因素为国内经济基本面运行，特别是经济增长因素的变化蒙上阴影①。同时1月23～24日资金市场中的新股申购因素被消化，回购利率开始出现回落。

三重因素相碰头，2月23日开始，债券市场长期利率展开了一波非常出乎预期的下行。从1月23日开始一直到2月下旬，10年期国债利率从4.40%迅速回落到4.10%附近。

二、2008年2月21日～4月30日：基本面与资金面略有变化，长期利率盘整波动

1月底2月初市场利率的大幅度下行，基本消化了市场对于经济增长下行的担忧，市场焦点伴随宏观经济数据的即将公布而发生转移。

2月19日，国家统计局公布了1月份CPI数据，该数据再度创出新高，同比增幅达到7.10%，引发了市场对于通货膨胀继续恶化的忧虑。市场注意力开始转移，对于后期CPI继续走高的预期再度回到市场投资者的视线中，并纷纷预期2月份（含有春节因素）的CPI将继续走高。

在基本面关注焦点转移、雪灾影响中国经济增长忧虑减弱的背景下，2月27日，长期利率的回落被终结，终结的触发点则是来自于发行市场的意外。

2月27日，财政部15年期国债的招标发行利率意外的高于当时市场预期②，来

---

① 实际而言，当时国内市场并没有对于次贷危机有更多更深的想法，美国的降息可能制约中国的加息，但不能逆转目前的紧缩取向，这一思路更符合当初债券投资者的预期主流。

② 2月27日发行的15年期国债080002，先前市场预期利率在4.17%，实际加权中标利率在4.16%，没有延续前期低于预期的规律，并且边际中标利率高达4.25%，没有追加认购。

自一级市场的超预期事件导致了长期利率的调整展开，10 年期国债利率开始脱离 4.10% 的平台位置，向上突破。

3 月 11 日统计局发布了经济数据，2 月份 CPI 同比增长幅度继续创新高。由于从 2 月中下旬一直到 3 月上旬期间，市场对于 CPI 的后续走高已经怀有前瞻性预期，长期利率的走高也在一定程度上反映出通货膨胀因素。因此在 3 月 11 日公布当天，长期利率则以“平静但相对弱势”的变化态势来对待该数据的发布。截至 2008 年 3 月上旬，10 年国债利率已经回升到 4.20% 附近。

从 3 月 13 日一直到 4 月底，长期利率始终在 4.10%～4.20% 附近来回波动，缺乏明显的方向。虽然 CPI 在此期间依然在 8% 以上高位运行，但是当前的长期利率水平以及市场预期已经开始适应 8% 幅度的 CPI 增速。

应该说，从 2 月 21 日到 4 月底期间，市场关注焦点由自然灾害引发的经济增长忧虑回归到通货膨胀忧虑，长期利率在此期间弱势整理，但是没有剧烈的变化。

从 4 月中旬开始，市场关注焦点再度转移，并集中在资金面因素上，其主要触发因素是新股 IPO 与上调法定存款准备金率再度重合。

4 月 16 日，中央银行宣布再度调高 0.5 个百分点的法定存款准备金率，当天回购利率继续下行，没有对债券市场产生什么不良影响。但是在准备金上缴执行日（4 月 25 日），回购利率却出现意外上行，这对于长期利率形成了一些影响，但是幅度有限，10 年期国债利率从 4.06% 上行到 4.10% 附近，并再度进入平台稳定状态。

总体看，在 4 月份市场长期利率的波动很小，几乎没有方向性。这主要是因为市场机构对于 CPI 后期走势的主流看法起到了关键性稳定效应。一方面市场达成普遍共识，认为 CPI 继续创新高的概率不大，这对长期利率具有稳定作用；另一方面市场对于 CPI 能否迅速回落形成较大的分歧，这又导致长期利率难以下行。

三、2008 年 5 月 7 日～6 月 30 日：长期利率的“非理性”上行

2008 年 5～6 月份的债券市场是一个应该被牢牢记住的时期，无论在当时还是在目前，笔者总倾向于将其定义为一个“非理性”时期。在笔者看来，这个时期的非理性程度要远远超越市场认为的 2002 年和 2004 年。从事后分析来看，这段时期是债券市场黎明前最为黑暗的时期。

2008 年“五一”假期过后，长期利率上行突破，其触发因素依然发生在一级发行市场。5 月 7 日，财政部招标发行 30 年期国债，当时市场主流预期认为发行利率在 4.37%～4.42%，出乎预期的则是，实际发行利率高达 4.50%，边际利率更是达到了 4.70%。这一超预期因素导致 10 年期国债利率迅速脱离前期的 4.10% 平台，开始突破上行。

市场紧张气氛再起，也勾起了市场对于通货膨胀因素的再度担忧，主流预期认为即将公布的 4 月份 CPI 将再度走高，恐慌气氛浓重。

5月12日，国家统计局发布了4月份CPI数据，从数据来看，通货膨胀率确实如预期般走高。当天下午，中央银行宣布再度提高法定存款准备金率0.5个百分点。回购利率在新股发行以及准备金率再度调整的影响下，开始加速走高。

来自资金面以及基本面的双重利空冲击加大了长期利率的调整，10年期国债利率在前期突破4.10%的基础上，一举突破了4.20%，并在5月20日达到了4.23%。

在随后5月20日至6月上旬期间，10年期国债利率在4.20%附近窄幅弱势整理，直到6月7日，中央银行宣布提高法定存款准备金率1个百分点。

这一举措导致6月10日当天的回购利率一举由前期3.30%上行到4.90%，伴随资金利率的急剧上行，长期利率突破了4.20%平台。长期利率这种加速上行的势头导致了部分市场机构恐慌性止损减仓，形成了“空逼空”的局面，6月12日当天，10年期国债利率上行至4.35%。

虽然在后期回购利率出现回落，而且5月份CPI增长幅度下降，但是这些都没能调动起多头的信心。市场对于通货膨胀的发展依然心存疑虑，在这一空头氛围下，10年期国债利率在4.33%附近盘整，一直持续到6月20日。

“祸不单行”，2008年6月19日晚间，国家发改委宣布上调油价①、电价。在市场对于通货膨胀预期异常浓重的情况下，油价的调整无疑成为压垮市场的“最后一根稻草”，再度触发了市场的大幅度调整。

6月20日当天，10年期国债利率一举由4.33%上行到4.50%。随后在6月26日~7月5日期间，市场出现了机构被迫止损平仓的局面。10年期国债利率从4.50%继续上行到4.60%，市场恐慌气氛异常严重，当时30年国债利率竟然达到5.0%。此期间，3年期央行票据的发行利率为4.56%，而当时二级市场交易利率却达到4.75%~4.80%，严重倒挂。

详解如图1-7-3所示。

四、2008年7月~12月31日：大反转

2008年下半年的债券市场被后期定义为典型的牛市，在此期间，债券市场逐渐摆脱了空头思维，并且完成了市场从反弹到彻底反转的变化。但是牛市的形成也并非一帆风顺，期间可以划分为如下几个阶段。

（一）2008年7月1日~8月13日：转暖信号显现，长期利率盘整

经过6月份市场的明显下跌后，进入7月份，市场发生了一些微妙的变化。7月3日当天本应惯例发行的3年期票据突告暂停发行。当期的市场并没有认为这次暂停是一个长期性的举措，而更倾向于认为是在市场气氛极度疲弱、需求不足的背景下，公开市场

① 本次油价的上调幅度相对较大，达到10%。

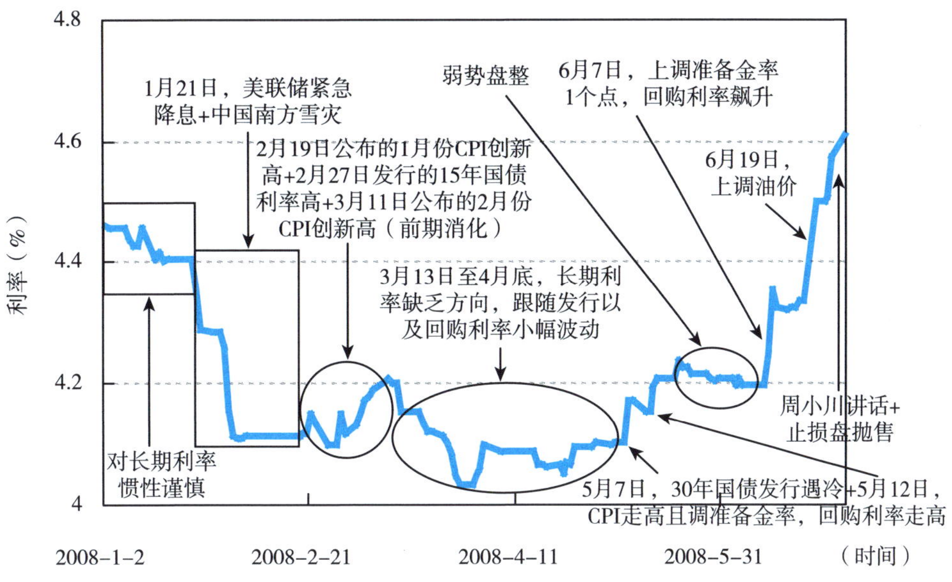

图 1－7－3　2008 年 1～6 月份 10 年期国债利率变化

资料来源：参照 CDC 数据，www. chinabond. com. cn。

的正常发行受到干扰，因此中央银行无奈停止了发行操作。但是在次周（7 月 10 日），3 年期央行票据的再度停发引发了市场警惕，长期利率开始出现迅速回落，从前期 4. 58%～4. 60% 的高位附近迅速回落到当天的 4. 51%，随后又逐步回落到 7 月 15 日的 4. 48%。

7 月 15 日～8 月 1 日期间，长期利率盘整，市场整体气氛偏弱。市场情绪依然在加息预期强化或者淡化的氛围中摇摆不定。

进入 8 月份后，市场一度出现了一个小小波澜。8 月 11 日财政部招标发行 20 年期国债，在当时市场氛围依然偏弱的背景下，市场对于长期债券的发行心存忧虑。8 月 8 日发行前夕，有部分投机机构在市场中大举抛售 10 年期国债，利率从前期平台盘整的 4. 50% 又回升到 4. 64%，而从发行结果来看，20 年国债 080013 的发行利率也确实高于普遍的市场预期。

（二）2008 年 8 月 13 日～8 月 29 日：基本面朦胧利好中的超跌反弹

如果将 2008 年下半年定义为债券市场的大反转，则这一反转的真正起始点应该是从 8 月 13 日开始的。从此时开始，长期利率展开了最为波澜壮阔的一轮下跌行情。

2008 年国内债券市场大反转的基本面背景来自于国际金融危机与国内政策紧缩共同作用下所产生的国内经济衰退。但是平心而论，在这一危机初露端倪的 8 月份，市场并没有显现出对于基本面条件变化的敏感性①。因此，笔者倾向于将 8 月 13 日至 8 月 29 日期间长期利率的下行定义为“在基本面信息朦胧利好中展开的超跌反弹”，

① 当时对于 2008 年 7～8 月份经济增长势头的下行，有一个主流解释，认为是奥运会期间部分地区停产保护环境，造成了经济增长速度有所放缓，因此这种放缓不具备持续性。

市场当时对于经济衰退因素并没有过于忧虑，仅仅是对于CPI的明显回落更为关注①。因此，从上涨属性而言，该期间的变化更类似于技术层面的超跌反弹，并没有明确的利率趋势反转的意味。

8月13日～8月29日期间，10年期国债利率从4.64%毫无障碍的下探到4.30%附近（按照1年付息1次的频率计量利率），收复了6月下旬成品油价格调整后利率快速上行的“失地”。

应该说该期间的行情走的最为艰难和不确定，在市场中也缺乏明显的做多机构主力，完全是在对基本面数据（更多可能是对于CPI数据）的朦胧利好预期中展开的。

（三）2008年9月1日～9月16日：基金引领行情纵深化

进入9月份后，市场行情向纵深展开，基金公司充当了多头主力。这半个月内的市场变化笔者常称为是“基金行情”。

基金公司大举介入债券市场的触发背景基本可以归纳为股票市场连续下跌、基金公司对于基本面变化预期悲观并对未来政策面取向产生利多“预期”。这股多头势力进一步将10年期利率由4.30%推向4.08%附近，并创出了当时年内利率的最低水平。应该说基金公司当期的多头表现之坚决还是非常出乎商业银行这一投资群体所预期的。

需要注意的是，这次介入债券市场的基金公司并非单纯的债券型基金，同时还有股票型基金。事后回忆，与股票投资关联更大的基金公司对于经济增长因素方面的把握准确度确实要远远强于商业银行。传统类的债券市场参与者更多是对于通货膨胀因素较为敏感，由于长期以来我国的经济增长并没有出现过明显的波折，因此对于经济增长因素的变化，传统债券投资机构的反应相对迟钝。

（四）2008年9月17日～12月31日：正式明确反转行情展开

9月16日（中秋节期间），中央银行宣布了“双率齐降”政策，即贷款利率下调、法定存款准备金率下调。这彻底拉开了债券市场全面反转的行情。从9月17日以来，10年期国债利率从4.08%起步一举回落到年底的2.78%，期间虽有波动，但是整体下行势头未改。这段时期的债券市场上涨是彻彻底底的“政策利好推动行情”。

从9月16日到年底，对于债券市场的政策利好频频推出，主要包括如下一些：

1. 9月16日宣布贷款利率下调、法定存款准备金率下调，并带动公开市场票据发行利率逐周下调。

2. 10月8日中央银行宣布存贷款利率全面下调，再度降低法定存款准备金率。

3. 11月18日，1年期票据停止发行。

---

① 8月份的CPI同比一举由前期6%～7%的高位回落到5%以内。

……

连续不断的货币政策放松，导致长期利率一路下行，但是市场的上涨也并非一帆风顺，期间也曾出现过两次意外波澜。

第一次小调整的背景是围绕 10 月 22 日 30 年期国债发行而展开的。30 年期国债发行前后，长期利率出现了较为明显的调整，以 30 年期国债为例，曾从最低约 3.50%（10 月 13 日）调整至 3.95% 附近（10 月 24 日）。相比之下，基准 10 年期国债的利率波动较为平缓，从 10 月中旬开始进入了小幅整理的态势，波动区间在（3.05%，3.20%）内。

这次长期利率的小幅度调整找不到什么来自政策面、资金面以及基本面的原因，更多是对于前期长期利率速降的一种自发技术修正，修正所涉及的主要期限范围是超长期品种，相比之下，10 年期品种受到的影响不大。

长期利率的第二次调整发生在 11 月份。进入 11 月份后，长期利率在持续降息的预期下不断下行，但是由于市场对再度降息兑现的时点并不确定，在持续的等待中引发了市场的焦虑情绪。恰逢在 11 月中旬期间，长期债券的供应明显加大（其中包括国家开发银行 600 亿元中长期债券发行、7～15 年金融债券以及国债连续发行），导致了在 10～11 月份期间，长期国债利率呈现一波三折的波动走势，其具体变化如图 1－7－4 所示。

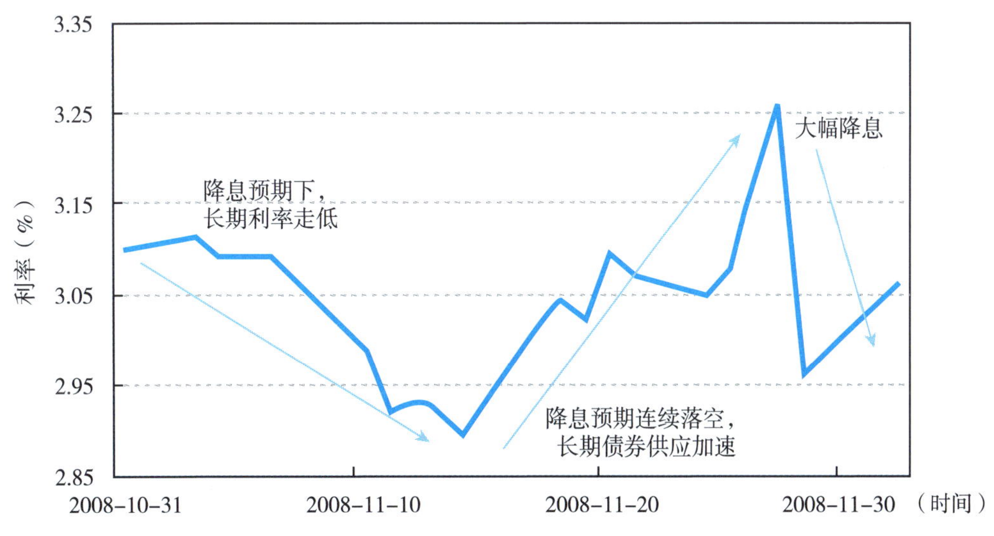

图 1－7－4　2008 年 11 月份 10 年期国债利率变化一览

资料来源：参照 CDC 数据，www.chinabond.com.cn。

在经过 11 月份长期利率的意外波动后，11 月 27 日，中央银行终于宣布了大幅度降息的举措。在此激励下，长期利率再下一“城”，在整体 12 月份期间，毫无意外的下行突破 3.0% 位置，并一直回落到年末的 2.78% 水平。

详解如图 1－7－5 所示。

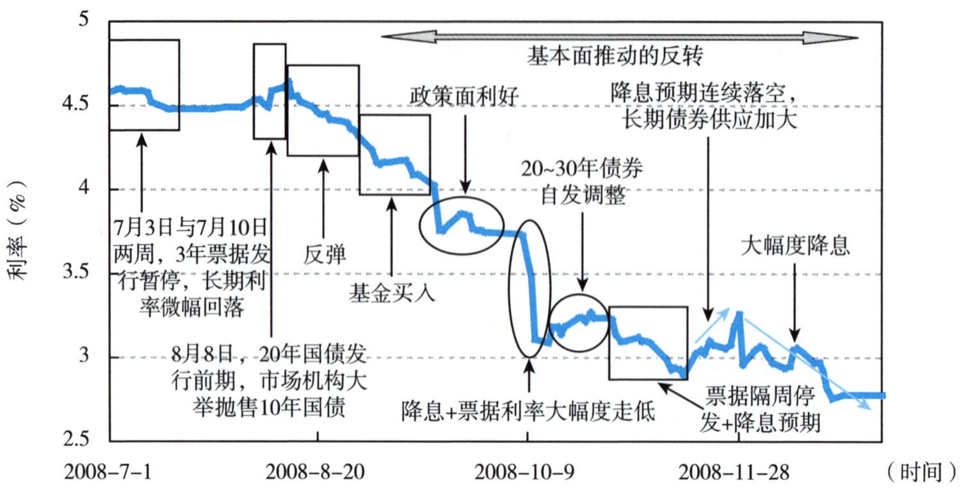

图1－7－5　2008年7～12月份10年期国债利率变化

资料来源：参照CDC数据，www. chinabond. com. cn。

第八章

2009 年[①]：经济增长触底反弹

第一节　2009 年基准国债利率运行轨迹综述

2009 年长期利率的运行区间是（2.70%，3.70%），全年利率呈现较为明显的上行态势，但是幅度有限。从历史利率的运行水平来看，长期利率从低水平区间步入中性水平区间，并逼近 10 年期国债利率的历史均值。如图 1－8－1和图 1－8－2 所示。

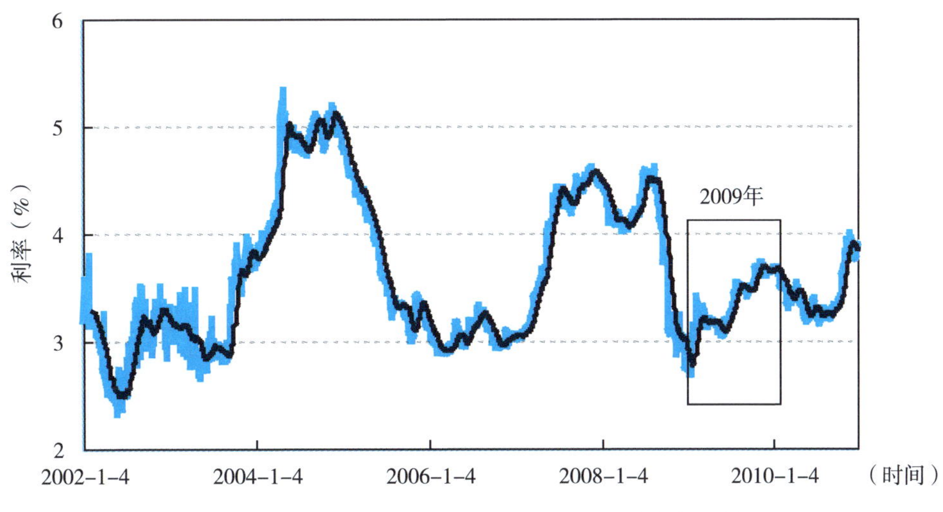

图 1－8－1　2002 年以来 10 年期国债利率变化一览

资料来源：参照 CDC 数据，www.chinabond.com.cn。

2009 年的利率运行体现出较为明显的债股互动性，而单纯从债券利率层面考虑，决定长期利率运行节奏的主要因素则是宏观经济基本面因素，特别是经济增长类指标的信号。

① 2009 年的春节是在 1 月 26 日。

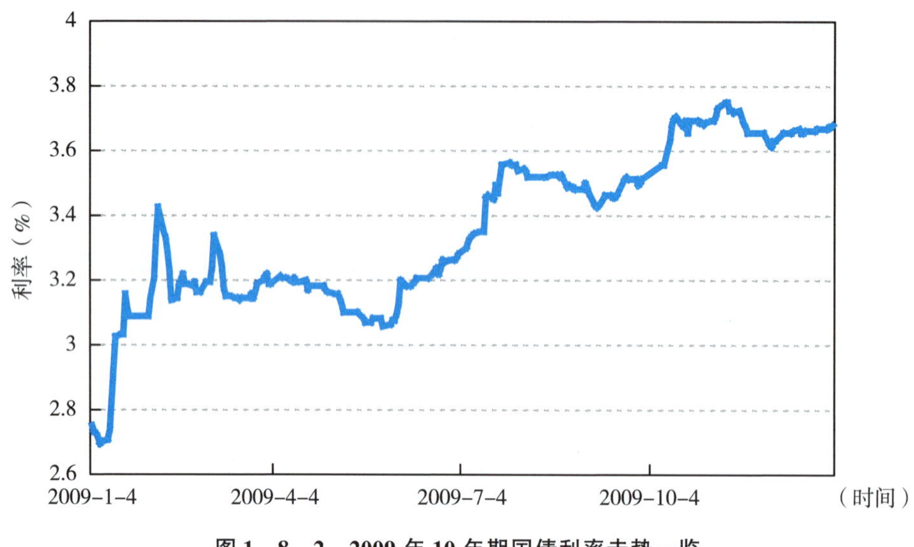

图 1-8-2　2009 年 10 年期国债利率走势一览

资料来源：参照 CDC 数据，www.chinabond.com.cn。

全年来看，利率几乎从低位一路上行至中性水平，中途没有出现较具规模的下行行情。从政策面因素而言，2009 年下半年货币政策的变化是由极度宽松转移到适度宽松，并向中性水平归拢的过程，但是同样由于经济基本面因素（特别是 CPI 因素）没有出现过热或通货膨胀迹象，因此利率也不具备明显上行的空间与动力。

第二节　2009 年长期利率波动详解

2009 年的债券市场和往年不一样，在 2009 年的多数时期，长期利率缺乏来自政策层面（1 年期票据发行）以及资金层面（回购利率始终低位）信息的指导，市场波动仅仅来自于对于市场基本面因素的认识与反馈，因此这对于投资者形成了较大的考验。

一、2009 年年初至 2009 年 2 月 6 日：基金公司集中“去债券化”

2009 年年初以来，债券市场就经历了一波意想不到的空头下跌，其主要做空力量来自于基金类机构，特别是偏股型基金。而市场调整的主要导火索则来自于 2008 年 12 月份银行信贷增长迅猛这一消息。

始自 2009 年 1 月 12 日的调整最先从 10 年期国债开始启动。在 1 月 12 日～1 月 21 日短短 8 个交易日期间，长期利率呈现出深幅调整，10 年期国债利率从 2.70% 附近上行至 3.15% 附近，幅度高达 45 个基点。

1 月 22 日开始，市场买盘陆续涌现，10 年期国债利率冲高后稍有回落，但是这

种短期反弹根本没有持续下去。进入 2 月份后，基金公司继续抛售债券，并带动了一批投机交易盘的做空，10 年期国债利率在空方打压下，于 2 月 6 日创出了 3.43% 的新高。

从 1 月 12 日调整开始，一直到 2 月 6 日，10 年期国债利率从 2.70% 起步几乎毫无波折的上行到 3.43%，上行幅度达到了 73 个基点。

从事后验证来看，2009 年的 1 ~ 2 月份期间，是基金公司“去债券化”的集中期，也是给债券市场冲击最大的时期。后期虽然基金公司的操作方向依然是以卖出为主，但是由于持债规模已经不大，给市场形成的冲击要远远小于年初时期。

回想 2009 年年初债券市场变化的内在逻辑，可谓教训颇深。在年初市场调整之初，笔者曾将利率的温和回升视为部分持债机构获利了结情绪所导致，但是伴随利率升幅加剧，市场多空力量的分歧点已经聚焦在对宏观经济基本面变化的认知上。

如果梳理一下 2009 年年初债券市场所经历的“去债券化”下跌过程，一个相对清晰的调整线索则如下所示：

“部分经济增长类先行指标出现回暖迹象→部分机构预期经济将出现触底回升→风险偏好上升，导致基金类机构抛售债券介入股票→债券市场出现大幅度调整”。

1 月份以来，部分所谓先行类经济增长指标出现了些许回暖迹象，导致市场对经济增长的预期发生明显变化，具体而言主要集中在以下 7 个指标的变化上：

一是 1 月份 PMI 指数回升；二是 12 月份发电量同比回升；三是货币供应量 M1、M2 回升；四是 12 月份信贷增速①回升；五是国内钢材市场量价回升；六是 12 月份工业增加值同比增速回升；七是相关报道显示汽车销售在近期回升。

可叹的是，债券市场传统投资者对于判断经济变化的领先指标并不敏感，对于具有“春江水暖鸭先知”的行业数据也并不熟悉，因此在不解与迷茫中渡过了调整最为剧烈的 1 ~ 2 月份。也正是从此时开始，笔者开始对经济增长指标对利率作用的途径与方式进行了系统研究，更深一步了解了经济运行拐点的内涵意义以及其与利率变化之间的关系。

二、2009 年 2 月 6 日 ~ 2009 年 6 月 30 日：跟随经济增长，利率起伏波动

2009 年 1 ~ 2 月份市场的剧烈变化给传统的债券投资者上了记忆深刻的一课，从此以后，市场对于经济基本面因素的看法更加趋于理性。利率市场紧紧跟随了宏观经济增长的脉搏，几乎亦步亦趋，这一交易节奏的完全明确是从 4 月份开始的，而前期的市场主要是反映经济触底已成这一信号。

---

① 一般情况下，衡量信贷需求强弱的指标主要参考：（1）中国人民银行每季度调查发布的“银行家问卷调查——贷款需求景气指数”；（2）商业银行的信贷利率上浮状况（这个主要衡量中长期信贷）；（3）贴现票据的利率（这个主要衡量短期信贷）。

（一）2009年2月6日～2009年3月24日：经济增长触底未成共识

伴随2月6日长期利率创出新高后，基金公司的抛售动能不断衰竭，而市场资金面依然充裕，若干次新债[①]发行结果强于市场预期，长期利率终于出现了稍许回落。2月6日至2月底期间，10年期国债利率从3.43%开始回落，随后在3.15%～3.20%区间内窄幅整理。

3月份的利率波动依然非常温和，10年期国债利率从3.15%起步，最高上行到3.25%，月末再度回落到3.17%附近。应该说长期利率在迅速脱离2月6日3.43%高点后，直到3月24日期间，基本上维持在3.20%附近窄幅波动。

整体市场虽然呈现弱势，但是长期利率也缺乏向上突破的足够勇气。这其中固然有资金充裕、银行类机构投资配置力量支撑的原因，更为重要的则是，截至3月底，我国的宏观经济基本面数据是处于发布上的真空期的。

在1～2月份消化完微观行业数据以及部分金融数据后，市场更倾向于观察宏观类的经济增长数据来进行多空定夺。但是我国惯有的春节因素令各类宏观经济增长指标存在严重的非同步缺陷，因此对于1～2月份的宏观经济数据一则存在数据不完整的缺点（比如投资、工业增长等数据都是1～2月份合计数，无法对单月数据进行具体分析），另外市场对于1～2月份合计经济数据的认识还存在分化（尚未明确认识到经济增长指标同比下降和环比见底的关系），因此此期间的利率市场缺乏来自宏观经济基本面的指导。

（二）2009年4月份：对宏观经济增长触底[②]形成普遍共识

4月份初期，伴随一季度各类宏观经济数据的发布，市场真正确立了经济触底的普遍共识，需要注意的是，这种所谓的经济触底是以季度GDP环比增速触底回升为标志的。因此，当时10年期国债所达到的水平3.20%也被赋予了较为奇特的象征意义，这一水平位置在2010年中被数次试探接触。

需要读者注意的是，这个经济增长底部是在4月份初期（2009年一季度宏观经济指标公布时期）被市场普遍共识的。但是，由于季度GDP数据公布存在滞后性，虽然按照季度周期来定义经济触底反弹时间无可厚非，然而如果从交易节奏的快捷性角度来把握，更多可能倾向于参考工业增加值数据的环比变化来定义。

在4月初期，市场明确经济底部形成后，10年期国债利率基本呈现弱势变化。但是由于基金公司在前期基本将长期国债抛售完毕，手中缺乏了足够的抛空筹码，因此4月份期间，10年期国债利率反映变化不大，仅从3月下旬的3.15%附近上行到4月16日的3.20%。

---

① 促进市场心态稳定的几次新债发行分别为2月10日2年期农发债券发行、2月12日7年期国债发行、2月19日20年期国债发行。

② 实际上更为敏感的经济触底信号发生在2008年，这里所谓的宏观经济触底是以GDP为分析对象。

相比较下，基金手中依然持有的品种——长期金融债券在此期间却成为了最大的受损品种，从 3 月下旬到 4 月 16 日期间，10 年期金融债券的利率一度飙升 20 个基点，期间 7 年期国开债券 090202 的发行还险遭流标①。

（三）2009 年 4 月 16 日～2009 年 6 月 30 日：交易节奏短期化，利率随数据而“舞”

从 4 月份下旬开始，市场利率的变化进入了这样一个有趣的节奏中，市场比以往任何时期都更加紧密的盯紧经济增长数据的变化（比如逐旬的盯发电量指标、逐旬的盯信贷变化等）。总结来看，基本可以归结为如下节奏：

市场普遍共识经济见底已到来，但是彻底回暖尚未至。即对于后期经济增长稳定向上并没有形成共识，更倾向于将近期数月各行业的强劲增长视为超跌反弹，难言持续性的回暖②。

那么在这一个大背景下，市场情绪被逐周、逐旬乃至逐月的宏观经济基本面因素所左右。按照我国月度经济指标公布的时间特点，月度交易情绪可以划分为如下三个阶段：

月上旬：市场的焦点将主要集中在对基本面数据预期（上月底形成的预期）与现实数据（当月上旬发布的实际数据）的修正上，这种市场修正贯穿上旬。可称之为“基本面因素的修正行情”。

月中旬：修正行情基本结束，这期间是一个宏观经济基本面的真空期，市场利率的波动更多将受到当期市场资金供需、技术面因素的影响，但是由于其缺乏基本面因素的支撑，所以这一波动可能难以具有明确的趋势方向性。可称之为“技术面因素主导行情”。

月下旬：当月的两旬基本面数据将陆续出台，这是形成当月宏观经济基本面预期看法的关键时期，市场将对次月上旬即将公布的基本面经济数据形成朦胧预期，这一预期将决定始自中旬的技术面行情是否持续或逆转。称之为“基本面因素的预期行情”。

事实上，从 4 月下旬开始，市场利率的变化就基本延续这样一种节奏。进入 4 月中下旬后，市场围绕中长期品种（前期下跌最多的品种）展开了反弹。

这一反弹的形成具有双重因素支撑，一是对于前期超跌品种的技术性修正（相对于国债的长期稳定，隐含税率创出新高的中长期金融债券获得了技术面支撑）；二是 4 月中下旬以来的反弹充满了对于 4 月份宏观经济面数据的朦胧利多预期，其中最有力的依据就是 4 月上中旬发电量数据再度出现了同比跌幅扩大，而发电量数据又直接和关键的工业增加值数据密切相关。此外，敏感的投资者也注意到管理层的言论导向发生了一些微妙的变化，如果说一季度中管理层更多的是在强调信心与回暖，4 月份

① 2009 年 4 月 8 日发行 7 年期国开金融债券 090202，市场预期利率在 3.40%，实际发行利率为 3.50%，认购倍数仅为 1.17 倍。

② 这种判断的主要依据是：在外部经济环境尚未见底的条件，内部经济持续性回暖的结论实难做出。

以来的言论更多的是强调了经济在未来可能遭遇的挑战。因此技术面的修正要求以及朦胧的基本面预期造成了4月份下旬的利率回落，而参与其中的资金基本为投机交易类性质。

果不其然，5月中旬所公布的4月份经济增长指标与3月份的增长势头相比，出现了回落，表现最为明显的当属工业增加值数据，环比回落明显，因此始自4月16日的长期利率回落一直持续到了5月27日，10年期国债利率从期初的3.20%一路回落到3.05%附近。

进入6月份后，长期利率再续升势，起因也是来自于宏观经济基本面数据。当月市场利率的调整可以划分为两个阶段，分别为经济基本面因素主导的利率增陡上行阶段、资金面趋紧预期主导的利率平坦化上行阶段：

第一，上半月利率曲线主要表现为增陡上行，中长期品种（5~10年）为调整主力，其主要诱发因素是针对于5月份宏观经济数据的反映（相比于4月份，5月份的经济上行动能增强），并以5年与15年国债的招标发行（分别为6月3日和6月10日）为导火线。在此阶段，主要的调整品种当属10年国债，该期限品种利率脱离了长期以来盘整的3.0%~3.10%区间附近，在6月上旬上扬至3.15%附近。

第二，伴随2009年首只新股——“桂林三金”重启发行，中下旬以来，受制于回购利率的迅速上行，银行间现券市场继续小幅调整，但是本轮调整的主力主要是短期利率（3年以下品种），曲线也进而表现为平坦化上行。以政策性金融债券为例，2~3年期品种在中下旬利率由2.07%上行到2.12%附近，而10年期（非国开品种，指农发行以及进出口银行金融债券）金融债券则从3.75%调整到3.78%附近。

6月份的债券市场经历了宏观经济数据强劲、新债发行结果不理想以及IPO重启的冲击，10年国债利率从3.05%上行至月末的3.25%~3.30%附近。

详解如图1-8-3所示。

三、2009年7~12月份：公开市场利率指引回归市场，利率变化节奏如前

2009年下半年的利率波动依然是以经济增长为主线索的，其中虽然掺杂了一些公开市场方面的内容，但是“利率随数据而舞”的变化节奏没有发生根本变化。

（一）2009年7月初至2009年8月18日：1年期中央银行票据重归市场，一度引导长期利率上行突破

在事隔半年之久后，中央银行重启了1年期票据发行，并从7月9日到8月18日主动引导利率上行。此期间，10年期国债利率从3.25%上行到3.52%。

期间，在8月3日长期利率是创出最高水平的，其后利率稍有回落，但是并不明显。主要原因在于，虽然当时公开市场发行利率尚未稳定，但是8月4日当天1年期

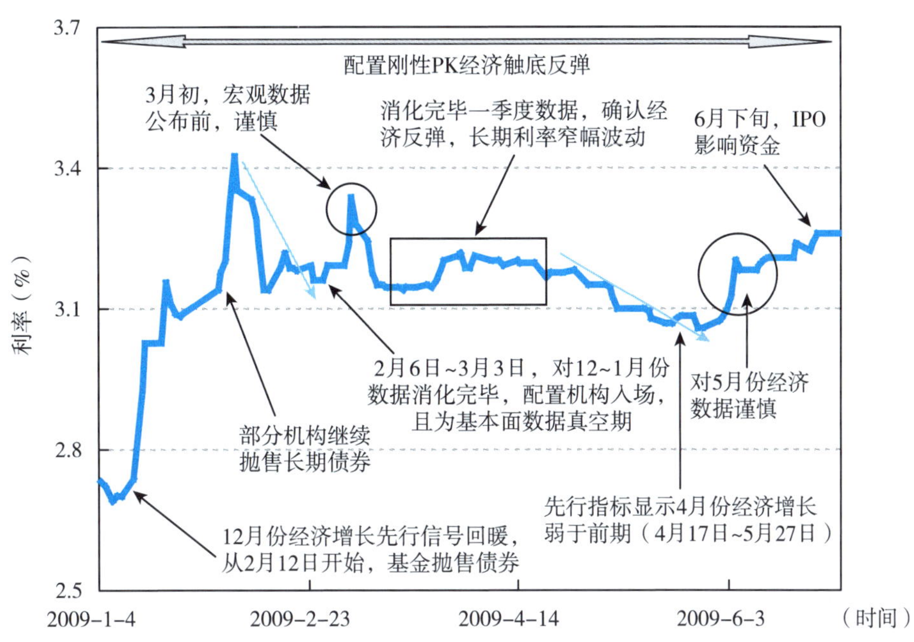

图1-8-3 2009年1~6月份10年期国债变化

资料来源：参照CDC数据，www.chinabond.com.cn。

票据发行利率的上行幅度已经比前期缩窄，这传递了即将稳定的信号。同时IPO结束，回购利率从8月4日开始明显回落，积极信号出现，但是公开市场发行利率是否能就此止步，市场预期尚无定论。终于在8月18日，公开市场利率持平稳定。

（二）2009年8月18日~2009年9月8日：多重因素促反弹

从8月18日开始，长期利率出现了难得一见的回落态势，10年期国债利率从8月18日的3.52%回落到9月8日的3.42%，幅度为10个基点。

8月下旬以来债券市场的回暖主要是在经济基本面、政策面以及资金面三大要素转暖的背景下展开的，其中最为根本的当属市场机构对于基本面要素的分析判断。

7月份的经济数据（8月11日发布）揭示出中国宏观经济依然处于复苏的轨道中。但是相比于二季度数据传递给市场的信息，由于前期的市场预期被明显高估，导致了7月份数据实际增长情况低于预期现象的发生。

此外1年期票据发行利率止住上行趋势，政策面稳定预期强烈（8月18日确认公开市场票据发行利率稳定）。上述两点促成了8月下旬债券市场的反弹。其中，条件一是根本因素，条件二是触发因素。

可以说，始自8月18日、结束于9月8日的债券价格反弹写照了7月份经济数据弱于预期的现实，并蕴涵着8月份经济数据继续走弱的预期。但是，发布于9月11日的8月份宏观经济数据粉碎了市场的预期，并导致了市场反弹的迅速夭折。

（三）2009年9月9日~2009年10月16日：基本面走强+供应增加，长期利率冲高

9月9日至10月16日长期利率处于一个急速调整期，10年期国债利率从3.42%一举冲高到3.70%，调整幅度达到38个基点。

此期间，长期利率经受了三重负面冲击，分别如下：

1. 9月11日国家统计局发布的8月份诸多经济增长数据强于市场预期（其主要体现于信贷数据与投资增长数据上），这是导致前期债券市场反弹夭折的根本原因。

2. 9月21日至9月25日一周中，以国家开发银行400亿元次级债券巨量发行为标志的供给冲击。

3. 10月份市场快速调整的时期集中在10月中旬（10~16日期间），而触发因素则是在此间公布的9月份贸易数据以及金融信贷数据均明显超越市场此前的预期①，导致了市场机构对于利率产品的抛售。

三重负面因素连续对长期利率形成了冲击，导致了市场利率明显大幅度调整。

（四）2009年10月16日~11月10日：长期利率弱势盘整

在经过前期的连续冲击后，从10月中旬开始一直延续到11月上旬，长期利率迎来了一个难得的平静时期，10年期国债利率始终在3.70%~3.75%之间进行窄幅整理，市场机构在此位置观望，以谨慎的心态来等待10月份各类宏观经济数据的发布（11月11日发布）。

（五）2009年11月11日至2009年年底：经济数据弱化构成长期利率下行的催化剂

2009年11月11日国家统计局发布了10月份宏观经济运行数据，在本次数据发布中，一个亮点则为工业增加值数据。

从数据分析来看，10月份的工业增长情况弱于前期②。宏观经济增长因素的相对回落稳定了债券市场投资者心态，长期利率得以在3.70%附近稳定。随后在年末资金充裕、中央银行超越市场预期连续稳定公开市场发行利率，以及市场盛传管理层进行信贷控制的连续催化下，10年期国债利率从11月10日的3.75%回落到11月27日的3.65%，回落幅度为10个基点。

其后在迪拜偿债危机③显现、国际经济环境产生二次探底预期的影响下，长期利率一度从11月底的3.65%继续下探到12月初期的3.61%附近。后期事态发展显示，

---

① 前期主流预期认为：9月份的出口贸易依然维持相对弱势，而9月份的信贷数据则保持在3000亿元附近。

② 10月份工业增加值的环比增速低于预期，根据国家统计局公布9月份IP环比增速为1.10%，10月份该增速为0.80%，而笔者实际计算10月份的环比增速在1.0%附近，确实弱于9月份的上行动量。

③ 迪拜偿债危机：感兴趣的读者可以查询当年造成市场波动的“迪拜偿债危机”的相关资料。

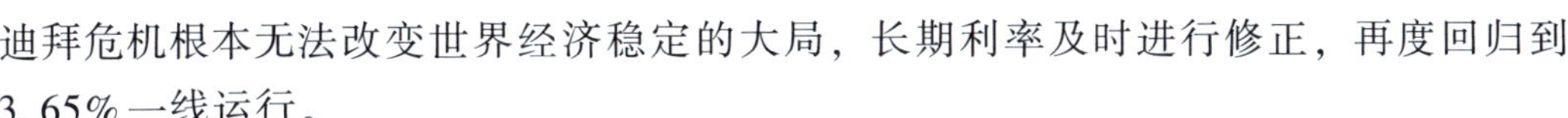

迪拜危机根本无法改变世界经济稳定的大局，长期利率及时进行修正，再度回归到 3.65% 一线运行。

在 2009 年 12 月份的大部分时间中，长期利率基本缺乏了方向指引，始终在 3.65%~3.70% 一线震荡整理，这种情况一直延续到了 2009 年年底。

需要说明的是，在 2009 年年底长期利率盘整过程中，市场的主流预期是对债券市场偏空的。

详解如图 1-8-4 所示。

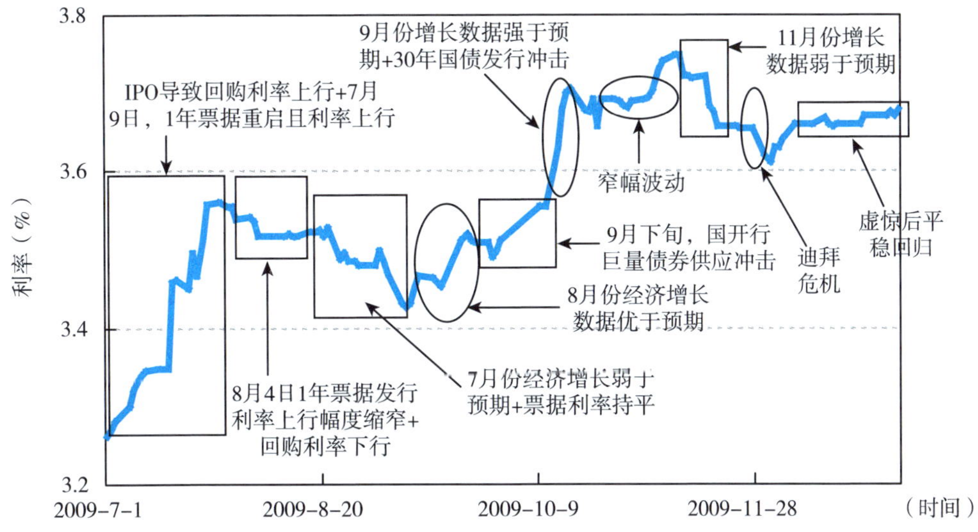

图 1-8-4　2009 年 7~12 月份 10 年期国债利率变化

资料来源：参照 CDC 数据，www. chinabond. com. cn。

总体来看，2009 年债券市场波动的主要焦点围绕在经济基本面因素中的经济增长层面，宏观经济触底回暖的大背景注定了长期利率的运行方向，一年中难得出现的三波小幅度利率下行均与当期宏观经济增长数据变化弱于预期密切相关。

第九章

2010 年[1]：经济滞胀局面初显

第一节 2010 年基准国债利率运行轨迹综述

2010 年 10 年期国债的利率波动区间在（3.20%，4.00%），全年利率呈现非常显著的先抑后扬变化。从历史利率变化区间来看，10 年国债利率从历史均值水平（大约在 3.60%～3.70% 区间）出发，在上半年持续回落到低水平区间，但是临近年终，长期利率以快速上行态势迅速脱离低水平区间，回归到中性区间的顶端（3.90%～4.00% 区间）。如图 1-9-1 和图 1-9-2 所示。

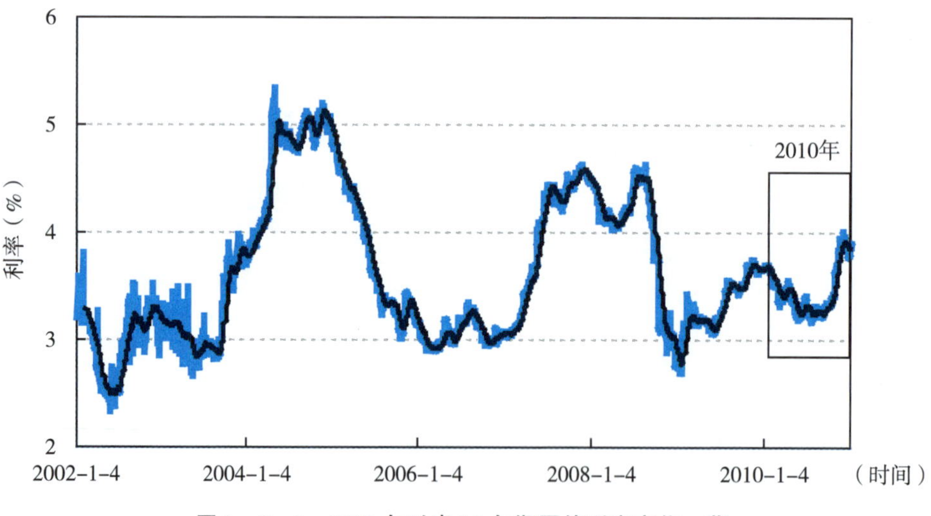

图 1-9-1 2002 年以来 10 年期国债利率变化一览

资料来源：参照 CDC 数据，www.chinabond.com.cn。

① 2010 年的春节是在 2 月 14 日。

图 1－9－2　2010 年 10 年期国债利率变化一览

资料来源：参照 CDC 数据，www.chinabond.com.cn。

相比于历史上若干年份债券市场受到单因素（要么是经济增长因素驱动，要么是通货膨胀因素驱动）驱动而言，2010 年债券市场所遭受的驱动力较为复杂，典型的受到了双因素驱动。经济增长因素和通货膨胀因素在 2010 年均发挥了驱动作用，市场焦点在上述两个因素中来回摇摆，也在客观上造成了 2010 年债券投资者的“乐极生悲”。

第二节　2010 年长期利率波动详解

2010 年债券市场的关注焦点依然集中在经济基本面问题上，但是在经济基本面系统中的两个子项：经济增长和通货膨胀因素上，究竟哪个是焦点内容，市场发生过“一波三折”式的转移。

2009 年 10 月 20 日，国务院经济工作会议首先提出了后期的政策立足点之一是“管理通货膨胀预期”，结合 2009 年中央银行维持极度宽松货币政策而投放出的大量货币信贷，市场对于通货膨胀的预期非常浓重，相应而言，加息预期陡然升温。

应该说，在 2010 年伊始，笼罩债券市场的主流预期是：通货膨胀问题是 2010 年的主要焦点，而加息措施几乎是市场的预期主流。当时较为统一的看法是，在 2010 年中央银行可能要进行 2～3 次加息，以对抗通货膨胀。通货膨胀与经济过热是 2010 年年初笼罩债券市场的主流预期，这一预期一直延续到 2 月下旬、3 月初才得以被修正弱化。

市场预期由担忧经济过热向警惕经济“二次衰退”的转变发生在 5 月份期间，转变的起因是发生于 4 月上旬的房地产行业调控政策出台以及发生在 5 月份的欧洲债务危机，而真正被市场意识到并迅速成为市场预期主流的触发因素则是在2010年5月31日温家宝总理访问日本东京期间对于国内国际经济形势的评论。当时温总理明确表示："全球经济稳定并开始回升，但经济复苏缓慢，还存在许多不确定和不稳定因素，各国必须密切观察形势，做好预防世界经济二次探底的准备"。

结合国内政策紧缩、国际局面混乱，"内外双紧"的局面在2010年5月份期间再度碰头，再加上总理对于未来经济的担忧，市场一举扭转了前期对于经济过热的担忧，转而舆论导向偏向于经济回落这一焦点。

由此大致如此来划分2010年上半年基本面、政策面焦点转移的节奏：

1. 年初一直持续到2月下旬，市场对于经济基本面的主流判断是经济过热与通货膨胀，因此对于政策面上具有较为强烈的加息预期。

2. 2010年3~4月份，面对超乎预期的CPI回落以及4月份出台严厉的房地产市场调控新政，市场开始修正前期过于强烈的经济过热预期。

3. 2010年5月份发生的欧洲债务危机再度令市场产生了"内部紧缩"与"外部紧缩"双碰头的判断，从5月下旬开始，市场预期已经迅速从担忧经济过热转移到了担心经济的二次衰退（或称回落）。

需要注意的是，即便在市场主流从忧虑转向经济回落后，市场也没有放弃对于通货膨胀因素的担忧（只不过这种担忧相比于年初明显弱化了），因此严格定义来看，5月份后市场关注的基本面焦点在于经济增长乏力与通货膨胀，更类似于担忧经济运行的"滞胀"现象。

一、2010年年初至4月15日：CPI引发的波动

市场是以一种弱势谨慎的心态进入2010年的，而实际政策面的变化也在年度初期证实了谨慎心态的正确性。

（一）2010年1月1日~1月18日：基本面数据与政策面紧缩双重施压

2010年之初，市场就经历了多重考验，首先商务部定期每周发布的食品价格指数在1月份初期呈现加速上涨超越市场预期的态势，这无疑加大了市场对于通货膨胀因素的担忧情绪。再者从1月7日开始，长期稳定的公开市场发行利率出现上行态势，3M票据、1年期票据的发行利率在1月7日、1月12日相继上涨，引发了市场对于政策面再度趋紧的担忧。在随后的1月18日，中央银行宣布上调法定存款准备金率0.5个百分点。这是自2008年下半年以来法定存款准备金率经历的首度上调，也正式宣布了2009年极度宽松货币政策的终结。

在一系列来自基本面和政策面利空的冲击下，1月份初期，长期利率呈现一个小幅度上行的态势，1月1日~1月18日期间，10年期国债利率从3.65%附近上行到3.70%附近，幅度虽然有限，但是市场心态偏空。

（二）2010 年 1 月 18 日 ~2 月 11 日（春节）：双重压力被化解，配置压力推动利率下行

随后市场发生了一些微妙的变化，扭转了上述来自基本面以及政策面因素的压力。1 月份后期的商务部食品价格指数出现了意外回落（这个回落和春节前物价的上涨惯例不符），化解了市场对于前期食品价格过度上涨的担忧。同时 1 月 19 日 1 年期间中央银行票据的发行利率达到 1.92% 并筑顶（1 月 26 日公开市场的持平发行利率确认了“顶”的出现），这在很大程度上缓解了市场对政策面紧缩的担忧（公开市场发行利率在上行过程中的趋稳一向对长期利率具有正面作用）。

1 月 20 日附近市场确认了监管部门对于 2010 年信贷投放实施严格的管理（从资金分流角度而言，这对于债券市场形成了实质性的资金因素利好），再辅之以 1 月份春节前期向来是市场资金面极度宽松、投资配置压力最大的时期，终于从 1 月 18 日开始长期利率出现了明显回落。

2010 年 1 月 18 日至春节前后，10 年期国债利率从 3.70% 一举回落到 3.50%，回落的幅度达到了 20 个基点。

（三）2010 年 2 月 20 日 ~3 月 3 日：CPI 预期转变引发的长期利率继续回落

春节过后，市场的关注焦点迅速被商务部食品价格指数所吸引，根据当时公布的春节后食品价格指数变化，市场预期中的春节期间食品价格的快速上涨竟然意外的没有发生。

本来市场对于 2 月份春节期间的 CPI 增长预期在 2.8% ~2.9% 附近，可是根据实际发布的商务部数据测算，2 月份的 CPI 同比增长速度可能在 2.5% 以内，食品价格上涨速度的意外回落延续了市场机构春节前对长期利率的多头热情。

大量机构在 2 月 20 日 ~3 月 3 日期间，充分的消化“春节期间 CPI 涨幅弱于预期”的这一美好愿景，长期利率从 3.50% 继续回落到 3.31%。

在这轮利率的迅速回落过程中，市场也逐渐修正了年初以来对于经济过热的担忧，再辅之以年初的空头预期造成了很多交易投机类账户空仓已久，在市场上根本没有做空的能力（缺乏做空的筹码），反而被“逼空”不得不进行补仓操作，因此长期利率得以毫无阻力的下行。

（四）2010 年 3 月 3 日 ~3 月 12 日：CPI“黑天鹅”事件

3 月初期，一个关于 CPI 数据的“黑天鹅”事件发生了。市场从 3 月 3 日开始盛传，2 月份的 CPI 实际增长幅度没有如商务部数据所揭示的那样明显低于预期，而是依然保持在 2.70% 的高位。

面对这一传言，前期市场美好的愿景破灭，长期债券迅速回吐了前期的上涨幅度，10 年期国债利率从 3 月 4 日开始回升一直到 3 月 12 日 CPI 正式发布之日，脱离前期 3.31% 的底部回归到 3.45%，基本上把前一阶段基于 CPI 低于预期而出现的上

涨幅度全部回吐。

这个发生在2010年春节前后的所谓CPI“黑天鹅”事件是较为有趣的，而且这种意外事件在后期还在不断发生。

（五）2010年3月12日~4月15日：延续着的基本面因素冲击

3月11日所发布的诸多经济数据显示，不仅CPI没有出现明显回落，而且具有代表性的经济增长类数据（工业增加值、投资、出口）依然保持了一个相对强于预期的增长。因此，随后的日子里，基本面因素依然对债券市场呈现负面冲击，并一直延续到4月15日，长期利率创出了3.50%的阶段性高点。

在此期间，市场所面对的主要矛盾是来自于经济基本面数据的现状，较为意外的是在3月12日~3月18日期间，长期利率曾出现过一个小幅度的回落。这个回落从基本面、政策面以及资金面上都无法寻求到依据，10年期利率从3月12日的3.45%回落到3.36%。

当时的市场对于长期利率的这种意外回落百思不得其解，而根据笔者了解的情况则是，这次长期利率的意外回落源于海外投资机构对于以前IRS（利率互换交易）操作的平盘操作所导致。

在年初时期，很多海外基金在海外市场中利用IRS作为工具构建了大量的看涨利率的头寸，但是伴随年初以来利率的意外回落，其先前头寸面临严重亏损，被止损平盘，IRS的平盘操作通过外资银行作为中介传输途径，影响了国内现券市场，并造成了长期利率的意外回落。

因为这种平盘操作并不具有持续性，因此在短期消化后，长期利率的走向重新回归经济基本面因素，继续消化前期经济数据对债券市场形成的利空，重返升途，一直上行到4月15日的3.50%位置。

二、2010年4月16日~5月24日：内外双紧再聚首，空头氛围突变

2010年4月16日~5月24日期间是2010年债券市场的关键时期，在这一时期，前期忧虑的经济过热被彻底扭转，转而市场开始担忧经济可能出现的二次回落。在此期间10年期国债利率从3.50%一举回落到3.20%。

利率回落的起始因素首发于国内政策紧缩。4月16日国务院出台了针对房地产行业的一系列调控措施，并引发了股票市场的明显波动，这构成了债券市场的转机。随即在5月中旬发布的中国国内经济增长数据也出现了弱于预期的状况，这加大了市场对于国内经济增长放缓的预期。

无独有偶，始自4月中旬的欧洲债务危机在5月份达到白热化境地，欧元对美元一路走贬，甚至跌穿1.20关口。鉴于欧洲是我国最大的贸易伙伴，因此欧洲债务危机的变化为我国的出口蒙上了一层阴影。

内部紧缩与外部紧缩在 4 ~5 月份期间双双再度碰头，加大了我国经济二次回落的几率，伴随此期间国内、国际股票市场的一路下跌，长期利率也步入一个非常清晰的下降通道中，从期初的 3. 50% 一路回落到 3. 20% 。

三、2010 年 5 月 24 日 ~6 月 24 日：意外的资金面冲击

长期利率的持续回落被资金面的意外趋紧所中断。由于 5 月份欧洲债务危机的爆发以及中央银行意外的货币工具操作①，市场资金面从 5 月下旬突然出现紧张状态，长期利率也中断了其一路下行的态势。

从 5 月 24 日 ~6 月 24 日，由于资金面的意外紧张，银行间市场 7 天回购利率脱离前期的 1. 60% 平台，上行至 3. 15% 附近。资金面的紧张也倒逼中央银行公开市场发行利率出现被动上行。在此期间，1 年期中央银行票据发行利率从长期稳定的 1. 92% 平台上行到 2. 10% ，长期利率也无法抗衡资金紧张因素的冲击，市场出现了"降杠杆②"操作。10 年期国债利率从 5 月 24 日的 3. 20% 一举回升到 6 月 24 日的 3. 41% ，上行幅度达到 20 个基点。

需要说明的是，此期间长期利率的回升完全是由资金面因素所导致，期间虽然公开市场发行利率等政策性指标利率出现回升，但是没有像以往时期那样，引发所谓的加息预期。

详解如图 1 -9 -3 所示。

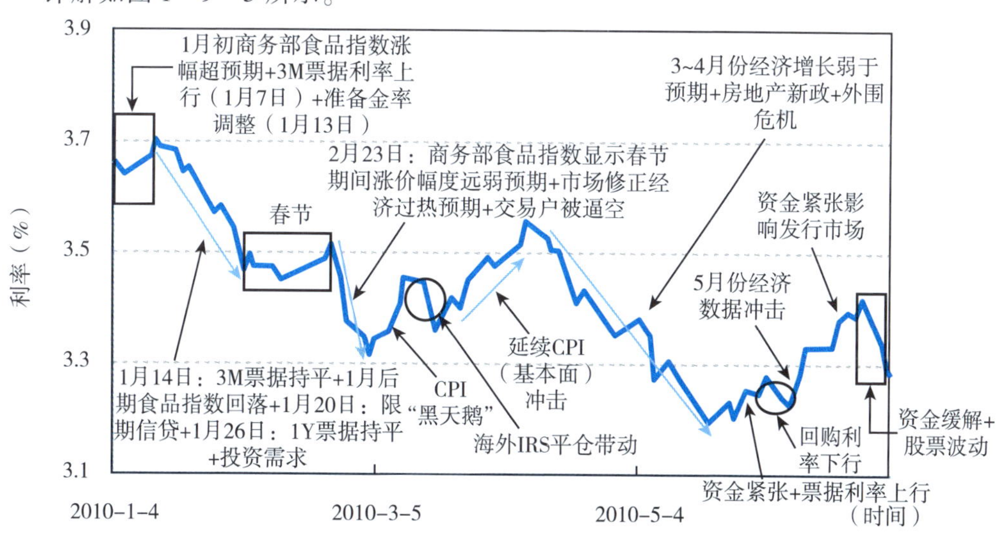

图 1 -9 -3　2010 年 1 ~6 月份 10 年期国债利率变化

资料来源：参照 CDC 数据，www. chinabond. com. cn。

① 2010 年 5 ~6 月份的货币紧张局面在后文中有专门论述，见"货币篇"。

② 在债券市场中常常存在一些投机类机构进行杠杆化操作，即利用回购操作从货币市场中滚动融入资金购买长期限债券，赚取短期资金利率与长期债券利率之间的利差。但是一旦资金紧张，这种操作很容易发生资金链断裂的危险，在滚动资金供应不上的情况下，投机类机构只能选择抛售长期债券，降低杠杆。

四、2010年6月25日~7月14日：资金紧张因素解除，利率回归创新低

持续1个月的资金紧张局面造成了部分投机类机构的“降杠杆”操作，导致了长期利率出现了大约20个基点的调整，但是伴随“年中”时点度过以及中央银行向市场不断的投放资金，从6月25日开始，资金紧张局面出现了明显缓解。与此同时，全球股票市场出现了较为意外的大幅度下跌，中国股票市场在6月29日也跌破了2500点的平台。

从6月25日开始一直到7月14日，资金回暖、全球股票下跌以及市场传言6月份CPI数据低于预期的多重因素作用下，10年期国债利率从前期高点3.40%附近一路回落到3.17%位置，创出了2010年的利率新低。

当时的市场对于10年期国债利率在3.20%位置有一个心理障碍，因为在2009年经济触底反弹后，长期利率跃升到的第一个平台就是3.20%，因此这个水平具有经济脱离底部的一个象征意义。除非经济增长出现了明显的二次探底的变化，否则很难造成长期利率突破3.20%向下回落。

五、2010年7月16日~8月2日：政策面预期生变，利率调整再现

在此时期内，10年期国债利率再现调整，其触发因素是7月16日~7月22日期间出现了中长期债券的集中供应。

该因素虽然没有推动利率出现明显上行，但是终止了前期长期利率下降的势头，而对利率市场形成明显冲击的主要因素则发生在7月22日中央政治局会议的论调。

在本次会议上，温家宝总理提出：“无论是解决长期存在的体制性、结构性问题，还是解决经济运行中突出的紧迫性问题，都要在保持经济平稳较快发展的前提下进行”。这一表述令市场产生了紧缩政策松动的预期，担心中国政府再度推出明显、大规模的经济刺激计划，从而令前期一直走弱的经济增长数据抬头①。

在政策变化预期推动下，市场对于将在8月上旬公布的7月份整体宏观经济数据的演变心存忧虑，担心通货膨胀率高于预期、经济回落速度弱于预期，长期利率在回落企稳后再度上行，从3.20%附近一路上行到3.30%附近。

六、2010年8月3日~8月25日：CPI数据明显低于预期，推动利率再次回落

进入8月初期，市场传言7月份CPI同比变化并不出乎预期（先前预期在3.5%

---

① 在前期支撑利率下行的最主要因素是中国经济增长出现回落，市场对于经济增长产生了“二次探底”预期，而这种预期的产生多少也要归因于政府紧缩型政策的出台和持续。如果紧缩政策退出，则很可能形成经济增长的再度反弹上行，这对于债券市场将产生负面冲击。

附近，传言在 3.2% ~3.3% 附近），此外伴随银监会停止部分城市三套房贷款、工信部严令在两个月内清理高耗能企业、银监会出台新规清理银信合作业务、7 月份信贷增长5000 亿元附近（符合前期额度控制预期）等一系列政策出台（在8 月 10 日附近明晰上述政策）后，市场前期高涨的政策松动并转向的预期得以缓解，长期利率开始企稳并酝酿多头气氛。

8 月 10 日 ~8 月 12 日期间，国家统计局公布了 7 月份各项宏观经济数据，其中较为突出的是 CPI 增长弱于预期，此外工业增加值环比增长速度弱于上月水平，这终于导致了市场对于长期利率的追捧，利率重心开始下行。

无独有偶，8 月 12 日的美国股票市场带动国内股票市场出现明显下跌，助推了债券多头氛围，在短短 3 天时间内，长期利率回落了大约 7 ~8 个基点。

随后的长期利率缺乏了经济基本面因素指导，虽然在 8 月 24 ~25 日期间受到汇金债券发行受到热捧、美股大跌因素的刺激有所回落，但是未成趋势。可以说从 8 月中旬以来，10 年期国债利率基本在 3.20% ~3.25% 区间内窄幅度波动，缺乏了方向性。

详解如图 1 –9 –4 所示。

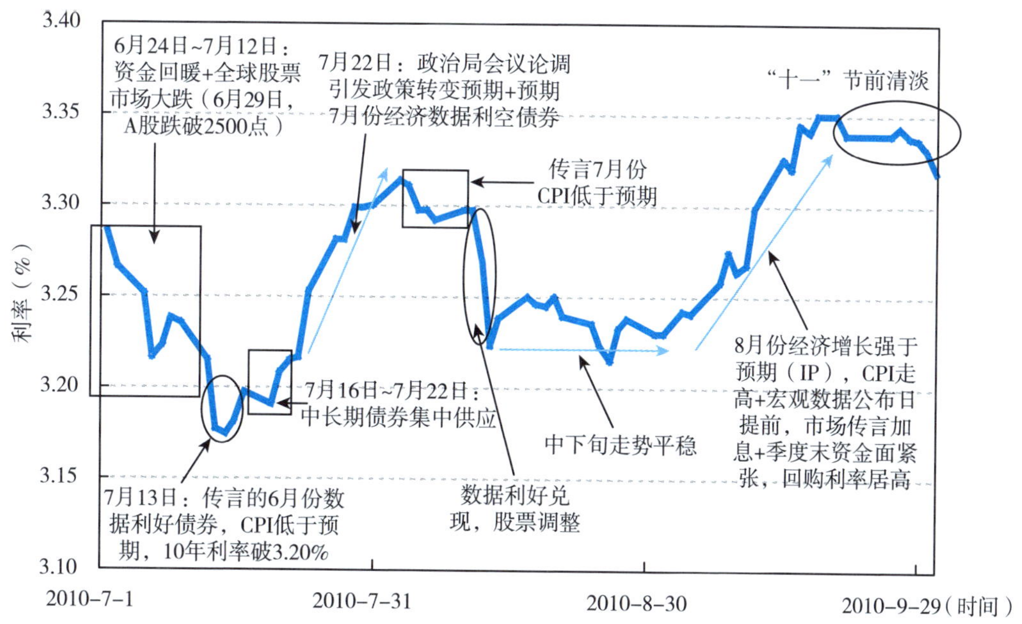

图 1 –9 –4　2010 年 7 ~9 月份 10 年期国债利率变化

资料来源：参照 CDC 数据，www. chinabond. com. cn。

七、2010 年 8 月 26 日 ~11 月 26 日：风云突变，引发债券市场惨烈调整

这一期间中国利率市场的变化是值得引发投资者所牢记反思的，其背景以及变化类似于 2004 年 10 月份加息，而从超越预期程度来看，甚至比后者更甚。

（一）2010年8月26日～10月19日：经济增长数据企稳触发利率调整

该期间债券的突发加速调整是从“10.19”加息开始的，但是从8月底一直到10月上旬来看，债券市场已经呈现出疲弱的态势。

8月26日至10月中旬期间，10年期国债利率从3.20%附近上行至3.40%附近，其触发因素则来自于8月份宏观经济数据的变化（9月份上旬公布）。

其中最为关键的一个宏观面指标是工业增加值数据的变化。8月份的工业增加值增速出现明显抬头（根据官方解释，其走高是源于保障性住房的建设受到督促），8月份工业增加值环比增速（剔除季节性因素后）超越了历史平均增长速度，向市场传递出经济环比增长见底的预期。从那时开始，市场开始反思2010年4月份以来的经济回落局面（这是在当年支撑长期利率回落的最主要因素）是否已经结束，即经济增长最差的时期是否已经过去。有心的投资者还发现，8月份的财政支出明显增大，显示出政府已经开始出手支持经济增长了。

在经济增长速度出现稳定的前提下，自然引发了市场对于后期通货膨胀的担忧（即市场关注焦点将再度回归到通货膨胀上，这自然对债券投资形成较大压力），而也正是在“十一”期间，国际市场对于美联储再度定量宽松（被称为QE2）的预期被不断放大。整体10月份中，国际资本市场（主要体现为大宗商品以及股票市场）出现了快速上涨，通货膨胀预期被明显强化，也对国内债券投资者心理形成了明显冲击。

无独有偶，在9月上旬，周小川行长发表了关于银行息差管理的看法（媒体片面报道解读了其讲话内容，实际上从全篇文章来看，看不出什么不对称加息的内容）、货币政策委员会成员表达了加息建议以及国家统计局将原本13日的宏观数据发布期提前到11日（市场猜测其提前发布数据是为了给利率政策调整提供时间窗口），再配合当月CPI再创新高的预期，市场加息传言纷纷，这对于长期利率的调整起到了推波助澜的作用。

同时，受到季度末银行各类指标考核的压力，资金市场略显偏紧，在“双节（国庆节和中秋节）”来临之前，市场回购利率居于高位，也催生了市场机构“去杠杆”行为（市场机构多将3年期票据进行杠杆化放大操作）。

因此在8月底到10月中旬期间，“8月份工业增加值数据企稳、加息传言、季末资金紧张，以及‘十一’之后基于QE2预期所发生的国际资本市场大幅上涨（强化通货膨胀预期）”等一系列因素依次对国内债券市场造成压力，10年期国债利率一举从3.20%附近上行到3.40%附近。

10月中旬，根据媒体报道，中国央行行长周小川在华盛顿参加国际货币基金组织年会的一次活动中表示：“中国不急于降低整体通货膨胀水平，将会把焦点放在压低房价上，以增强经济复苏”，“鉴于财政和货币扩张政策已经奏效，我们不能太急于控制通胀”，“没有证据显示当前的货币工具不足以牵制通胀预期”。

上述一系列表态，极大地缓解了前期市场对于加息的担忧，多数人认为在2010

年中利率政策可能不被使用了，因此 10 月中旬期间，长期利率也停止了上行的步伐，在 3. 40% 位置附近整理波动。

（二）2010 年 10 月 20 日～11 月 11 日："10. 19" 加息突至，超预期的政策利空引发市场恐慌

市场在年内不会加息的预期中保持平静，这一平静被"10. 19"晚间突发而至的加息政策所打破。

这次加息是在 2008 年降息周期启动展开并且利率始终在低位徘徊的背景下发生的。前期市场虽然也产生过加息的讨论或传言，但是已经被 10 月中旬媒体所报道的货币当局的看法、言论所平息，而且在 2010 年长达 9 个月的债券"小牛市"背景下，市场中的投机机构累计了大量的杠杆化操作，无疑一旦"降杠杆"行为展开，将加大市场的波动。

这样看，"10. 19"加息呈现如下两个基本特征，决定了市场的恐慌性调整：

1. 这是降息周期以来的首度加息，这个特征和 2004 年 10 月份加息相似，但是基于市场对于本次加息几乎毫无预期，相比于 2004 年 10 月份的加息，"10. 19"加息的超预期色彩更甚。

2. 与 2004 年 10 月加息前利率市场已经明显调整不同，本次加息之前，债券市场是一个"小牛市"特征，大量的机构进行着"杠杆化"多头操作，因此一旦调整展开，"降杠杆"行为将导致市场的调整幅度明显加大。

因此，从 10 月 20 日开始一直到 11 月 11 日，长期利率展开了一轮超乎预期的调整，围绕"10. 19"加息这个政策利空，10 年期国债经历了三波连续调整：

（1）10 月 20 日～10 月 25 日：10 年期国债利率从 3. 40% 位置跃居到 3. 65% 附近平台，上行幅度为 25 个基点。

（2）10 月 26 日～11 月 8 日：10 年期国债利率从 3. 65% 上行到 3. 85% 附近，该阶段利率的上行主要是受到美联储 QE2 政策最终落实（11 月 4 日）以及中国 10 月份 PMI 数据异常强劲所导致。市场恐慌气氛进一步加剧，推动利率再度上行。

（3）11 月 9 日～11 月 11 日：在 11 月 9 日公开市场发行中，本已平稳的 1 年期中央银行票据发行利率再度上行 5 个基点；同时，市场中传言 10 月份的 CPI 同比增速将达到 4. 4%（前期市场主流预期认为 10 月份 CPI 同比在 4% 以内），这进一步加剧了市场恐慌气氛，在此背景下，长期利率脱离了前期 3. 85% 平台，上行到 3. 95% 附近。

（三）2010 年 11 月 12 日～11 月 26 日：长期利率升势"强弩之末"，创出当年最高

11 月 12 日～11 月 18 日，在公开市场发行利率企稳以及股票市场、大宗商品市场在"QE2"落实，预期兑现、泡沫破灭后，长期利率出现了小幅度回落，10 年期国债利率从 3. 95% 回落到 3. 83% 附近。

其中需要注意的是，在11月17日晚间国务院会议发布了价格管制问题的公告，虽然这个事件并不构成影响当时长期利率的因素，但是其长期作用在日后将非常显著。

11月20日法定存款准备金率再度调整，市场资金出现了紧张，同时在政策利空预期没有消散的背景下，11月下旬陆续几只新债发行都出现了困难，导致二级市场利率跟随调整，10年期国债利率最终在11月26日站到了2010年的最高峰——4.01%。

八、2010年11月27日～2010年12月31日：通货膨胀预期缓解下的利率回落

11月17日国务院发布价格管理制度以来，各地开始管理控制蔬菜价格，11月22日～11月28日当周，商务部食品价格指数显示，始终上行的综合指数出现了明显回落，这个数据的变化极大地缓解了市场通货膨胀恶化的预期。

长期利率从11月27日开始步入了一个缓慢回落的通道中，期间出现过两次小幅度波动。

1. 12月10日附近，11月份CPI发布，5.1%的同比增长幅度高于市场预期，10年期国债利率出现了大约4～5个基点的调整，持续时间1～2个交易日，期间市场的再度加息预期非常强烈，但是在高频食品价格指数（商务部食品价格指数）继续下行的背景下，长期利率在短暂调整后再度回归到下行态势中。

2. “12.25”晚间中央银行宣布再度加息，虽然从出台时点来看，该政策略出市场预期，但是市场对于加息趋势的预期早已消化，而且市场越发认定12月份的CPI数据将比11月份明显下行，长期利率在12月27～28日两个交易日中，从3.80%附近上行到3.90%附近，以10个基点的利率升幅来消化了本次加息。从本次加息后市场的反映来看，历史经验再度应验。

总体来看，2010年12月份的长期利率市场在通货膨胀预期缓解、市场对于政策利空预期充分的前提下，总体保持了多头态势，10年期国债利率从期初的4.01%回落到年末的3.88%。

详解如图1－9－5所示。

至此，2002～2010年共计9年时间、2000余个交易日的利率数据描绘了一幅波澜壮阔的市场图景，也必将为中国利率市场交易投资者提供宝贵的历史参考。

前面的长篇描述基本上从微观层面对于2002～2010年长期利率变化的形态以及导致原因进行了阐述，应该说这些都属于造成利率波动的小矛盾，无数个这样的小矛盾汇集而成，形成了决定利率趋势的主要矛盾，市场在领会无数小矛盾的基础上，经过反复摸索才能明确形成一个利率趋势的主要矛盾。

从笔者长期的摸索下，认为决定利率趋势与波动变化的四大主要因素（经济基本面因素、政策面因素、资金面因素以及技术面因素）中，最为基准与关键性的决定因

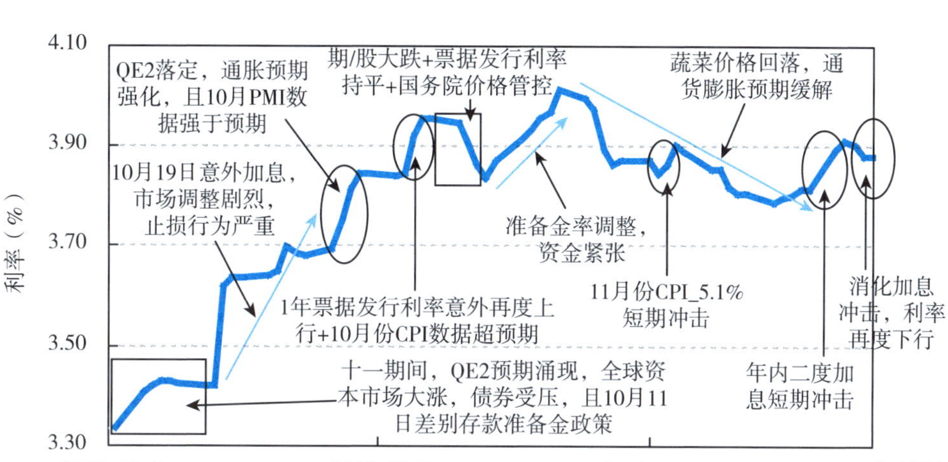

图 1-9-5 2010 年 10～12 月份 10 年期国债利率变化

资料来源：参照 CDC 数据，www. chinabond. com. cn。

素当属经济基本面因素。如果将经济基本面中的各类构成因素进行浓缩归纳，则认为真正驱动利率趋势的基本面因素主要反映为“经济增长因素”和“通货膨胀因素”。前者的代表性宏观指标是工业增加值数据以及 GDP 数据等，后者的代表性数据主要体现为 CPI 数据。

长期以来，我国利率趋势在绝大多数时期内都体现为“单轮驱动”，即在一个相对长的时期内，要么是经济增长因素驱动利率的方向（比如典型年份是 2008 年、2009 年），要么是通货膨胀因素驱动利率的方向（比如典型年份是 2004 年、2007 年），只有在 2010 年，利率方向的驱动因素体现为“双轮驱动”特征。即在 2010 年中，经济增长方向提供着利率下行的动力，而通货膨胀因素提供着利率上行的动力（从经济特征来看，就是利率在宏观经济滞胀环境中摇摆），市场需要在这种复杂的“双轮驱动”中选择某一个时期的关注焦点，并合成利率的实际运行方向。

从这个宏观角度，笔者试图来解释 2002～2010 年期间长期利率趋势的形成原因。其思路是构建 9 年时间中 10 年期国债的月度均值（即一个月时间内 10 年期国债利率的平均数）与 CPI 数据的对应关系。如图 1-9-6 所示。

2002 年以来共计 108 个交易月份，在绝大多数时期，CPI 的变化方向与 10 年期国债利率的均值走向是呈现密切正相关的。其中，5 个时期共计约 30 个月份，两者的变化方向出现了背离，而结合背离时期的宏观经济背景来看，多数都是在经济增长层面出现了问题。

1. 2002 年 11 月～2003 年 4 月：该期间 CPI 同比增长趋势上体现为上行，而长期利率方向则体现为趋势性下行。构成这种背离的主要原因在于当期出现了“非典”疫情，在很大程度上影响了市场对于未来经济增长的良好预期。即在该期间，经济增长因素暂时替代了通货膨胀因素成为影响市场利率的焦点。

2. 2004 年 6 月～2004 年 11 月：该期间 CPI 同比增长趋势体现为冲高回落，整体

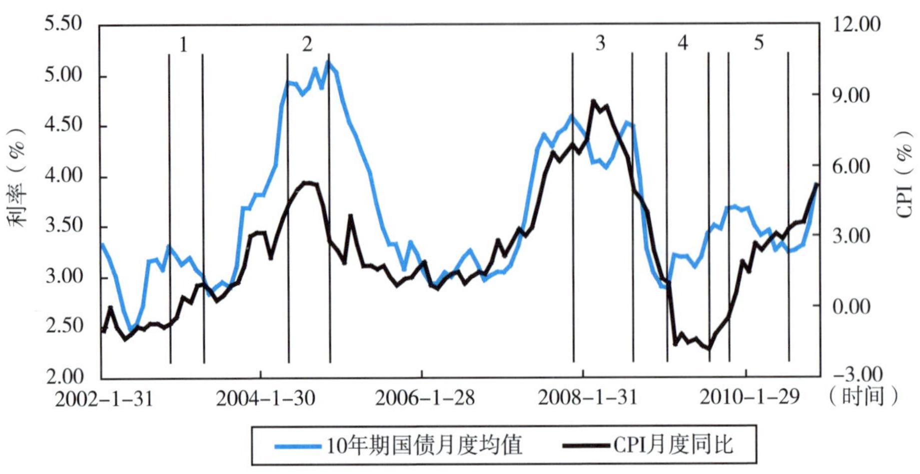

图1-9-6　CPI与长期利率关系一览

资料来源：参照CDC数据，www. chinabond. com. cn。国家统计局 www. stats. gov. cn。

重心下行，但是长期利率却表现为先抑后扬，整体重心上行（实际上该期间长期利率的变化幅度不大，均值波动区间为4.80%～5.10%，但是重心走高）。此期间虽然CPI重心下行，但是中途较为意外的经历了加息（在CPI见顶回落途中的一次意外加息，而且也是中国长期以来经历的第一次加息，发生在10月20日），在长期利率面对加息进行消化调整期间，债券市场还经历了一次交易所市场拍卖存量债券的供给冲击。因此，长期利率没有伴随CPI的下行而回落。即在该期间，政策面的“意外”和“首度”变化暂时替代了通货膨胀因素成为影响市场利率的焦点。

3. 2007年11月～2008年7月：该期间CPI同比增长趋势体现为冲高回落，但是长期利率却表现为先抑后扬，拐点发生在2008年3月份。该期间的背离主要可以划分为两个子阶段：

（1）2007年11月～2008年3月，主要表现是CPI上行，但是长期利率下行。这种背离的主要原因是债券市场经历了2007年的连续加息后，中国在2008年春节期间较为意外的遭遇了雪灾冲击，同时美国首度降息，各类因素叠加影响，反而在CPI冲向新高过程中，长期利率却出现了下行。从本质而言，该期间的背离也是属于市场对于经济增长不确定预期的反映。

（2）2008年4月～2008年7月，主要表现是CPI下行，但是长期利率上行。这种背离的主要原因是，虽然CPI开始呈现高位回落态势，但是市场中的通货膨胀预期很高，4月份CPI（5月份公布）再度走高、连续调整法定存款准备金率造成资金紧张以及6月19日发改委“意外”大幅度上调油价，三者因素造成了市场的恐慌性调整。从笔者个人看法来看，对于该期间，特别是6月份市场针对油价上调所造成的市场恐慌颇有些非理性成分在其中。总体来看，这个时期的背离具有一些市场情绪的非理性（对通货膨胀预期的过于强烈和对于成品油价上调的过于恐慌）成分在其中。

4. 2009年1月～2009年7月：该期间CPI同比增长趋势体现为一路下行，但是长期利率却表现为逐级走高、重心上移。这段时期的背离，是和当期中国经济增长状况密切相关的。虽然 CPI 的下行对于长期利率不构成冲击，但是在经历了 2008 年下半年经济的快速下行后，2009 年的市场主题是经济增长的复苏，因此经济增长在 2009 年上半年的见底回升是导致长期利率逆 CPI 形态而上行的主要原因，即在该期间经济增长暂时替代了通货膨胀因素成为决定市场利率的主导因素。

5. 2009 年 10 月 ~2010 年 7 月；该期间 CPI 同比趋势是一路走高的，但是同期长期利率却日渐走低，形成了明显背离。该期间虽然 CPI 一路走高，甚至从 5 月份开始突破 3% 关口向上运行，但是由于国内经济增长指标在经历了 2009 年的明显反弹后出现了趋势性回落，同时 5 月份开始欧洲债务危机也令市场产生了经济增长二次探底的担忧，因此长期利率主要受到经济增长因素影响，而出现了逆势回落，即在该期间经济增长因素超越通货膨胀因素成为决定市场长期利率运行的主导因素。

综合上述可以发现，从经济基本面来看，影响长期利率波动的因素无非是通货膨胀因素（以 CPI 为综合代表指标）和经济增长因素（以工业增加值为综合代表指标），双因素驱动长期利率的变化方向。在绝大多数时期长期利率的变化方向都是由 CPI 变化方向来决定的，但是需要密切关注市场预期焦点的转移，在一定时期中，经济增长因素也会成为影响长期利率变化的主要动力，虽然这个时期占比并不大。

在市场中往往存在这样一种担忧，即认为政策面因素才是决定长期利率运行的主导因素，市场对于加息、上调法定存款准备金率的恐惧是很大的。但是从笔者角度来看，认为政策面因素是基本面因素的滞后性指标，而且针对中国的经济结构与 CPI 结构而言，更倾向于认为政策面因素无法改变经济基本面因素运行的趋势，至多可以改变经济基本面运行的幅度。

本着如上基本看法，笔者认为政策面的变化不足以改变经济基本面的运行趋势，而且更不足以改变利率的运行趋势，但是可能造成利率的非趋势波动。对于上述看法，可以从历史经验中寻找佐证，在此试举如下两个例子：

（1）2007 年中，我国经历了异常紧缩的货币政策，出现了若干次加息以及上调法定存款准备金率，但是我国的 CPI 运行趋势始终是一路上行的，很难看到货币政策对于通货膨胀的抑制作用。这段经历倾向于证明“政策面变化难以改变经济基本面运行趋势”的观点。

（2）那么利率变化更主要是受到经济基本面因素影响还是受到政策面因素来影响呢？从 9 年时期中似乎还很难发现肯定的、令人信服的答案。比如 2004 年 8 月份 CPI 达到该轮通货膨胀的顶峰——5.30%，9 月份略有回落至 5.20%，后期开始加速回落，10 月份更是一举回落到 4.30%。按照“利率方向主要由经济基本面因素所决定”的理论来看，10 ~11 月份的利率应该出现明显回落，但是在 10 月 28 日晚间宣布了加息措施，导致 11 月份的长期利率出现明显回升。这 1 ~2 个月内的现状似乎说明了政策面因素在主导利率走向，但是如果将观察周期再放长一些，辐射到 3 ~4 个月（而且笔者相信，在“10.28”加息后的相当一段时期内，市场依然存在强烈的继续加息预期，并没有利空出尽的感觉），则发现伴随后期CPI的回落，利率方向依然选择了趋势性的下行。所以笔者还是坚信，利率的趋势是跟随经济基本面因素在运行的，意外的政策面因素变化会对利率运行趋势产生波动，但是不会改变方向。

可以从图1－9－7所示来理解当时的利率趋势与波动，利率的趋势是CPI方向决定的，而中途的波动是意外的政策面因素所产生的，具体到这种波动幅度的大小，则由政策面因素变化是否超乎预期条件所决定：

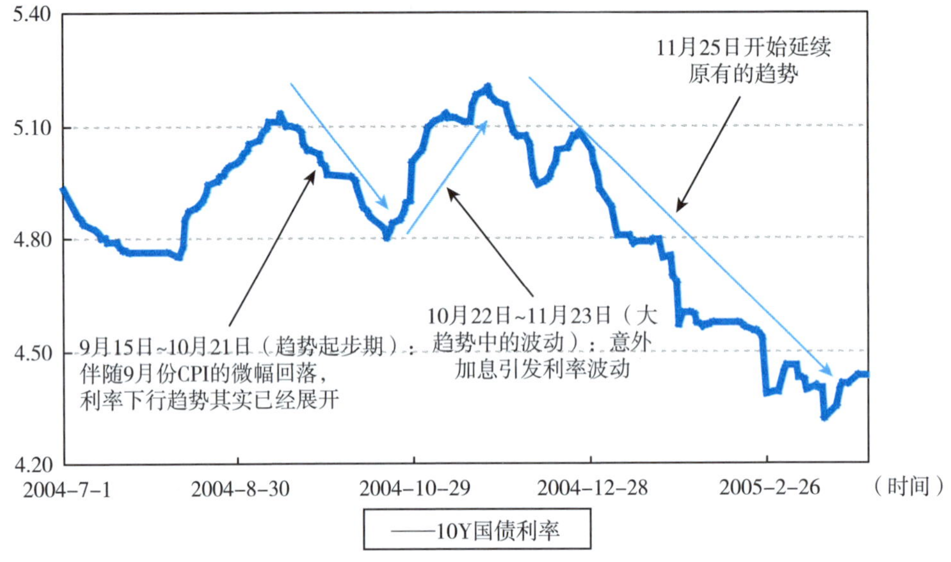

图1－9－7　利率趋势与波动一览

资料来源：参照CDC数据，www.chinabond.com.cn。

因此在对于长期利率进行基本面研究过程中，需要划分清晰，目前的市场关注焦点集中在通货膨胀还是经济增长，要划分清晰“双轮驱动”因素中的主要矛盾。

在多数时期中，我国的经济增长都是平稳有序的，因此通货膨胀问题是决定长期利率方向的决定性因素。对于长期利率变化而言，CPI对其影响主要驱动力在于绝对水平的高低和后期变化形态两方面，而且后者比前者似乎更为重要（因为当前的利率已经反映了当期CPI的绝对水平）。

从统计角度而言，在对未来一段时期（比如未来一年）长期利率的变化进行基本面分析中，首先要根据预期中的CPI年度平均水平（比如预期未来1年中CPI的年度平均水平是多少）来预期长期利率的平均重心水平。这可以由长期利率和CPI数据的历史相关性统计来近似模拟测算。

随后要根据预期中的未来一年中月度CPI的变化方向（比如前高后低或前低后高等预期形态）来估算长期利率在未来时期中围绕平均重心水平的变化方向（一路下行或一路上行等）。两者合计构成一个较为完成的策略预期。

需要提示的是，投资者在关注通货膨胀的同时，也不能忽略对于经济增长指标的观测，一旦在经济增长层面出现预期外变化，则需要结合市场预期与情绪来评估市场关注焦点是否会发生转移，适时调整修改策略方案。

比如在 2010 年中，市场关注焦点围绕经济基本面中的这两个驱动因素频繁转换，形成了市场波动。2010 年 1 ~3 月份期间，市场对于基本面的关注焦点集中在通货膨胀层面，而对于政策面的主流预期是至少有 2 ~3 次加息；2010 年 4 ~8 月份，市场对于基本面的关注焦点集中在经济增长层面，而对于政策面的主流预期则是寄希望于政府进一步出台宽松刺激政策，以防止经济增长二次探底；2010 年 9 月份，市场对于基本面的关注焦点集中在经济增长层面，认为经济增长已经渡过了最差的时期，但是尚没有对通货膨胀感到担忧；2010 年 10 月份以来，市场对于基本面的关注焦点再度转移到通货膨胀层面，而对于政策面的主流预期则是进入加息紧缩的周期。

因此可见，虽然经济基本面趋势不会伴随金融市场波动而发生改变，但是在基本面因素向金融市场传导过程中，必须要有一个关键的传输环节：市场焦点预期。因此在准确把握基本面信息的前提下，也一定要了解市场目前的焦点预期是什么。

第二篇

银行间债券市场三大基本利率关系研究

导　读

在银行间市场利率体系中存在着诸多的利率类型，按照债券的存续期限划分，构成利率曲线的主要期限品种有：1 年、3 年、5 年、7 年、10 年、15 年、20 年、30 年期。一般情况下，市场倾向于按照债券品种的存续期限不同做如下划分：

短期利率品种：指 3 年以内（含）的债券。

中长期利率品种：指 5 ~ 10 年期（含）的债券。

超长期利率品种：指 15 ~ 30 年期的债券。

面对纷繁复杂的利率期限结构，笔者倾向于化繁为简，仅仅提取出 3 条利率作为基准利率来分析、研究并描述整体利率市场的变化。这三条基准型利率分别为 7 天回购利率、1 年期中央银行票据的发行利率以及 10 年期国债的交易利率。

首先，上述三条基准利率可以涵盖利率曲线的主要期限范围，再者，从各类利率所内涵的意义而言，每条利率均具有深刻代表性。

在前面曾提及，影响整体债券市场的主要因素可以划分为三类：

1. 经济基本面因素：主要内含两大类子要素，分别为事关经济增长类的指标要素和事关通货膨胀类的指标要素。

2. 政策面因素：主要指货币政策和财政政策对于债券市场的影响，从密切相关度而言，货币政策是主要影响子要素。

3. 资金面因素：主要指资金的供需（包括资金的供求关系以及债券的供求关系）对于债券的影响。

另外还有看法倾向于针对利率走向进行技术面分析，但是由于在历史上的多数年份中，债券利率数据的积累并不充分，因此技术面因素的影响程度可能会明显弱化。

上述三类主要因素可以一一对应到三个基本利率上来进行反映。其中，7 天回购利率主要是反映资金面因素灵敏指标，1 年期中央银行票据的发行利率是反映中央银行货币政策意图的敏感指标，而 10 年期国债利率则更多反映经济基本面因素的变化。

从交易实践而言，债券市场中各期限品种的具体分工职能是不同的。其中短期利率品种更多是承担防御性职责，中长期利率更多承担进攻性职责。对于交易市场中的投机类资金而言，更多的关注焦点在于判断目前的市场大势是否具备进攻性的机会，因此投机交易类资金的关注焦点在于中长期利率的变化。

从传统的分析路径来看，分析中长期利率走向的主要依据是判断把握经济基本面因素的后期变化轨迹。通过准确地把握经济基本面因素的变化，进而制定利率交易的策略是一种较为典型的分析模式，这对应了市场中常见的宏观分析与策略研究部门的职责，前者为前提，后者为实施。这一实施结果的成功与否主要取决于前提是否准确。客观而言，对于宏观经济基本面分析预测的难度实则不小，这并不亚于对直接对交易标的的“利率”进行分析，这也是在金融市场中技术分析方式流行的主要原因之一。

因此，如何弱化经济基本面因素分析的难度，是各类交易类资金需要深刻思考的问题。在对于经济基本面分析结论无把握或无能力进行经济基本面分析的前提下，如何采用一种类似于股票技术分析的方式进行利率预测则变得非常有必要。

首先笔者对于影响利率走向的三大基本因素之间的相互作用进行如下思考。在三类主要影响因素中，最先发生变化的自然是经济基本面因素，其变化会引发政策面取向的变化①，进而影响资金面因素的变化，三者的传导是存在一定时滞的。从笔者个人看法而言，无论是市场投资者还是政策制定者、宏观经济管理者均无法超越经济基本面的变化而提前做出前瞻性反映。

因此，可以这样认识三类因素之间的关系：一般情况下，后两者因素是第一因素的滞后性合成，如果能够较为敏锐地把握或猜测后两者因素在未来一定时期内的变化轨迹，则基本可以“略有滞后”地反映出当前经济基本面因素的现状。

基于此分析，专注于长期利率品种交易的市场参与者是否可以考虑这样一种分析模式：将主要精力落实在分析把握 7 天回购利率与 1 年期中央银行票据发行利率的走向上。以此为据，进而对长期利率的变化形成方向性判断。

这种分析模式是否可行，需要利用历史回顾的方法来进行分析检验。以 10 年期国债利率的方向性变化为分析对象，可以把 2002 ~ 2010 年期间长期利率的波段划分为 107 个波段（截至 2010 年 12 月 31 日），分别考察在长期利率呈现方向性变化的阶段中，7 天回购利率和 1 年期票据发行利率的变化（见附表）。

一般情况下，回购利率的连续性较好，而且具备明确的方向性，即其上行、下行或持平状态较为明确（即所谓利率运行的“二阶导数”清晰），相比之下，中央银行票据发行利率在较长时期内基本是处于一种持平变化或被动调整的模式中，中央银行主动调整的时期并不多见。因此笔者倾向于将中央银行票据发行利率上行、持平、下行三种模式之间的“切换”都视为政策方向的变化。比如，当中央银行票据发行利率由上行转为持平的时候，则意味着政策紧缩度的放松；当中央银行票据发行利率由下行转为持平的时候，则意味着政策宽松度的转向；等等。

针对上述 107 个波动阶段进行分析，可以得到如下结论：

1. 在长期利率的 107 次方向性波动中，有 76 次是呈现为“三率”变化方向一致的（这 76 次中含有长期利率上行或下行，但是同期的票据利率或回购利率持平的情况，即认为短期利率在持平时期不传递正面或负面信息的假设）。

因此可以这样认为：假如投资者能够有把握预期未来一段时间中 7 天回购利率的方向与 1 年期票据发行利率的变化方向，且上述两者的方向又一致，则 10 年期国债利率延续同一变化方向的概率大约有 71%，这已经是非常高的概率了。

2. 在长期利率的 107 次方向波动中，同期出现公开市场发行利率的方向与 10 年国债的利率方向相异的情况仅有 10 次。这说明公开市场发行利率的变化对于长期利率方向的指引性是较为强烈的。

3. 在长期利率的 107 次方向波动中，7 天回购利率与之方向相异的次数为 26 次。总体来看，公开市场利率变化对于长期利率方向的解释程度要强于 7 天回购利率变化的解释程度。

如此看来，假如能够较为准确地把握公开市场利率的变化方向（甚至能够更全面地把握公开市场与回购利率的变化方向），则在很大概率上能够清晰判断长期利率的方向。

---

① 笔者始终认为，所谓政策的预先调控是一种非常少见的状态，多数经济政策都是针对已经发生的经济基本面而被动发生的，很难想象货币政策能够预期未来经济基本面的变化而做前瞻性调整，即便出现，这种政策成功的概率也是很小的。

附表

2002 ~ 2010 年长期利率的波段划分

单位：%

起始日期	结束日期	10 年期国债利率			公开市场利率			7 天回购利率		
		方向	起始利率	终止利率	方向	起始利率	终止利率	方向	起始利率	终止利率
2002 - 01 - 4	2002 - 06 - 10	下	3. 5	2. 5				下	2. 139	1. 951
2002 - 06 - 10	2002 - 09 - 10	上	2. 5	3. 5	上	1. 9966	2. 34	上	1. 95	2. 1
2002 - 09 - 10	2002 - 10 - 28	下	3. 5	2. 9				上	2. 1	2. 25
2002 - 10 - 28	2002 - 11 - 29	上	2. 9	3. 5				平	2. 2	2. 25
2002 - 11 - 29	2002 - 12 - 31	下	3. 5	3. 2				上	2. 23	2. 35
2003 - 01 - 2	2003 - 03 - 31	下	3. 2	2. 9				下	2. 3	1. 97
2003 - 04 - 1	2003 - 04 - 22	上	2. 9	3. 22				平	1. 97	1. 95
2003 - 04 - 22	2003 - 06 - 3	下	3. 22	2. 8	平			上	1. 95	2. 11
2003 - 06 - 3	2003 - 07 - 9	上	2. 8	3. 01	上	2. 19	2. 31	上	2. 11	2. 27
2003 - 07 - 9	2003 - 08 - 20	下	3. 01	2. 83	平			下	2. 27	2. 09
2003 - 08 - 20	2003 - 10 - 20	上	2. 83	3. 9	上	2. 35	2. 72	上	2. 1	3. 03
2003 - 10 - 20	2003 - 10 - 24	下	3. 9	3. 53	下	2. 72	2. 67	下	3. 03	2. 91
2003 - 10 - 24	2003 - 10 - 31	上	3. 53	3. 63	上	2. 67	2. 72	上	2. 91	3. 27
2003 - 10 - 31	2003 - 11 - 7	下	3. 63	3. 46	暂停			下	3. 27	3. 06
2003 - 11 - 7	2003 - 11 - 11	上	3. 46	3. 7	上	2. 72	2. 79	下	3. 06	2. 96
2003 - 11 - 11	2003 - 11 - 26	上	3. 7	3. 94	下	2. 79	2. 43	下	2. 96	2. 2
2003 - 11 - 26	2003 - 12 - 24	下	3. 94	3. 75	平	2. 46	2. 46	下	2. 2	2. 14
2003 - 12 - 24	2004 - 01 - 2	下	3. 75	3. 7	平			平	2. 14	2. 13

续表

起始日期	结束日期	10 年期国债利率			公开市场利率			7 天回购利率		
		方向	起始利率	终止利率	方向	起始利率	终止利率	方向	起始利率	终止利率
2004－01－2	2004－02－4	上	3. 7	4. 02	平			上	2. 13	2. 7
2004－02－4	2004－02－11	下	4. 02	3. 88	下	2. 46	2. 35	下	2. 7	2. 22
2004－02－11	2004－03－24	上	3. 88	4. 27	下	2. 35	1. 87	下	2. 22	1. 85
2004－03－24	2004－03－31	下	4. 27	4. 13	下	2. 81	2. 6	平	1. 85	1. 88
2004－03－31	2004－04－29	上	4. 13	5. 35	上	2. 6	2. 95	上	1. 88	2. 46
2004－04－29	2004－05－26	下	5. 35	4. 83	上	2. 95	3. 3	下	2. 46	2. 1
2004－05－26	2004－06－15	上	4. 83	5	上	3. 3	3. 39	上	2. 11	2. 32
2004－06－15	2004－06－24	下	5	4. 8	暂停			上	2. 32	2. 45
2004－06－24	2004－07－2	上	4. 8	4. 92	上	2. 79	2. 87	下	2. 45	2. 39
2004－07－2	2004－08－10	下	4. 92	4. 75	上	3. 3	3. 45	下	2. 39	2. 29
2004－08－10	2004－09－14	上	4. 75	5. 13	平	3. 45	3. 43	下	2. 29	2. 09
2004－09－14	2004－10－20	下	5. 13	4. 8	上	3. 43	3. 5	上	2. 09	2. 13
2004－10－20	2004－11－9	上	4. 8	5. 13	上	3. 5	3. 57	上	2. 13	2. 2
2004－11－9	2004－11－17	下	5. 13	5. 11	下	3. 57	3. 46	下	2. 2	2. 06
2004－11－17	2004－11－23	上	5. 11	5. 2	下	3. 46	3. 39	下	2. 06	1. 98
2004－11－23	2004－12－9	下	5. 2	4. 96	下	3. 39	3. 17	下	1. 98	1. 86
2004－12－9	2004－12－28	上	4. 96	5. 05	上	3. 17	3. 29	上	1. 86	1. 9
2004－12－28	2005－04－20	下	5. 05	4. 15	下	3. 29	1. 999	下	1. 9	1. 22

续表

起始日期	结束日期	10 年期国债利率			公开市场利率			7 天回购利率		
		方向	起始利率	终止利率	方向	起始利率	终止利率	方向	起始利率	终止利率
2005-04-20	2005-05-10	平	4.15	4.15	上	1.999	2.09	下	1.22	1.18
2005-05-10	2005-05-23	下	4.15	3.94	下	2.09	2.02	下	1.18	1.13
2005-05-23	2005-06-2	上	3.94	4	上	2.02	2.1	下	1.13	1.09
2005-06-2	2005-06-20	下	4	3.61	下	2.1	1.52	平	1.09	1.09
2005-06-20	2005-07-5	平	3.61	3.62	上	1.52	1.63	上	1.09	1.15
2005-07-5	2005-08-4	下	3.62	3.25	下	1.63	1.35	上	1.15	1.22
2005-08-4	2005-09-15	上	3.25	3.35	平	1.32	1.32	平	1.22	1.2
2005-09-15	2005-10-21	下	3.35	3	平	1.32	1.32	下	1.2	1.11
2005-10-21	2005-11-24	上	3	3.4	上	1.33	1.65	上	1.11	1.28
2005-11-24	2006-02-15	下	3.4	2.9	平	1.8	1.9	平	1.3	1.4
2006-02-15	2006-03-21	平	2.9	2.9	平	1.9	1.95	平	1.4	1.4
2006-03-21	2006-03-30	上	2.9	2.96	上	1.92	1.99	上	1.42	1.62
2006-03-30	2006-04-4	下	2.96	2.92	平	1.99	1.99	下	1.62	1.59
2006-04-4	2006-04-28	上	2.92	3.18	上	1.99	2.2	上	1.59	2.11
2006-04-28	2006-05-31	下	3.18	2.96	上	2.2	2.36	下	2.11	1.65
2006-05-31	2006-06-21	上	2.96	3.2	上	2.36	2.57	上	1.65	2.2
2006-06-21	2006-07-24	下	3.2	3.15	上	2.57	2.7	下	2.2	2
2006-07-24	2006-08-1	上	3.15	3.35	平	2.79	2.79	平		

续表

起始日期	结束日期	10 年期国债利率			公开市场利率			7 天回购利率		
		方向	起始利率	终止利率	方向	起始利率	终止利率	方向	起始利率	终止利率
2006 - 08 - 1	2006 - 08 - 21	下	3. 35	3. 22	平	2. 79	2. 79	下	2. 66	2. 4
2006 - 08 - 21	2006 - 10 - 17	下	3. 3	2. 96	下	2. 89	2. 78	平	2. 4	2. 4
2006 - 10 - 17	2006 - 11 - 6	平	2. 96	2. 96	平	2. 78	2. 78	上	2. 4	2. 56
2006 - 11 - 6	2006 - 11 - 27	上	2. 97	3. 11	平	2. 78	2. 78	上	2. 56	3. 8
2006 - 11 - 27	2006 - 12 - 5	下	3. 11	3	平	2. 79	2. 79	下	3. 8	2. 3
2006 - 12 - 5	2007 - 01 - 30	平	3	3. 05	平	2. 79	2. 79	下	2. 3	2. 1
2007 - 01 - 30	2007 - 03 - 7	上	3. 05	3. 2	平	2. 79	2. 79	下	2. 1	1. 6
2007 - 03 - 7	2007 - 04 - 3	上	3. 2	3. 47	上	2. 79	2. 97	上	1. 6	1. 95
2007 - 04 - 3	2007 - 04 - 24	上	3. 47	3. 68	平	2. 97	2. 97	上	1. 95	4. 75
2007 - 04 - 24	2007 - 05 - 9	下	3. 68	3. 59	平	2. 97	2. 97	下	4. 75	1. 78
2007 - 05 - 9	2007 - 05 - 24	上	3. 59	4. 1	上	2. 97	3. 09	上	1. 78	2. 38
2007 - 05 - 24	2007 - 07 - 18	上	4. 1	4. 44	平	3. 09	3. 09	上	2. 38	3
2007 - 07 - 18	2007 - 08 - 3	下	4. 44	4. 27	上	3. 09	3. 22	下	3	2. 02
2007 - 08 - 3	2007 - 08 - 17	上	4. 27	4. 35	平	3. 22	3. 22	下	2. 02	1. 97
2007 - 08 - 17	2007 - 08 - 29	下	4. 35	4. 2	上	3. 22	3. 31	上	1. 97	2. 43
2007 - 08 - 29	2007 - 09 - 25	上	4. 2	4. 53	上	3. 31	3. 44	上	2. 43	7. 1
2007 - 09 - 25	2007 - 10 - 16	下	4. 53	4. 41	平	3. 44	3. 44	下	7. 1	2. 3
2007 - 10 - 16	2007 - 10 - 30	上	4. 41	4. 52	上	3. 44	3. 6	上	2. 3	10. 1

续表

起始日期	结束日期	10 年期国债利率			公开市场利率			7 天回购利率		
		方向	起始利率	终止利率	方向	起始利率	终止利率	方向	起始利率	终止利率
2007 - 10 - 30	2007 - 11 - 16	上	4. 52	4. 62	上	3. 6	3. 99	下	10. 1	4. 2
2007 - 11 - 16	2007 - 12 - 29	下	4. 62	4. 45	平	3. 99	4. 05	下	4. 2	2. 5
2007 - 12 - 29	2008 - 01 - 23	平	4. 45	4. 4	平	4. 05	4. 05	上	2. 5	4. 8
2008 - 01 - 23	2008 - 02 - 20	下	4. 4	4. 11	平	4. 05	4. 05	下	4. 8	2. 6
2008 - 02 - 20	2008 - 03 - 13	上	4. 11	4. 2	平	4. 05	4. 05	平	2. 6	2. 6
2008 - 03 - 13	2008 - 03 - 31	下	4. 2	4. 03	平	4. 05	4. 05	平	2. 6	2. 5
2008 - 03 - 31	2008 - 05 - 7	上	4. 03	4. 1	平	4. 05	4. 05	平	2. 8	2. 8
2008 - 05 - 7	2008 - 05 - 20	上	4. 1	4. 23	平	4. 05	4. 05	上	3. 04	3. 92
2008 - 05 - 20	2008 - 06 - 10	下	4. 23	4. 19	平	4. 05	4. 05	下	3. 92	3. 3
2008 - 06 - 10	2008 - 07 - 3	上	4. 19	4. 6	平	4. 05	4. 05	下	3. 9	2. 9
2008 - 07 - 3	2008 - 08 - 1	下	4. 6	4. 48	平	4. 05	4. 05	上	2. 9	3. 8
2008 - 08 - 1	2008 - 08 - 12	上	4. 48	4. 64	平	4. 05	4. 05	下	3. 8	3. 1
2008 - 08 - 12	2008 - 08 - 29	下	4. 64	4. 3	平	4. 05	4. 05	下	3. 1	3
2008 - 08 - 29	2008 - 09 - 16	下	4. 3	4. 01	下	4. 05	4. 02	平	3	3
2008 - 09 - 16	2008 - 12 - 31	下	4. 01	2. 75	下	4. 02	2. 25	下	3	1
2008 - 12 - 31	2009 - 05 - 27	上	2. 75	3. 05						
2009 - 05 - 27	2009 - 07 - 8	上	3. 05	3. 35				上	0. 95	1. 25
2009 - 07 - 8	2009 - 08 - 3	上	3. 35	3. 55	上	1. 5	1. 74	上	1. 25	2. 15

续表

起始日期	结束日期	10 年期国债利率			公开市场利率			7 天回购利率		
		方向	起始利率	终止利率	方向	起始利率	终止利率	方向	起始利率	终止利率
2009 - 08 - 3	2009 - 08 - 18	平	3.55	3.55	平	1.76	1.76	下	2.15	1.3
2009 - 08 - 18	2009 - 09 - 9	下	3.55	3.42	平	1.76	1.76	上	1.3	1.7
2009 - 09 - 9	2009 - 10 - 16	上	3.42	3.7	平	1.76	1.76	下	1.7	1.5
2009 - 10 - 16	2009 - 12 - 31	平	3.7	3.65	平	1.76	1.76	平	1.5	1.5
2010 - 01 - 1	2010 - 01 - 17	上	3.65	3.7	上	1.76	1.84	平	1.4	1.4
2010 - 01 - 18	2010 - 03 - 3	下	3.7	3.31	平	1.92	1.92	上	1.5	1.75
2010 - 03 - 3	2010 - 04 - 15	上	3.31	3.5	平	1.92	1.92	平	1.7	1.7
2010 - 04 - 15	2010 - 05 - 25	下	3.5	3.2	平	1.92	1.92	平	1.7	1.7
2010 - 05 - 25	2010 - 06 - 24	上	3.2	3.4	上	1.92	2.09	上	1.7	3.15
2010 - 06 - 24	2010 - 07 - 22	下	3.4	3.2	平	2.09	2.09	下	3.15	1.7
2010 - 07 - 22	2010 - 08 - 10	上	3.2	3.3	平	2.09	2.09	平	1.7	1.7
2010 - 08 - 10	2010 - 08 - 25	下	3.3	3.2	平	2.09	2.09	平	1.75	1.75
2010 - 08 - 25	2010 - 09 - 17	上	3.2	3.35	平	2.09	2.09	上	1.75	2.5
2010 - 09 - 17	2010 - 09 - 30	下	3.35	3.3	平	2.09	2.09	上	2.5	2.85
2010 - 09 - 30	2010 - 11 - 26	上	3.3	4.01	上	2.09	2.34	上	1.9	2.7
2010 - 11 - 26	2010 - 12 - 20	下	4.01	3.78	平	2.34	2.34	上	2.7	3.5
2010 - 12 - 20	2010 - 12 - 31	上	3.78	3.9	上	2.34	2.51	上	3.5	5.2

可以考虑，试图建立这样一种分析模式：对于长期利率的方向判断是交易类资金的着力点，还是由于很多交易人员对于宏观经济基本面的把握有一定的难度（而且笔者认为判断经济基本面变化的难度不亚于直接判断长期利率方向的难度），因此试图利用一种间接的手段来判断长期利率的变化，即单纯去判断未来一个阶段中央银行票据发行利率和回购利率的走向，以此合成判断长期利率的方向。这个方式被历史数据检验证明是具有高度可行性的。

在这一思路下，后期分析判断的焦点将集中在对于公开市场发行利率以及回购利率的方向性判断上。因此读者非常有必要了解一下上述两个短期类利率在历史变化中所形成的一些基本特征。

第一章

公开市场操作工具利率的历史变化分析

第一节 长期利率方向与中央银行票据发行利率方向背离的10个时期

2002～2010年期间长期利率发生了107次方向波动，其中有10次出现了长短期利率方向相异的情况，那么这10次“意外”的发生究竟有什么背景呢？参考历史资料，可以进行如下回顾：

1. 2003年11月11日～2003年11月26日：在此期间，10年期国债利率从3.70%上行到3.94%，同时期，1年期票据发行利率却从2.79%下行到2.43%，这是历史上第一次出现长短期利率走向相异的情况。

这一次“意外”的发生是有其“合理性原因”的。2003年11月11日，中央银行首度采用数量化招标模式进行票据发行。面对第一次数量招标，市场无法领会中央银行所传递的政策意图是要稳定利率还是要引导利率上行（因为当时的市场氛围很弱，利率上行是市场的预期主流）。

第一次数量招标发行中央银行票据（11月11日）时央行所核定的招标利率为2.79%，比前次发行利率高了近10个基点。这一信号给债券市场传递的影响是负面的。市场无法理解中央银行平稳利率市场的意图，反而认为中央银行是要引导利率上行。其后，11月18日再度数量招标，核定发行利率虽然有所下行，但是幅度有限，仅从2.79%回落到2.71%，而在当时经济数据的公布是市场关注焦点，替代了公开市场焦点，暂时居于主导地位。

11月中旬恰逢10月份各项宏观经济数据发布，10月份CPI同比增幅达到1.8%，创出近3年来的新高。而且从数据构成来看，对CPI上涨贡献度最大的是粮油价格的上涨。市场主流预期认为，由于粮食生产扩大具有时滞性，因此在一定时期内CPI都将在高位徘徊，这一数据对于长期债券品种造成了极大的压力。因此，在政策面稳定意图（引导中央银行票据发行利率下行）未被清晰领会的前提下，同期发布的宏观经济基本面因素（主要是CPI数据）成为造成该期间长期利率上行的导火索。

总体来说，这次“意外”是如下几个因素恰巧重合所决定的：一是面对中央银行第一次采用数量化招标模式，市场领会这一工具意图方面存在模糊认识；二是比较凑巧，中央银行第一次所核定的发行利率竟然延续了前期的上行方向，无形中加大了市场的恐慌；三是在连续3年的低通胀环境下，当期CPI的走高成为冲击长期利率的最大利空因素。

2. 2004年2月11日～2004年3月24日：在此期间，10年期国债利率从3.88%上行到4.27%，同时期，1年票据发行利率却从2.35%下降为1.87%。

这次长短期利率方向相异的主要原因是长期债券的供需失衡原因。一个意外事件是对南方证券所持有国债的拍卖事件，中长期债券品种在二级市场的集中供应，造成了该期间长期利率的上行。

同时期，短期利率下行的背景则是，2月10日中央银行在公开市场票据发行过程中转变招标模式（由前期的数量招标转变为价格招标）后，一直到3月中旬，市场对于2004年债市预期偏空，但是整体银行间市场的流动性却还充裕，对债券市场整体预期偏空以及资金充裕的权衡结果，导致大量资金堆积在利率曲线的前端，短期利率快速下行。

因此，长期品种受到意外事件冲击所形成的供需失衡问题，以及市场预期偏空所造成的机构对短期债券集中配置是这次长短期利率走向相异的主要原因。

3. 2004年4月29日～2004年5月26日：在此期间，10年期国债利率5.35%下降到4.83%，同时期，1年期中央银行票据发行利率则从2.95%上行到3.30%。

这次长短期利率走向相异的原因是什么？至今笔者无法寻找到合理的解释。这种看似奇怪的现象在2007年年度也曾出现过，而几次所谓“奇怪现象”中的一个共同的特征就是当时的长期利率居于历史高位。在这一个共同因素下，笔者倾向于将此归结为长期利率在高位的一种“钝化”现象，也可以这样理解，即长期利率在此高位可能是投资价值的体现区间。

4. 2004年7月2日～2004年8月10日：在此期间，10年期国债利率从4.92%下行到4.75%，同时期，1年票据发行利率则从3.30%上行到3.45%。

5. 2004年9月14日～2004年10月20日：在此期间，10年期国债利率从5.13%回落到4.80%，同时期，1年期票据发行利率则从3.43%上行到3.49%（最高到3.57%）。

第4、5次长短期利率方向相异的原因也难以捉摸，从表象上看，这两个时期是一个较为奇怪的时期，管理层的言论导向令市场左右波动，那么这种言论导向究竟可以归属到什么因素中呢？笔者至今难以得出一个明确判断。总体来看，2004年7～10

月份是一个短期利率指导意义丧失、长期利率变化独立的时期。

6. 2004 年 11 月 17 日 ~ 2004 年 11 月 23 日：在此期间，10 年期国债利率从 5.11% 上行到 5.20%，同时期，1 年票据发行利率却从 3.46% 下行到 3.39%。

这次长短期利率方向相异的原因类似于第 2 次，即长期债券的供需失衡是造成长期利率意外上行的主要原因。

11 月 18 日 ~ 11 月 23 日期间长期利率走高原因是：交易所市场中的国债拍卖事件打破了债券市场的供需平衡。这一事件导致长期利率在 5.10% 高位的基础上继续上行了 10 个基点，达到了 5.20%。

7. 2006 年 4 月 28 日 ~ 2006 年 5 月 31 日：在此期间，10 年期国债利率从 3.18% 下行到 2.96%，同时期，1 年票据发行利率则从 2.20% 上行到 2.36%。

这次长短期利率方向相异的原因主要归结为政策力度的超预期。之前，市场对于紧缩性货币政策的预期异常强烈，加息是市场预期的主流措施。然而 4 月 28 日晚间，中国人民银行宣布仅上调贷款基准利率，而没有上调存款基准利率。

单纯论及这次贷款利率上调的政策力度，显然要远远弱于市场先前的预期（先前普遍预期存贷款利率同时上调，存款利率的上调是冲击债券市场的主要因素），市场因此产生了“靴子”落地的乐观情绪，纷纷做多长期债券。同期，在政策取向总体收紧的背景下，1 年期中央银行票据的发行利率连续上调，形成了长短期利率方向相异的现象。

从后期的政策发展来看，中央银行继续使用了上调法定存款准备金率的措施来收缩货币，导致了长期利率下行的势头被扭转。因此，可以说当初的市场面对贷款利率上调后的预期与态度存在一些非理性、过于乐观的因素在其中。

8. 2006 年 6 月 21 日 ~ 2006 年 7 月 24 日：在此期间，10 年期国债利率从 3.20% 下行到 3.15%，同时期，1 年期票据发行利率则从 2.57% 上行到 2.70%。

这次长短期利率方向相异的原因比较有趣。虽然从期初期末数据来看，票据发行利率是走高的，但是实际上在此阶段，市场较为理性的预期到了本轮票据发行利率的折点变化。

同年 7 月 4 日，1 年期中央银行票据发行，发行利率仅比前周上行 3 个基点，上行幅度弱于市场预期，令市场产生了发行利率阶段性见顶的预期。随后 7 月 6 日的 3M 票据发行利率虽然在上周 2.3399% 的基础上继续上行到 2.3699%，但是考虑到该期票据到期日跨越“十一”长假，实际存续期为 93 天。如此算来，3M 票据的实际中标利率并没有走高，而是实质性的持平，这令市场的多头预期继续强化。同时 6 月 21 日 ~7 月 24 日期间，回购利率缓步下行，这是造成长期利率企稳的最关键因素。上述两个因素造成了在此期间 10 年期国债利率在 3.15% ~ 3.20% 之间平台震荡，多头气氛明显增强。

实际而言，此期间长期利率的方向并不明显，因此将此作为长短期利率方向相异的时期是较为勉强的。

9. 2007年7月18日~2007年8月3日：在此期间，10年期国债利率从4.44%下行到4.27%，而同期，1年期票据发行利率从3.09%上行到3.22%。

这次长短期利率方向相异的原因难以捉摸，但是这是在市场经历了5~7月份大幅度调整后发生的长期利率下行。

10. 2007年8月17日~2007年8月29日：在此期间，10年期国债利率从4.35%下行到4.20%，同时期，1年期中央银行票据发行利率从3.22%上行到3.31%。

本次长短期利率方向相异时期包含了一次加息，即在同年的8月21日中央银行宣布上调存贷款利率，本次加息距离上次加息时间相隔不足1个月。

公开市场发行利率受到加息影响，票据利率从3.22%上行到3.32%，但是长期利率却没有出现预期中的调整，而是从4.35%回落到了4.20%。

总体来看，笔者倾向于认为第9、10次长短期利率方向相异的原因都比较难以捉摸，两次现象中呈现的一个共同点是长期利率处于历史相对高位，比较类似于第3、4、5次的高位钝化现象。

总结上述10次长短期利率走向相异的原因，可以发现无法解释、可归为长期利率“高位钝化”的时期分别是第3、4、5、9、10共计五次，而其他五次则多多少少都带有一些预期外的“黑天鹅”性质。

此外，对于第3、4、5、9、10这五次现象，笔者比较倾向于用“高位钝化”这个理由来理解，即在长期利率前期经过大幅度调整、在4%以上高位的时期，可能确实对应了投资价值的显现。

第二节　中央银行在公开市场操作中的态度不尽相同

我国公开市场操作基本成形于2002年7月3日，大致可以划分为如下几个发展阶段：

1. 2002年7月3日~2004年2月17日：该期间公开市场的主要操作品种是3M票据，该期限品种对于资金面因素更为敏感，因此公开市场利率对于中央银行政策意图的体现较弱。此外，由于当时的发行模式是中央银行先公布发行规模，然后由各家一级交易商自主设定投标数量和投标利率，这导致了中央银行对于发行利率变化的控制力度不强。

2. 2004年2月17日~2006年9月份：该期间公开市场操作的重点集中在1年期中央银行票据发行上。1年期品种在一定程度上摆脱了短期资金面扰动的影响，更强地传递出了中央银行的货币政策意图。但是由于当时的发行模式依然是先确定发行量、再自主投标（虽然各家一级交易商在投标前须向中央银行提前预报投标数量和投标利率，但是所预报的内容在实际投标过程中并没有强制执行的义务），因此中央银行对于发行利率的控制力度虽有所增强，但是总体依然有限。

3. 2006 年 9 月份至今：该期间中央银行票据发行制度的一个最重大变化就是一级交易商需要提前上报投标量以及投标利率，然后中央银行根据交易商上报内容汇总数据，确定发行规模，并且交易商前期的预报内容在后期的实际操作中具有强制执行性。从此开始，中央银行对于票据的发行利率具有了较强的控制力度，这种发行模式在一定程度上也消除了价格招标与数量招标之间的功能区别，因此在后期，中央银行票据发行的数量招标模式很少被使用。

下面，对于具有政策性传递信号意义的 1 年期中央银行票据发行状况进行分析回顾，取样时间起点从 2004 年开始。本篇研究的目的是分析判断每个阶段的票据利率变化究竟体现了中央银行当期的什么态度，是体现了中央银行的主动型引导意图还是体现了中央银行在当时的一种被动型应对呢？

2004～2010 年，1 年期中央银行票据充当了重要的货币政策信号传递工具。可以把这 7 年时间中央银行票据的发行利率变化划分为 14 个阶段，如图 2－1－1 所示。具体情况如下：

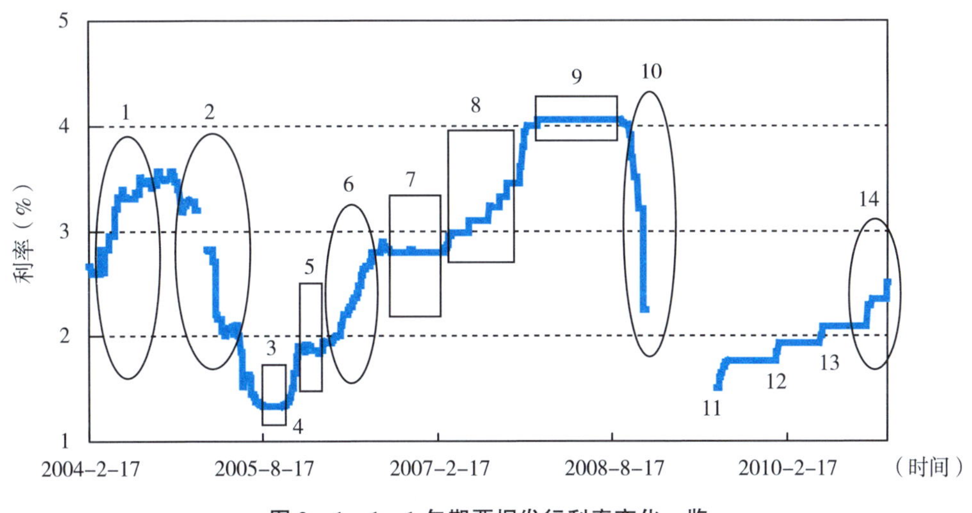

图 2－1－1　1 年期票据发行利率变化一览

资料来源：中国人民银行，www. pbc. gov. cn。

1. 2004 年 2 月 17 日～2004 年 11 月 2 日：该期间，1 年期票据发行利率从 2. 60% 上行到 3. 58%，幅度大约 100 个基点。从政策属性来看，这轮利率上行具有中央银行主动引导向上的意味在其中。

在中央银行主动引导过程中，曾遇到资金极度紧张的情况，中央银行也曾试图稳定利率，不致利率过速上行，但是从其整体操作取向来看，主动引导上行是一个大的方向。

为什么说这体现了中央银行主动引导的意图呢？其中有一个非常显著的证据，即 2004 年 4 月份期间，中央银行是采用数量化招标的方式逐次提高发行利率的，这显然具有明显的主动引导特征。

2. 2004年11月2日～2005年8月16日：该期间，1年期票据发行利率从3.60%一路回落到1.32%，下行幅度达到230个基点。从政策属性来看，这轮利率的下行同样体现了中央银行主动引导利率下行的意味。

在本轮利率下行过程中，体现中央银行主动引导意图的典型证据是2005年1月18日的公开市场操作事件。当天中央银行票据的发行结果出乎市场预期，1年期票据发行利率由上周的3.28%一举回落到当周的3.18%。需要格外注意的是，这次利率下跌伴随的是当期中央银行票据发行量的缩减，从量价关系而言，这已经明显透露出中央银行刻意为之的意图。

3. 2005年8月16日～2005年10月25日：该期间，1年期票据发行利率保持在1.32%，属于票据发行利率的持平阶段。从政策属性来看，这个时期的利率持平则是中央银行主动维持而导致的。

4. 2005年10月25日～2005年12月29日：该期间，1年期票据发行利率从1.32%起步上行到1.91%。从政策意图来看，这轮中央银行票据发行利率的上行是中央银行主动引导所导致的。

5. 2005年12月29日～2006年3月14日：该期间，1年期票据发行利率基本持平在1.90%附近。当期市场的具体情况是市场资金非常充裕，中央银行票据在当时受到市场机构的热烈追捧。但是中央银行通过扩大发行规模的方式制止了利率的反转下行。因此从政策意图而言，本轮利率持平操作则是中央银行主动调整、刻意维持所导致。

6. 2006年3月14日～2006年9月12日：该期间，1年期中央银行票据发行利率从1.90%上行到2.80%。从政策意图来看，这轮利率上行是中央银行主动引导而成。

7. 2006年9月12日～2007年3月6日：该期间，1年期中央银行票据发行利率持平，基本保持在2.80%附近。从政策意图来看，这个时期的利率持平结果是中央银行刻意维持的。一个较为重要的证据就是，从2006年11月份一直到2007年1月份，中央银行都是采用数量化招标的方式将发行利率维持在2.80%附近的。

8. 2007年3月6日～2008年1月9日：这段期间是1年央行票据发行利率的集中上行时期。1年期票据发行利率从2.80%起步一举上行到4.05%。

但是这个时期中，中央银行对于票据利率变化的主动性意图和被动性意图可以进一步细致划分如下几个方面：

（1）2007年3月6日～2007年3月20日：此期间中1年期中央银行票据发行利率从2.80%上行到2.94%，属于中央银行主动引导上行。

（2）2007年3月20日～2007年10月16日：该期间虽然票据发行利率在上行，但是从成因来看，则属受制于加息措施后，公开市场利率被动跟随上行。每次发行利率的上行都是在加息后的被动调整，而在两次加息政策期间，央行票据的发行利率是保持稳定的。

（3）2007年10月16日～2007年11月20日：该期间中央银行票据发行利率从3.44%上行到3.99%。这轮发行利率上行是中央银行主动引导而成的，期间票据发行利率的上行并非是受到加息政策的冲击，而是中央银行主动引导所导致。

（4）2007年11月20日～2008年1月9日：该期间1年期中央银行票据发行利率从3.99%上行到4.05%，这个阶段的利率上行主要是在加息政策落地后，公开市场发行利率的被动型调整。

9. 2008年1月9日～2008年9月9日：该期间1年期中央银行票据发行利率始终保持在4.05%左右，这个水平是中央银行刻意维持的结果。

10. 2008年9月9日～2009年7月15日：该期间1年期中央银行票据发行利率下行并最终停止了发行。从政策意图来看，此期间的发行利率下行是中央银行主动引导下行的结果。

11. 2009年7月15日～2009年8月11日：该期间1年期央行票据恢复发行并保持了发行利率上行的态势，发行利率从1.50%上行到1.76%。从政策意图上来看，这是中央银行主动引导所致，主要目的是向市场试探传递宽松政策将逐渐退出的信号。

12. 2010年1月5日～2010年1月19日：该期间1年期中央银行票据发行利率呈现上行趋势，发行利率从1.76%上行到1.92%，这期间发行利率的上行具有中央银行主动引导向上的意图在其中。

13. 2010年5月25日～2010年6月8日：该期间1年期中央银行票据发行利率呈现上行态势，从1.92%上行到2.09%位置。从上行原因来看，该期间发行利率的上行主要是受到当期资金面意外趋紧这一因素的影响，二级市场交易利率远远高出发行利率，出现了二级利率倒逼一级利率的现象。因此，从政策意图来看，这个时期的利率上行是中央银行被动抬高的，并非具有主动引导上行的意味。

14. 2010年10月25日～2010年12月31日：该期间1年期中央银行票据发行利率呈现上行态势，从2.09%上行到2.51%位置。从上行原因来看，该期间发行利率的上行主要受到当期加息因素影响。在2010年四季度，1年期定期存款利率上调两次，合计50个基点，同期1年期中央银行票据发行利率上行约42个基点。相比于历史经验（每次加息27个基点，资金成本利率大约上行14个基点，对应1年期中央银行票据发行利率上行约14～15个基点附近），本次利率调整所造成的公开市场发行利率被动上调幅度要相应大一些。从政策意图来看，该时期的利率上行是中央银行面对加息政策出台后的被动调整，并非具有主动引导上行的意味。

从历史变化来看，区分中央银行在公开市场发行中的主动型意图和被动型意图是具有一定意义的。从若干次中央银行主动引导利率变化的情况可以看出，主动引导型的利率变化幅度是较为巨大的，而在货币政策变化、资金面紧张倒逼情况下所形成的被动型变化幅度则相对有限。

此外，利率持平是最近几年较为常态的现象，这种现象的出现给市场交易者带来了一定的挑战。从1年期中央银行票据发行利率的变化来看，2008年之前，1年期票据发行利率的变化是较具延续性的，很少出现过长期持平现象，而且每一个阶段的利率方向具有很强的趋势性，可以持续一段时间。因此，交易机构只要跟随当期的票据发行利率趋势就可以较为准确地把握长期利率在一个阶段的走向。但是在后期，1年期票据发行利率基本在多数时期都是保持在持平位置的，这时的公开市场发行利率对长期利率的方向指引作用日趋弱化，交易机构借助公开市场利率变化方向来把握长期利率的难度在加大。在公开市场利率缺乏方向指引的背景下，研究长期利率的方向变化，宏观经济基本面的分析就变得尤为重要了。

第三节　中央银行票据发行利率与交易利率的关系分析

从1年期中央银行票据品种被引入市场以来，其利率就存在了“市场轨”和“政策轨”两种不同的属性，可以分别用交易利率和发行利率来代表。

从利率属性而言，发行利率主要体现在政策面意图，而交易利率则主要体现市场投资者对于政策面意图的领会和预期。一般情况下，市场交易利率是跟随发行利率而波动的，而且从2006年9月份以来，由于中央银行制定了较为严格的发行前预报制度，从而令中央银行对于发行利率的变化把握的更加精确，发行利率体现政策意图的意义也更为强化。因此，市场机构更加关注的是发行利率的变化，并猜测其所传递的货币管理当局的态度与信号。

但是在某些情况下，交易利率和发行利率会产生分歧，主要表现在市场预期与现状产生差异，导致交易利率脱离发行利率约束，出现两者利差扩大的情况。在这种情况下，市场更为关注的内容则是，发行利率是否会兼顾市场预期的变化做出适当调整，即是否会发生二级利率倒逼一级利率变化的状况。

在考察了2003年以来1年期中央银行票据发行利率和交易利率的变化后，发现在如下几个时期两者出现了相对背离，利差水平明显脱离了历史均值（利差偏离的绝对值为13.8个基点）。如图2－1－2所示。

1. 2004年3月22日～2004年7月13日：该期间，利率处于上行趋势中。1年期央行票据交易利率总体低于发行利率，利差绝对值明显扩大，并在2004年6月2日达到最高水平（54个基点）。

2. 2004年7月19日～2004年8月16日：该期间，利率依然处于上行趋势中。1年期中央银行票据的交易利率总体高于发行利率，利差绝对值明显扩大，并在2004年8月4日达到最高水平（35个基点）。

3. 2004年10月29日～2005年11月28日：该期间，利率处于下行趋势中。1年期中央银行票据的交易利率总体高于发行利率，利差绝对值明显扩大，并在2005年6月14日达到最高水平（87个基点）。

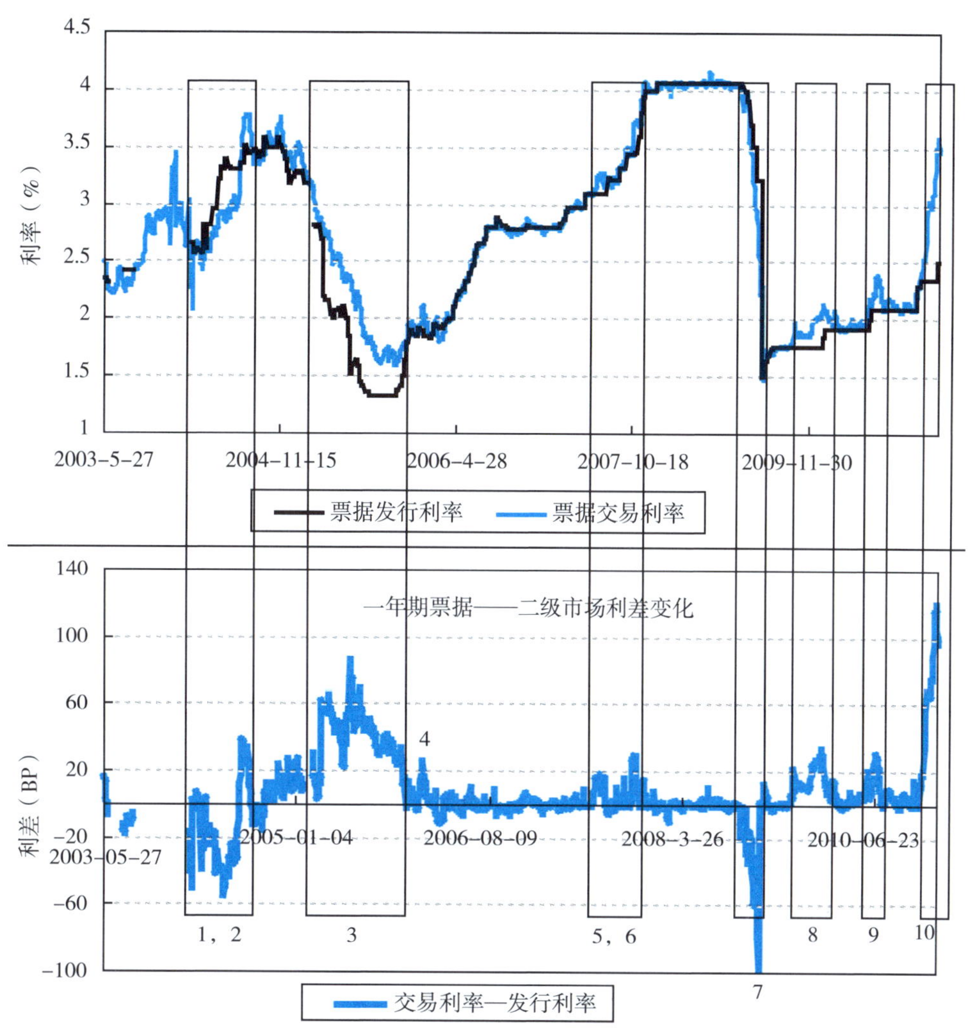

图 2-1-2 1 年期中央银行票据利率变化

资料来源：参照 CDC 数据，www. chinabond. com. cn。中国人民银行，www. pbc. gov. cn。

4. 2006 年 1 月 11 日～2006 年 1 月 26 日：该期间，利率趋势总体平稳，1 年期票据交易利率总体高于发行利率，利差绝对值明显扩大，并在 2006 年 1 月 18 日达到最高位置（26 个基点）。

5. 2007 年 6 月 21 日～2007 年 7 月 23 日：该期间，利率趋势上行，1 年期票据交易利率高于发行利率，利差绝对值明显扩大，并在 2007 年 7 月 4 日达到最高（18 个基点）。

6. 2007 年 10 月 17 日～2007 年 11 月 20 日：该期间，利率处于上行趋势中，1 年期票据交易利率总体高于发行利率，利差绝对值明显扩大，并在 2007 年 10 月 26 日达到最高水平（30 个基点）。

7. 2008 年 10 月 9 日～2008 年 11 月 17 日：该期间，利率处于下行趋势中，1 年期中央银行票据交易利率总体低于发行利率，利差绝对值明显扩大，并在2008年11月10日达到最高水平（68个基点）。

8. 2009年10月15日～2010年2月1日：该期间，利率处于总体平稳，但重心走高的态势中。1年期中央银行票据交易利率总体高于发行利率，利差绝对值明显放大，并在2010年1月8日达到最高（34个基点）。

9. 2010年5月24日～2010年7月7日：该期间，利率处于总体平稳，但是重心走高的态势。1年期票据交易利率总体高于发行利率，利差绝对值明显扩大，并在2010年6月24日达到最高水平（31个基点）。

10. 2010年11月10日～2010年12月31日：该期间，利率处于上行态势。1年期票据交易利率总体高于发行利率，利差绝对水平明显扩大，并在2010年12月27日达到最高水平（120个基点）。该期间交易利率与发行利率的背离偏离度创出了9年历史的最高水平。

从历史上一、二级市场中央银行票据利率背离的原因来分析，可以分别归结如下：

第1次利率分离是在中央银行主动引导发行利率上行的背景下产生的。当时的市场预期赶不上中央银行的上调发行利率的节奏，导致了交易利率低于发行利率。

第2次利率分离同样是在中央银行主动引导利率上行的背景下产生，实际上是延续了第1次的引导过程，但是此时市场对于利率上行的预期已经强化，并在预期幅度上超越了中央银行，导致了交易利率高于发行利率的情况。

第3次利率分离是在中央银行主动引导利率下行的背景下产生的，同样市场预期的变化跟不上中央银行的意图节奏，导致了交易利率高于发行利率。

第4次利率分离是在春节期间资金面惯性紧张的背景下产生的利率“脱节”现象，属于短期的、正常的分离。

第5次利率分离则是在市场加息预期强烈的背景下产生的。市场情绪最先反映在了交易利率上，并导致了交易利率率先超越发行利率向上运行。

第6次利率分离是属于中央银行主动引导利率上行所导致。在此空头气氛偏重的背景下，市场预期的利率上行幅度超越中央银行引导的意图，导致了交易利率高于发行利率。

第7次利率分离是在2008年下半年经济衰退显现、中国步入降息周期、中央银行主动引导利率下行的过程中显现的。在此阶段，中央银行引导利率下行的节奏非常快速，导致了市场交易利率无法跟上发行利率变化。

第8次利率分离是在2009年下半年宽松货币政策逐渐退出，市场预期利率走高（产生加息预期）的背景下产生的，这导致了二级市场交易利率高于发行利率，并最终形成了二级倒逼一级发行利率走高的局面。

第9次利率分离则是在2010年5～6月份资金面严重紧张的背景下形成的。资金面的紧张造成短期债券品种的交易利率严重高于发行利率，并最终倒逼了发行利率被动走高。

第 10 次利率分离则是在加息预期强烈以及资金紧张的局面下形成的，市场预期利率走高，二级市场交易利率远超越发行利率，在这种背景下，交易利率的迅速上行在一定程度上对于发行利率的上行产生了倒逼作用。

面对中央银行票据交易利率与发行利率的分离现象，有必要区别中央银行主动引导和被动接受的背景和区别。在中央银行主动引导利率上行或下行过程中，二级交易利率脱离一级发行利率的幅度并不值得特别关注，特别是交易利率在引导过程中是低于发行利率的情况，比如上述情况 1。

需要更加关注的则是，在中央银行主动引导的背景下，假如市场交易利率高于发行利率，即意味市场对于未来发行利率的定位有一个自发预期，那么，这个时候的市场利率走向是否能够对未来发行利率的定位进行无偏估计呢？比如在第 2、6 次的情况下。

从第 2、6 次利差变化来看，交易利率的预期幅度是要明显超越发行利率的最终定位，两个阶段中的利差变化都是呈现冲高回落的态势，利差高点出现在中途。

另外一个值得思考的问题是，在中央银行被动提高利率过程中，二级市场利率的走高是否会成功的倒逼一级发行利率的被动走高。在第 4、5、8、9 次中发生过这个情况，详细来区分原因，分别如下：

第 4 次利率分离具有特殊的节日因素背景，因此没有出现二级倒逼一级事件的发生。

第 5 次利率分离是在加息政策落地的背景下出现的，与其说是二级倒逼一级利率走高，还不如说是加息造成了发行利率的被动提高。

而第 8、9 次利率分离是较为成功地形成了交易利率倒逼发行利率走高情景的出现，虽然幅度有限，前次是加息预期背景使然，后次是资金面严重紧张背景使然，因此在由非惯例性原因所造成的资金面紧张中，二级交易利率走高可能会倒逼一级发行利率走高。

第四节 中央银行票据发行过程中的量价关系

中央银行票据发行的量价关系是一个较为有趣的研究命题，对于这种量价关系规律的把握对于在短期内预测把握中央银行票据发行利率的折点变化具有一定的指示意义。

在中央银行引导利率上行过程的尾期，中央银行如何通过市场去传递发行利率上行即将见底的信号呢？一个较为有效的传递方式就是中央银行采用发行利率上行幅度逐渐缩窄的模式，比如在 2009 年 7 月份重启 1 年期中央银行票据发行的时期。2009 年 7 月 9 日到 8 月 18 日期间，1 年期中央银行票据重新启动发行，发行利率从

1.50%起步一直上行到1.76%，并在8月18日利率持平得以确认。

回顾这次发行利率上行共计6周，每周发行利率上行的幅度分别为第9、5、4、3、3、0个基点，最终持平。其中，在第5周发行中（2009年8月4日），1年期票据发行利率从1.6984%上行到1.7397%，上行幅度为3个基点附近，与前期变化幅度比较来看，是日渐收敛的。这种日渐收敛的变化幅度清晰传递出了利率即将触顶的信号（虽然后面两周中的发行利率依然以收窄幅度的方式上行），同期的长期利率在这一预期下脱离了前期上行的态势，转为平台整理（8月4日～8月18日期间），市场多头气氛明显增强，最终在确认中央银行票据发行利率最终企稳后，长期利率掉头下行（从8月18日确认票据发行利率持平后）。

相对于较为明确、容易理解的发行利率缩窄幅度上行的方式而言，另一个相对难以理解的信号传递方式则是通过观察发行量的变化。

在通常的债券发行过程中，“量价”的一个传统关系是，某期债券的发行规模越大，则相应对于最终发行利率的上拉作用越强。这是在发行方和需求方公平博弈条件下所产生的正常结果。

但是需要注意的是，中央银行的公开市场操作模式和一般意义的债券发行并不一致，特别是从2006年9月份开始，中央银行对于公开市场一级交易商采用了较为严格的提前预报模式，即中央银行在核定当期票据的发行规模之前，首先了解一级交易商对于该期限票据的需求数量以及利率要求（一级交易商提前上报的这些内容在后期发行投标中具有强制执行性），在汇总市场需求细节的基础上，中央银行核定当期票据的发行规模。应该说，这种博弈是中央银行在看过市场机构“底牌”后的一种“非公平博弈”，和传统意义上所描述的发行以及认购之间的量价关系规律并不一致。

在一个票据发行利率上行的过程中，往往会出现“价增量减、价平量增”的特征。即在利率上行的初期，由于一级交易商刚刚形成利率上行的预期，为了在后期获得更高利率的认购，在初期很可能会出现主动降低需求量的情况。这样，伴随发行利率的上行，发行量反而会出现下降。可以这样近似认为：较低的发行规模往往意味着认购者对于利率水平的不满意，期待更高的发行利率出现。这样，发行量的降低是需求锐减的结果，并非是利率即将稳定的信号。

相反，当利率上行到一定幅度后，市场参与机构对于利率的认可度明显提高，这时一级交易商会自发的扩大认购数量，结果就是需求明显提高，发行规模扩大，这反而可能造成利率的持平。因此在发行利率上行过程中，出现发行规模的明显扩大，则很可能是利率即将持稳的信号。

这一规律对于中央银行的政策操作也具有显著的参考意义。中央银行进行公开市场操作的目的可能有两个：其一个是引导利率水平，这个是具有价格型调控属性的；其二是着力于数量化操作。从历史经验来看，我国中央银行公开市场操作在数量层面的引导意义更强，在价格调控层面的引导意义相对较弱，即中央银行的公开市场操作主要目的是对于市场货币量进行调节。

如果中央银行的票据发行主要是侧重于货币数量的调节，则其对发行利率的调节是围绕其数量目标而变化的。按照市场一级交易商对于利率走势预期的惯性认识，交易商对于发行利率的预期定位和中央银行对发行利率的调节定位是相互影响的，甚至可以在某种程度上说，利率绝对水平的定位是不重要的，更重要的是对于其趋势的判断，即便在绝对利率水平相对低的位置上，只要在一个上行趋势中出现了利率阶段性触顶的预期，同样会激发市场投资者的认购热情。因此，在扩大货币回笼量的目的下，中央银行一味地提高发行利率并非明智，相反，在发行利率阶段性走高后，清晰地传递出利率阶段性触顶信号后，才会明显激发市场的认购热情，从而为加大货币回笼目的更好地服务。

第五节　3 年期中央银行票据的发行历史回顾

中央银行公开市场操作的传统工具是 3M、6M、1Y 期中央银行票据，但是从 2004 年以来，3 年期中央银行票据被引入到公开市场操作工具中来，日渐成为了市场关注的焦点。

3 年期中央银行票据的首次启动是在 2004 年 12 月 10 日，这一轮启动一直持续到 2005 年 5 月 27 日，随后暂停发行。

第 2 次启动是在 2007 年 1 月 24 日，一直持续到 2008 年 6 月 27 日，随后暂停发行。

第 3 次启动是在 2010 年 4 月 9 日，一直持续到 2010 年 11 月 26 日。本次 3 年期票据发行节奏为每两周一次，这是和前期不同的地方。

首先来分析一下，这三次 3 年期中央银行票据启动的主要背景是什么。

笔者一直认为，3 年期中央银行票据在每次推出的一个宏观背景是为了对抗热钱的流入，这一目的在第一次和第三次中基本可以确立下来，唯独在第二次中存在一些争议。

图 2－1－3 所示是 2002 年以来，我国人民币汇率预期变化和热钱流入的对应关系。在此，我们简单地将每月中央银行外汇占款规模剔除当月贸易顺差以及 FDI 后的资金规模作为“热钱”对待，利用离岸市场中的人民币远期汇率（NDF）和即期人民币汇率合成国际市场对于人民币汇率升值幅度的预期。

2003 年以来，国际市场对于人民币汇率变化的预期开始出现升温迹象，其中出现了几个较为明显的时期：

1. 2004 年 11 月～2005 年 3 月期间，该期间热钱流入速度开始加剧，而且国际市场的升值预期明显增强，无独有偶，在 2004 年 12 月 10 日启动了 3 年期央行票据的发行，并持续到 2005 年 5 月 27 日，3 年期中央银行票据的发行时期基本和该轮热钱流入时期相对应。

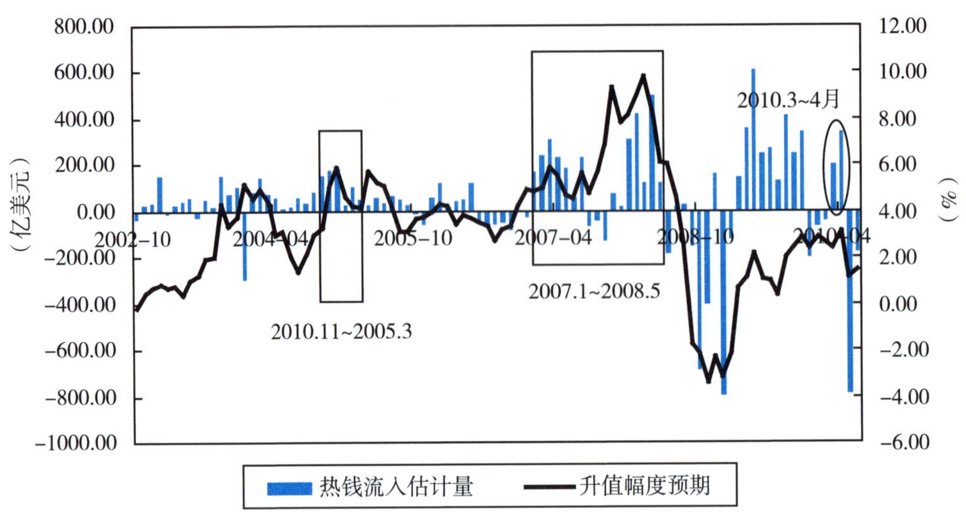

图2-1-3　人民币汇率预期变化以及热钱流入一览

资料来源：中国人民银行，www. pbc. gov. cn；国家统计局，www. stats. gov. cn，BLOOMBERG。

2. 2007年1月~2008年5月期间，该期间热钱流入量再度明显增加，而且国际升值预期达到了历史最高水平，无独有偶的是第二次3年期票据的发行覆盖期间也正是2007年1月24日~2008年6月27日，正好覆盖。不过，对于这次3年期票据的发行启动目的是存在争议的，因为在2007~2008年期间也恰好是我国进入经济过热、通货膨胀的时期，管理流动性的目的也曾被人提及，这样，3年期中央银行票据的发行究竟是为了对抗内部经济过热还是对抗外部热钱，是存在争议的。但是笔者倾向于认为是后者目的。

3. 2010年3~4月份期间，虽然从升值预期角度来看，似乎人民币汇率的压力不大，但是从热钱流入角度来看，压力不小，结合当时的时代背景，以美国为首的西方集团一致要求人民币升值，并于5月份在中美经济对话中讨论此事（人民币汇率和其他政治问题相结合，导致这一矛盾异常突出）。特别是在2010年4月份，人民币热钱的流入态势非常明确，并结合“6.19”第2次汇率改革启动，因此可以看出2010年4月9日启动的3年期票据发行事件是对于热钱问题的目的，而非治理经济过热问题。

用3年期票据发行来对抗热钱流入比用1年期票据品种对抗热钱流入有一个好处，就是利率平价的关系体现不明显。通常意义上，市场倾向于利用1年期票据利率进行利率平价估计，而3年期中央银行票据的利率则具有相对的“隐蔽性”。

对于中央银行票据发行背景以及每个阶段管理层意图的考虑，2010年8月份，原中央银行副行长吴晓灵在清华大学《新浪·长安讲坛》中做过一个详细讲解，有兴趣的读者可以去参考，在这篇讲演中，吴晓灵行长对于如下几个问题的揭示尤其值得关注：

1. 3年期中央银行票据推出（或停止发行）的背景。

2. 中央银行在调节票据发行利率时的考虑要素是什么。

第六节 影响中央银行票据发行利率变化的政策立足点

从前面“市场轨”和“政策轨”的分析来看，二级市场在某些时期可能会倒逼一级市场票据发行利率的变化，但是很少形成趋势性的倒逼事件发生。从根源来看，票据发行利率的变化还是更多取决于中央银行的政策性态度，较少地受到市场交易者的影响。

参考中央银行原副行长吴晓灵在 2010 年 8 月份“新浪·长安讲坛”中的讲演内容，可以从大周期角度归纳出中央银行近些年来调节中央银行票据发行利率的基本背景，其中特别强调了关乎中央银行票据发行利率调整的两个基本要素。一是考虑央行票据资产对于信贷资产的替代关系；二是考虑中美利差效应（对这个利差标的的选择，中央银行副行长易纲曾做过详细阐述，前者是指中国 1 年期中央银行票据，后者主要针对美国 1 年期 LIBOR 利率）。

长期以来，市场常常将聚焦点集中在中美利差对于中央银行票据发行利率的指引作用上，并形成了较为清晰的看法。在此处，笔者主要探讨第一个要素对于中央银行票据发行利率的引导作用。

对于商业银行的资产运用而言，要么选择将资产配置在信贷上，其利润收入是存贷利差，要么选择将资产配置在公开市场的票据上，其收益为票据发行利率。在中央银行意图控制商业银行放贷冲动的过程中，中央银行有动力将票据发行利率的重心提高，更多地希望从收益角度将商业银行的放贷冲动压抑。这是一种非常具有市场化属性的调节方式。吴晓灵行长在讲演中，特别提到在 2005 年 5 月份停止发行 3 年期中央银行票据的背景就是：2004 年年底启动国有银行改革，为了满足资本充足率要求，各家银行纷纷减少了信贷投放，导致 2005 年的信贷增长处于一个低速时期，中央银行为了减少票据对于贷款投放的替代，就减少了 3 年期中央银行票据的发行，以避免信贷收缩过于剧烈而导致经济失衡。

考察一下 2002 年以来，1 年期中央银行票据发行利率与存贷利差的关系。

如图 2－1－4 所示，基本上可以划分为六个阶段：

1. 2002 年 2 月～2004 年 10 月：该期间，票据发行利率上行逼近 1 年期存贷利差，并最终形成超越，最高点位置上，1 年期票据发行利率在 3.60% 左右，存贷利差在 3.30% 左右，前者比后者高约 30 个基点；

2. 2004 年 11 月～2005 年 9 月：该期间，票据发行利率一路下行，存贷利差保持稳定，在极点位置，1 年票据发行利率在 1.30% 左右，存贷利差在 3.30% 左右，前者比后者低约 200 个基点；

3. 2005 年 10 月～2007 年 2 月：该期间，票据发行利率上行，阶段性高点在

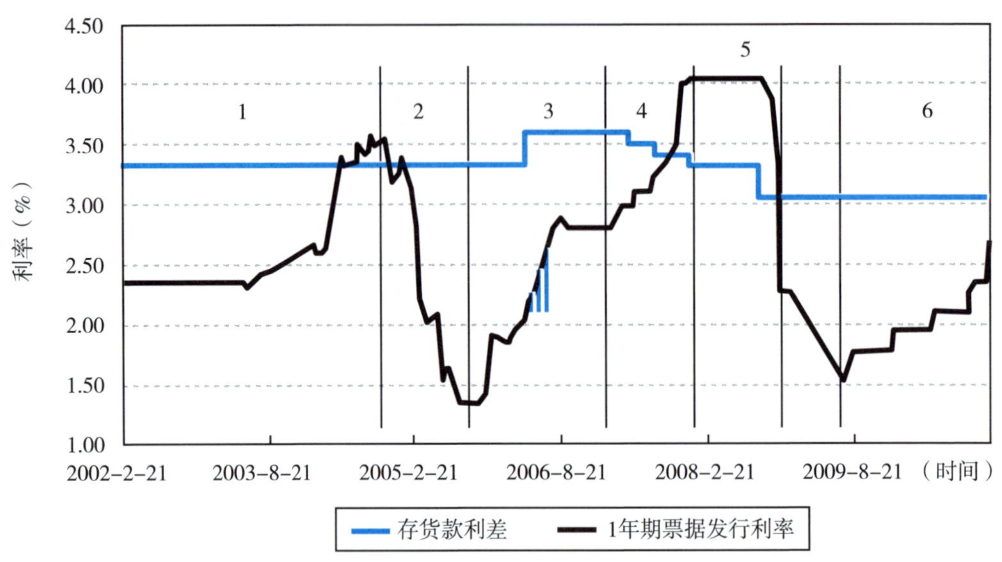

图 2－1－4　1 年期票据发行利率与存贷利差变化一览

资料来源：中国人民银行，www. pbc. gov. cn。

2. 80% 左右，而存贷利差也上行到 3. 60% 左右，前者依然低于后者约 80 个基点；

4. 2007 年 3 月～2008 年 1 月：该期间，票据发行利率一路上行，最高在 4. 0% 左右，而存贷利差一路下行，最低到 3. 30% 左右，前者高出后者大约 70 个基点；

5. 2008 年 2 月～2008 年 12 月：该期间，票据发行利率下行，最低在 2. 20%，随后停止发行，而存贷利差则回落到 3. 0% 左右，前者比后者低 80 个基点；

6. 2009 年 7 月～2010 年 12 月：该期间，票据发行利率上行，截至期末上行到 2. 70% 左右，而存贷利差保持稳定，在 3. 0% 左右，前者比后者还低约 30 个基点。

在存贷利差基本保持稳定的前提下，2004 年和 2007 年的两轮票据利率上行以及其超越存贷利差的幅度对于后期票据发行利率定位具有一定的指导参考作用（2004 年最大差异为 30 个基点，2007 年最大差异为 70 个基点），不同的超越幅度可能对应了不同历史时期货币政策的紧缩度，显然 2007 年的货币政策紧缩力度（从政策出台的频率以及货币政策基调来看）要大于 2004 年。

如果做一个大胆猜测，开始于 2010 年的货币紧缩周期，假定其紧缩力度介于 2004 年和 2007 年之间，则 1 年期票据发行利率比存贷利差的高出幅度应该在（30，70）个基点之间，平均为 50 个基点。假定存贷利差稳定在 3% 左右，则可预期未来 1 年期中央银行票据的发行利率最高应该定位在 3. 50% 左右；更进一步猜测，假如 1 次加息将导致 1 年期票据发行利率上行 15～20 个基点，则从 2. 70% 上行到 3. 50% 则对应了大约 4 次加息。

上述仅仅是个猜测，也不是本书讨论的焦点，权当参考，只是希望通过对历史的回顾与比较，理性的认识一下票据发行利率在顶和底的时期，其当时的特征是怎么样的。

第二章

银行间市场回购利率的历史变化回顾

相比于公开市场操作利率的变化，回购利率对于长期利率的方向性指引效果要相对偏弱，但是回购利率的变化是反映市场资金面状况最为敏感性的指标。

在银行间市场中，最为重要和常用的两个资金类指标是1天回购利率和7天回购利率。在一个流动性非常宽松的环境下，由于资金需求方对资金的持续供应非常有信心，因此一般情况下是倾向于采用短期工具来进行融资的。在此情况下，1天回购品种的交易量会明显增大，1天回购利率对于资金面的敏锐度也会明显提高。相反，在一个流动性适度宽松甚至预期偏紧的环境中，融资方必然要对需求资金的可持续性做出前瞻性判断，因此7天回购品种将更受青睐，交易量会明显放大。因此在一定情况下，1天品种和7天品种的交易量相对变化会反映出市场整体资金面状况，同样1天品种和7天品种的利差变化也可以反映出即期资金面和市场预期资金面的状况。

当然从分析研究角度而言，研究7天回购品种和1天回购品种的差异性并不明显，因此在这部分内容中，着重于从7天回购利率品种入手并分析。

反映银行间市场资金面变化的指标可以划分为两类，一类是价格类指标，就是市场日常接触的1天回购利率、7天回购利率等；另一类可以称为数量类指标，较为典型的有全国性商业银行日常资金融出比率、商业银行体系超额准备金率等。

如果考察各类指标变化的时滞关系，上述指标的变化几乎是同步发生的，不存在用一个指标去预测其他指标变化的可能，上述各个指标只存在相互同步验证的关系。

因此，分析研究市场资金面的变化应该从其他方面入手。我国的广义货币供应量既具有内生性又具有外生性特征。其中，货币乘数部分主要体现为内生性特征，而基础货币部分主要体现为外生性特征，即中央银行的各类货币政策工具对于基础货币的控制是较为有效的。

广义货币供应量是决定整体国民经济体系流动性的，可作如下的狭义理解：企业方贷款需求的可得性主要受广义货币供应量的影响，而银行间体系的资金松紧度则主要受到基础货币变化的影响。应该说，银行间市场资金面是否宽松取决于中央银行货币政策取向。因此，判断未来一段时期资金面是否会发生变化的问题就可以转化为判断中央银行是否有足够的意愿和能力去调节资金面的问题。

2002～2010年期间，我国的货币政策取向经历了不同的阶段，这个历史时期的数据资料给市场投资者提供了宝贵的借鉴经验。

第一节　7天回购利率与资金成本的历史变化回顾

商业银行是银行间市场最大的资金供应方，因此其资金运用成本的变化和7天回购利率的变化是具有微妙关系的。

从商业银行的资金来源结构关系来看，其活期性资金来源和定期性资金来源的比重大约是1∶1，因此可以利用每一个时期的基准存款利率结构去近似模拟商业银行体系资金运用的综合成本，即：

资金成本＝活期存款利率×50%＋定期存款利率×50%

其中需要说明的是，定期存款虽然包含不同的期限，但是从商业银行的定期存款结构来看，至少60%～70%是由1年期定期存款所构成（有一个在市场中流传的经验数据，认为商业银行中超过1年期以上的存款比重大约是6%。对于该数据的准确度笔者不做评价）。

因此，定期存款利率完全可以用1年期定期存款利率来近似代替。此外，需要注意的则是由于我国定期存款利率的变化具有时滞性（存款利率调整后需要在原有储蓄或存款到期后才正式执行新的利率，因此实际资金成本的变化是具有滞后性的，这需要分析存款类机构的定期存款结构）。

首先从历史反思的角度，详细地划分一下2002～2010年期间货币政策松紧度变化的具体时点。从大致情况来看，2003～2004年为对抗当年发生的通货膨胀以及经济过热现象，是一个货币政策趋紧的时期。2005年为了配合人民币汇率改革，是一个货币政策较为宽松的时期。2006年政策重点从汇率改革开始转移，是一个货币政策由松入紧的过渡时期。2007年到2008年上半年是一个货币政策趋紧的时期。2008年下半年开始货币政策取向进入宽松时期。2009年下半年开始进入一个货币政策由极度宽松向中性甚至偏紧转化的时期，而进入2010年四季度后，伴随通货膨胀的突然加速提高，货币政策甚至进入了一个相对紧缩的状态中。

为了更准确地把握货币政策松紧度方向，需要进一步细致划分具体时点，并观察在一段时期内资金利差的变化。在此，将“资金利差”的概念定义如下：

资金利差＝7天回购利率－资金成本

图 2－2－1 展示的是 2002～2010 年期间，我国货币市场资金利差的变化轨迹：

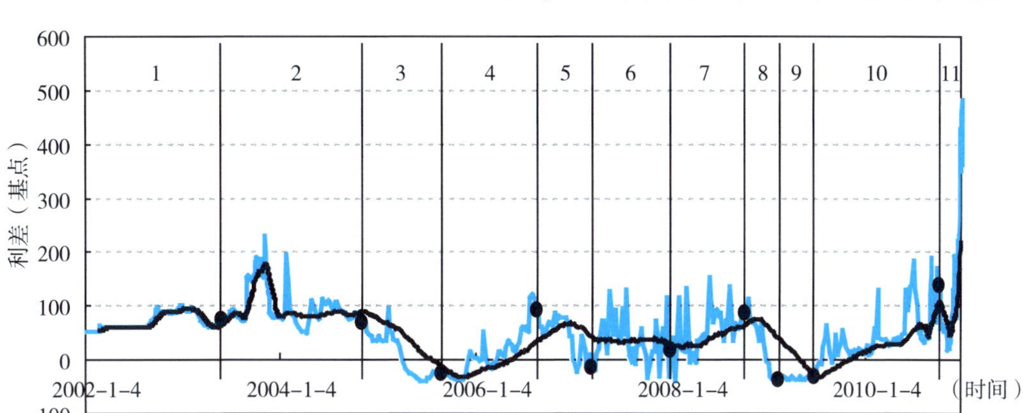

图 2－2－1　资金利率与资金成本利差变化

资料来源：中国人民银行，www. pbc. gov. cn；参照 CDC 数据，www. chinabond. com. cn。

笔者倾向于对上述历史时期做如下划分：

1. 2002 年 1 月～2003 年 6 月：该时期，货币政策基调体现为平稳，几乎没有动用什么货币政策工具。该时期，利差平均为 71 个基点，较为平缓，没有剧烈性或趋势性波动。

2. 2003 年 6 月～2004 年 11 月：该时期，货币政策基调体现为紧缩，而且紧缩工具集中在数量型工具上。该时期，利差平均 103 个基点，最高是 230 个基点（2003 年 11 月 4 日），最低是 48 个基点（2004 年 4 月 9 日）。该期间利差走势主要表现为冲高回落，呈现反“V”形。

3. 2004 年 11 月～2005 年 9 月：该时期，货币政策基调转为宽松，而且主要的放松工具是利用数量型工具。该时期，利差平均是 1 个基点，最高是 95 个基点（2005 年 2 月 4 日，存在春节因素扰动），最低是－40 个基点（2005 年 6 月 7 日）。该时期利差走势表现为一路下行。

4. 2005 年 9 月～2006 年 8 月：该时期，货币政策基调转为中性，并开始向紧缩方向转化，主要采用的货币政策工具为数量型工具。该时期，利差平均是 16 个基点，利差最高是 113 个基点（2006 年 8 月 4 日），最低是－37 个基点（2005 年 11 月 4 日）。该时期利差走势主要表现为一路上行。

5. 2006 年 8 月～2007 年 3 月：该时期，货币政策的基调比上一时期略有放松，但是趋势紧张，几乎没有什么政策工具落地。该时期，利差平均是 40 个基点，利差呈现一路下行态势，从期初的 92 个基点回落到期末的－18 个基点。

6. 2007 年 3 月～2007 年 12 月：该时期，是我国货币政策基调最紧张的时期，数量型紧缩工具和价格型紧缩工具轮番登场。该时期，利差平均为 36 个基点，利差形态表现为先扬后抑，中途最高点大约出现在 2007 年 5 月中旬（达到 130 个基点附近），期初和期末的利差水平相似，大约在 10 个基点以内。

7. 2007年12月～2008年10月：该时期，我国货币政策基调依然紧缩，但是主要集中在数量型货币政策工具运用上，基本没有价格型工具出台。该时期，利差平均为60个基点，利差走势基本上一路向上，期初大约在10个基点，期末上行到90个基点。

8. 2008年10月～2009年2月：该时期，我国货币政策基调为极度宽松，采用了价格型工具和数量型工具放松货币。该时期，利差平均在7个基点，利差走势一路下行，从期初约90个基点回落到期末的－35个基点。

9. 2009年2月～2009年6月：该时期，我国货币政策基调保持极度宽松状态，但是很少采用货币政策工具。该时期，利差平均在－30个基点，走势平稳。

10. 2009年6月～2010年10月：该时期，我国货币政策基调是从极度宽松向中性水平转化，主要采用数量型的货币政策工具收缩货币。该时期，利差平均为60个基点，利差走势呈现一路上行，从期初－35个基点上行到期末140个基点附近。

11. 2010年10月～2010年12月：该时期，货币政策基调存在过度紧缩之嫌疑，轮番采用了价格型货币政策工具和数量型货币政策工具来紧缩货币。该时期，利差平均为130个基点，而且利差走势是一路上行的，从期初约60个基点附近上行到期末约400个基点，该利差水平创出了2002年以来的历史最高。

汇总情况如下表2－2－1所示。

表2－2－1　　2002～2010年资金利率与资金成本利差变化汇总　　单位：基点

时间周期	利差方向变化	利差变化水平	利差平均	票据利率方向	政策力度定性
2002年1月～2003年6月	平衡震荡	50→90→70	71	无	宽松
2003年6月～2004年11月	反“V”形	70→230→70	103	上行	向紧缩转折
2004年11月～2005年9月	一路走低	70→(－40)	1	下行	向宽松转折
2005年9月～2006年8月	走高	(－30)→90	16	上行	向中性转折
2006年8月～2007年3月	走低	90→(－20)	40	持平	向中性转折
2007年3月～2007年12月	反“V”形	(－20)→130→20	36	上行	强紧缩
2007年12月～2008年10月	一路上行	10→90	60	持平	紧缩
2008年10月～2009年2月	走低	90→(－35)	7	下行	宽松
2009年2月～2009年6月	平衡震荡	(－30)→(－30)	－30	无	宽松
2009年6月～2010年10月	一路上行	(－35)→140	60	上行	向中性转折
2010年10月～2010年12月	一路上行	(60)→400	130	上行	有过度紧缩嫌疑

资料来源：中国人民银行，www.pbc.gov.cn；参照CDC数据，www.chinabond.com.cn。

总结上述各个历史时期，可以得出如下一些结论，可供读者参考：

1. 2002～2010年期间，7天回购利率与资金成本的利差平均值为68个基点。这9年时间中，2002年、2005年、2006年、2009年属于较为典型的宽松年度，其年度平均利差分别为69个基点、－10个基点、43个基点、－7个基点，宽松年份的利差均值基本在历史平均值下方；2003年、2004年、2007年属于典型的紧缩年份，其年

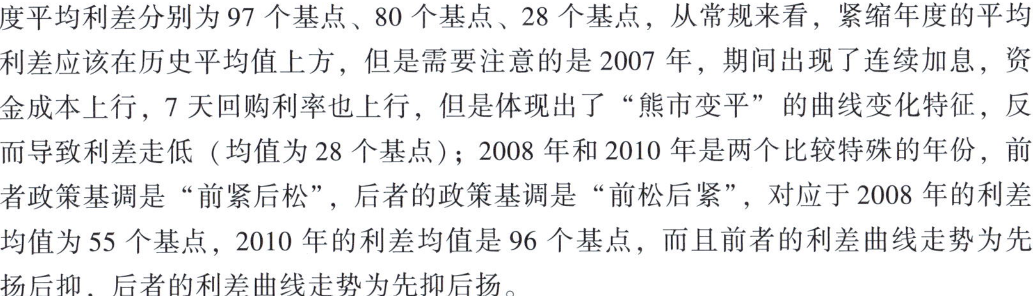

度平均利差分别为 97 个基点、80 个基点、28 个基点，从常规来看，紧缩年度的平均利差应该在历史平均值上方，但是需要注意的是 2007 年，期间出现了连续加息，资金成本上行，7 天回购利率也上行，但是体现出了“熊市变平”的曲线变化特征，反而导致利差走低（均值为 28 个基点）；2008 年和 2010 年是两个比较特殊的年份，前者政策基调是“前紧后松”，后者的政策基调是“前松后紧”，对应于 2008 年的利差均值为 55 个基点，2010 年的利差均值是 96 个基点，而且前者的利差曲线走势为先扬后抑，后者的利差曲线走势为先抑后扬。

2. 在一定程度上，中央银行票据发行利率的变化能够辅助判断政策松紧度。

3. 不同货币政策工具对于利差走势的影响不同。在数量型工具为主的环境中，利差曲线呈现较为单向的变化。比如数量型工具紧缩环境中，利差曲线呈现上行态势，典型时期为 2007 年 12 月 ~2008 年 10 月；数量型工具放松环境中，利差曲线呈现下行态势，典型时期为 2004 年 11 月 ~2005 年 9 月。而在价格型工具连续出台的环境中（比如加息周期中），资金成本利率与 7 天回购利率所构成的曲线遵循利率曲线在加息周期中的变化规律，即加息周期初期，曲线增陡（体现为利差曲线上行），明确进入加息周期后，曲线变平（体现为利差曲线下行），但是总体表现为曲线平坦化（体现为利差曲线走低），典型时期为 2007 年 3 月 ~2007 年 12 月。

4. 利差的变化可以反映市场的理性程度，比如 2010 年年底利差最高达到 480 个基点，这显然有非理性成分在其中。

5. 预测未来年度的法定存款利率调整次数的最大意义在于明确全年资金成本线提高到的目标位置，这对于预测次年度的 7 天回购利率均值是有一定帮助的。

各个时期的利差参考是值得关注的，在判断回购利率变化的过程中，需要注意两点：

（1）如何判断目前货币政策取向是偏紧还是偏松。从指标来看，似乎观察 1 年期中央银行票据的发行利率变化是较好的一个选择。

（2）如何衡量利差的变化。需要格外注意的是，在一个价格型工具为主的时期，加息前期会导致利差放大，加息中期利差会缩窄。

第二节　回购利率与资金数量的关系

一、7 天回购利率与银行体系内资金量的关系

在观察流动性与资金利率的过程中，具备条件的机构（比如具有一定规模的商业银行）也可以从微观层面来理解资金量与资金利率的关系，比如可以观察某商业银行的超额备付总量与 FR007 的关系。

具备一定规模的商业银行自身的备付资金总量（包括其库存现金和在中央银行的

存款，即可动用的超额备付金）和7天回购利率的变化具有一定的负相关性，单纯仔细观察单个商业银行流动性的变化也可以在一定程度上推测未来回购利率的变化趋势。

如果大型商业银行能够较为准确地把握自身超额存款准备金的变化（把握自身的变化比把握全局似乎要容易一些），这对于把握后期的回购利率的变化方向是具有重要参考意义的。

二、7天回购利率与商业银行体系超额准备金率的关系

把7天回购月均（简单平均）利率与商业银行体系超额准备金率做一个相关分析，如图2－2－2所示。

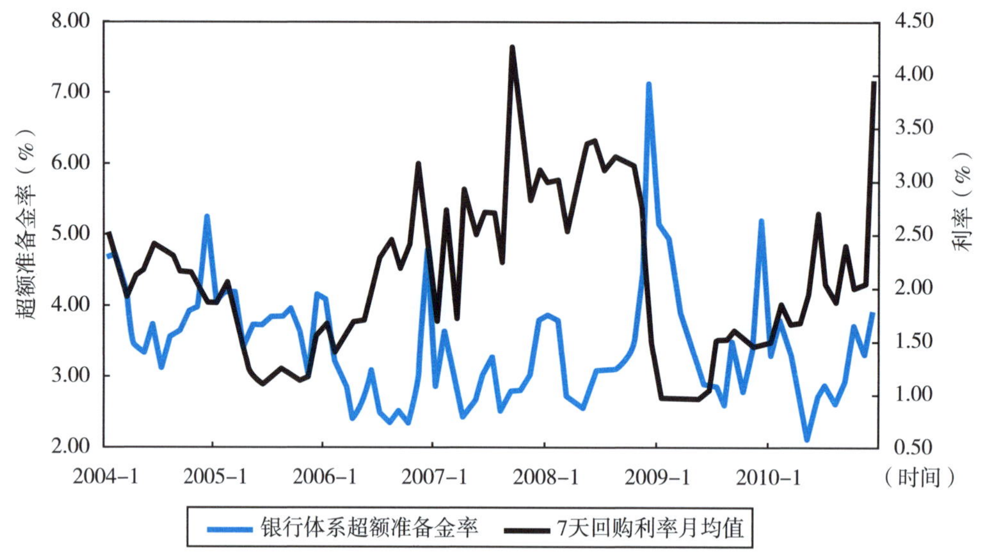

图2－2－2　7天回购利率与超额存款准备金率关系

资料来源：中国人民银行，www. pbc. gov. cn；参照CDC数据，www. chinabond. com. cn。

2004～2010年期间，上述两个因素的相关系数为－0.26，相关度不高，但是两者之间确实具有负相关关系的结论则非常重要。

如果把2004～2010年中两个因素的相关变化详细划分，可以发现6个时期中两者的关系体现为正相关性，如图2－2－3所示。

需要注意的是，在超额准备金率居于高位的情况下，资金利率对于超额率的变化似乎并不敏感，而在准备金率处于相对中性位置的时候，两者的负相关性体现的较强。

在上述验证后，首先应该认同超额存款准备金率和资金利率具有趋势上的负相关性。如果能大致推算出未来月份超额存款准备金率的变化方向，则可以在很大程度上预测出7天回购利率在未来月份的变化方向，需要注意的是，我们可能需要先验性的

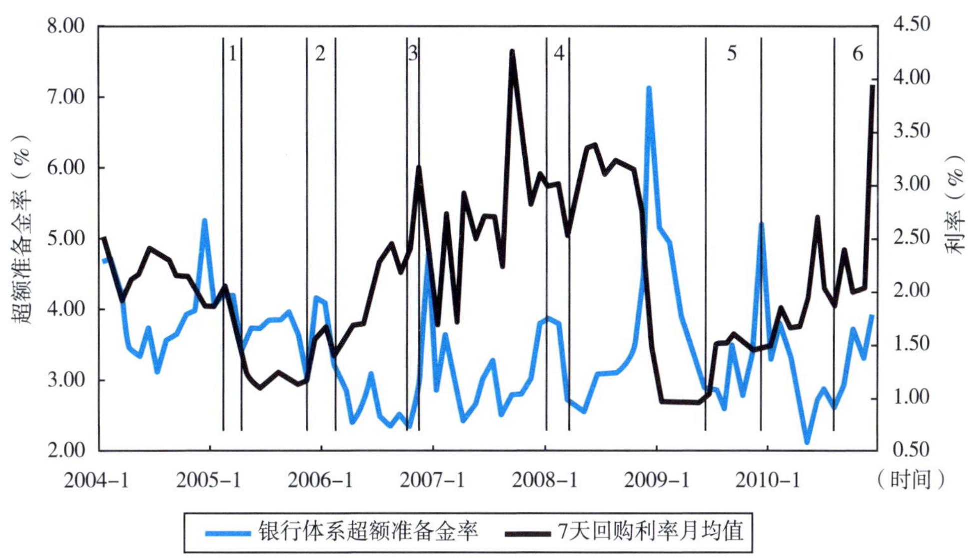

图 2－2－3　7 天回购利率与超额准备金率关系

资料来源：中国人民银行，www. pbc. gov. cn；参照 CDC 数据，www. chinabond. com. cn。

定义好目前准备金率的中性位置，以便对预测结果的准确性做出概率性判断。

在这一思路主导下，问题的关键就在于如何判断未来次月超额准备金率的变化方向。

对于未来次月超额存款准备金率的推算，笔者曾经使用过一个方法，即计算全部商业银行资金来源与资金运用项目的关系，大致测算次月的超额存款准备金率变化的方向，这个测算模式会在后文“资金面分析”一篇中介绍。

因此，两个方法可以大致把握 7 天回购利率的变化方向：

通过利差方式可以大致把握 7 天回购利率的中期变化方向、判断当前短期资金利率是否存在超调现象；

通过计算银行体系超额存款准备金率的方式，可以大致把握回购利率在未来一个月内的均值变化方向。

三、回购利率与各类机构资金融出融入数量的关系

我国银行间资金市场的主要融通工具是回购和拆借，每天中国同业拆借中心都会公布当天各类金融机构在银行间市场融入融出资金的总量与比率，这个比率的变化对于回购、拆借利率具有某种先导性含义，值得关注。

以回购市场为例，在我国银行间市场中的资金融出主力机构包括国有商业银行、政策性银行、股份制商业银行，而从事借入资金、买入债券进行杠杆放大操作的主要机构以基金公司、外资银行以及证券公司为代表。

其中，国有商业银行和股份制商业银行可以合计称为“全国性商业银行”，其在

回购市场中的资金融出比重平均达到61%（2006年以来的统计数据显示，国有商业银行在回购市场中的资金融出比重为36%，股份制商业银行在回购市场中的资金融出比重为25%），成为资金融出的绝对主力机构。

一般情况下，全国性商业银行资金融出比重提高，则意味着资金供应较为充足，往往伴随了回购资金利率的回落，即全国性商业银行资金融出占比与回购利率存在较为明显的反向关系，如图2－2－4所示。

图2－2－4　全国性商业银行资金融出比率和利率关系一览

资料来源：全国银行间同业拆借中心 www. chinamoney. com. cn。

资金融出占比和资金利率的传递关系从常理来看，是一种同步关系，即难以用前者变化预测后者变化。但是，由于市场对于利率信号变化内涵的理解相对滞后，因此在现实中存在“以此推彼”的可能，即观察全国性商业银行资金融出比率的变化，在短期内预测回购利率的变化。

假如全国性商业银行的资金融出占比出现持续回落，并低于历史平均数后，则往往意味着资金供应主力出现了问题，往往对应着回购利率在未来短期内持续在高位。

比如，在2010年5～6月份中是一个典型的时期（如图2－2－4所示）。从5月上旬开始，全国性商业银行的回购融出资金占比已经开始跌落到历史平均值下方，并持续回落，同期银行间市场中的7天回购利率并没有明显变化，但是伴随融出比率持续保持低位，7天回购利率在6月份中持续冲高，保持在高位。这次利率波动体现出“全国性商业银行资金融出比重”这一指标在一定程度上要领先于资金利率的波动，值得关注。

在应用“资金融出比重”来推测回购利率变化过程中，需要综合考虑资金供应的主力机构在回购与拆借市场的综合效应，往往存在这样一些机构：他们通过拆借市场融入资金，同时通过回购市场融出资金，这种跨市场操作往往会误导回购融出比重的变化。因此，在观察全部资金变化中，要综合衡量回购市场与拆借市场的综合变化。

第三篇

经济基本面

导　读

债券市场分析的传统经典基础依然在于宏观经济基本面分析，虽然这条分析判断的路径并不平坦，但却是最为扎实、有效的一条路径。

对于债券市场而言，最为关键性的宏观经济基本面指标包括两大类内容，第一类可以归结为涉及通货膨胀（或通货紧缩）类的价格型指标，另一类可归结为涉及经济增长类的指标。

为什么债券市场如此重视经济基本面中的通货膨胀指标？因为从长期历史统计来看，通货膨胀率的变化是与长期利率最为直接相关的指标。如果将每个月份的 10 年期国债平均利率（当月每个交易日 10 年期国债利率的月度简单平均数据）与当月 CPI 进行关联比较，可以非常直观地看到两者之间的密切相关性，如附图所示。

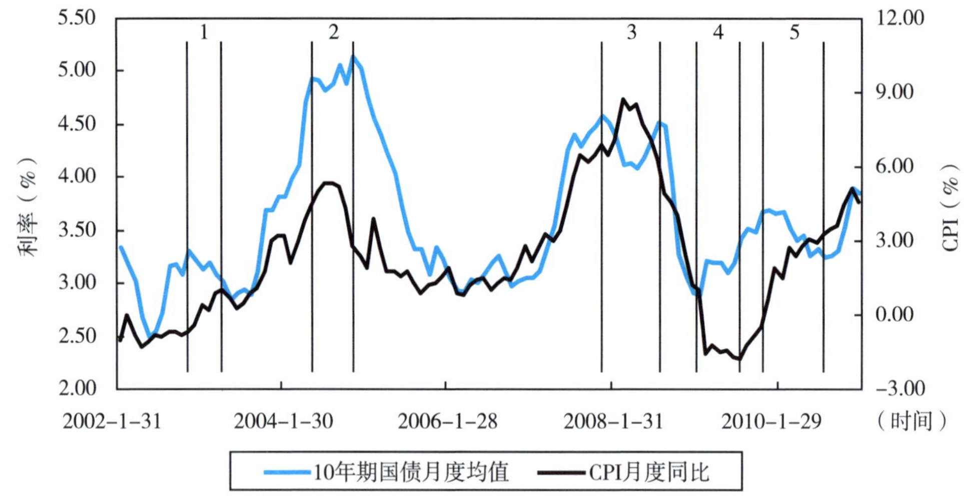

附图　CPI 与长期利率关系一览

资料来源：国家统计局 www. stats. gov. cn；参照 CDC 数据，www. chinabond. com. cn。

2002 年以来共计 108 个交易月份，在绝大多数时期，CPI 的变化方向与 10 年期国债利率的均值走向是呈现密切正相关的。其中，出现过 5 个时期共计大约 29 个月份，两者的变化方向出现了背离，而结合背离时期的宏观经济背景来看，原因多归咎于经济增长因素出现了意外变化。

1. 2002 年 11 月～2003 年 5 月：期间 CPI 上行，而长期利率下行，构成这种背离的主要原因在于当期出现了“非典”疫情，在很大程度上影响了市场对于未来经济增长的良好预期。

2. 2004 年 8 月～2004 年 11 月：期间 CPI 下行，而长期利率上行（实际上该期间长期利率的变化幅度非常小，但是重心略微走高），此期间虽然 CPI 下行，但是中途较为意外的经历了加息（是在 CPI 见顶后的一次意外加息），同时该期间的债券市场还经历了一次交易所市场拍卖存量债券的供给冲击，因此长期利率没有伴随 CPI 的下行而回落。笔者倾向于将本次背离解读为政策冲击对利率趋势造成的短期扰动。

3. 2007 年 12 月～2008 年 8 月：这段相对较长的时期中，CPI 同比的变化方向和长期利率的方向是完全反向的，但是造成反向的原因又各不相同，可以详细进行如下阶段划分。

（1）2007 年 1 月 ~ 2008 年 3 月：该期间，CPI 继续上行，但是长期利率则经历了下行变化。该期间的背离主要是在债券市场经历了 2007 年的连续加息后，中国在 2008 年春节期间较为意外地遭遇了雪灾冲击，同时美联储首度降息，各类因素叠加影响导致在 CPI 冲向新高过程中，长期利率反而下行。从本质而言，本次背离也是属于市场对于经济增长不确定预期的体现（当时主要反映在对雪灾因素的担忧上）。

（2）2008 年 4 月 ~ 2008 年 8 月：该期间，CPI 连续回落，长期利率则出现走高。该期间的背离现象从后期反思来看，是一段预期非理性的时期，当时的 CPI 虽然已经处于下行过程中，但是由于市场对于通货膨胀的预期始终没有消除，特别是在 2008 年 6 月 19 日晚间，国家发改委宣布上调了油价、电价。在市场对于通货膨胀预期异常浓重的情况下，油价的调整无疑成为压垮市场的“最后一根稻草”，触发了长期利率的大幅度调整。

4. 2009 年 1 月 ~ 2009 年 7 月：期间 CPI 一路下行至底，但是长期利率则重心走高。这段时期的背离是和中国经济增长状况密切相关的。虽然 CPI 的下行对于长期利率不构成冲击，但是在经历了 2008 年年底的经济快速下行后，2009 年的市场主题是一个经济复苏，因此经济增长在 2009 年上半年的见底回升是导致长期利率逆 CPI 形态而上行的主要原因。

5. 2010 年 1 月 ~ 2010 年 8 月；期间 CPI 是一路走高的，但是同期长期利率的重心则日渐走低，形成了明显背离。该期间虽然 CPI 一路走高，甚至从 5 月份开始突破 3% 关口向上运行，但是由于国内经济增长指标在经历了 2009 年的明显反弹后出现了趋势性回落。同时，5 月份开始的欧洲主权债务危机也令市场产生了世界经济增长二次探底的担忧，因此长期利率主要受到经济增长因素影响，出现了逆 CPI 上行而回落的局面。

综合上述观察可以发现，从经济基本面角度来看，影响长期利率波动的因素无非是通货膨胀因素（以 CPI 为综合代表指标）和经济增长因素（以工业增加值为综合代表指标）。双因素驱动长期利率的变化方向，在绝大多数时期（108 个统计月份中有 79 个月份）长期利率的变化方向都是和 CPI 的变化方向同向相关，而在一定时期中，经济增长因素也会成为影响长期利率变化的主要动力，虽然这个时期占比并不大。

因此在对于长期利率进行基本面研究过程中，需要划分清晰，目前的市场关注焦点集中在通货膨胀还是经济增长上，要划分清晰双轮驱动因素中的主要矛盾是什么。

在多数时期中，我国的经济增长都是平稳有序的，因此通货膨胀问题是决定长期利率方向的决定性因素。对于长期利率变化而言，CPI 对其影响主要驱动力在于绝对水平的高低和后期变化形态两方面，而且后者比前者似乎更为重要①。

从数据统计角度而言，在对未来一段时期（比如未来一年）长期利率的变化进行基本面分析中，首先要根据预期中的 CPI 年度平均水平（比如预期未来 1 年中 CPI 的年度平均水平是多少）来预期长期利率的平均重心水平。这可以由长期利率和 CPI 数据的历史相关性统计来近似模拟测算。随后要根据预期中的未来一年中月度 CPI 的变化方向（比如前高后低或前低后高等预期形态）来估算长期利率在未来时期中围绕平均重心水平的变化方向（下行或上行方向等），两者合计构成一个较为完成的策略预期。

需要提示的是，投资者在关注通货膨胀的同时，也不能忽略对于经济增长指标的观测，一

① 因为当前的利率已经反映了当期 CPI 的绝对水平。

旦在经济增长层面出现“预期外”变化，则需要结合市场情绪来评估市场关注焦点是否会发生转移，适时调整修改策略方案。

比如，在2010年中，市场关注焦点围绕经济基本面中的这两个驱动因素频繁转换，形成了市场波动。2010年1～3月份期间，市场对于基本面的关注焦点集中在通货膨胀层面，而对于政策面的主流预期是有2～3次加息；2010年4～8月份期间，伴随欧洲主权债务危机的演进以及国内对于房地产行业的严厉调控，市场对于基本面的关注焦点集中在经济增长层面，而对于政策面的主流预期则是寄希望于政府进一步出台宽松刺激政策，以防止经济增长二次探底；2010年9月份，市场对于基本面的关注焦点集中在经济增长的改善层面上，认为经济增长已经度过了最差的时期，但是尚没有对通货膨胀感到担忧；2010年10月份以来，伴随美联储“QE2”的出台以及中国部分农产品价格出现了大幅度上行（比如生姜、大蒜等耐储存蔬菜），市场对于基本面的关注焦点再度转移到通货膨胀层面，而对于政策面的主流预期则是认为中国已经进入了加息紧缩周期。

由此可见，虽然经济基本面趋势不会伴随金融市场波动而发生改变，但是基本面因素向金融市场行为的传导过程中，一个关键性的传输环节，即市场聚焦点，在起着重要作用。因此在准确把握基本面信息的前提下，也一定要了解市场目前的焦点预期是什么。

第一章

宏观经济基本面指标——通货膨胀

从学术角度而言，通货膨胀是一个较为复杂的概念。根据凯恩斯新古典经济学定义，通货膨胀内涵表现为宏观经济体中的总供求问题，日常经常被提及的物价上涨问题只是通货膨胀的表象之一。因此，单纯用物价上涨去描述甚至替代通货膨胀并不完全准确，而且导致物价上涨的原因也并非是单一的通货因素。总体来看，通货膨胀概念是一个比物价概念更为宽广、更为复杂的概念。

但是，单纯从债券市场投资者实用性角度出发，本书所探讨的通货膨胀问题可以具体化为物价变化问题。

第一节　各种价格类指标简介

在债券投资者的视野中，经常接触并密切关注的价格指标共计有五个：工业企业原料、燃料、动力购进价格指数（RMPI）；工业品出厂价格指数（PPI）；企业商品交易价格指数（CGPI）；商品零售价格指数（RPI），居民消费价格指数（CPI）。其中PPI和CPI是最受关注的指标。

从市场主流认识来看，市场普遍认为上述价格类指标存在一定的传导关系。即可以简单的描述为如下传导链："RMPI→PPI→CGPI→CPI（RPI）"，更为精简一些的形式则是"RMPI→PPI→CPI"。

如果从更为形象化的实体经济（行业）链条传递来看，即可以简单描述为："原材料成本→工业品（上中下游产品）成本→零售网络、流通环节成本→零售消费成本"。

在了解各类价格指标的关系前，有必要较为准确的理解各个价格指标的内涵。

一、工业企业原料、燃料、动力购进价格指数（RMPI）

1. 定义：原材料、燃料和动力购进价格指数是反映工业企业作为生产投入而从物资交易市场和能源、原材料生产企业购买原材料，燃料和动力产品时，所支付的价格水平变动趋势和程度的统计指标，是工业企业物质消耗成本中的价格变动影响的重要依据。

2. 产品调查覆盖范围：针对498种产品（899个规格）。上述代表产品所代表的行业销售额（购进额）超过当年全国（中国）工业品销售总额（购进额）的70%。

3. 指数分类构成：

（1）按照产品材料类别划分，可以划分为九类产品材料的价格变化，详细情况如下：

① 燃料动力材料：最大的构成品为原油。

② 黑色金属材料：主要构成产品为普通钢材、铁矿石、锰矿石。

③ 有色金属和电线材料：主要构成产品为铜、铝、铅、锌等。

④ 化工原料：主要构成产品包括有机化工原料（烷烃及其衍生物、烯烃及其衍生物）和无机化工原料（无机酸、无机碱、无机盐）。

⑤ 木材及纸浆：主要构成产品是木材原料。

⑥ 建筑材料及非金属矿。

⑦ 其他工业原材料及半成品类。

⑧ 农副产品类。

⑨ 纺织原料类。

（2）按照工业行业类别划分，可以划分为39个工业行业原料、燃料、动力购进价格指数，上述39个工业行业又可以进一步按照上、中、下游行业属性来进行分类。

在理解该价格指数的时候，需要注意：一是RMPI对于工业企业而言是一个成本概念；二是RMPI所代表的成本充斥于各个行业的成本之中，并非单纯集聚于上游行业，但是产业链中不同阶段的工业行业对RMPI构成产品材料的需求程度不同。

二、工业品出厂价格指数（PPI）

1. 定义：反映全部工业产品出厂价格总水平的变动趋势和程度的相对数。其中除包括工业企业售给商业、外贸、物资部门的产品外，还包括售给工业和其他部门的生产资料以及直接售给居民的生活消费品。

2. 产品调查覆盖范围：调查产品有4000多种，覆盖全部39个工业行业大类。

3. 指数分类构成：

（1）PPI指数构成可以划分为生产资料价格指数（约占全部PPI构成权重的

3/4）、生活资料价格指数（约占全部PPI构成权重的1/4）。详细情况如下：

① 生产资料类（占3/4权重）：

a. 采掘业产品（如原油、原煤）。

b. 原材料工业类产品（如化工产品中的聚苯乙烯、顺丁橡胶、涤纶长丝）。

c. 加工工业产品（如钢材）。

② 生活资料类（占1/4权重）：

a. 食品类产品（食品要素占据PPI的权重约为8%）。

b. 衣着类产品。

c. 一般日用品。

d. 耐用消费品。

（2）按照39个工业行业标准划分，可以划分为39个对应不同工业行业的价格指数。

在理解PPI价格指数时，需要注意的是：一是PPI对于每个工业行业而言，是收入概念，对应于RMPI的物质成本概念；二是每个行业的RMPI与PPI指数的“剪刀差”变化基本可以反映各行业的利润率变化。

三、商品零售价格指数（RPI）

1. 定义：反映一定时期内商品零售价格变动趋势和变动程度的相对数。

2. 调查产品覆盖范畴：食品、饮料烟酒、服装鞋帽、纺织品、中西药品、化妆品、书报杂志、文化体育用品、日用品、家用电器、首饰、燃料、建筑装潢材料、机电产品等十四个大类，国家规定的304种必报商品。

3. RPI与CPI的几个基本关系：

（1）RPI的覆盖范围最接近CPI，但是覆盖面要小于CPI。

（2）简单而言，RPI价格指数中剔除了服务类项目的价格。

（3）RPI主要反映流通环节的价格变化（服务项目是不具有流通可贸易性），CPI主要反映消费环节的价格变化。

（4）RPI与CPI具有高度相关性。但是一般情况下，CPI要高于RPI的变化，因为CPI项目中含有服务项目因素。

（5）CPI是一个含义更为广泛的指标，在某种程度上可以作为RPI的替代指标。

四、居民消费价格指数（CPI）

CPI指数是市场关注度最高的一个指标，从构成来看，我国的CPI指数由八大项、40余个一级子项目以及诸多纷繁复杂的次级子项目构成。合成CPI的各类商品占据总指数的权重笔者并不明晰，只能引用一些在市场中广为流传或被管理层在公开场合讲话中引用的数据作为分析参考。

从构成来看，我国CPI的商品构成可以进入如下类别划分：

1. 食品类：具体包括肉类、在外用餐食品（比如餐馆炒菜等）、菜、粮食、干鲜瓜果、水产品等。

2. 烟酒及用品类：具体包括烟草、酒类等。

3. 衣着类：具体包括服装、布料鞋帽以及加工服务等。

4. 家庭设备用品及维修服务类：具体包括耐用消费品（比如家具等）、家庭日用杂品（比如餐具、厨具类）等。

5. 医疗保健和个人用品类：具体包括医疗保健（比如药品、保健服务等）、个人用品及服务（比如化妆品、服务等）。

6. 交通和通信类：具体包括交通（比如家用轿车等交通工具以及交通费用等）、通信（比如通信工具以及服务等）。

7. 娱乐教育文化用品及服务类：具体包括教育（比如书本费、学杂费等）、文娱用品及服务（比如电视机等）等。

8. 居住类：具体包括水电燃料、建房装修材料、住房（比如房贷利率、物业管理维修费用等）、租房（租金价格等）。

第二节　CPI指数详细分析

CPI指数是上述价格指标体系中一个最为重要的指标，也是影响债券市场利率的一个关键要素，在本部分内容中，要对于CPI进行详细分析。在本部分分析中，主要分析如下内容：一是CPI的详细构成分析；二是CPI的短期预测方法（预测周期是次月或后期若干月份）；三是CPI的中期预测方式。

一、CPI的构成简介

由于我国CPI的成分构成是一个动态调整的过程，基本表现为“五年一大调整、每年微幅调整”，因此在本部分分析中，设定CPI构成分析的时期为2006～2010年，从2011年开始，国家统计局采用了新的权重。

一般情况下，对于CPI的分类构成有两个不同方式，一是倾向于将CPI内容划分为两大类，即按照食品类和非食品类来划分；二是倾向于将CPI内容划分为消费品内容和服务品内容。在多数情况下，市场分析思路更倾向于从前者入手。

（一）按照食品类和非食品类来划分CPI构成

按照2006～2010年年度时期的CPI构成情况来看，我国CPI构成的具体项目可以分为八大类，分别为食品（权重大约为32.79%）、烟酒及其用品（3.5%）、衣着（9.2%）、家庭设备用品及维修服务（6%）、医疗保健和个人用品（10%）、交通和通信（11%）、娱乐教育文化用品及服务（13%）、居住（15%）。

其中，食品大类占据CPI全部内容的权重为32.79%，其他七大类可归类为非食品项目，权重占比为67.21%。

从长期历史变化来看，引发我国CPI变化的主要因素为食品项目，因此市场分析重点常常集中在对各类食品价格走势的判断上。

1. 食品类别。食品大类项目下可划分为16个子类。按照影响CPI变化的权重大小，其主要子项目为：肉禽及其制品（7%，其中猪肉占比为3%）、在外用膳食品（6.5%）、菜（3.5%）、粮食（3%）、干鲜瓜果（2.5%）、水产品（2.3%），等等。值得关注的是，在我国CPI食品分项构成中，猪肉和蔬菜两个项目具有非常强的季节性规律，值得分析者细致研究。

2. 非食品类别。非食品类项目共计七大项，合计占全部CPI权重是67.21%。按照各类别项目在目前阶段的价格属性来看，各类非食品细项存在着市场化定价和行政化定价两类属性。其中存在价格管制现象的项目大致有如下几类：

① 烟酒及用品——烟草。

② 医疗保健和个人用品——医疗保健。

③ 交通和通信——交通——市区公共交通费。

④ 交通和通信——交通——城市间交通费。

⑤ 交通和通信——通信——通信服务。

⑥ 娱乐教育文化用品及服务——教育。

⑦ 娱乐教育文化用品及服务——旅游——旅行社收费。

⑧ 居住——自有住房。

⑨ 居住——水、电、燃料。

综合来看，存在价格管制的项目对于全部CPI的影响权重合计不低于1/3，即在行政化定价稳定的情况下，CPI构成中大约1/3的项目价格是保持稳定的。

对于市场化定价的非食品项目，其二级细项分类如下：

服装、耐用消费品、个人用品及服务、文娱用耐用消费品及服务、文化娱乐类、建房及装修材料，等等。

上述各个子项目对于CPI的影响权重基本都超过2%。在目前阶段，对于CPI中非食品类项目中具有上拉作用的项目主要是：耐用消费品、建房及装修材料。其他子项目在近些年来，基本上处于稳定或下行趋势通道中，因此长期以来非食品项目价格的稳定性是一个主流。

（二）按照消费品和服务品种项目划分

在我国CPI构成中，消费品项目的权重为77%，而服务类项目的权重为25%，在整体CPI构成中，能源价格的权重只在3%～4%。

二、从翘尾因素和新涨价因素对CPI的短期变化进行分析预测

在进行CPI短期（比如预测次月）测算过程中，一个较为通用的方式方法是将CPI的变化拆解为新涨价因素和翘尾因素。特别是在针对次月CPI进行预测时，按照翘尾因素和新涨价因素来进行拆解和定量测算是较为通行、也较为准确的一种方式。

（一）什么叫CPI的翘尾因素和新涨价因素

什么叫CPI的翘尾因素和新涨价因素呢？日常所接触到的CPI数据多为同比数据，其含义是指当前月份的物价总水平与上年同期的物价总水平的变化率。假如用P来表示综合物价水平，以2010年7月份的居民消费价格指数测算为例，则当月CPI的计算公式大致如下：

$$\mathrm{CPI}=\frac{P_{2010-7}}{P_{2009-7}}=\frac{P_{2010-7}}{P_{2010-6}}\times\frac{P_{2010-6}}{P_{2010-5}}\times\frac{P_{2010-5}}{P_{2010-4}}\times\cdots\times\frac{P_{2009-9}}{P_{2009-8}}\times\frac{P_{2009-8}}{P_{2009-7}}$$

从公式可以看出，CPI同比增长数据实际上是若干个月度环比增长数据的连乘积构成。上述若干个连乘因子可以划分为两类：第一类是完全成型于2009年期间；另一类则是发生在2010年期间，如此就可以划分为翘尾因素和新涨价因素。比如：

2010年7月份CPI增长的翘尾因素为：

$$\frac{P_{2009-12}}{P_{2009-11}}\times\frac{P_{2009-11}}{P_{2009-10}}\times\frac{P_{2009-10}}{P_{2009-9}}\times\frac{P_{2009-9}}{P_{2009-8}}\times\frac{P_{2009-8}}{P_{2009-7}}$$

2010年7月份CPI增长的新涨价因素为：

$$\frac{P_{2010-7}}{P_{2010-6}}\times\frac{P_{2010-6}}{P_{2010-5}}\times\frac{P_{2010-5}}{P_{2010-4}}\times\frac{P_{2010-4}}{P_{2010-3}}\times\frac{P_{2010-3}}{P_{2010-2}}\times\frac{P_{2010-2}}{P_{2010-1}}\times\frac{P_{2010-1}}{P_{2009-12}}$$

这样一来，2010年7月份CPI同比增长幅度就变成两部分：第一部分是2009年后5个月份的物价环比增长连乘积，我们称这部分内容为翘尾因素，因为这是完全由前一年度的物价变化状况而生成决定，在新一年度中是不可改变的因素；第二部分则是2010年前7个月份的物价环比连乘积，我们称这部分内容为新涨价因素，更多体现了新年度中物价的增长变化情况。

一般情况下，在新年度之初及上一年度之末，可以将新年度未来12个月每个月份的翘尾因素计算出来。这些数据所构成的曲线形态构成了新年度CPI同比变化的一部分基础内容。而剩下的工作就是在确定了翘尾因素的前提下，采用诸多不同的方式方法来预测新年度每个月份的新涨价因素。最终采取“翘尾因素×新涨价因素＝CPI同比增长幅度”的方式来预测新年度中每个月份CPI的同比变化数据。

举例来看，如表 3 – 1 – 1 显示的是 2009 年以来我国 CPI 的同比增长以及环比增长的情况：

表 3 – 1 – 1　　　　2009 年我国 CPI 指标变化

时　　期	CPI 同比（%）	CPI 环比（%）
2009 – 2 – 30	98.40	100.00
2009 – 3 – 31	98.80	99.70
2009 – 4 – 30	98.50	99.80
2009 – 5 – 31	98.60	99.70
2009 – 6 – 31	98.30	99.50
2009 – 7 – 31	98.20	100.00
2009 – 8 – 31	98.80	100.50
2009 – 9 – 30	99.20	100.40
2009 – 10 – 31	99.50	99.90
2009 – 11 – 30	100.60	100.30
2009 – 12 – 31	101.90	101.00
2010 – 1 – 31	101.50	100.60
2010 – 2 – 28	102.70	101.20
2010 – 3 – 31	102.40	99.30
2010 – 4 – 30	102.80	100.20
2010 – 5 – 31	103.10	99.90
2010 – 6 – 30	102.90	99.40
2010 – 7 – 31	103.30	100.40

资料来源：国家统计局 www.stats.gov.cn。

2010 年 7 月份的翘尾因素即为：100.50% × 100.40% × 99.90% × 100.30% × 101.00% = 102.1%，即 2010 年 7 月份的翘尾因素是 2.1%。2010 年 7 月份的新涨价因素即为：100.60% × 101.20% × 99.30% × 100.20% × 99.90% × 99.40% × 100.40% = 101.00%，即 2010 年 7 月份的新涨价因素为 1%。

这样合计构成了 2010 年 7 月份的 CPI 同比增长幅度是 102.1% × 101.00% = 103.12%，即 2010 年 7 月份的 CPI 同比增长幅度约为 3.12%。

需要注意的是，由于国家统计局在公布月度 CPI 同比增长幅度和环比增长幅度的时候均采取四舍五入原则对外发布数据，因此从累计结果来看，其环比连乘形式必然将测算误差放大，并产生了计算数据与官方公布数据之间存在差异。比如，2010年7月份的CPI同比增速的官方公布数据为3.30%，与上述计算的3.12%水平略有差异。

上述测算方式所适用的分析周期是在年初来测算未来新年度逐月CPI的变化情况。在未来各个月份的翘尾因素确定的情况下，主要的分析重点则落在对于新涨价因素的分析上。

（二）如何测算计量新年度逐月的新涨价因素

对于新年度未来12个月新涨价因素的判断方式主要有两种，这两个方法可以互为印证、互为比较，可以大致测算确定未来逐月新涨价因素。需要说明的是，测算新涨价因素的主要思想是“借鉴历史、预测未来”，因此不能强求各预测主体对于新涨价因素的预测一致性和预测精确性。

方法一：将历史各年度的新涨价因素变化形态列示，并观察其变化规律，形成大致认识。从历史情况来看，我国CPI每年度的新涨价幅度基本呈现“V”形变化态势（较为特殊的是2007年度）。这种变化态势和我国CPI构成项目（特别是食品项目）的季节性规律有很大关系。

在对新年度新涨价因素进行衡量测定中，需要“主观性”的将新年度和历史年份进行对比，“主观”预期新年度的宏观经济基本面状况类似于历史上哪一个年份，然后按照该历史年份的新涨价幅度来衡量新年度的新涨价因素。

如果预测者本身缺乏这种历史对比的能力，另一个较为简单的方式则是利用历史各年份的新涨价因素的平均增长状况来拟合替代新年度的新涨价幅度。

方法二：在利用上述历史类比法核定好CPI同比增长幅度后，可以倒推出新年度中每个月份CPI的环比增长，把上述环比增长情况与历史同期状况逐一比较分析，看看原有测算结果是否符合历史通常规律。

总体而言，方法一和方法二是互为印证、互为检验的一个测算体系，其最终预测结果的准确性主要依赖于预测者对于历史情况的掌握和对于未来宏观经济基本面的预期判断。因此，利用这种方式测算的新年度CPI同比的变化形态（走势）更为重要，即对于未来年度高点或低点的判断结论更值得关注，而具体到每个月度的绝对预测数值则显得相对次要。

如果站在更加微观的角度来看，例如，2010年7月末的时点来预测7月份CPI的同比变化（一般7月份的CPI官方数据要在8月中旬公布），则更倾向于按照如下方式来进行测算。

举例说明，站在2010年7月份末时点期来预测当月CPI同比增长幅度。按照同比等于环比连乘积的基本原理，会发现2010年7月份的CPI同比等于2009年8月一直到2010年7月份的各个环比（共计12项）连乘积。

站在2010年7月份末期，已知的因素是2009年8月一直到2010年6月份的环

比（共计 11 项）连乘积结果，唯一的一个未知项目就是 2010 年 7 月份 CPI 的环比数据。因此，预测 2010 年 7 月份 CPI 同比就转化为单纯预测当月的环比增长问题。

如何较为准确地预测当月 CPI 环比数据的变化，遵循如下基本思路：即分别测算 CPI 中食品项目与非食品项目的环比变化。

1. 非食品项目环比变化情况测算。从历史长期情况来看，CPI 中非食品项目的同比变化是较为平稳的，2001 年 1 月～2010 年 7 月份共计 115 个月份的历史情况显示，非食品项目的同比变化数据在（－2.1%，2.1%）区间内波动，其中有两个时期（共计 32 个月份）出现过非食品项目同比增速为负的情况。第一次发生在 2001 年 9 月份到 2003 年 4 月份（20 个月），第二次发生在 2008 年 12 月份到 2009 年 11 月份（12 个月）。上述两个历史时期均对应较为明显的经济衰退（或经济衰退的"后遗症"）以及通货紧缩。

此外 83 个月份中，CPI 非食品项目的同比数据均为正数，平均（不计算两次通货紧缩时期）同比增长幅度为 1.1%～1.2%，如果考察所有的 115 个月份，CPI 非食品项目的同比变化的平均增幅为 0.5%～0.6%。

CPI 非食品项目同比数据较具趋势性的上行时期共计有三次：

第一次发生在 2002 年 11 月份到 2004 年 10 月份，CPI 非食品项目同比从－1.0% 上行到 1.50%，如果细致划分，可进一步划分为两个子阶段（按照历史平均增幅为界限）。2002 年 11 月份到 2003 年 12 月份上涨的主要体现为经历通货紧缩冲击后的价格恢复性上涨，难以说具有通货膨胀特征。2004 年 1 月份到 2004 年 10 月份的上涨则是超越平均增幅水平的上涨，从 0.5% 上涨到 1.50%，结合 2004 年宏观经济的整体特征，应该说这个子阶段的上涨具备了一些通货膨胀的特征。

第二次发生在 2007 年 7 月份到 2008 年 8 月份，CPI 非食品项目同比从 1% 附近上行到 2.1%，结合 2007～2008 年的宏观经济基本面特征可以认定，该时期非食品价格的上涨具有通货膨胀特征。

第三次发生在 2009 年 7 月份到 2010 年 5 月份，CPI 非食品项目同比从－2.10% 上涨到 1.60% 并开始趋于稳定。结合 2008～2009 年宏观经济的整体特征，初步判断这个子阶段的上涨尚属于通货紧缩后的恢复性上涨。

从历史数据的观察可以发现，在 CPI 非食品项目同比正增长的时期，同比增幅多数保持在 1%～1.3% 的水平稳定增长，而另一个稍高的整理平台则 1.60% 附近。上述经验数据是进行 CPI 非食品项目环比测算的基本约束条件，而在 CPI 非食品项目同比增长超越 1.60% 后则需要警惕通货膨胀的风险。

再来观察 CPI 非食品项目环比数据的历史变化，2001～2009 年历史显示，非食品项目在一年中的环比变化也具有很强的季节性特征。其中，在 3 月、6 月、11 月份其环比增长多居于低位水平，而 2 月、4 月、7 月、9 月份则处于相对高位。115 个统计月份的情况显示，非食品项目的月度环比增速基本处于（－0.4%，0.4%）区间内，如果将统计区间更加收敛一些来看待，则居于（－0.2%，0.2%）的概率最高。

从经验性判断来看，非食品项目月度环比增长超过0.3%的概率是很少的。

参考历史上各个月份的环比平均值来判断当月CPI非食品项目的环比增速，并利用所测算出的同比增长数据约束检验印证，是测算CPI非食品项目价格增长的主要方法。

如果预测者希望对于当月CPI非食品项目数据的测算更加具备现实依据性，则不妨参考商务部每周公布的生产资料价格指数的变化情况，来近似推导当月CPI非食品项目的环比增长。

能够反映CPI非食品项目环比变化的高频性指标：一是商务部每周定期公布的生产资料价格指数；二是描述国际大宗商品价格变化的综合指标——CRB指数；三是国家统计局每半月发布一次的部分重点企业主要工业品出厂价格变动情况。

需要格外注意的是，上述高频价格指数均难以反映CPI非食品项目中的住房类价格变动情况。

2. 食品项目环比变化分析测算。从历史变化来看，构成我国CPI变化的主要因素来自于食品项目，因此食品项目价格环比变化是市场分析与预测的重点。

在现实市场分析中，各类研究机构倾向于利用商务部每周公布的“全国36个大中城市重点监测的食用农产品价格指数”去近似代替统计局的食品项目价格变化。应该说到目前为止最为及时、也相对准确的反映统计局CPI食品项目变化的前瞻性、高频性（每周都有）指标也确以商务部食品价格指数为最。

另外，需要提及的是商务部食用农产品价格指数中所含有的某些项目（比如蔬菜、肉类）的价格均为批发价格，这和CPI中所反映的零售价格是具有一定差异的。而从2009年3月份以来，为了应对国际金融危机的影响，及时、准确的反映我国主要农产品价格、主要工业品出厂价格和主要食品价格变动情况，国家统计局启动了“价格调查应急机制”在全国部分地区和城市增加了主要农产品价格、主要工业品出厂价格和大中城市主要食品价格调查。其中，主要农产品价格调查的是全国200个农产品主产县集贸市场的15种农产品交易价格；主要工业品出厂价格调查的是分布在20个省（区、市）的313家工业企业的22种工业品的出厂价格；大中城市主要食品价格调查的是全国50个大中城市的29种与居民生活密切相关的食品价格。

在上述一系列高频价格指数中，和CPI密切相关的是“50个城市主要食品平均价格变动情况”，该数据每月按旬发布三次，体现的主要是零售价格，因此从属性上与CPI中的食品零售价格更为相近，虽然发布时间不长，但是值得关注。

到目前为止，能够在一定程度上模拟CPI食品项目价格变化的高频指标主要有：

（1）农业部发布的“农产品批发价格总指数”和“菜篮子产品批发价格指数”（频率为每日）。

（2）商务部发布的“食用农产品价格指数”（频率为每周）。

（3）统计局发布的“50个城市主要食品平均价格变动情况”（频率为每旬）。

（4）联合国粮农组织发布的食品价格指数（频率为每月）。

（5）新华社全国农副产品和农资价格行情系统监测（频率为每日）。

多个指标之间可以相互印证，力求精确反映 CPI 食品项目的价格变化。

利用商务部食用农产品价格指数月度变化数据去替代统计局 CPI 食品项目月度价格变化时，有如下几个问题需要注意：

① 相似替代并不等于完全吻合，因此在运用商务部数据替代统计局数据过程中，需要详细分析历史上商务部数据与统计局数据的差异，要用历史平均差异去调整当月商务部数据，以求替代统计局数据时所产生的误差最小化。

② 把当月食品项目的环比变化情况和历史同期比较，相互印证。

③ 详细分析每个月商务部食品价格指数中不同分项的变化，观察商务部指数中变化最大或最小的项目对应 CPI 中各类食品项目的权重如何。一般情况下，占据 CPI 权重较大项目的变化越大，可能导致两个价格指数的误差越大，需要做一些定性调整。

④ 需要提示的是，我国 CPI 的统计周期一般是从上月的 26 日开始，调查统计到本月的 25 日。因此在利用其他高频指标拟合当月 CPI 波动中，要从技术上考虑到这种统计周期的差异。一般情况下，在物价数据平稳变化中，这种统计周期的错位对于高频数据的拟合效果影响不大，但是在价格急剧波动情况下，利用高频数据拟合的 CPI 数据可能存在方向性差异。例如 2011 年 1 月份和 2 月份 CPI 数据[①]。

总体来看，在这个模拟过程中，不可避免地要发挥一些主观能动性，其最终核定的数据势必带有一些主观色彩，因此预测者必须要对历史数据进行反复对比分析，以求尽量提高预测的准确度。

3. 按照 CPI 权重来计算当月 CPI 同比增长幅度。当计算出所谓的“翘尾因素”（比如前 11 个月环比数据的连乘积）以及新涨价因素（当月环比的模拟值）后，可以方便的合成市场普遍关注的当月 CPI 同比增长数据。按照如下步骤测算当月 CPI 的同比增长幅度：

（1）食品项目累计环比连乘积 × 当月食品项目环比 = 食品项目同比。

（2）非食品项目累计环比连乘积 × 当月非食品项目环比 = 非食品项目同比。

（3）食品项目同比 × 32.79% + 非食品项目同比 × 67.21% = CPI 同比。

从上述测算方式介绍来看，会发现在对食品与非食品项目的环比测算过程中存在着不少的主观判断环节，这是造成误差出现的一个关键因素。投资分析者无法消除这种误差的产生，唯一可以降低这种误差的方式方法就是认真仔细的研究历史数据的变化规律，并结合目前的宏观经济基本面状况进行总结、修正。

另外，在进行次月 CPI 同比预测中，有一个现象值得关注，在物价绝对水平发生

① 2011 年春节期间的物价变动主要呈现期在 1 月底 2 月初，因此统计周期错位对于 1 月份和 2 月份的 CPI 环比形成了较为显著的影响。

转折的月度中，比如春节后次月（较为典型的例子是在2011年2月份），要结合上月物价上涨的节奏来预测2月份的环比。由于1月份的价格上涨基本都是发生在月末，因此2月份依然会发生整体均价高于1月份，即价格环比为正的情况，不能想当然的认为2月份是春节过后的月份，价格环比一定为负。

（三）相对领先、高频的环比提示指标介绍

在上述CPI指标的预测方法介绍中，经常会用到一些相对领先的价格指数，其中对于CPI食品项目而言，最主要的价格领先指标是商务部食品价格指数，对于CPI非食品项目以及PPI而言，最主要的价格领先指标是商务部生产资料价格指数。

商务部定期发布的食品价格指数始发于2006年3月份，该指数每周二定时发布。该指数选择八大类食用农产品：粮食、食用油、肉类、禽类、蛋类、蔬菜、水产品、水果。价格数据以商务部生活必需品市场监测系统所监测数据为准，该系统现有商务部监测样本企业近4000家，包括农副产品批发市场和大型超市，覆盖全国36个大中城市，具有较强的行业和地区代表性。常态情况下实行周报，即每周一上午报送上周的食用农产品市场价格情况。

指数计算采用加权平均法，根据不同食用农产品消费量的比重，分别确定“类权数”和代表性商品的“商品权数”。权数的确定主要以国家统计局发布的有关数据为参考依据（实际可能存在差异），首先确定居民对八大类食用农产品的总消费量；然后计算每一大类食用农产品的消费量占总消费量的比重；最后计算各类食用农产品中每种商品的消费量占该类食用农产品消费量的比重。

在运用该指数测算月度食品价格变化过程时，需要将每月四周的食品价格指数进行简单平均，以此平均指数作为当月的基准平均指数，并与上月食品价格平均指数做比较，测算商务部食品价格指数的月度变化。

分析一下2006年4月到2010年7月份期间，商务部食用农产品价格指数变化与国家统计局食品项目环比的变化情况。

2006年4月份~2010年7月份共计52个历史对比月份，绝对多数时期国家统计局发布的食品价格环比变化与商务部发布的食品价格环比变化基本吻合。但是其中存在7个样本点出现了走势相悖情况，分别是：2006年6月、2007年9月、2008年1月、2009年2月、2009年6月、2009年7月、2010年2月。

这7个走势相悖的表征并不一致，其中2007年9月、2009年2月、2009年7月三个时点出现的是相异方向。比如2007年9月份，商务部食品价格指数揭示的环比变化方向是下降（负增长），而国家统计局所公布的食品项目环比变化为正向增长，这种变化方向的相异事件较为罕见，所造成的误差是较为明显的。

2006年6月、2008年1月、2009年6月、2010年2月这四个历史时期，虽然统计局数据与商务部数据所揭示的环比变化方向一致（即同为正或负），但是相对于前一个时期，其增减变化的幅度相悖。比如，2006年5~6月份，国家统计局公布的食

品项目环比增速分别为 -0.6% 和 -1.4%，体现为食品价格的下跌幅度加大，但是同期商务部指数所揭示的环比增速却是 -2.7% 和 -1.04%，体现为食品价格的下跌幅度趋缓。这对于参照前期价格变化幅度而核定本期价格变化幅度的传统思路造成严重干扰。

如图 3-1-1 所示，在历史 52 个样本点数据中，其中有 24 个时期商务部食品价格指数与统计局食品项目指数是同时表现为环比负增长的，这 24 个环比“双负”时期中有 16 个时期表现为商务部食品价格指数的环比降幅要明显超越国家统计局公布的食品环比降幅，平均超越幅度为 0.8%。即在食品价格下跌的多数时期中，商务部数据体现的波动性比国家统计局数据的波动性更大一些。

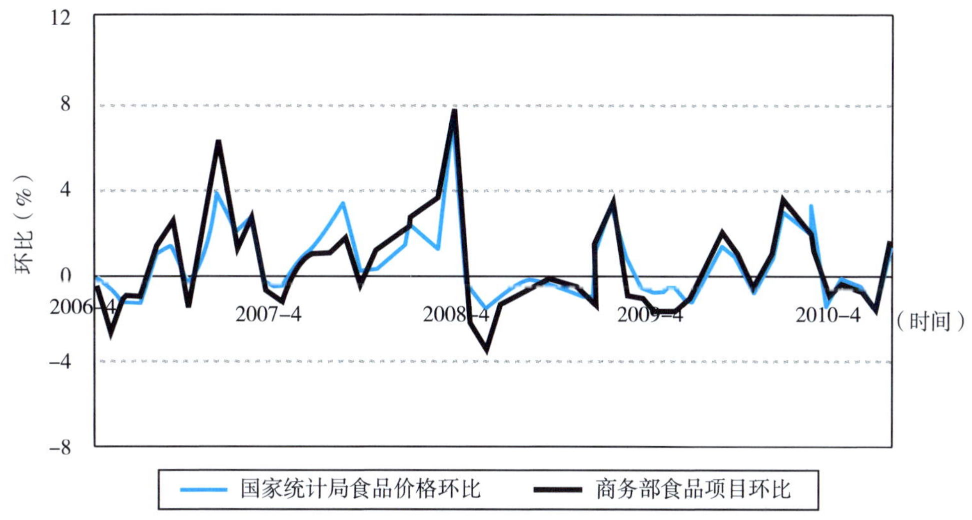

图 3-1-1　国家统计局与商务部食品项目环比走势对比

资料来源：国家统计局 www.stats.gov.cn；商务部 cif.mofcom.gov.cn。

在所有历史样本中，有 24 个时期商务部食品价格指数与统计局食品项目指数同时表现为环比正向增长，在这 24 个环比正向增长时期中，有 14 个时期体现为商务部指数的环比增幅要明显大于统计局指数的环比增幅，平均高出幅度为 0.90% ~1.0%。

综合上述情况，可以发现，国家统计局所公布的 CPI 食品变化幅度相对于商务部食品价格指数的变化具有“难涨难跌”的特征，特别是“难跌”的特征更为显著。

另外，观察还可以发现，在 2007 年 1 ~8 月份期间（剔除 3 ~4 月份的价格回落时期），集中体现为国家统计局公布的食品项目环比增长幅度要明显高于商务部食品价格指数所揭示的环比增长幅度，而该时期正好与我国猪肉价格的急速上涨时期①相吻合。

① 2007 年 1 ~8 月份我国鲜猪肉批发价格从 13.70 元/公斤快速上涨到 8 月份的 20.22 元/公斤，是我国近年来猪肉价格上涨速度最快的时期。

因此有理由怀疑，商务部食品价格指数构成中的猪肉品种权重要低于国家统计局CPI食品项目中的构成权重。在猪肉、蔬菜（上述两个项目在CPI构成中的权重都比较大）集中快速上涨时期，很可能出现国家统计局CPI食品项目环比增长幅度超越商务部食品价格指数环比上涨幅度的情况。

在利用商务部食品价格指数变化预测统计局食品项目环比变化过程中，这些基本特征应有所体现。

需要提醒的是，从2010年10月份开始，商务部停止发布食用农产品价格指数，但是依然公布八大类食品项目当中的价格环比变化情况以及各个食品细项的绝对价格水平，很多市场研究机构借助于历史上“食用农产品价格指数”与“八大类食品价格周环比数据”，自发的拟合出了构成商务部“食用农产品价格指数”的八大类食品权重占比，进而根据每周八大类食品项目环比数据自发测算每周的食用农产品价格指数。

三、从中周期角度来定性衡量CPI的变化趋势

上面介绍的是从“翘尾”与“新涨价”角度来衡量预测CPI的变化，这属于中短期预测范畴，虽然准确度较高，但是难免具有“一叶障目，不见森林”的感觉，可以说上述的计算预测过程无异于一种单纯的数字游戏。因此，凡是希望从理论结合实践角度出发的研究者无不倾向于从决定通货膨胀率的实体经济角度来把握物价变化的方向与未来。

从理论角度来衡量一下，CPI的变化究竟是什么决定的，从目前较为流行的理论来看，有人认为货币量是决定物价的主要因素（统称持此类看法的人为货币派，中国人民银行无疑是一个重要代表）；有人认为实体经济供需状况（即所谓的供需缺口）是决定物价变动的关键因素（统称持此类看法的人为供求派或称为凯恩斯派）；还有人认为市场预期在很大程度上影响了物价的后期实际变化（统称持此类看法的人为预期派）。

（一）从货币派角度来看待CPI的变化

从货币主义角度出发，通常认为物价上涨（或称通货膨胀）现象是一种货币现象，过多的货币追逐相对少的商品，必然将导致物价上涨。这一观点特别为各国中央银行所认同，持此观点的人认为适当控制货币数量是对抗或治理通货膨胀或通货紧缩的重要手段。基于此看法，从货币供应角度对于CPI的中期趋势做出判断是较为流行的一种方式。

1. 狭义货币供应量和CPI同比的变化关系。考察1996年以来狭义货币供应量指标M1同比与CPI同比的变化关系，可以直观上发现2000年以来M1的顶点或底点一般要领先于CPI的顶点或底点，如图3－1－2所示。

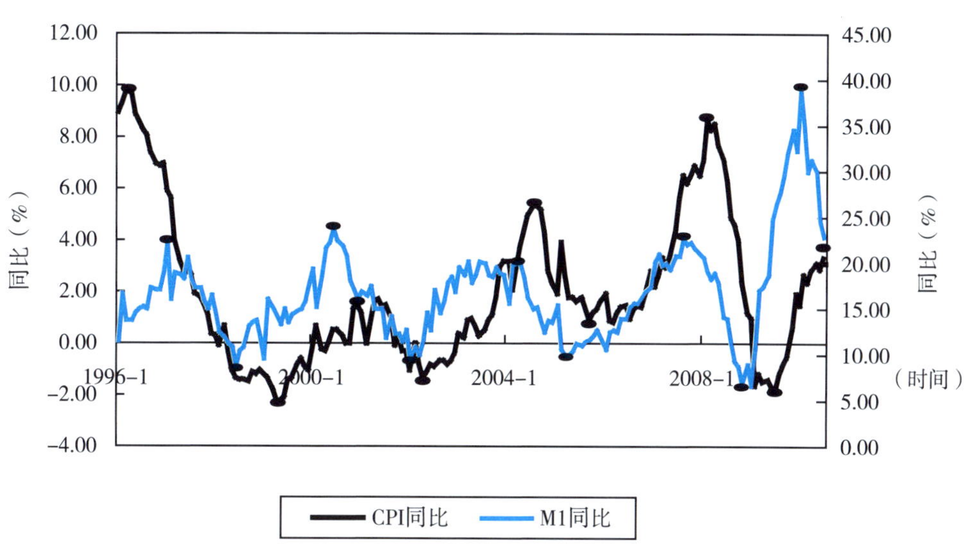

图 3-1-2　狭义货币供应量和物价指数关系

资料来源：国家统计局 www.stats.gov.cn；中国人民银行 www.pbc.gov.cn。

如果我们细致划分 1996 年以来 M1 和 CPI 的关系，则发现两者之间的关系确实密切，如表 3-1-2 所示。

表 3-1-2　　M1 与 CPI 相互时滞关系一览

M1 极点	CPI 极点	时滞	性质
1996.4	1997.1	10 个月	顶
1998.6	1999.6	12 个月	底
2000.6	2001.5	11 个月	顶
2002.1	2002.5	5 个月	底
2004.4	2004.9	6 个月	顶
2005.5	2006.3	11 个月	底
2007.8	2008.2	7 个月	顶
2008.11	2009.7	9 个月	底
2010.1	2010.11	11 个月	顶

资料来源：国家统计局 www.stats.gov.cn；中国人民银行 www.pbc.gov.cn。

有两条经验数据可以总结：第一，M1 极点与 CPI 极点形成的时间间隔并没有很强的规律性，前者领先后者的时滞短则 5 个月，长则 12 个月；第二，M1 同比创出的高度与其后引发 CPI 同比达到的高度并没有正相关性，即本轮 M1 的高点超越前次，并不意味着本轮物价的高点也必然超越前次，因为不同时期，实体经济对于货币的容量、可吸纳程度是不同的。

如此看来，利用 M1 作为前瞻性指标去预测未来 CPI 的极点达到时期是具有可参考性的，比如参照历史上 5~12 个月的时滞经验周期。但是，企图利用 M1 的数据来预测 CPI 未来的高度则具有很大的不确定性，这样看来，货币主义在预测 CPI 的周期上具有可参考性，但是对于预测 CPI 的幅度则具有不确定性。

2. 广义货币供应量和 CPI 同比的变化关系。相比 M1 和 CPI 的关系，M2 与 CPI 的关系显得更加不确定。从 1996 年以来两者变化关系来看，无论从相互时点还是从相互幅度来看，两者的联系都是较为模糊的。因此，利用 M2 的变化来预测 CPI 的变化方向以及变化幅度难度更高，更加不确定。如图 3-1-3 所示。

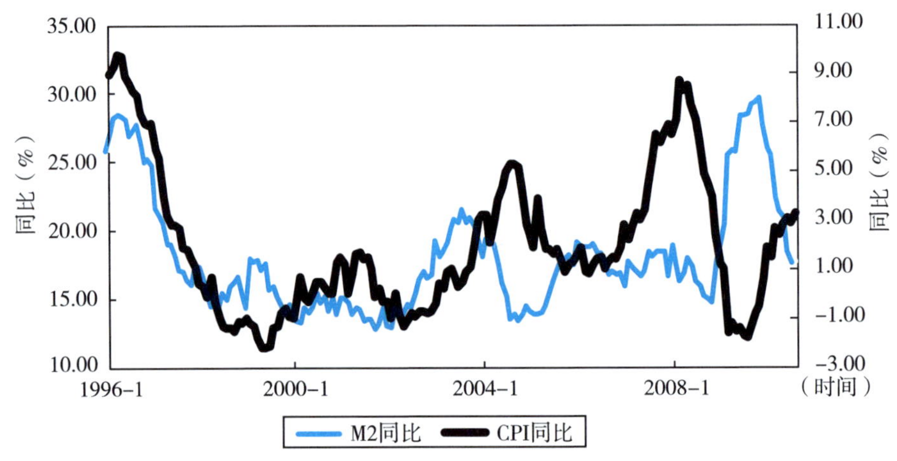

图 3-1-3 广义货币供应量和物价变化关系

资料来源：国家统计局 www.stats.gov.cn；中国人民银行 www.pbc.gov.cn。

之所以很多人会利用 M2 来判断 CPI，一个重要的原因是市场分析对于 M2 变化的把握程度要高于对 M1 的预测把握程度。

因此结合 M1、M2 以及 CPI 的相互关系来看，一个在实用中更为有效的预测传导路径是："M2→M1→CPI"。而且从长期的历史关系来看，M2 与 M1 的变化趋势基本相同，这个更加验证了上述传递关系的可行性。如图 3-1-4 所示。

3. 从基础货币与货币乘数角度来研究货币供应量与 CPI 的关系。从货币供应量的构成角度来看，货币供应量是由基础货币与货币乘数共同决定，我们常常会发现这样一种现象，即在货币供应量走高的时期，并没有引发物价的走高，这在 2009 年美国经济变化中是一个较为有趣的现象。货币供应量的走高之所以没有如预期般的引发物价的上涨，原因在于货币的流转速度受到压抑。

观察 2001 年以来中国每个季度 CPI 变化与基础货币以及货币乘数的变化关系，可以发现如下一些较为有趣的现象：

（1）基础货币的同比变化和 CPI 的同比变化高度相关。

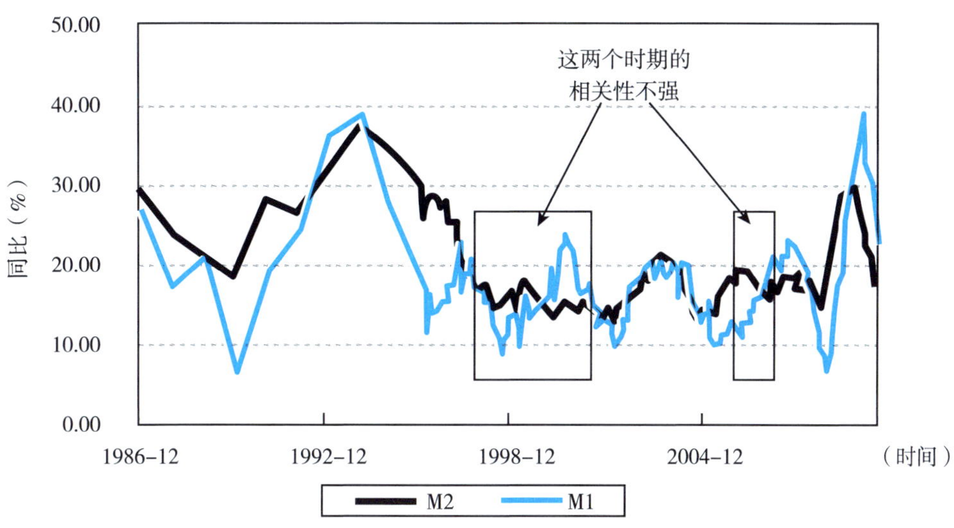

图 3－1－4　M_1 与 M_2 变化关系一览

资料来源：中国人民银行 www. pbc. gov. cn。

我们考察了 2001 年以来每个季度 CPI 均值以及基础货币每季度末期同比增幅的变化，发现两者之间具有很强的相关性。如图 3－1－5 所示。

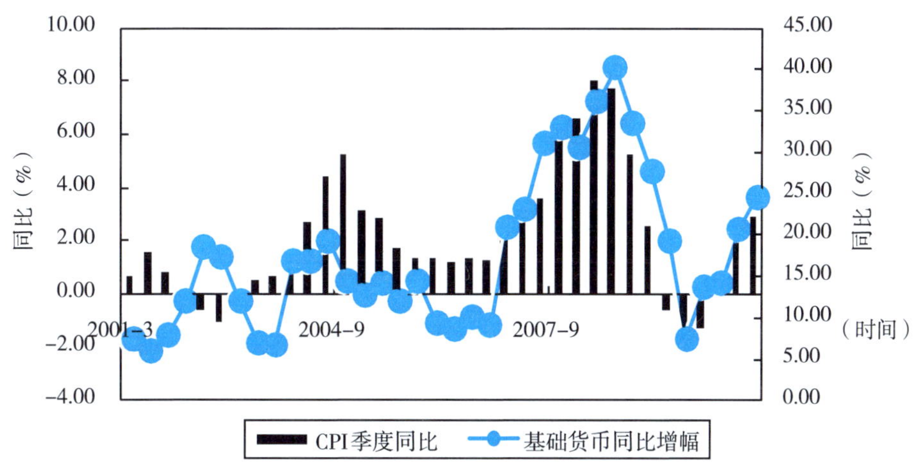

图 3－1－5　CPI 与基础货币变化比较一览

资料来源：国家统计局 www. stats. gov. cn；中国人民银行 www. pbc. gov. cn。

从图 3－1－5 可看出，2003 年以来，我国经历过两次较为明显的物价上涨（分别为 2004 年和 2007 年），在物价走高的同期基本伴随了基础货币同比增幅的明显走高，两者不仅在方向上能够相互印证，而且从变化幅度而言，基础货币的对 CPI 的解释力度也似乎高于 M1 指标。

因此，从历史经验来看，如果能够较为准确地把握未来基础货币的变化趋势，则也应当能够较为准确地把握 CPI 的变化方向。

而影响我国基础货币变化的渠道较为有限，主要是公开市场操作、外汇占款以及财政性占款因素。因此，从技术角度来看，预测基础货币变化趋势的难度相对可控，因此该传导路径："基础货币同比增速→CPI同比增速"是一个相对可行的方式。

（2）货币乘数和CPI同比变化的关系相对模糊。

相比于基础货币和CPI的高度相关性而言，货币乘数与CPI的关系相对模糊，两者之间缺乏明显的关联性，如图3－1－6所示。

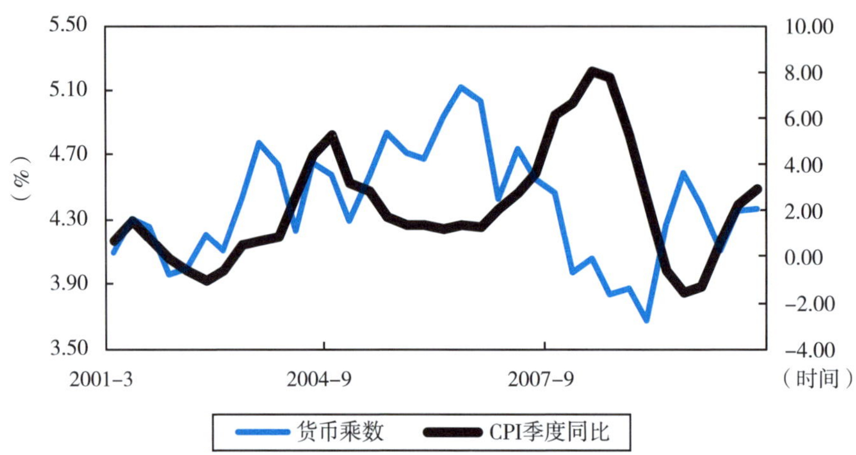

图3－1－6　CPI与货币乘数变化比较一览

资料来源：国家统计局 www. stats. gov. cn；中国人民银行 www. pbc. gov. cn。

单纯的比较货币乘数和CPI的关系从理论层面来看并不顺畅的，更为合理的观察指标是观察货币乘数的同比变化与CPI同比的关系，如图3－1－7所示。

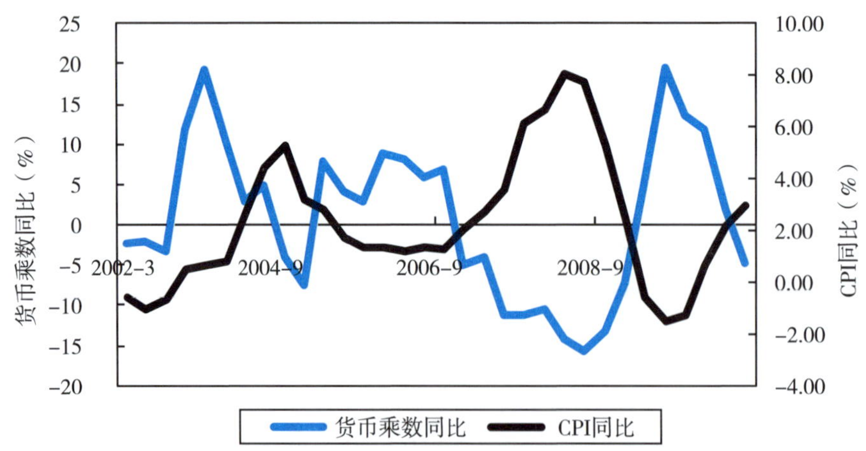

图3－1－7　货币乘数同比与CPI同比的相关度一览

资料来源：国家统计局 www. stats. gov. cn；中国人民银行 www. pbc. gov. cn。

从这图 3－1－7 来看，CPI 与货币乘数同比之间具有较强的负相关性。从常理而言，货币乘数走高，意味着社会资金流转速度加快，应该对应了经济向好，CPI 具有走高的压力，但是实际情况却相反。结合基础货币与 CPI 的变化，遵循货币供应量影响 CPI 的基本原理，我们可以得出如下结论：CPI 的走高是货币供应量所催生，在决定货币供应量的两大因素中，基础货币的变化起到决定性的作用，货币乘数对 CPI 的推动效应相对次要。图 3－1－8 揭示了广义货币供应量构成要素之间的相对关系。

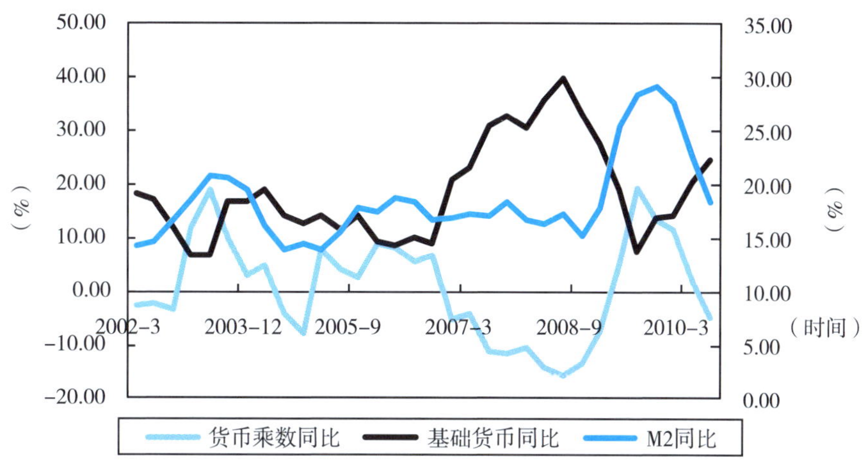

图 3－1－8 广义货币供应量构成要素相对关系

资料来源：中国人民银行 www. pbc. gov. cn。

4. 储蓄增速和 CPI 变化的关系更为显著。从口径归属来看，影响 CPI 的主要货币成分来自于居民储蓄存款的变化（“居民消费价格”应该受到“居民储蓄资金”的影响），而且从历史经验来看，1988 年我国面对剧烈的通货膨胀冲击中，中央政府在系列配套调控措施中采用了提高利率，将居民储蓄存款保持于银行体系的做法，对于居民储蓄这一“出笼猛虎”进行了有效的控制，也取得了较为明显的效果。因此，从传导意义上来看，居民储蓄存款的增长变化应该领先于 CPI 的变化。

从逻辑上看，当居民储蓄大量流出银行体系（表现为居民储蓄的同比增长速度下行）过程中，理应伴随 CPI 同比的走高，而当居民储蓄同比增长速度提高过程中，伴随 CPI 同比增长速度的回落。两者间具有较为明显的负相关性，而且储蓄资金同比的变化应该领先于 CPI 同比的变化。

如图 3－1－9 所示，1999 年以来的统计数据显示，2000 年 5 月份储蓄增速的低点对应了 2001 年 5 月份 CPI 的高点、2007 年 11 月份储蓄增速的低点对应了 2008 年 2 月份 CPI 的高点、2009 年 1 月份储蓄增速的高点对应了 2009 年 7 月份 CPI 的低点。

从上述三次对应关系来看，储蓄增长的极点位置出现分别领先于 CPI 极点位置出

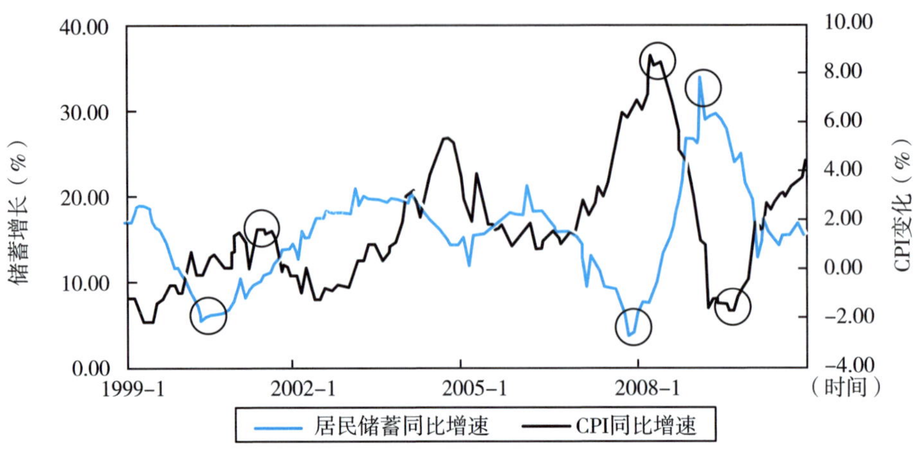

图3－1－9 居民储蓄存款变化和CPI变化一览

资料来源：国家统计局 www.stats.gov.cn；中国人民银行 www.pbc.gov.cn。

现的时期分别为11个月、3个月和6个月。

需要注意的则是，在我国金融市场发展不断丰富化过程中，导致储蓄资金流出银行体系的因素也在发生变化，特别是近些年来，储蓄资金出笼的归属地多转化到了股票市场中（即储蓄资金的减少可能对应了金融机构存款的增加）。因此，储蓄存款增速与CPI的对应关系有可能日渐模糊化，所以这个方式对于CPI极点位置的前瞻预测性准确度值得商榷，需要结合目前的股票市场进行分析研究。

5. 从货币的属性来理解流动性对于CPI的影响——“准货币”对于CPI的影响显著。上文分别考察了CPI和M1、M2以及储蓄存款的变化关系，可以大致得出一个基本的概念，即货币可以作为影响CPI的一个关键因素。但是，不同性质的货币对于CPI的影响力是不同的，M1对于CPI的解释力度要明显强于其他两个因素。

这种区别要从货币的职能角度来理解。根据凯恩斯经济学的流动性偏好理论来看，人们持有货币的需求有三种动机，分别为交易动机、谨慎动机以及投机动机。上述三种动机对应了货币的基本职能。其中，货币的两个最基本职能就是作为流通手段和（财富）贮藏手段，前者和交易动机以及投机动机密切相关，后者与谨慎预防动机密切相关。从货币划分角度而言，前者的代表性品种即为M1，后者的代表性品种即为“准货币”（包含上述所分析的储蓄资金）。

从定性角度来看，造成CPI上涨的主要推动力来自于社会公众交易性动机以及投机性动机的增强，即表现为M1的快速扩张，在M2保持稳定的背景下，这势必对应着“准货币”的萎缩。这可以解释M2对于CPI的解释力度为什么不如M1强以及储蓄资金的变化为什么和CPI是反向的。

因此，在分析货币因素对CPI的影响过程中，不仅要分析总量性因素——M2的变化对于CPI的影响，还要关注结构性因素——M2中M1与“准货币”的相对变化。即便M2高企，但是如果构成其扩张的主要因素为“准货币”，可能依然不构成货币推动物价上行的主要动力。

从传导原理来看，“准货币”同比增速的底部应该对应着 CPI 的顶部（当货币需求的预防性动机开始升温，货币作为贮藏手段的职能开始显现时，可能意味着通货膨胀将即将走到顶端），反之，“准货币”同比增速的顶部应该对应着 CPI 的底部，如图3－1－10所示。

图 3－1－10　准货币同比增速与 CPI 的相关性分析

资料来源：国家统计局 www. stats. gov. cn；中国人民银行 www. pbc. gov. cn。

从上图可以直观地观察到：

（1）2004 年 8 月“准货币”见底，2004 年 8 月 CPI 见顶，两者几乎没有时滞。

（2）2006 年 1 月“准货币”见顶，2006 年 3 月 CPI 见底，时滞为 2 个月。

（3）2007 年 1 月“准货币”见底，但是随后一段时期的走向不明，最终确立见底可视为 2007 年 12 月份，2008 年 2 月 CPI 见顶，时滞 2 个月。

（4）2009 年 4 月“准货币”见顶，2009 年 7 月 CPI 见底，时滞大约 3 个月。

（5）2010 年 7 月份“准货币”见底，2010 年 11 月份 CPI 见顶，时滞大约 4 个月。

从上述观察可以得到的历史经验是，如果能够确认准货币见顶（或底），那么在很大概率上可以确定在未来 3 个月左右的时间内 CPI 可能见底（或顶）。

综合来看，笔者认为在认识货币与物价的关系中，需要着重考察的是 M1 与 CPI 的关系，以及“准货币”与 CPI 的关系，这种货币分析方式虽然不能从定量角度来衡量 CPI 未来将可能上涨或下跌的幅度有多大（因为伴随经济规模的扩大，经济可投资领域的拓宽，同量的货币未必能够激发起同样的物价涨幅，其他经济领域对货币吸收的能力在不断扩大），但是可以从时滞角度来大致衡量未来 CPI 见顶或见底的时间，这也许就是货币学派预测通货膨胀的最大贡献点（预测拐点变化比预测变化幅度更加有效）。

拓展一下，从准货币与CPI的关系可以反证出中国利率政策对于通货膨胀的抑制作用究竟有多大，这个直接的传导链条就是："利率上行→'准货币'增加→导致CPI回落"。但是这一个传导链条的核心在于加息是否能够导致"准货币"的增加，比如在2007年中，连续的加息并没有有限地提升"准货币"的增速，在1～12月份期间，"准货币"增速始终在低位徘徊（虽然没有再度创出新低），因为在此期间，"准货币"能否有效提高还要依赖于股票、楼市等相关市场的表现，如果其他可投资领域处于相对过热时期，则存款利率的提高难以起到"收回出笼猛虎"的作用。

因此，利率政策能否有效地提高"准货币"增速，并控制通货膨胀，需要考虑到经济增长的热度。2007年经济增长的热度不退（经济过热的直观表现是股票、房地产市场的大幅度上涨），在很大程度上影响了利率政策对于通货膨胀的抑制效果。

（二）从实体经济供需角度来看待CPI的变化

从货币角度来理解物价的变化是目前一个较为主流的途径，但是在对物价的理解中同样也不可忽视经济学中对通货膨胀更为基础的理论论述，即从实体经济供求角度来理解物价的变化。这种分析路径的内在逻辑主要是认为经济增长是物价增长变化的先行指标。

1. GDP同比和CPI同比的关系。如果考察1985以来我国GDP增速与CPI增速（从年度周期考察，同比和环比概念无差异）的对比关系，可以发现两者在趋势上具有较为高度的相关性。如图3－1－11所示。

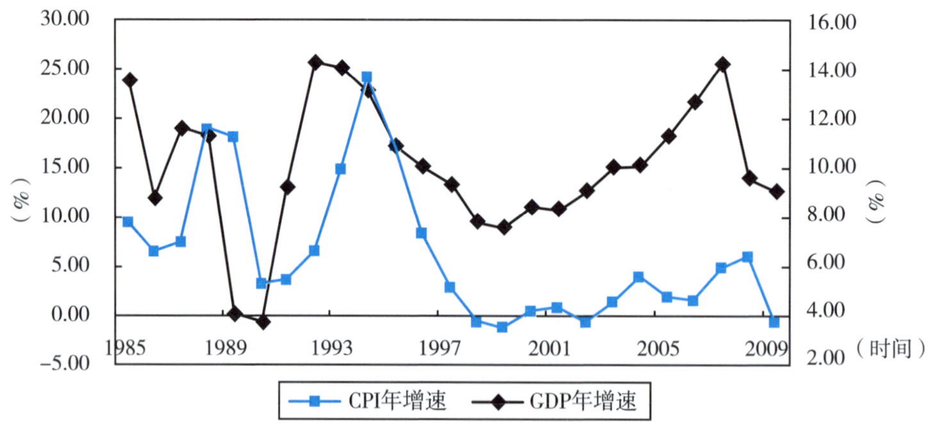

图3－1－11 GDP与CPI关系一览

资料来源：国家统计局 www.stats.gov.cn。

从时间传递来看，CPI走势的高点或低点要滞后于GDP，1998～2010年从GDP与CPI变化来看，共计产生了8个极点转折；从前后GDP与CPI的联动来看，GDP一般是领先于CPI变化1～2年时间。如表3－1－3所示。

表 3-1-3　**GDP 与 CPI 相互时滞一览**

GDP 极点年份	CPI 极点年份	滞后时间（年）
1986	1986	0
1987	1988	1
1990	1991	1
1992	1994	2
1999	1999	0
2000	2001	1
2001	2002	1
2007	2008	1

资料来源：国家统计局 www. stats. gov. cn。

GDP 与 CPI 的相关性以及时滞关系印证了 GDP 是 CPI 先行指标的经济学结论，也说明了从预测 GDP 变化角度来考察未来 CPI 的趋势性方向是一个切实可行的途径。

2. GDP 季度环比和 CPI 的关系。如果把考察的周期缩窄至季度来考察，可以从 GDP 环比角度来考察两者的关系。首先需要解释一下为什么要用 GDP 环比来衡量经济增长状况，因为从季度角度来衡量，GDP 的同比变化在很大程度上要受到基数效应的影响，同比数据难以准确衡量经济热度的即时变化，其高低所反映出的冷热状况也有滞后，相比之下，环比数据具有敏捷快速反应的特征，如图 3-1-12 所示。

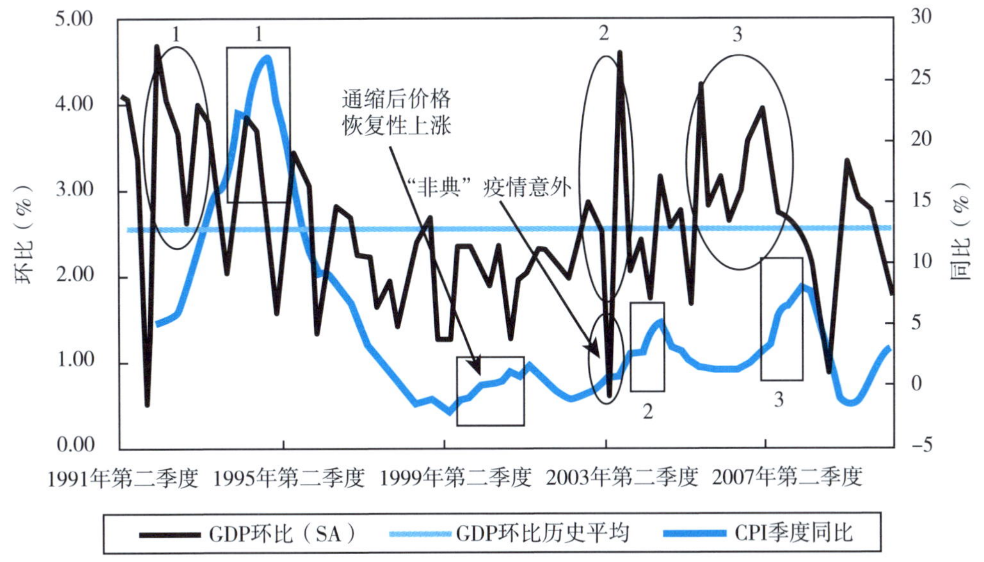

图 3-1-12　GDP 环比与 CPI 同比变化关系一览

资料来源：国家统计局 www. stats. gov. cn。

观察1991年以来我国GDP季环比变化与CPI季同比变化对应图。1991年至今，我国总共发生过三次较为显著的通货膨胀，分别为：

（1）1992年第一季度（起步时间）至1996年第四季度（结束时间），其中1994年第四季度是顶点。

（2）2004年第二季度（CPI同比过“3%”的起步时间）至2004年第四季度（CPI同比过“3%”的结束时间），其中2004年第三季度是顶点。

（3）2007年第二季度（CPI同比过“3%”的起步时间）至2008年第三季度（CPI同比过“3%”的结束时间），其中2008年第一季度是顶点。

在图3－1－12中用方框表示物价上涨，用椭圆表示经济增长时期，1992年第一季度代表1992年第一季度。其中3次通货膨胀前期都对应了GDP环比在以超越历史均值（2.50%附近）的速度在增长，显示存在了经济过热迹象。将三个时期中的GDP增长与CPI增长关系列示如表3－1－4所示。

表3－1－4　GDP增长与CPI增长关系

GDP环比超常规增长时期	通货膨胀时期	GDP过热时间
1991年第二季度至1993年第四季度	1992年第一季度至1996年第四季度	3个季度
2002年第四季度至2003年第四季度	2004年第二季度至2004年第四季度	5个季度
2005年第三季度至2007年第四季度	2007年第二季度至2008年第三季度	9个季度

资料来源：国家统计局 www. stats. gov. cn。

可以看出，在每一轮明显通货膨胀出现的前期，往往对应了一轮周期时间不等的经济过热，特别具有参考意义的是2004年和2007年的通货膨胀，之前都对应了5～9个季度的时期经济环比在超越潜在水平（历史均值）以上的增长。因此，从把握经济增速状况去大致把握通货膨胀的未来变化是一个较为不错的定性方式。

3. 工业增加值变化与CPI变化的关系。从2009年开始，中国人民银行调查统计司每季度定期推出研究报告，其中有一个衡量CPI未来变化的方法，值得借鉴参考。如图3－1－13所示。

首先要介绍一下“工业产出缺口”的计量方式。将历史上每个月度的工业增加值绝对数（剔除价格因素）进行季节性调整，可以将每个月度绝对数划分为“季节调整后的序列”和“趋势周期项”，前者为实际工业增长水平，后者代表潜在工业增长水平，则工业产出缺口计算如下：

工业产出缺口＝（实际工业增长水平－潜在工业增长水平）/潜在工业增长水平

而后将历史月份的工业产出缺口数据进行12个月的移动平均处理，便产生了图3－1－13中的“产出缺口（12个月移动平均）”项目，对应于每个月份的CPI同比变化。

可以看出，在产出缺口明显为正的时期，都对应了CPI具有较大的上行压力，而在产出缺口为负的时期，CPI下行趋势较为明显。同时需要关注的是工业产出移动平

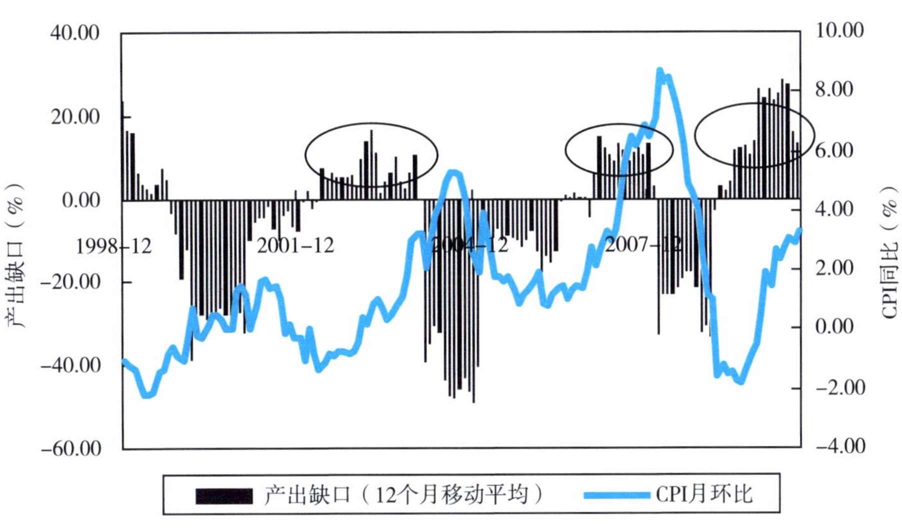

图 3-1-13　工业产出缺口和 CPI 关系一览

资料来源：国家统计局 www. stats. gov. cn；中国人民银行 www. pbc. gov. cn。

均水平的“顶点”（无论是正向顶点还是负向顶点）以及由正至负或由负至正的“拐点”具有一定的转折指标意义，值得进一步研究其指示意义。

4. PMI 指标所衍生的供需缺口与 CPI 的关系。从 2008 年开始，市场开始关注经济先行调查指标—PMI。其中，PMI 构成分项中有两个子项目值得关注：其一是新订单指数，它是描述需求方面的指数；其二是产成品库存指数，它是描述供给方面的指数。市场分析通常认为，两个指数可以合成为供需缺口，其和物价变化具有强相关性以及领先意义，如图 3-1-14 所示。

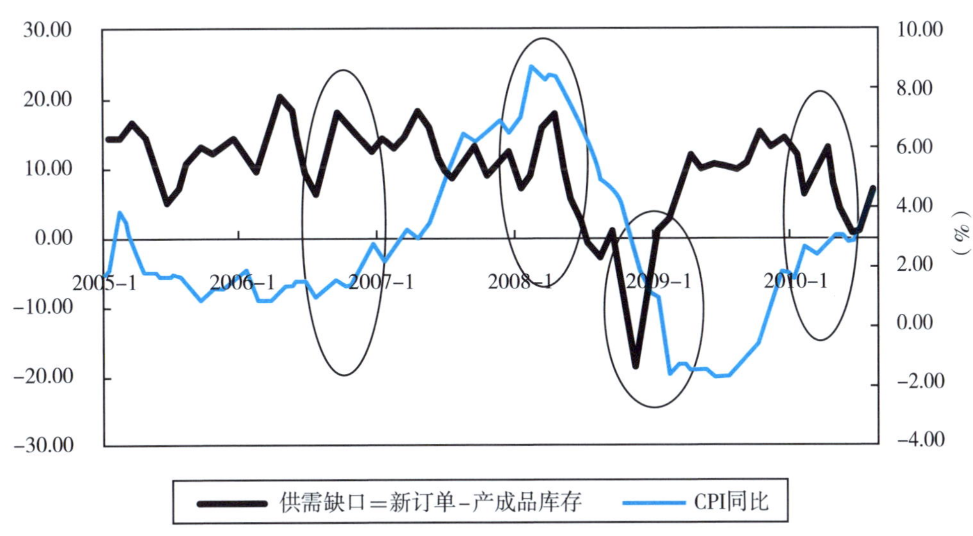

图 3-1-14　PMI 衍生指标与 CPI 关系

资料来源：国家统计局 www. stats. gov. cn。

但是从实际运用效果来看，利用这种供需缺口去前瞻性预测CPI的后期变化，实际效果一般，而且由于PMI数据的历史时期较短（其建立并发布是从2005年开始的），因此历史可借鉴意义需要进一步观察。

通过直观观察可以发现，PMI衍生的供需缺口对于CPI的前瞻性指示作用并不明显，但是PMI衍生的供需缺口指标对于PPI的前瞻性指示效果却相对有效。主要原因是PMI是衡量工业品市场内容，因此对于工业品价格变化的指示意义更强烈一些，如图3-1-15所示。

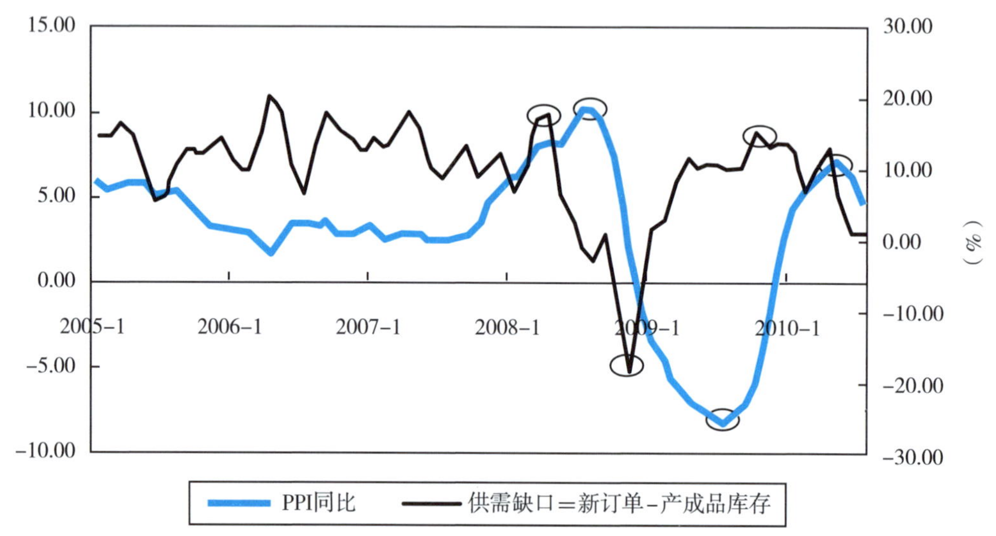

图3-1-15 PMI衍生指标与PPI关系

资料来源：国家统计局 www. stats. gov. cn。

（三）从预期角度来看待CPI的变化

2010年，我国宏观经济管理层提出的政策着力点之一是管理通货膨胀预期，从理论而言，通货膨胀预期的变化和通货膨胀本身具有非常强烈的相互影响力，往往会形成“一荣俱荣、一损俱损”的情况，值得投资者关注。

那么什么是通货膨胀预期呢？不少研究者曾详细定义过。不过从2010年的回顾中来看，当年导致通货膨胀预期高涨的因素主要包括：货币供应量过大、部分投资品价格快速上涨（比如房地产、股票价格）、当期高涨的CPI幅度（笔者认为CPI环比速度的加快上涨是更为关键的）、自然灾害所造成的粮食减产预期，等等。

在上述各类因素中，需要注意的是CPI自身的变化，当期价格的快速上行必将激发起社会公众对于未来价格高涨的预期，这是非常典型的“通货膨胀与通货膨胀预期彼此推动”效应。

如果从债券市场角度来狭义理解，投资者可以考虑利用以1年期定期存款利率为浮动基准的债券所剥离出来的加息预期曲线，或者利用远期利率来衡量市场中的通货

膨胀预期的变化，这属于较为技术性的定量分析方式，但是更为常见的是采用中央银行通过定期调查所编制的预期指数。

2001 年以来，每个季度中央银行都会做一次“全国城镇储户问卷调查”，并根据该调查结果形成各类指数，其中的“未来物价预期指数”值得关注。市场常常利用该指数作为衡量通货膨胀预期程度的重要参考指标。

从历史相关性来观察，该指数和 CPI 的走势具有很强的相关性，并且具有明显的领先作用，如图 3－1－16 所示。

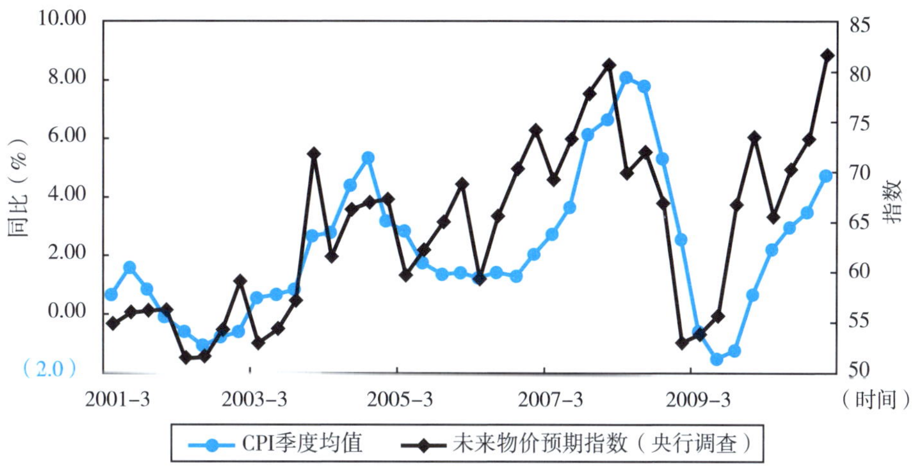

图 3－1－16 物价预期指数和 CPI 关系一览

资料来源：国家统计局 www. stats. gov. cn；中国人民银行 www. pbc. gov. cn。

2001～2010 年 CPI 季度均值和未来物价预期指数存在高度正相关性，而且预期指数的拐点要领先于 CPI 拐点出现（多数情况下，预期指数要领先于 CPI 一个季度达到拐点）。

但是金融市场参与者在运用这个预期指数捕捉 CPI 拐点中，由于时间周期过长（该指数的发布以季度为频率），无法及时地反应市场变化。因此，在使用过程中，不宜高估该指数的作用。

（四）通货膨胀的国际输入性问题简述

2002 年以来我国经历过几次较为显著的通货膨胀周期，但是涉及通货膨胀国际输入特征的一个完整周期是发生在 2007～2008 年度。也就是从那时开始，市场分析评论中经常提及“通货膨胀的国际输入压力”。

研究通货膨胀的国际输入问题是一个非常庞大的工程，但是从表象上来看，国际大宗商品对于国内通货膨胀因素的影响主要集中在两个层面上：

第一，以石油为代表的大宗能源类商品价格变化对国内工业品价格产生影响，并进而影响到 CPI 中非食品类项目的价格变化。石油价格的上涨对于国内通货膨胀环境具有成本推动型的影响力，因此值得关注。对于该问题的研究建议投资者尽可能地去回顾2007～2008年的市场变化。从本质来看，国际大宗能源类商品的价格变化与美元走势是密切相关的，因此“美元→能源类大宗商品价格→我国上游行业成本压力→我国工业品市场上下游供求特征→中下游产品价格变化”这个传输链条是分析通货膨胀国际输入压力的基本框架，在这个分析链条中，不仅要关注国际因素的变化，还要联系各个价格指数之间的传导关系来具体分析（详见后面分析）。如果从短期预测角度来看，可以将我国的PPI指数（或CPI中的非食品项目指数，但是其中包括了住房项目的扰动）与全球大宗商品CRB指数进行关联比较。

有兴趣的读者可以从如下两个角度来体会大宗能源类商品价格变化与我国CPI（包括CPI非食品部分）的相关性：一是考察国际原油期货月均价格同比与我国CPI（或CPI非食品部分）同比增速的关系；二是考察CRB月均指数同比与我国CPI（或CPI非食品部分）同比增速的关系。可以发现两者之间具有较为明显的正相关性。

第二，以国际农产品为代表的大宗商品价格对国内食品领域的价格会产生一定的影响。对于农产品价格的国际传导现象主要出现在2008年世界粮食危机时期，以及2010年后期由于异常天气造成的全球粮食减产时期。但是仔细比较国际因素与国内因素的关系，实际上很难将国内食品价格的上涨完全归结到国际因素上，因为中国作为一个主要的供应方或需求方，其对于国际粮食价格的影响力可能是居于主导性的。

考察国际食品要素的价格变化，最经常被引用的一个指标是“联合国粮农组织食品价格指数”，但是本质而言，该指数和国内食品价格指数基本上是同步指标，很难起到前瞻性预测作用，如图3－1－17所示。

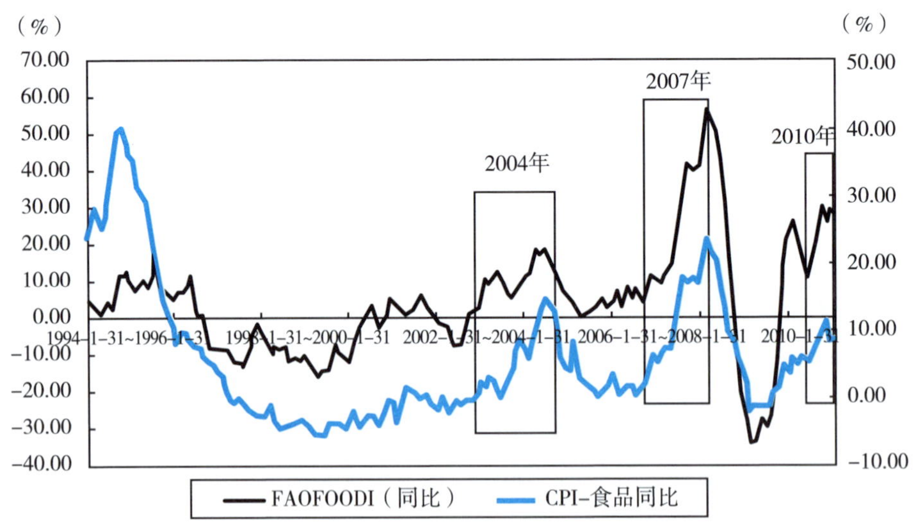

图3－1－17 联合国粮农组织食品价格指数与国内食品价格指数的关系一览

资料来源：BLOOMBERG.

涉及具体产品而言，农产品价格的国际传导问题主要是考察小麦、玉米以及大豆三类产品，其传导分析框架是“国际农产品期货变化→国内农产品期货变化→国内农产品现货变化”，其分析的重点环节有两方面：其一是国际农产品期货对国内农产品期货的关联性如何；其二是国内农产品期货和国内现货的关联性如何。对于上述环节的考察要结合到我国农产品的供求特征以及市场流动性状况来具体分析。

以小麦产品为例，由于我国小麦市场的格局基本保持自给自足，因此国际期货市场价格变化对于国内期货价格变化趋势影响性不强。但是需要指出的是，在国际期货价格大幅度上行过程中，如果国内流动性充裕，很容易产生大量游资以国际市场上涨为借口，对国内期货品种炒作的可能，虽然这种炒作可能缺乏实际基本面背景，但是依然值得警惕，特别是在国内流动性异常充裕的背景下，如图 3－1－18 所示。

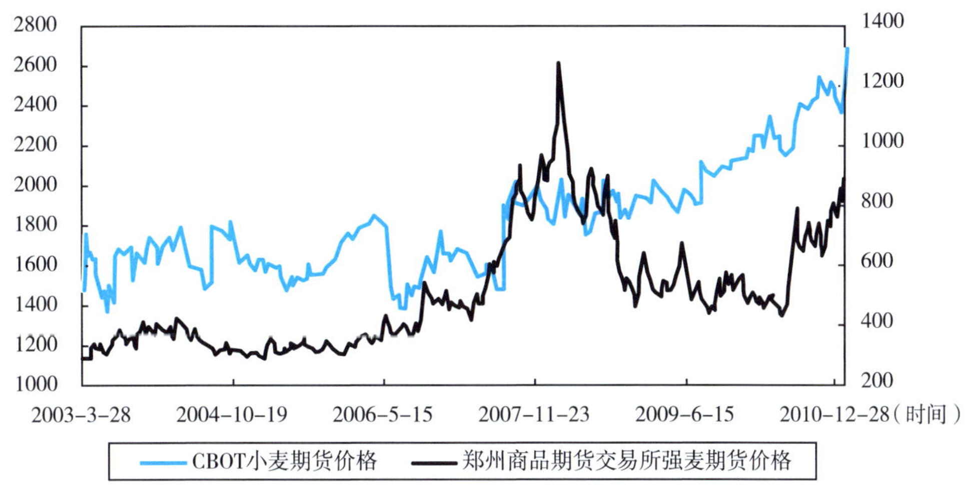

图 3－1－18　国际小麦期货价格与国内小麦期货价格关联性

资料来源：BLOOMBERG.

与期货的国内外表现关联度较弱不同，国内小麦期货价格和现货价格的关联度较强，如图 3－1－19 所示。

图 3－1－19　国内小麦期货与现货价格关系一览

资料来源：国家统计局 www. stats. gov. cn；郑州期货交易所 www. czce. com. cn。

因此在看待小麦价格的国际传导中，一个重要的环节就是观察国际期货价格对国内期货价格的影响，如果在国际期货价格大幅度上涨过程中，国内市场缺乏流动性的配合（即缺乏炒作资金的进入），那么小麦价格的国际传导性也是很难实现的。

同样的分析思路可以运用在玉米和大豆产品分析中，但是由于这两者的国内供需结构和小麦不同，因此可能会呈现另外一种特征，即国际传导性要强于小麦，有兴趣的读者可以自己研究一下。

另外，对于国内诸多期货品种而言，可以参考南华商品期货指数。其中，分类的农产品期货指数等可以提供同一类型（农产品）、不同品种（大豆、小麦等等品种）的各个期货产品的综合表现数据，能够更好地衡量总水平的变化。

（五）2011年可能会为市场描述成本推动型的通货膨胀特征

相比于2007～2008年通货膨胀属性为需求拉动型而言，市场对于始自2010年后期以来的这一轮通货膨胀属性分歧很大，一个较为流行的看法是最新的这轮通货膨胀具有强烈的成本推动型特征（主要推动力为人力成本提高）。

从理论而言，紧缩型的货币政策对于需求拉动型的通货膨胀具有较强的抑制作用，但是对于成本推动型的通货膨胀缺乏良好的治理效果。

具体到通货膨胀的属性研究，这是一个更加复杂的命题，在本书中不会过多涉猎，提请读者关注的是，需要密切关注2011年通货膨胀的演变，以确定其是否具有成本推动型特征，并观察当期政策的治理效果，相信这也是一份宝贵的资料。

第三节　如何理解各价格指数之间的传导关系

由于我国工业企业的产品定价长期以来基本遵循“成本＋利润”的定价模式，因此对于各类价格指数是否具有传递性的争论从没停止过。

比如，2002年以来，市场对于物价上涨过程中是否存在PPI向CPI的传导的问题争论不已，较为明显的争论出现过两次，一次发生在2003年年末，另一次则发生在2007年严重通货膨胀时期，相关资料如下：

第一次，2003年：PPI先于CPI下行，争论焦点在于PPI是否会输入通缩。

2003年11月份以来，伴随CPI的走高，理论界对于目前经济处于通货膨胀还是通货紧缩的问题展开了激烈争论。争论的焦点内容就是PPI的变化形态明显不同于CPI，两者走势形态各异，导致市场对通胀与通缩的认识不同。

与CPI逐渐上行态势相比，2003年3月份以来，PPI的同比增长幅度却呈现回落走势，并一度滑落至1.2%的低位，这种背离状态延续到年末，直到2003年11月份PPI同比1.9%的增幅改变了两者之间的背离，CPI与PPI呈现出同步上扬态势，并最终酿成了2004年的通货膨胀。

第二次，2007～2008 年：争论的焦点是 PPI 的上行是否会向 CPI 传导通胀。

在 2007～2008 年的通货膨胀期间，一路上行的 CPI 出现拐点是发生在 2008 年 2 月份，而 PPI 出现回落的拐点是出现在 2008 年 8 月份，在 2～8 月份期间，市场中始终存在 PPI 是否会继续向 CPI 的传递通胀压力的疑虑。因此，对于 CPI 能否持续下行充满怀疑，而事实上，这种疑虑和担忧最终没有成真，后期却意外地受到经济危机影响，陷入通货紧缩。

因此在分析价格指标体系中的各个价格指数传导关系时，一个重点内容是考察 PPI 与 CPI 之间的传导问题。为了使考察问题更加全面化，将全产业链纳入分析框架，引入上游价格指数 RMPI，即重点考察三个价格指数之间的传递关系：RMPI—PPI—CPI（特别对其中的 non－food 项目）。

一、从产业链角度来理解价格指数之间的传递关系

主导企业产品定价的主导模式是“价格＝成本＋利润”，因此成本刚性程度是决定价格水平变化的关键，而成本刚性的程度是与各个不同行业的产品相关性有密切关系的。从产业链角度来理解各个价格指数之间的传递关系是非常有效的。

“RMPI—PPI—CPI（特别对其中的 non－food 项目）”这个价格传导从产业链角度来理解实际上描述的是如下传导路径：“上游行业→中游行业→下游行业→流通环节→居民消费领域”或“资源品→上游产品→中下游产品→下游产品→个人消费品”。前者是从中观产业传递角度来思考，后者则是从微观产品线角度来思考，实质上是统一的。

各个价格指标之间的传递是否顺畅取决于上下游行业之间的供求状态。如果各类商品子市场整体处于供不应求的状态，上下游的各个传导环节处于卖方市场，则成本推动下的价格可以顺畅被传递，即上游产品成本增大是下游或终端产品价格上升的重要动因，但是能否实现则取决于下游产品市场的供求关系。很可能会出现这样一种状态，即在下游产品处于买方市场状态中，厂商很可能会通过主动压缩利润来缓解成本压力，最终结果终端产品保持价格稳定。

我国的产业链传导效率是始终存在一些问题的，往往在成本传导过程中会出现“价格阻塞”现象，这一现象特别容易发生在成本向中下游的传导链中。这种现象产生并加剧出现在 2003 年之后，主要原因是从 2003 年以来的产能扩张主要发生在中下游产业，这是非重点行业“国退民进”政策自发选择的结果。这造成了上游资源类行业向中下游行业成本转嫁较为容易，而中下游行业产能过大，竞争激烈而成本转嫁能力较差，容易导致上游向中下游的成本传递较为顺畅，中下游向终端消费市场成本转嫁的能力很弱。因此有一种说法不无道理：“上游价格的变化未必一定是下游价格变化的先兆，终端价格——CPI 既可能是一个结果也可能是一个原因”。

从产业链角度来理解 RMPI—PPI—CPI（特别对其中的 non-food 项目）价格链条

的传导关系比较清晰。所谓三个价格指数之间的传递是一种基于经验的判断，但是这种传导是否能够顺畅进行下去，则取决于很多因素。一般情况下，RMPI 向 PPI 传导过程的顺畅程度要强于 PPI 向 CPI 的传导。

二、RMPI—PPI 的传导分析

从长期观察来看，RMPI—PPI 环节的传导以 2003 年为界限进行划分成为共识，2003 年以来上述传导环节出现了不畅现象，反映了工业品市场中的供求关系矛盾。

RMPI—PPI 的传导是一种较为典型的"BtoB"关系。RMPI 对于工业企业而言，是一个成本概念。RMPI 充斥于各行业成本之中，并非单纯集聚于上游行业，产业链中不同阶段的工业行业对于原材料产品的需求程度是不同的。

PPI 对于每个行业而言是收入概念，这对应于 RMPI 的物质成本概念。每个行业中的 RMPI 与 PPI 的"剪刀差"反映的是各行业利润率的大致变化。

长期以来 RMPI—PPI 的传导关系，如图 3－1－20 所示。

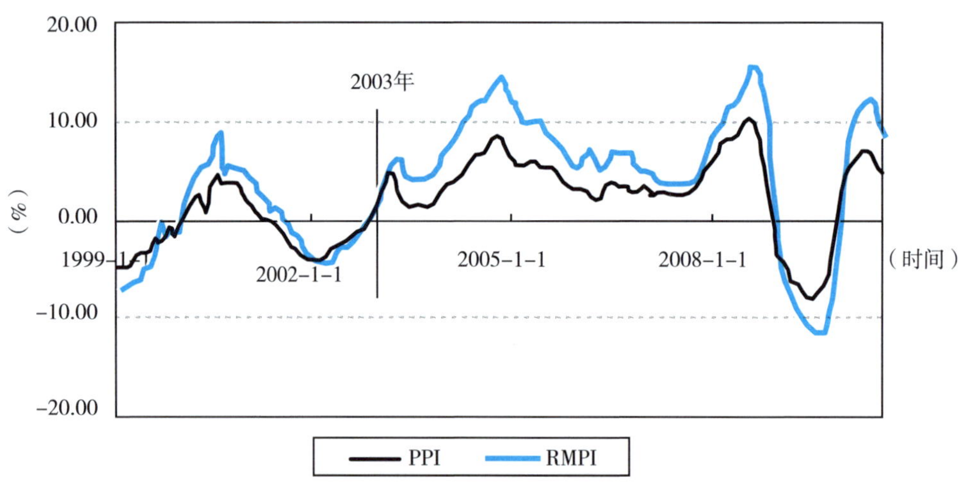

图 3－1－20　PPI 与 RMPI 历史关系一览

资料来源：国家统计局 www. stats. gov. cn。

从上述两个价格指数的走势来看，拐点的发生基本一致，但是在一个变化趋势中的变化幅度并不一致，甚至会出现较为明显的差异。

1999～2010 年期间的变化大致可以分为两个阶段。2003 年之前，RMPI 向 PPI 的传导较为充分，途径较为通畅。2003 年以后，这种传导出现了一些障碍，这实质上反映的是工业品中游市场的供求结构发生了变化，上游产业的价格变化无法顺畅在中下游市场中传导。如果观察企业利润率指标（用 PPI－RMPI 作为企业利率的近似代表）则更为明显，如图 3－1－21 所示。

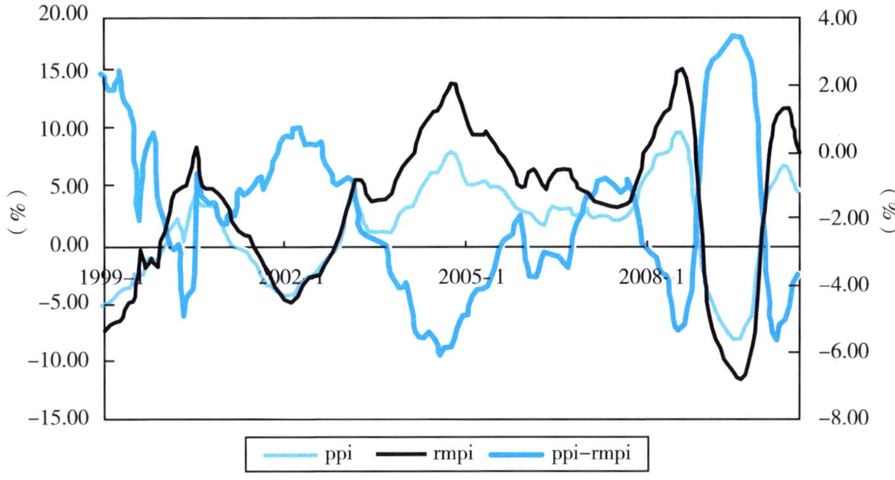

图 3-1-21　PPI 与 RMPI 的关系变化一览

资料来源：国家统计局 www.stats.gov.cn。

在长期的历史观察中可以近似总结一个较为“取巧”的方法：在价格上行过程中观察 PPI RMPI 的变化，一旦步入（-6%，-5%）区间，则可能意味着价格方向即将发生反转。这从理论上的解释可能是：过度膨胀的上游利润（相当于对下游行业的“剥削”）将导致市场对下游行业产品的需求过度萎缩，并最终形成总需求萎缩，拉低市场价格。

三、PPI—CPI（non-food 项目）的传导分析

理解 PPI—CPI 这一环节的传导，分析基本原理类似于上文分析。首先需要明确的是 PPI—CPI 的传导环节是否通畅，要取决于如下一些基本条件。

1. 市场特征。从理论而言，成本变化是导致商品价格变化的一个重要因素，但是能否顺利实现则必须要取决于市场商品的供求状态。这要视终端商品市场具有买方特征还是卖方特征而区别对待。

2. 定价属性。在 CPI 的分析中，曾经对于 CPI 各个构成分项进行过市场化定价和行政性定价的属性划分。从分析中可知，目前我国相当一部分产品的定价依然具有行政化管制的特征，这个特征也会导致 PPI—CPI 的传输环节并不十分畅通，影响成本传递效果。

3. 商品库存。从物流角度来看，产成品要通过批发零售环节才能最终达到消费者手中，而在批发零售环节，商家一般要保持一定的库存数量，而且这些库存产品的入库价格直接相关于前期的商品出厂价格，与当前的出厂价格关系不大。因此，按照先进先出的原则，企业商品价格主要取决于前期的出厂价格，这会影响当期的零售商品价格，这也是在经济衰退时期，企业去库存化进程中往往伴随利润亏损的主要原因。

4. PPI 与 CPI 的统计内容不尽相同，也必然造成两者在统计数据的显示上并不一致。在上述影响 PPI—CPI 的传导影响因素中，笔者特别关注的是从供求关系（即从产业链角度）来理解各个价格指数之间的传递关系以及传递效果。

根据国民经济制造业行业分类标准，我国制造业共计可划分为 29 个行业，这 29 个行业互为上下游，之间具有千丝万缕的传递关系，在分析物价关系时，要特别关注这其中可能存在的成本传递关系。笔者将 CPI 非食品项目的七大项对应于上述 29 个行业的依次传导。大致如图 3－1－22 所示。

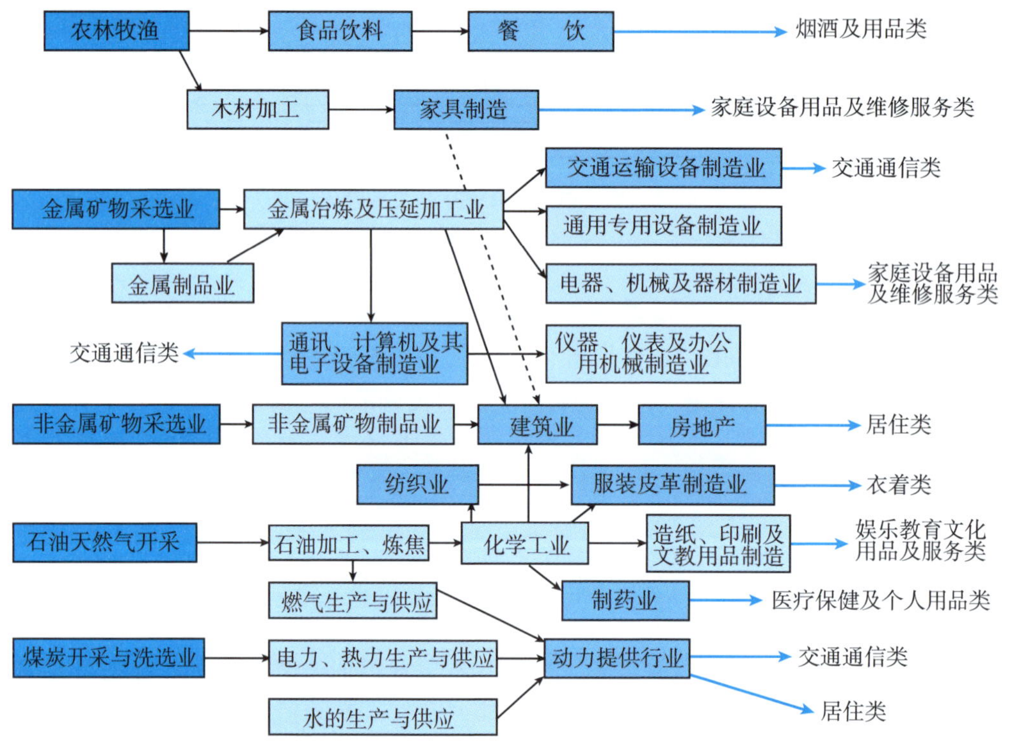

图 3－1－22　上、中、下游行业成本传递关系

资料来源：国家统计局 www. stats. gov. cn。

例如，在图 3－1－22 中，“金属矿物采选业”作为上游行业，其成本向中游行业“金属冶炼及压延加工业”传递，而后者的成本则继续向下游行业“交通运输设备制造业”传递，最终成本体现在终端产品“交通通信类”上。其他传导链条依次类推。

29 个制造行业可以划分为上、中、下游三类行业，基础性的上游行业集中在资源类，而且多具备垄断性优势，从成本传递角度而言，上游行业的成本压力可以较为顺畅的向中下游行业传递。

中游行业接受上游行业的成本转嫁，试图将成本压力传递到下游行业，而下游行业是与零售消费端最为密切相关的行业，将主要影响 CPI 中的非食品项目的价格变化。

可以“大致”认为，RMPI 与 PPI 的传递是在上中下游的制造业行业（或企业）之间发生的，而 CPI 中价格项目的生成则主要发生在中下游行业（企业）与零售客户端之间。

从上游行业到零售客户端是一条较长的产业传导链条，成本就在各个环节之间传递发生。但是，成本能否完全顺畅地传递则要取决于这一产业链条中的各个环节具有卖方市场还是买方市场特征。

一般情况下，越是接近上游、具有资源属性的行业，其垄断性越强，该市场越发具备卖方市场的特征，其本身对于成本压力向下传导的路径较为通畅有效。越是接近零售端的中下游行业也越发具备买方市场特征，其竞争性越强，本身对于成本压力向下游转移的能力越发薄弱。

这种上下游行业的市场特征在 2003 年后越发明显，其形成的宏观背景条件是：2003 年以来的产能扩张主要发生在中下游产业中，这是“非重点”行业“国退民进”政策选择的结果，造成了上游资源类行业向中下游行业成本转嫁易，而中下游行业则由于产能过大、竞争激烈而成本转嫁能力差。

举一个简单的例子来说明这种传递关系的变化，以 CPI 构成中的衣着项目价格变化为例。衣着项目的主要成本构成是纺织材料，这个完整的产业链传导如下：

“石油和天然气开采业—化学原料及化学制品制造业—纺织业—衣着（CPI）”

2007～2008 年期间（这段时间是市场对于 PPI—CPI 传导争论最热烈的时期），这个产业链中各个环节的价格变化值得思考。2007 年 9 月至 2008 年 7 月份期间，上游行业——“石油行业”的价格上涨是最为明显的，而中下游行业——“化学工业与纺织工业”的价格上涨要相对弱化，而终端产品——“衣着项目”则是呈现价格回落的趋势。

这个传导关系说明从上游行业（石化工业）一直到终端行业（衣着制造工业），其成本转移能力是逐渐弱化的，充分竞争环境令下游行业（衣着制造行业）的成本转移能力大为弱化，从而产生了价格传导中的“阻塞”现象，如下图 3－1－23 所示。

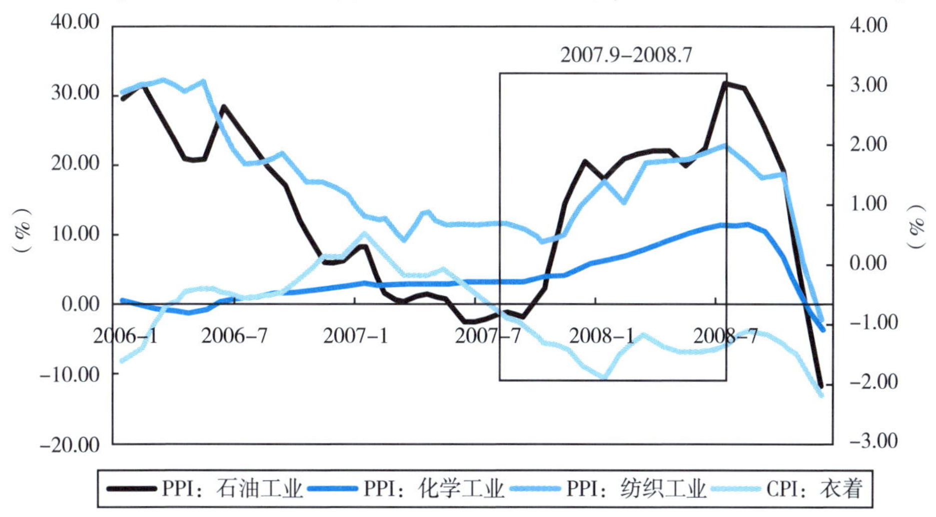

图 3－1－23　产业链成本传递效应一览

资料来源：国家统计局 www. stats. gov. cn。

除此以外，还有很多产业链传导现象也可以密切观察，比如：

（1）黑色金属矿采选业——黑色金属冶炼及压延加工业——交通运输设备制造业——交通通信及服务（CPI）。

（2）石油——石脑油——纯苯——苯胺——MDI——冰柜冰箱制造、服装生产与制鞋。

（3）煤炭、铁矿石、运输——钢铁——汽车、房地产、家电、机械、造船。

等等。

因此在面对PPI与CPI的背离现象时，不能简单地认为上下游价格之间存在着"想当然"的传递效应，更应该从产业链角度来分析各个市场的买卖方特征，以确定成本传递的顺畅程度。

从定性角度来看，可以参考的"价格传导有效性"趋势指标是国家信息中心定期进行的611类工业品种（覆盖了上中下游）供需状况调查报告，该报告对于各个工业行业的供需阶段性特征做出了说明。

从经济学角度来看，价格在产业链中的顺畅传递是效率的体现。从社会学角度来看，目前的社会分工结构中，上游产业的集聚与下游产业的竞争是一个必然的趋势，而终端消费者更是一个最为弱势的群体。因此，价格在中下游传递中受阻时期，对受阻环节行业施行"价格管制＋财政补贴（实际上依然相当于消费者买单）"是必要的，而且是世界通行的，同样，世界各国《反垄断法》的实施对于保护价格终端消费者的权益同样具有重要意义。

四、PPI—CPI传导的定量分析

从PPI的构成来看，有两种不同的划分模式。一种是按照生活资料和生产资料来进行划分；另一种是按照行业标准来进行划分。以前者为研究对象，其中生产资料内容占据PPI的权重近80%，其细分项目为采掘工业类产品（如原油、原煤等）、原材料工业类产品（如化工产品中的聚苯乙烯、顺丁橡胶、涤纶长丝）、加工工业产品（如钢材）。生活资料内容占据PPI的权重大约有20%强，其细分项目为食品类产品、衣着类产品、一般日用品、耐用消费品。

（一）生活资料价格和CPI关联较为密切

在PPI构成中，与CPI关系较为密切的主要是生活资料价格指数，其主要影响CPI中的工业品项目价格。根据2009年我国CPI构成权重，工业商品在CPI中的权重大约为43%，这样实际的传导途径就是PPI中权重为20%的生活资料价格向CPI中权重为43%的工业品价格进行传导，如下图3－1－24所示。

1997年以来CPI、生活资料价格指数、生产资料价格指数的变化可以较为明显的揭示出CPI主要还是和PPI中的生活资料价格指数密切相关，而和生产资料价格指数

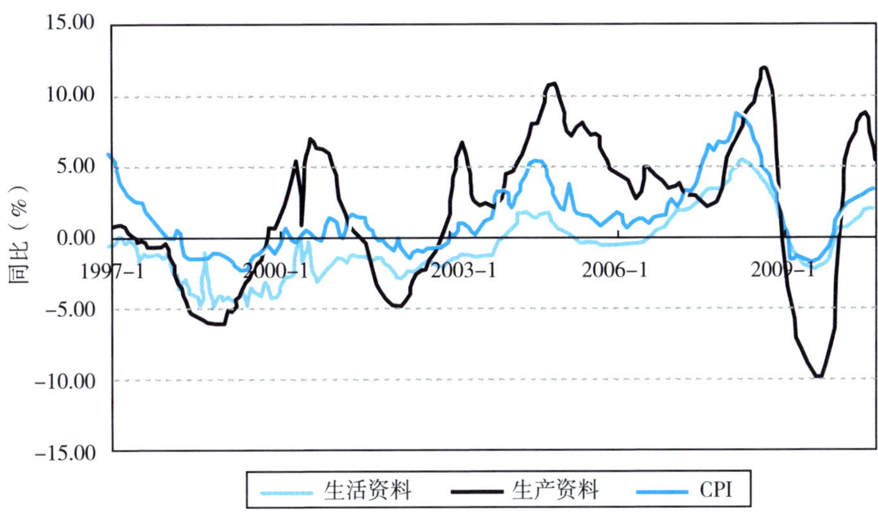

图 3-1-24　CPI 与 PPI 构成指标相关性一览

资料来源：国家统计局 www. stats. gov. cn。

明显存在差异。因此，在观察 PPI 向 CPI 的传导问题时，需要着重研究的是 PPI 中的生活资料价格指数的是否具有前瞻性变化。

在由 PPI 向 CPI 的传导过程中，2007 年中，市场曾流行一个经验性公式（描述 PPI 中的生活资料价格变化向 CPI 的传导幅度）值得关注：

PPI 中生活资料涨幅 × 传导率（经验数据为 0.5）×0.4（CPI 中工业品所占比重）= CPI

（二）影响 PPI 的主要因素在于生产资料内容的“三黑一色”产品

PPI 的变化主要是由生产资料价格的变化所引发的，而在构成生产资料的成分中，又以“三黑一色”产品为主，即石油、水泥、钢材以及有色金属。

从图 3-1-25 可以清晰地看出，PPI 整体变化态势和生产资料价格密切相关，而与生活资料价格存在一定差异。

在构成生产资料价格变化的三大主要项目（采掘工业类产品、原材料工业类产品、加工工业产品）中，波动特征最为明显的当属采掘工业产品，如果更细化到产品类别来划分，则“三黑一色”产品的波动性最强，是引发生产资料价格变动的主要因素，如图 3-1-26 所示。

五、附注——利用翘尾因子和新涨价幅度叠合的方式测算未来年度 CPI 的变化

利用上一年度的 CPI 环比数据可以测算未来年度逐月的翘尾因子，并选择

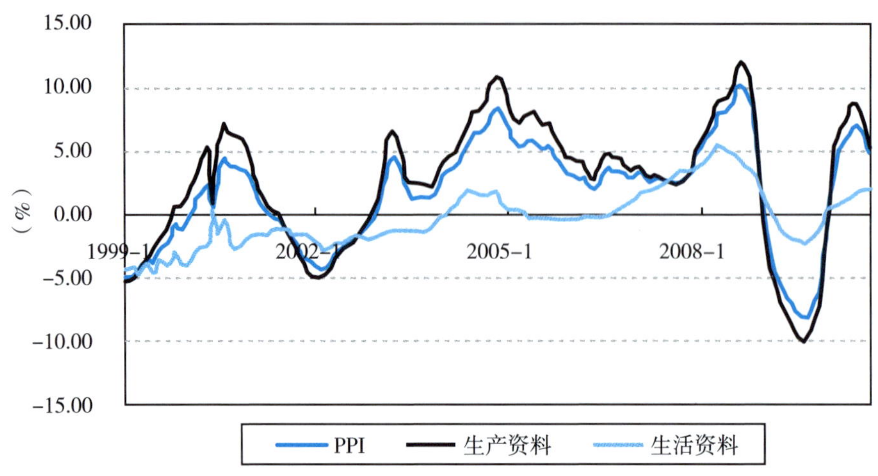

图 3－1－25 PPI 构成要素内容变化一览

资料来源：国家统计局 www. stats. gov. cn。

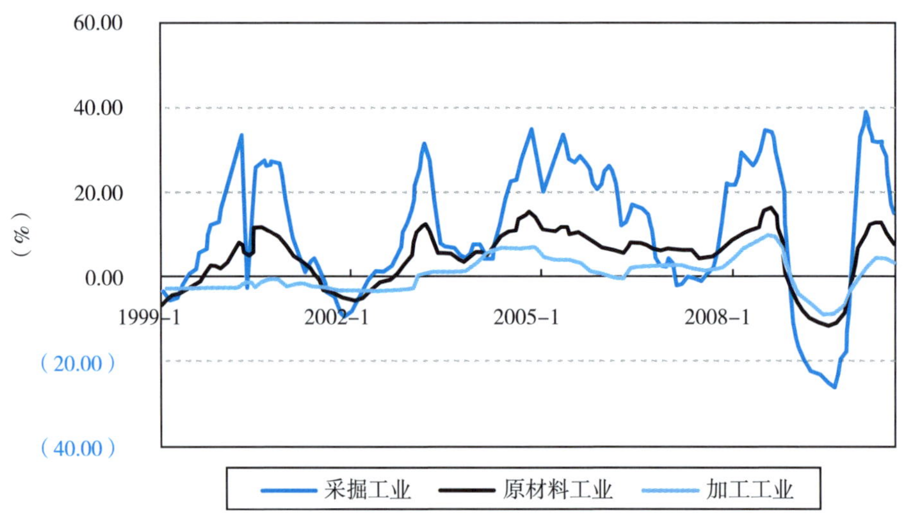

图 3－1－26 生产资料构成要素价格变化一览

资料来源：国家统计局 www. stats. gov. cn；中国人民银行 www. pbc. gov. cn。

2000～2010年度（共计 11 个历史年度）新涨价因子的平均水平作为测算基准，可以将 2002～2010 年每年逐月的 CPI 同比预期测算出来，然后将历年的 CPI 同比实际增长状况和预期测算水平相互比较，形成结果如下：

1. 2002 年 CPI 预期测算和实际增长情况：从趋势角度而言，2002 年 CPI 变化预期和实际变化的趋势基本类似，但是绝对水平有一定差异，实际水平要明显低于预期水平。如图 3－1－27 所示。

2. 2003 年 CPI 预期测算和实际增长情况：从趋势角度而言，2003 年 CPI 变化预

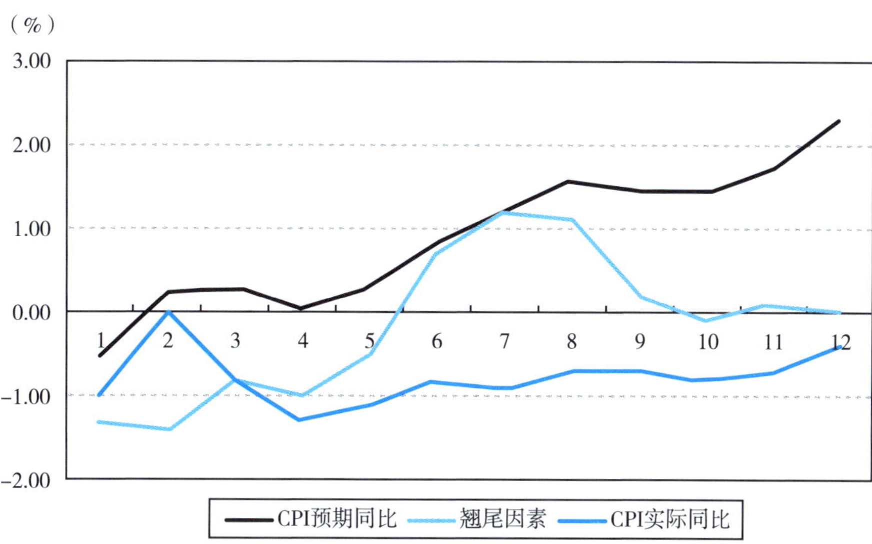

图 3－1－27　2002 年 CPI 预期与实际变化

资料来源：国家统计局 www.stats.gov.cn。

期和实际变化的趋势有所差异，主要体现在二季度和四季度，其中二季度 CPI 的实际增长要弱于预期，而四季度的实际变化要强于预期，如图 3－1－28 所示。

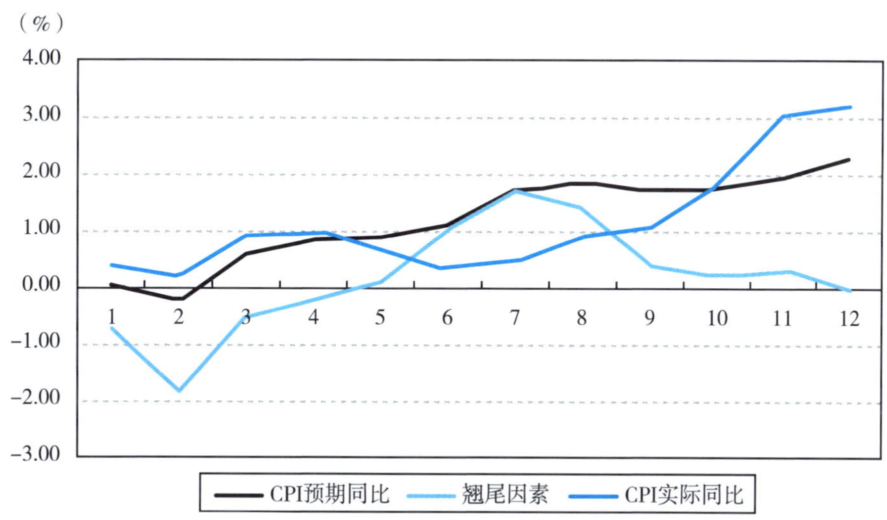

图 3－1－28　2003 年 CPI 预期与实际变化

资料来源：国家统计局 www.stats.gov.cn。

3. 2004 年 CPI 预期测算和实际增长情况：从趋势角度而言，2004 年 CPI 变化预期和实际变化的趋势高度类似，但是绝对水平有一定差异，实际水平要高于预期水平，如图 3－1－29 所示。

4. 2005 年 CPI 预期测算和实际增长情况：从趋势角度而言，2005 年 CPI 变化预期和实际变化的趋势高度类似，而且绝对水平差异也比较小，如图 3－1－30 所示。

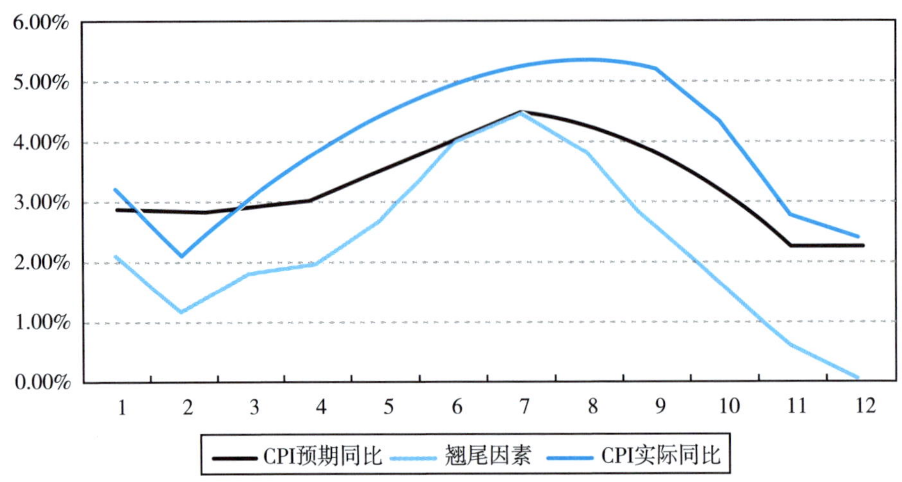

图3－1－29　2004年CPI预期与实际变化

资料来源：国家统计局 www. stats. gov. cn。

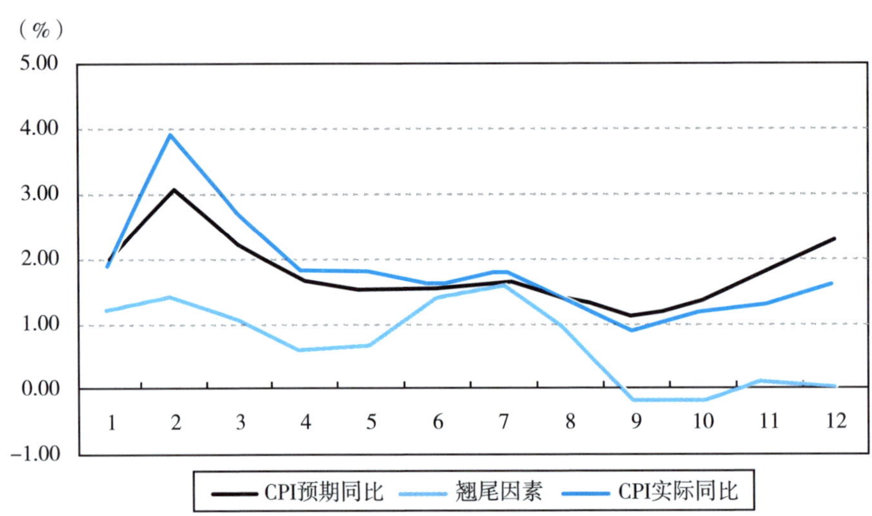

图3－1－30　2005年CPI预期与实际变化

资料来源：国家统计局 www. stats. gov. cn。

5. 2006年CPI预期测算和实际增长情况：从趋势角度而言，2006年CPI变化预期和实际变化的趋势类似，但是绝对水平略有差异，如图3－1－31所示。

6. 2007年CPI预期测算和实际增长情况：从趋势角度而言，2007年CPI变化预期和实际变化的走势出现了较为显著的差异，主要体现在从5月份开始，CPI实际增长要明显强于预期水平，产生该差异的原因在于从5月份开始，我国CPI构成中的食品要素（主要体现为猪肉价格）出现了反季节变化，如图3－1－32所示。

7. 2008年CPI预期测算和实际增长情况：从趋势角度而言，2008年CPI变化预

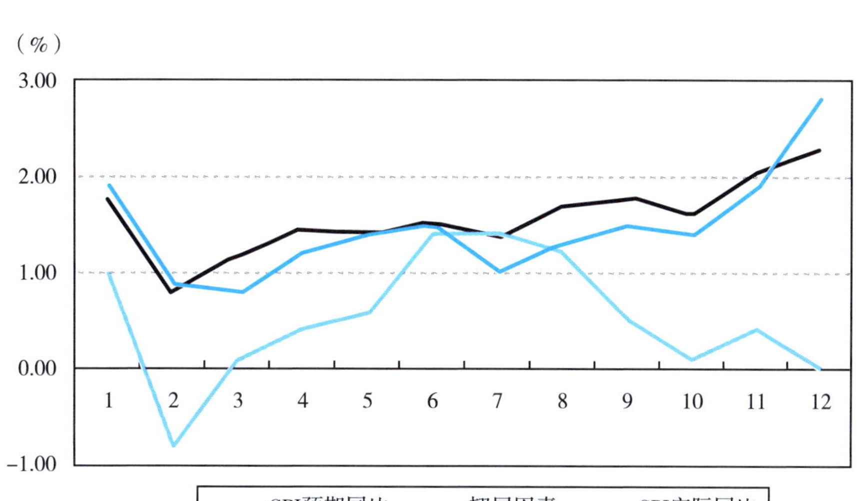

图 3-1-31　2006 年 CPI 预期与实际变化

资料来源：国家统计局 www. stats. gov. cn。

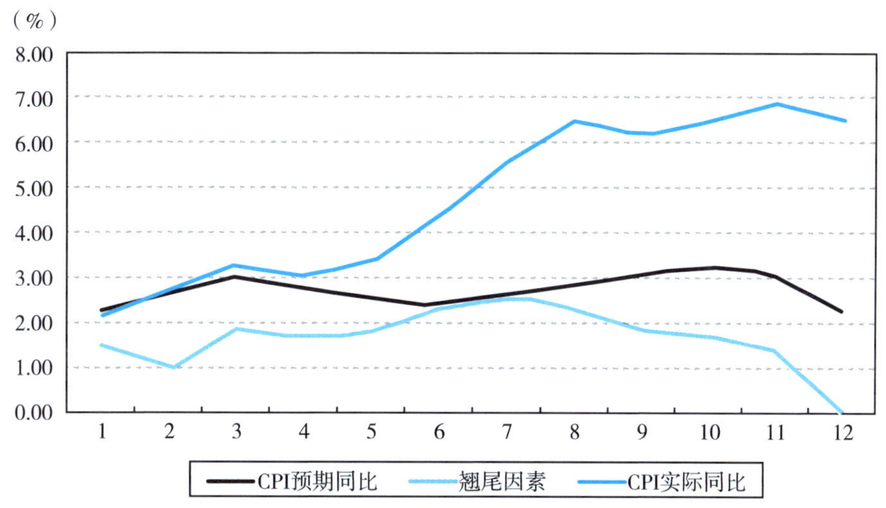

图 3-1-32　2007 年 CPI 预期与实际变化

资料来源：国家统计局 www. stats. gov. cn。

期和实际变化的趋势基本类似，但是绝对水平有一定差异，实际水平要明显高于预期水平，如图 3-1-33 所示。

8. 2009 年 CPI 预期测算和实际增长情况：从趋势角度而言，2009 年 CPI 变化预期和实际变化的趋势基本类似，但是绝对水平有一定差异，实际水平要明显低于预期水平，如图 3-1-34 所示。

9. 2010 年 CPI 预期测算和实际增长情况：从趋势角度而言，2002 年 CPI 变化预期和实际变化的趋势略有差异，主要体现为 10 月份 CPI 中的食品要素（主要为蔬菜价格）出现了居高难下的局面。因此，预期中的 10 月份 CPI 顶点转化为了实际中的

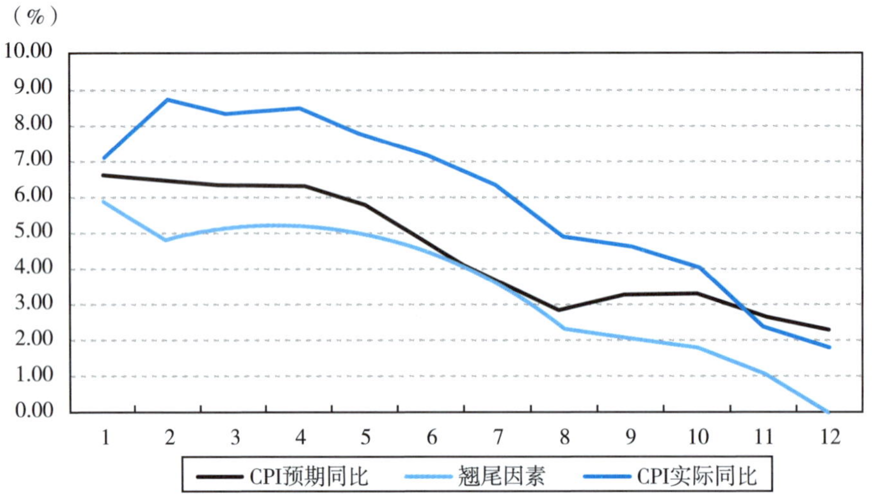

图3－1－33　2008年CPI预期与实际变化

资料来源：国家统计局 www. stats. gov. cn。

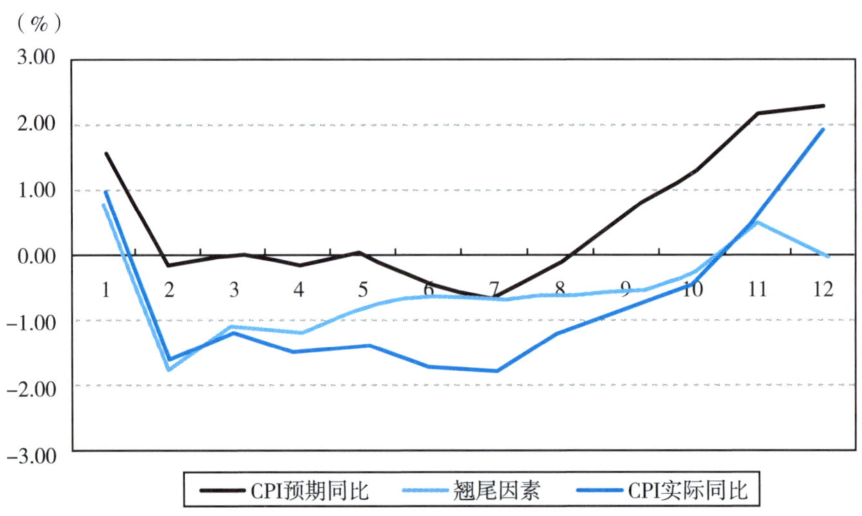

图3－1－34　2009年CPI预期与实际变化

资料来源：国家统计局 www. stats. gov. cn。

11月份顶点，如图3－1－35所示。

总体来看，比较CPI的预期水平和实际水平要注重两点：一是趋势方向的比较很重要，从历史情况来看，导致CPI预期数据和实际数据趋势差异的主要原因在于CPI构成中的食品要素出现“反季节”变化，而这种反常的“逆季节”现象可以通过对此逐月环比变化警示发现；二是绝对水平的比较可以参考，但是不宜过度依赖。总体来看，CPI趋势的预测比绝对水平的预测更加重要。

2002～2010年CPI历史预期和历史实际运行的综合情况，如表3－1－5所示。

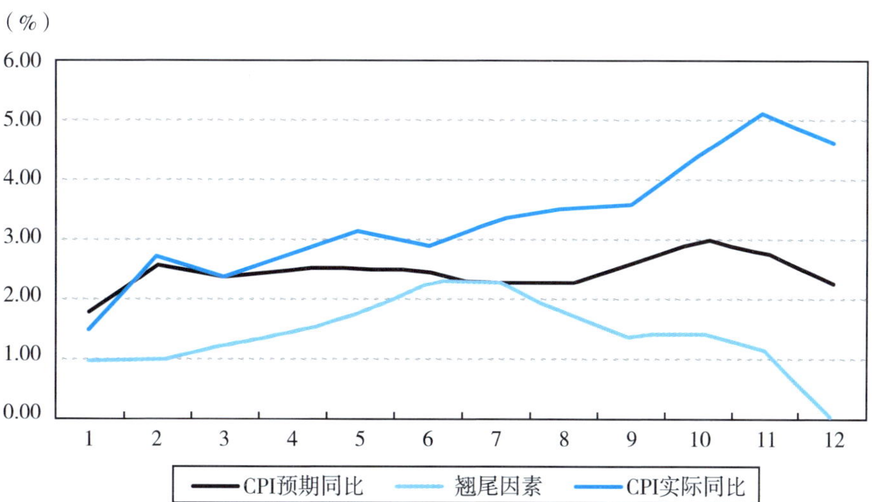

图 3-1-35　2010 年 CPI 预期与实际变化

资料来源：国家统计局 www.stats.gov.cn。

表 3-1-5　　CPI 历史预期与实际运行情况比较

年度	趋势比较	绝对水平比较
2002	基本类似	"实际" < "预期"
2003	弱类似	"实际" ≈ "预期"
2004	高度类似	"实际" > "预期"
2005	高度类似	"实际" ≈ "预期"
2006	高度类似	"实际" ≈ "预期"
2007	逆趋势	"实际" > "预期"
2008	高度类似	"实际" > "预期"
2009	高度类似	"实际" < "预期"
2010	弱类似	"实际" > "预期"

第二章

宏观经济基本面指标——经济增长

涉及经济增长的宏观经济指标是一个庞大的体系，债券市场投资者经常接触的有经济增长的“三驾马车”——投资、出口以及消费，还有工业增加值、PMI 等等，当然更为综合性的当属 GDP 指标。

2002～2010 年期间，债券市场对于宏观经济基本面各类指标的接受与关注程度是不断变化的，在 2008 年之前，债券市场的主要关注焦点集中在通货膨胀指标上（即 CPI、PPI、RMPI）。2008～2010 年中国经历了较为罕见的经济衰退与复苏的交替后，市场才开始关注经济增长类指标。总体来看，债券市场投资者可能对于通货膨胀指标更为敏感，而股票市场投资者对于经济增长类指标更为敏感，这种差异在 2008 年后得以逐渐互补。

在本部分内容中，试图分析几个最为重要、也是和债券投资与交易最为密切相关的经济增长指标。

GDP 指标无疑是众多经济增长类指标中最为重要、最为综合的一个指标，但是由于其发布频率是按照季度发布，因此对于专注于债券交易的机构而言具有一定的滞后性，但是准确把握其在全年度的趋势性变化对于专注于债券投资的机构同样是非常重要的，准确地把握预期该指标的未来变化可以较为理性的安排投资配置的节奏和进程。

通常而言，人们认为合成经济增长（GDP）的三大动力分别为消费、投资以及出口，前两者综合称为内需，后者称为外需。实际而言，GDP 增长的合成并不是上述三者简单的叠加，在后面会有详细论述。在详细介绍 GDP 前，有必要对于上述三个拉动经济的增长点做一介绍。

第一节 贸易类经济指标介绍

提及贸易类经济指标，主要含有进口和出口内容，两者所内含的经济意义并不一致。出口主要体现为外需，简而言之，是指外部经济体对于我国产品的需求。进口则体现为我国的内需状况，是我国内部企业为了进行生产等目的，从海外市场采购的商品量。

由于国际贸易在不同历史时期存在价格的变化（主要体现为进口价格指数和出口价格指数的变化），因此每个月份由海关总署所公布的进出口数据实际上是名义值，内含有价格因素的波动在其中。进出口贸易轧差后所形成的贸易顺（逆）差数据是构成GDP增长的重要部分。

对于贸易类指标的理解有如下一些基本常识，需要市场分析者有个基本概念。

一、我国出口构成的国别分析

由于我国商品的出口目的地千差万别，在市场投资分析中，不可能做到面面俱到，因此有必要采用“抓住重点，以点代面”的分析方式来研究理解我国的出口状况。

总体来看，在把握贸易增长过程中，依然需要把握“龙头”重点国别的终端需求状况，对于中国而言，则主要体现为把握中国对于欧洲、美国以及日本的出口状况（前两者是重点，这三者占据中国出口量的合计权重为45%），换言之，欧洲、美国的经济增长良好是中国对上述地区出口良性增长的先行指标。

二、从贸易形式来划分

从贸易形式来划分，我国的出口主要可以划分为一般贸易和加工贸易，前者是较为典型的贸易形态，后者基本是转口贸易的类型。如果一个国家的一般贸易在下降，则说明这个国家的产品国际竞争力在下降，如果是加工贸易下降，则说明转口贸易中所赖以依存的劳动力成本优势在下降。在我国出口的产品结构中，占据重要地位的是机电产品以及服装产品等。

相对而言，进口形式也可以分为两个部分：其一是实在的内需进口；其二是为了后续出口而进行的原材料进口。

三、进出口状况的先行指标

在市场分析中，常常利用如下一些经济指标作为衡量我国进出口状况变化的先行类指标，这些指标的变化值得格外关注。

（一）OECD经济指标

OECD指标主要衡量发达经济体的宏观经济变化状况，这些经济体对世界产品的需求多体现有“终端性质”，因此常常被作为中国进出口变化的“风向标”来看待。如图3-2-1所示。

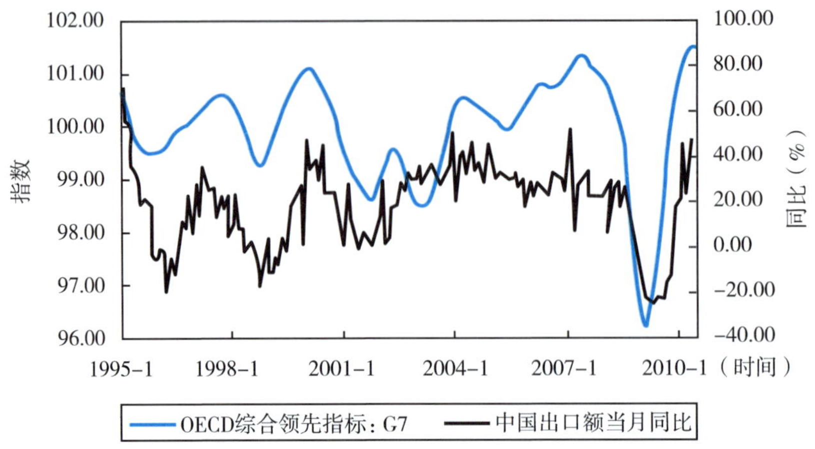

图3－2－1　OECD领先指标与中国出口关系一览

资料来源：国家统计局 www. stats. gov. cn；BLOOMBERG。

（二）广交会指标

我国一年两季的广交会（春、秋）对于指示我国全年的进出口变化具有一定的领先意义。

广交会有关时期出口信息情况见图3－2－2。

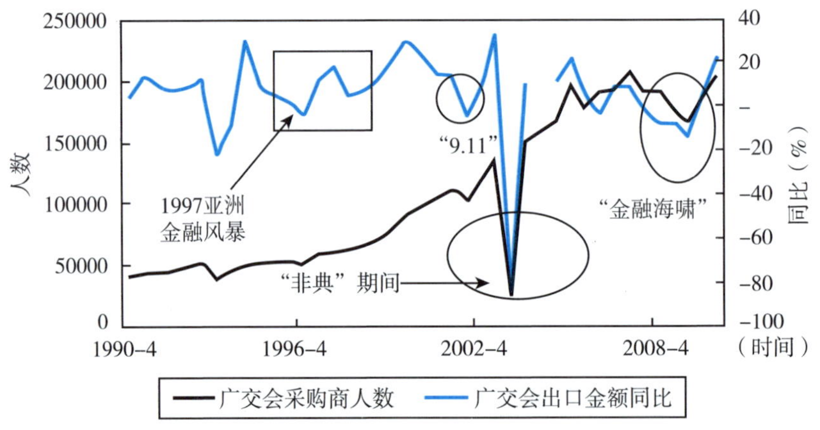

图3－2－2　广交会出口信息一览

资料来源：国家统计局 www. stats. gov. cn。

（三）航运类指标

我国上海航运交易所编制的"中国出口集装箱运价指数"（CCFI），发布频率为周，对于指示我国出口市场的变化具有高频作用，也值得投资者关注。

由于我国的出口的物品多以成品形式存在，因此衡量中国的出口状况多参考集装

箱市场的变化；我国的进口多为资源类产品，多为散装货物形式，因此衡量我国的进口状况多参考干散货市场的变化。

此外，上海航运交易所还定期（周）发布“中国沿海散货运价指数”（CCBFI），该指数可以衡量我国内需变化的状态。如图 3－2－3 所示。

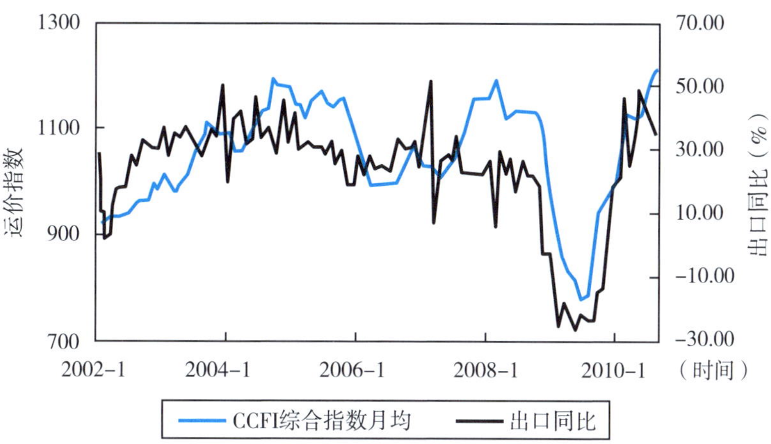

图 3－2－3　CCFI 指数和出口同比关系

资料来源：国家统计局 www. stats. gov. cn；上海航运交易所 www. sse. net. cn。

（四）港口行业数据

我国的货运数据和发电量数据一样，由于其“不可转移、储存”的特征，其变化所揭示的经济变化具有准确、及时的特征。从历史数据对比来看，我国主要港口货物吞吐量的变化在很大程度上领先于我国的出口变化。如图 3－2－4 所示。

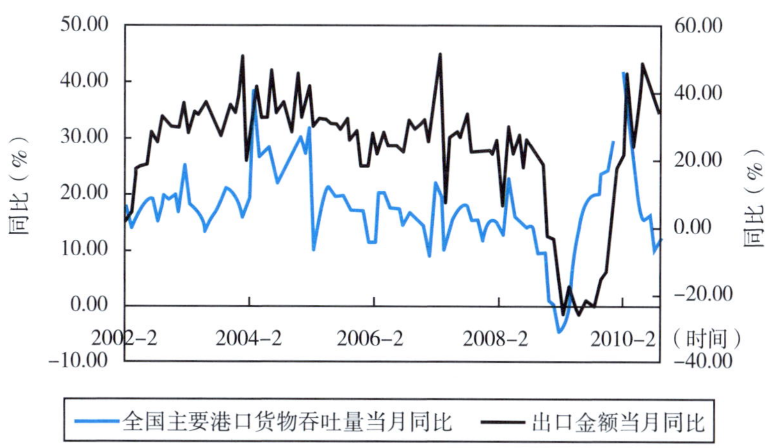

图 3－2－4　港口行业数据与出口关系一览

资料来源：国家统计局 www. stats. gov. cn。

（五）PMI中的订单变化

PMI指数中的新出口订单指数对于我国的出口同比增长具有一定的领先意义。从经验角度来看，订单数据的变化是出口变化的先导性指标，出口订单减少一般领先于实际出口量减少至少3个月时间①。如图3－2－5所示。

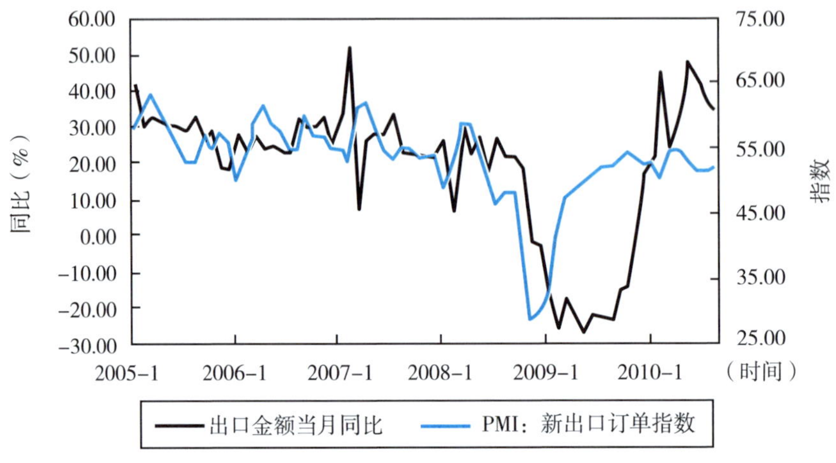

图3－2－5　PMI新出口订单指数与出口关系一览

资料来源：国家统计局 www. stats. gov. cn。

（六）波罗的海指数与中国进口的关系

BDI指数主要反映的是大宗资源类产品的供求关系，由于中国进口产品多以该类物品为主，因此BDI指数更多地可以反映中国进口状况的变化。如图3－2－6所示。

四、进出口"拐点"数据分析

由于同比数据常常受到基数的影响，因此同比数据在揭示经济变化"拐点"过程中，常常具有时滞性，克服这种缺陷的方法就是采用经过季节调整②后的环比数据，环比数据对于经济总量拐点的揭示灵敏度要强于同比数据。如图3－2－7所示。

1998年以来，我国贸易出口曾出现过3次较为显著的调整，第一次是在1998年（持续6个月，主要受到亚洲金融风暴的影响）；第二次是在2000年（持续6个月，主要是在美国网络股"泡沫"破灭引发美国经济轻微衰退所导致）；第三次是在2008年（持续6个月，主要是受到欧美"金融海啸"影响）。

① 当前的出口反映的是至少3个月前的订单情况。

② 使用较为方便、合乎中国国情的一个计量调整软件可参考"PBC版X－12－ARIMA"。

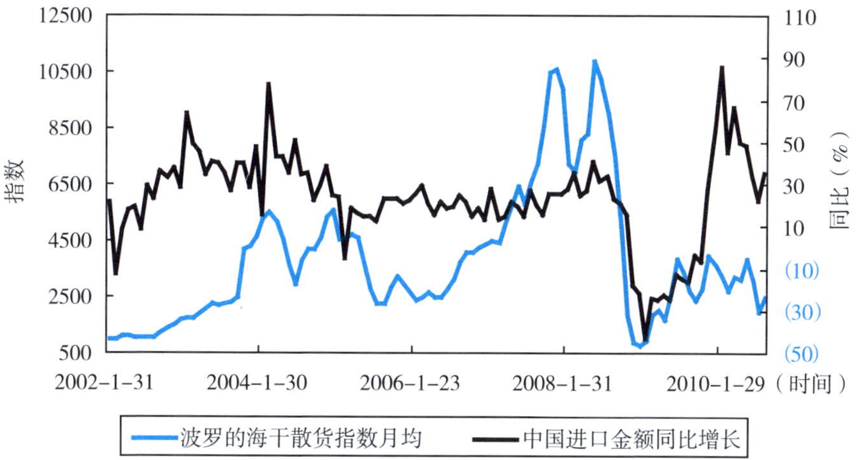

图 3-2-6　BDI 与中国进口状况相关性

资料来源：BLOOMBERG.

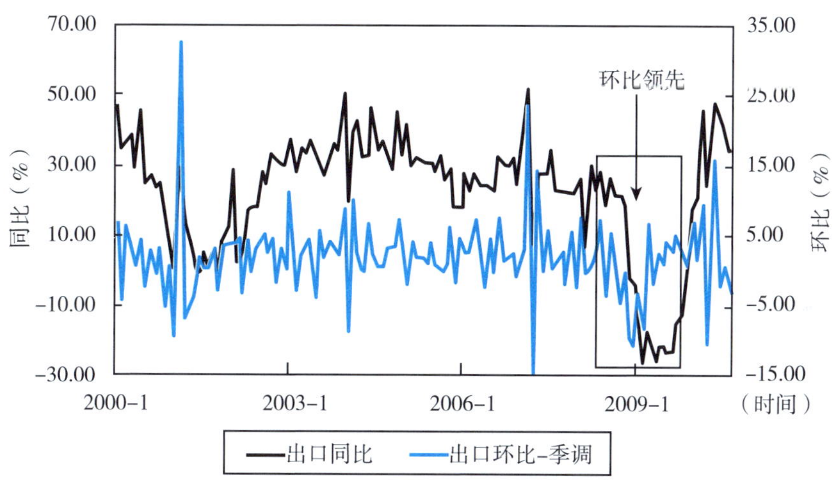

图 3-2-7　出口金额同比与环比变化一览

资料来源：国家统计局 www. stats. gov. cn。

一般情况下，市场定义经济的衰退是从同比增长数据出现明显回落为主要标志，但是从时间传导效应来看，环比数据出现回落要明显领先于同比数据的回落（市场中经常将经济增长类指标的环比数据称为经济增长的二阶导数）。因此，作为密切关注经济增长动态的投资者更应该多关注经济增长的环比情况，这往往具有先导性作用。

附注：

2009年度我国出口构成简要介绍

以2009年度我国的出口数据为例来进行说明。按照洲际目的地划分，我国出口贸易的大小构成分别是：亚洲（48.05%①），欧洲（22.12%）、北美（18.95%）、拉丁美洲（5.10%）、非洲（3.56%）、大洋洲（2.20%）。

在亚洲（含日本）地区，我国对于具体国（地区）别的出口比重依次排列为：中国香港（14.71%）、东盟（9.47%）、日本（7.75%）、韩国（4.44%）、印度（2.44%）、中国台湾（1.86%）、阿拉伯联合酋长国（1.39%）。

在非洲地区，我国主要的出口目的地是南非（0.58%）。

在欧洲地区，我国主要的出口目的地依次是：欧盟（19.42%）、英国（2.69%）。

在拉丁美洲地区，我国主要的出口目的地依次是：巴西（1.31%）、墨西哥（1.12%）。

在北美洲地区，我国主要的出口目的地主要是美国（17.60%）。

在大洋洲地区，我国主要的出口目的地是澳大利亚（1.84%）。

这样来看，我国对上述14个国家（地区或经济体）的出口总量占据我国出口总量的比重大约为87%。如果按照国别（或地区）来看，我国对外出口的贸易伙伴大小依次为：欧盟（19.42%）—美国（17.60%）—中国香港（14.71%）—东盟（9.47%）—日本（7.75%）—韩国（4.44%）—英国（2.69%）—印度（2.44%）—中国台湾（1.86%）—澳大利亚（1.84%）—阿拉伯联合酋长国（1.39%）—巴西（1.31%）—墨西哥（1.12%）—南非（0.58%）。

我国对欧盟和美国出口的合计数量占比为37%，这两个地区基本上是世界经济的龙头地区，其对于我国产品的需求具有相对独立性，而且多为终端需求。

相比于前两者，其他贸易伙伴的权重大小也不能割裂开来看待，因为一个国家从中国的进口必然受到其相关经济体的影响。常识来看，比如日本、墨西哥从中国的进口情况一定会受到美国经济变化的影响，而英国从中国的进口状况则会受到欧盟经济体状况的影响。还有一些国家，其贸易体内循环特征为转口贸易形式，进口数量要取决于出口数量，而出口数量则要取决于终端需求方的经济状况。

较为值得关注的地区或国别有两个，分别是中国香港和韩国。

1. 中国香港从内地的进口状况能否独立于美、欧？

中国香港贸易的主要构成是转口贸易，其最终目的地从转口商品的目的地看，分别是中国内地、美国、日本、德国、英国、中国台湾，即上述国家地区是中国香港转口贸易的前六大目的地。其转口商品分别占当年转口总值的48.0%、14.5%、5.0%、3.0%、2.8%和2.5%②。

中国香港地区从内地的进口、再出口在相当程度上抵消了贸易顺差构成，而美国、日本、欧洲的需求作为终端需求，是决定中国香港从内地进口量大小的主要因素。

2. 韩国从中国的进口状况能否独立于美、欧？

韩国商品最大的出口国是中国、美国、中国香港、日本、中国台湾，最大的进口国是中国、日

---

① 括号内数据表示我国对外出口的份额。

② 截至2009年8月份数据。

本、美国。中国同时作为其最大出口方与进口方，确实存在着一个良性互动。比如 2009 年中国的四万亿元投资计划，推动了我国从韩国的进口，并间接带动了韩国的整体经济复苏，而韩国的经济复苏进而带动了中国向韩国的出口增长，但是对经济增长意义最大的顺差而言，这种互动增长却是具有很大的抵消作用。

同时需要注意的是，韩国的出口通常被认为是世界贸易的风向标。

第二节　固定资产投资类经济指标介绍

在固定资产投资类的经济指标中，市场关注的焦点是“城镇固定资产投资完成额”。一般情况下，在计量增长比率中，统计局主要是统计发布“城镇固定资产投资完成额的累计同比增速”。

在理解固定资产投资这一指标前，有必要详细了解如下几个基本概念及其相互之间的关系，这对于把握固定资产投资的变化至关重要。

1. 城镇固定资产投资完成额。
2. 新增固定资产投资完成额。
3. 全社会固定资产投资完成额。
4. 固定资产投资本年新开工项目计划总投资额。
5. 固定资产投资本年施工项目计划总投资额。
6. 固定资产投资本年新开工项目个数。
7. 固定资产投资施工项目个数。
8. 到位资金（固定资产投资资金来源）状况。

一、固定资产投资的分类

按照不同的口径，固定资产投资可能有众多不同的分类方式，但是在日常投资交易分析过程中，主要使用的分类方式有如下三个。

1. 按照管理渠道来划分，固定资产投资总额可以划分为四类，分别是基本建设投资、更新改造投资、房地产开发投资和其他固定资产投资。

在公开的数据发布中，国家统计局不是按照上述口径来进行发布的，定期发布的数据是各个行业的固定资产投资完成额数据，共计 20 个行业，分别为①：

（1）农、林、牧、渔业；（1.32%）。

（2）采矿业；（4.27%）。

（3）制造业；（28.65%）。

① 后面括号内比率是 2004～2009 年各行业投资占城镇固定资产投资完成额的平均比重。

（4）电力、燃气及水的生产和供应业；（8.27%）。

（5）建筑业；（0.87%）。

（6）交通运输、仓储和邮政业；（11.57%）。

（7）信息传输、计算机服务和软件业；（1.84%）。

（8）批发和零售业；（2.08%）。

（9）住宿和餐饮业；（1.02%）。

（10）金融业；（0.15%）。

（11）房地产业；（23.54%）。

（12）租赁和商务服务业；（0.75%）。

（13）科学研究、技术服务和地质勘查业；（0.51%）。

（14）水利、环境和公共设施管理业；（8.30%）。

（15）居民服务和其他服务业；（0.21%）。

（16）教育；（2.18%）。

（17）卫生、社会保障和社会福利业；（0.76%）。

（18）文化、体育和娱乐业；（0.96%）。

（19）公共管理和社会组织；（2.74%）。

（20）国际组织；（很小比重，几乎可以忽略）。

从上述分类以及权重可以看出，占据固定资产投资额权重接近或超过10%的行业并不多，依据上述口径的归属，可以将固定资产投资大致分为如下四类：

① 基本建设投资（又可称公共投资）：电力、燃气及水的生产和供应业＋交通运输、仓储和邮政业＋水利、环境和公共设施管理业，综合占比大约为28%。

② 更新改造投资（又可称为制造业投资）：采矿业＋制造业，综合占比大约为33%。

③ 房地产投资：综合占比大约为23%。

④ 其他投资：综合占比大约为15%。

通过图3－2－8可以看到，2008年欧美“金融海啸”以来，各类投资对于固定资产投资的拉动效应。

2. 按照投资主体性质不同来进行划分，可以划分为三类：政府主导型投资、民间主导型投资以及外商投资。

需要明确的是我国城镇固定资产投资完成额主要由如下几个部分构成：

“城镇固定资产投资完成额＝内资企业＋港澳台商投资企业＋外商投资企业＋个体经营”

但是上述分类并非是按照投资主体而严格划分的，需要重新分类归并。

根据国家统计局的统计口径，从投资主体来看，民间投资主体主要包括集体经济、个体经济、混合经济中的非国有控股经济，不包括国有及国有控股经济、外商投资和港澳台经济。

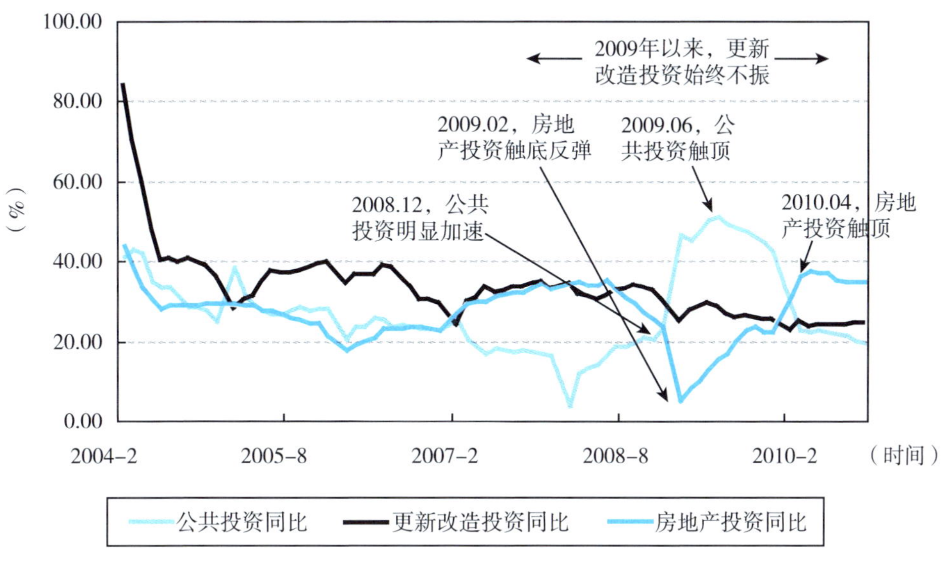

图 3－2－8 三类投资同比增长情况一览

资料来源：国家统计局 www. stats. gov. cn。

因此，在城镇固定资产投资完成额中扣除国有及国有控股单位、外商投资企业以及港澳台投资企业后的剩余部分可以相对准确地定义民间投资主体的投资情况。

即：民间投资完成额＝城镇固定资产投资完成额－国有及国有控股单位投资完成额－外商投资企业投资完成额－港澳台商投资企业投资完成额

2004 年以来，我国民间投资完成额占据城镇固定资产投资完成额的比重不断上行，从 2004 年大约 30% 附近上行到 2010 年超过 50% 的水平。

从民间投资完成额的累计同比增长情况来看，2005～2010 年，其同比增长速度平均为 40%，2007 年以来国内调控经济过热的政策措施，以及 2008 年的经济衰退导致了民间投资增长速度出现了回落，虽然 2009 年的经济刺激计划对于民间投资出现了一些拉动效应，但是整体效果有限。如图 3－2－9 所示。

3. 按照投资资金来源性质不同划分，可以划分为国家预算内资金、国内贷款、利用外资、自筹资金以及其他资金。

首先要介绍一下“城镇固定资产投资完成额”与“城镇固定资产投资资金来源”的区别。以货币单位来计量，两者是存在差异的。从历史情况来看，后者总体上是大于前者的，因此从绝对数额来比较两者差异，意义不大，但是从两者的同比变化速度来看，两者具有高度趋同性，相对而言，投资资金来源的累计同比波动要大于城镇固定资产投资完成额的累计同比增速。如图 3－2－10 所示。

1996 年以来，我国城镇固定资产投资资金来源中各类资金的平均占比情况如表 3－2－1所示。

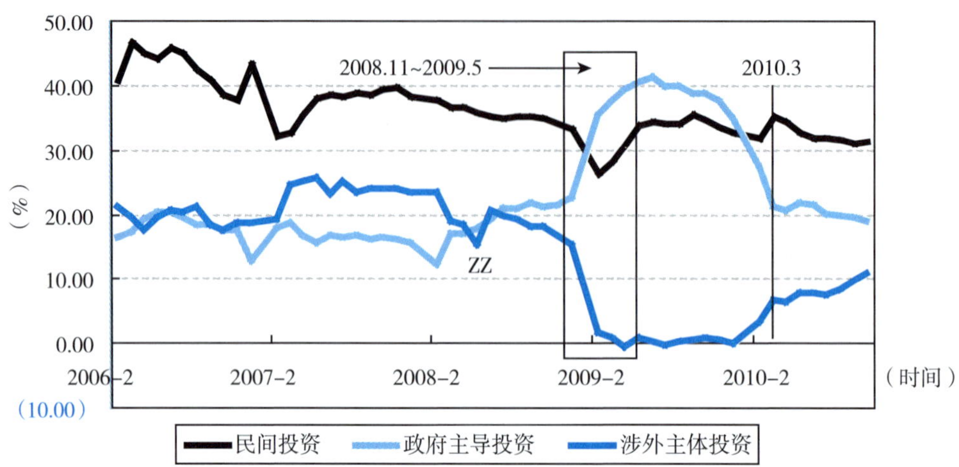

图3-2-9　各类投资主体投资完成额同比增长情况一览

资料来源：国家统计局 www. stats. gov. cn。

图3-2-10　城镇固定资产投资增速和固定资产投资资金增速

资料来源：国家统计局 www. stats. gov. cn。

表3-2-1　城镇固定资产投资资金来源各类资金占比一览

国家预算内资金平均占比	4.5%
国内贷款资金平均占比	21.8%
利用外资资金平均占比	6.3%
自筹资金平均占比	50.3%
其他资金平均占比	16.7%
城镇固定资产投资资金来源	100.0%

资料来源：国家统计局 www. stats. gov. cn。

再来详细解释一下这几类投资资金构成的要素。其中最为重要的是国家预算内资金，它主要包括中央投资资金和地方投资资金两个项目。通常意义上讲，中央投资资金和地方投资资金的稳定比率大约为1:1，而从历史情况来看，中央投资资金的年度增速较为稳定，大约保持在25%左右。如图3－2－11所示。

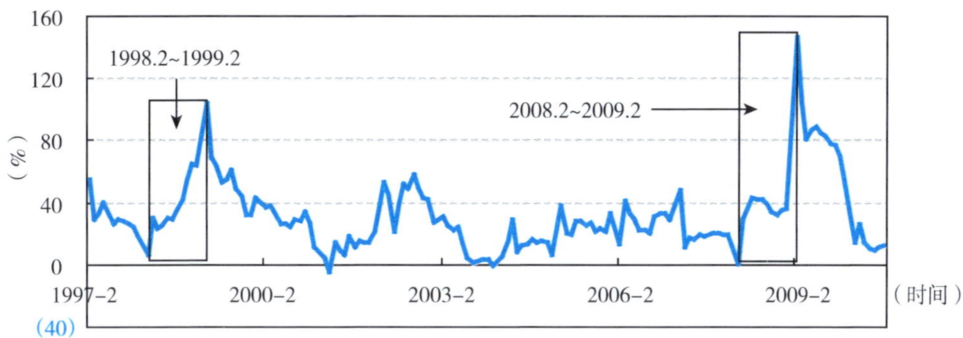

图3－2－11 国家预算内投资资金累计同比增长情况

资料来源：国家统计局 www.stats.gov.cn。

图3－2－12是一份较为不错的参考资料，是我国在2009～2010年期间“四万亿元”投资中的资金分配情况。

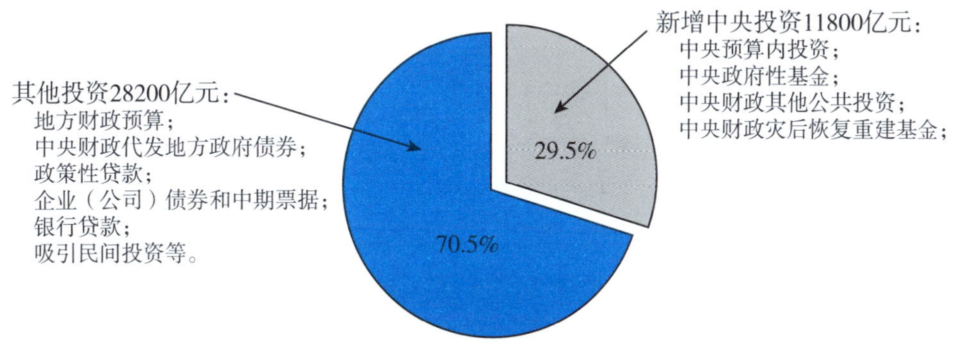

图3－2－12 2009～2010年“四万亿投资”资金来源构成

资料来源：国家发展和改革委员会 www.sdpc.gov.cn。

有如下几个历史经验数据可供借鉴参考：

（1）“国家预算内资金——中央投资资金”项目在历史上的年度平均增速为25%。

（2）“国家预算内资金——中央投资资金”带动社会投资的倍数关系大约为1:3。

（3）常态下私人投资的正常增速大约在25%～30%范围，通常情况下，对于私人投资的估计倾向于参照房地产投资的增速来估算。

二、与固定资产投资相关的先行类经济指标

在金融投资交易分析中，市场聚焦点是“城镇固定资产投资完成额累计同比增速”，其走势变化与若干类先行指标密切相关，分别可归纳如下：

（一）“城镇固定资产投资完成额”与“固定资产投资本年新开工项目计划总投资额”的关系

从相互关系来看，后者在某种程度上是前者的先行类指标。从常识来看，判断投资增速能否持续的两个条件是：（1）新开工项目计划总投资额的增长速度是否高于投资增速；（2）到位资金（即城镇固定资产投资资金来源）的增长速度是否高于投资的增速。

1997年以来两者累计同比的相互关系在一定程度上验证了两者之间的先后关系，新开工项目计划总投资的增长变化往往领先于固定资产投资的增长变化。如图3－2－13所示。

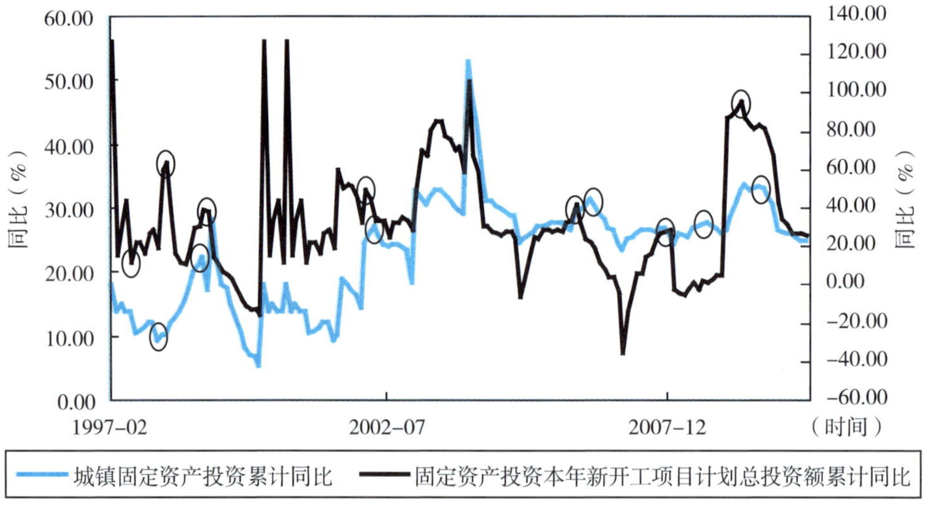

图3－2－13　固定资产投资完成额与新开工项目计划总投资关系一览

资料来源：国家统计局 www. stats. gov. cn。

可以重点考察几个历史时期中两类指标的具体表现：1997～1999年期间（面对亚洲金融危机，扩大投资的措施出台）、2003～2004年时期（投资过热，宏观调控时期）、2008～2010年时期（面对欧美金融海啸，扩大投资的措施出台）。

1. 1997～1999年时期固定资产投资的变化轨迹。众所周知，1997年期间，由于亚洲“金融风暴”的影响，我国经济出现明显下滑，中国政府于1998年推出了扩大投资计划，从而较为顺利地将中国经济拉出了底部。

详细来看，面对金融风暴的冲击，大规模的政府投资出现了两次，分别是1998年年初和1999年年初，两次投资刺激都对应了当时新开工项目计划总投资额的明显走高，随后又都激发了城镇固定资产投资完成额的明显抬头。

通过图3－2－14所示，1997～1999年期间，新开工项目计划总投资额对于城镇固定资产投资总额而言，是较为明显的先行指标。

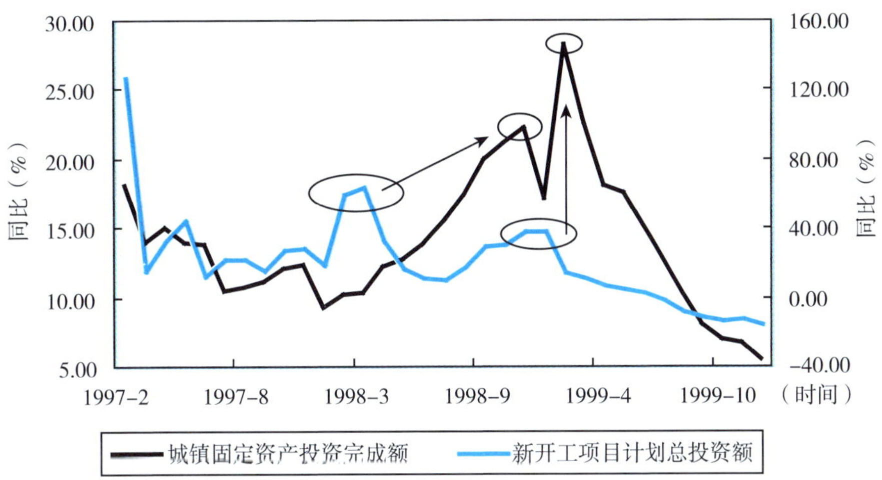

图3－2－14　1997～1999年投资增速与新开工项目增速关系

资料来源：国家统计局 www.stats.gov.cn。

2. 2003～2004年时期固定资产投资的变化轨迹。2003年年底以来，中国经济脱离了前期的停滞下滑局面，却较为迅速地踏上了经济过热的轨道。从2003年年底开始，以信贷投放过速、固定资产投资过热为特征的经济呈现一定的失控局面。2004年一季度末期，中央政府启动了针对于固定资产投资过热的一系列调控措施，导致了固定资产投资增速出现了迅速回落，甚至产生了投资"硬着陆"之说。

在本轮针对固定资产投资的调控中，由于行政性手段的使用较为严厉，导致固定资产投资所谓先行指标——新开工项目计划总投资与之几乎同步出现了回落，前后之间没有出现明显的时间差异。因此，在这个时期中，所谓的先行指标没有出现应有的前瞻性含义。如图3－2－15所示。

3. 2008～2010年时期固定资产投资的变化轨迹。相似于1997～1999年亚洲"金融风暴"期间政府大规模投资计划的推出，在2008年出现欧美"金融海啸"后，中央政府同样出台了一系列扩大投资的措施。这个时期中，新开工项目计划总投资领先于城镇固定资产投资的增长变化，领先指标的前瞻性再度恢复，如图3－2－16所示。

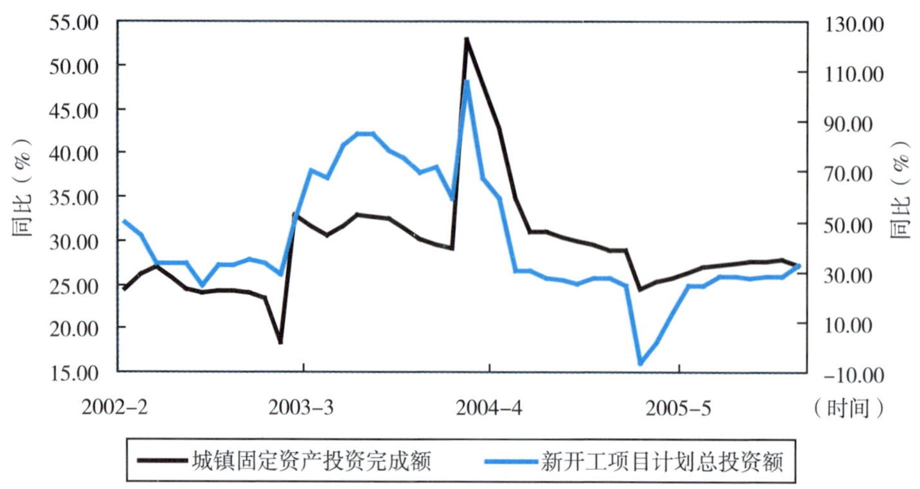

图3-2-15　2002～2005年期间投资总额与新开工项目变化关系

资料来源：国家统计局 www. stats. gov. cn。

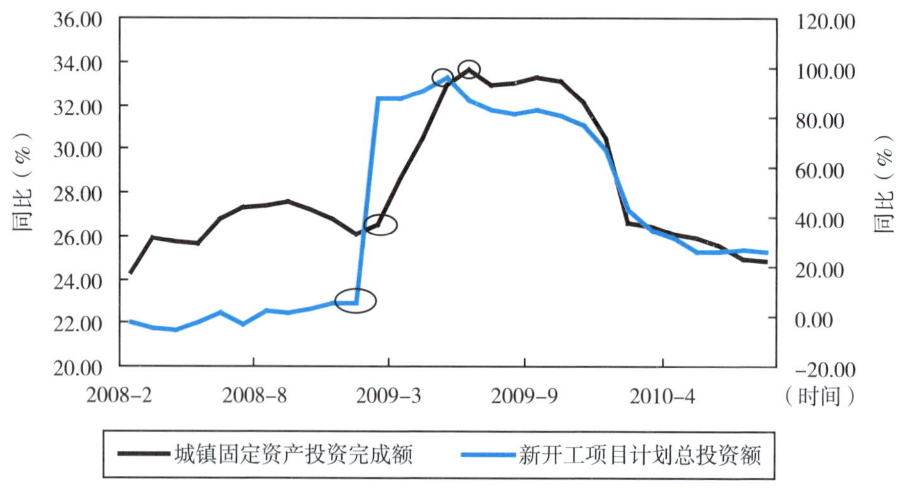

图3-2-16　2008～2010年投资与新开工项目关系一览

资料来源：国家统计局 www. stats. gov. cn。

（二）"城镇固定资产投资完成额"与"中长期信贷增长速度"的关系

一般情况下，市场分析倾向于认为中长期信贷是固定资产投资的先行类指标（国内贷款占据固定资产投资资金来源的20%以上）。从历史数据来看，中长期信贷增长确实领先于国内投资完成额的变化，如图3-2-17所示。

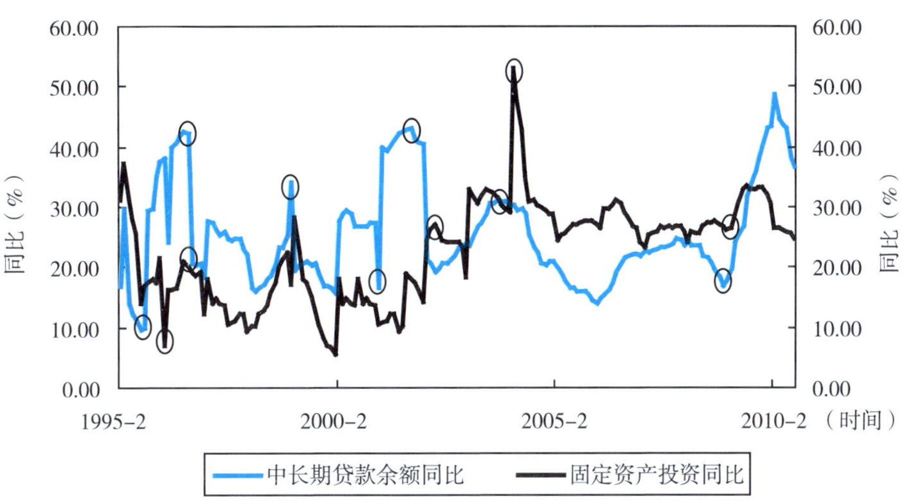

图 3-2-17 中长期贷款与投资变化一览

资料来源：国家统计局 www. stats. gov. cn；中国人民银行 www. pbc. gov. cn。

三、分类投资项目的先行指标探讨

在前面论述中，我们提及到按照管理渠道来划分，固定资产投资总额可以划分为四类，分别是基本建设投资（比重大约为28%）、更新改造投资（33%）、房地产开发投资（23%）和其他固定资产投资。其中，前三者占据全部城镇固定资产投资的比重大约为85%。

特别值得关注的是在2008～2010年期间，三类主要投资的增速变化并不一致。总体来看，由政府所主导的公共投资增速率先启动，随后带动了房地产投资增速的触底反弹，但是占比最大的更新改造投资的同比增速始终保持一个相对弱势，仅仅在2009年2月份到5月份期间，同比增长速度由25.4%提高到29.7%，随后再度恢复弱势格局。

既然上述三类投资是非常重要的构成因素，那么对应上述三类投资的先行类经济指标是什么呢？

（一）更新改造投资与企业利润变化的关系

市场分析中，研究人员倾向于认为企业利润的变化是企业更新改造投资的先行类指标，当企业盈利状况越发改善时，对于扩张产能、扩大投资具有浓厚兴趣。

但是当按照这一思路来研究历史情况时，却发现两者之间的相关性较为薄弱。分别用工业企业利润同比增速（在近几年是按照季度频率来发布的）、RMPI-PPI（可以近似代替企业盈利的变化）、全国国有企业利润总量增长速度三个指标和更新改造投资增长速度来比较。直观来看，没有发现在企业利润和更新改造投资之间有很强的相关性，这点内容有待继续探讨与研究。如图3-2-18~图3-2-20所示。

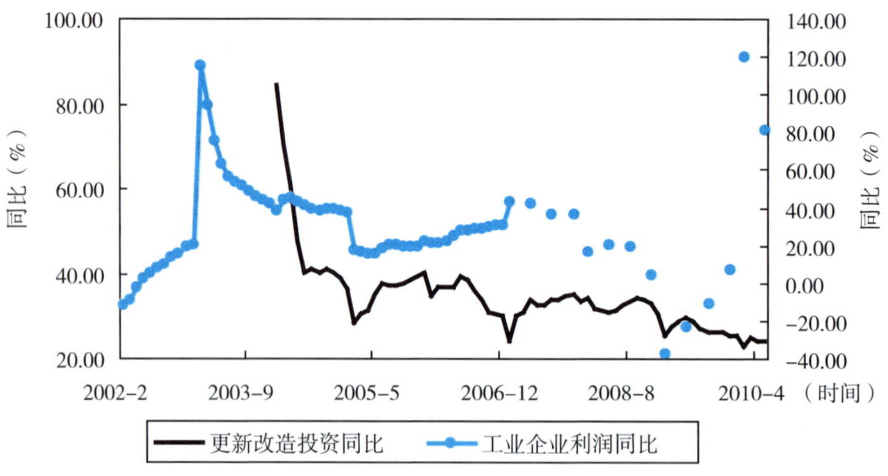

图3-2-18　工业企业利润和更新改造投资的关系

资料来源：国家统计局 www. stats. gov. cn。

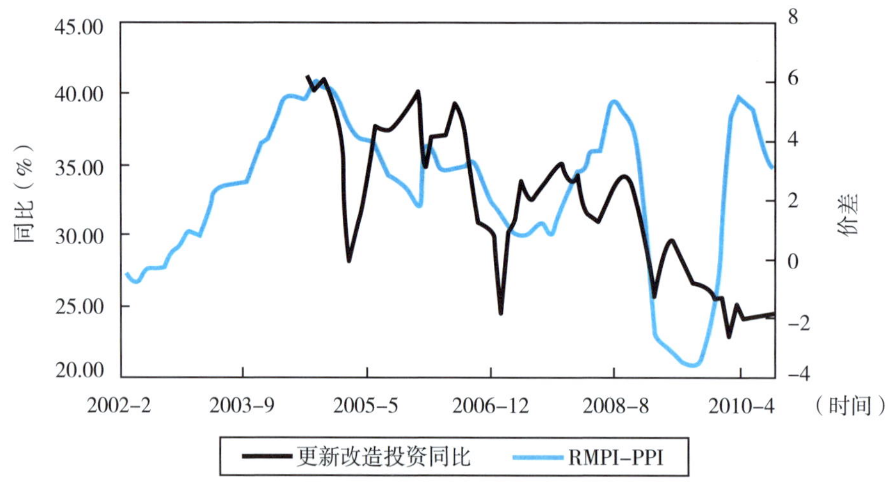

图3-2-19　更新改造投资与工业价格差的关系

资料来源：国家统计局 www. stats. gov. cn。

（二）房地产投资与房屋销售的关系

房地产投资是投资中一个较为敏感的部分，通常可以将房地产开发投资划分为四个部分，分别为住宅类开发投资（大约权重为70%）、办公楼类开发投资（大约权重为4%~5%）、商业营业用房类投资（大约权重为10%）、其他类开发投资（大约权重为15%）。

可见，住宅类开发投资是房地产开发投资中的大头，而在住宅类开发投资中又可以进行细致划分为：经济适用住房开发投资（大约占据住宅类开发投资的3%~

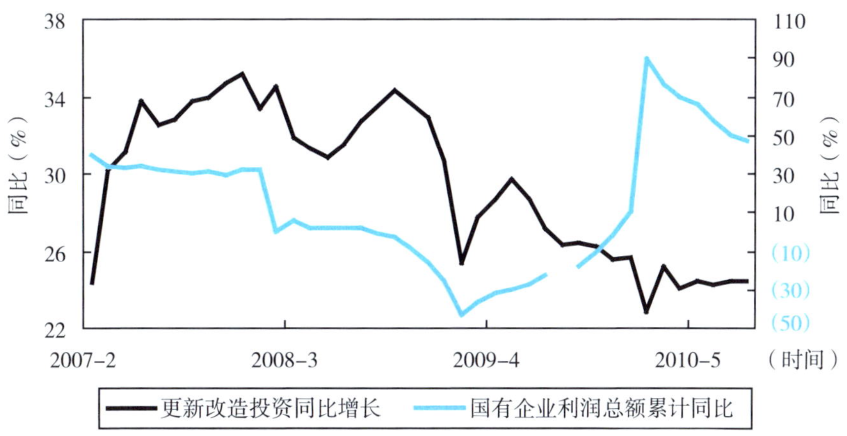

图 3-2-20　更新改造投资与全国国有企业利润总额增长的关系

资料来源：国家统计局 www.stats.gov.cn。

5%）、别墅以及高档公寓开发投资（大约占据住宅类开发投资的10%附近）、其他为商品类住宅开发投资。需要注意的是，90 平方米以下的住宅类开发投资占据全部住宅类开发投资的比重大约为30%。

1. 房地产销售情况是房地产开发投资的先行类指标。从房地产开发投资的构成来看，住宅类开发投资占据多数，而住宅类投资中的大头又是商品房。因此，从传导途径来看，"房屋价格变化→房屋销售情况变化→房地产开发投资变化"是一个较为常规的预测路径，因此市场经常密切关注房地产销售情况的变化。

1998 年以来，我国实行住房商品化改革，初步建立了商品房市场，从长期运行情况来看，房地产销售情况确实是房地产开发投资的领先指标。如果考虑再全面一些，另一个先导化指标，可以采用房屋价格指数的变化。如图 3-2-21 所示。

2. 土地成交情况是房地产开发投资的先行指标。房地产销售情况是从需求的角度来理解房地产开发投资变化的着力点，而土地成交情况，则是从供应层面来理解房地产开发投资变化的着力点，虽然后者与房地产开发投资的关系并不像前者那么直观显见，而且可参考的历史数据也有限。

从目前仅有的参考数据来看，2009 年以来土地成交面积能够在一定程度上作为房地产开发投资的先行指标，但是由于采样数据的归纳周期不长，因此直观相关性有限，可以作为佐证以供参考，如图 3-2-22 所示。

（三）公共投资的变化可能与国家预算内资金的变化有关

由于公共投资的市场化特征较为薄弱，因此在分析公共投资的变化以及可持续性时，很难找到一些市场化的先行指标。从原理上分析，公共投资的增长变化在很大程度上体现为政府投资意图的变化，而这种意图的变化应该在数据层面上体现为国家预算内资金的增长变化。因此可否推测，国家预算内资金的增长变化是公共投资增长变

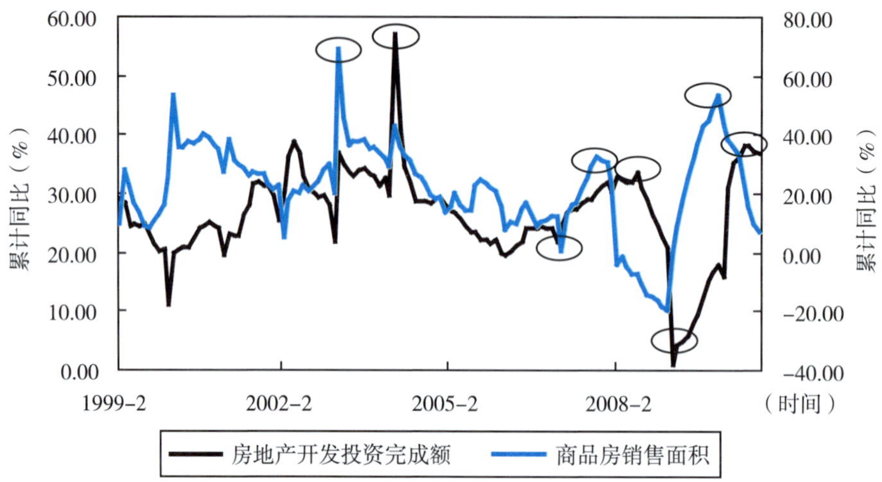

图3-2-21　房地产开发投资完成额与商品房销售面积关系

资料来源：国家统计局 www. stats. gov. cn。

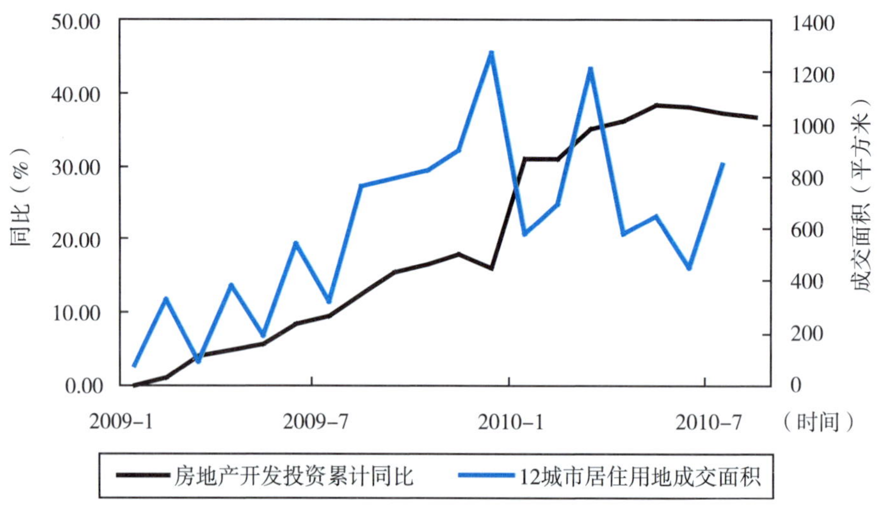

图3-2-22　土地成交情况与房地产开发投资关系

资料来源：国家统计局 www. stats. gov. cn。

化的先行类指标。

2004年以来的历史数据变化也给我们的上述结论分析提出了挑战，从数据观察来看，很难直观的描述出国家预算内资金变化和公共投资的变化关系具有强相关性。

只是可以看出在2008年中，国家预算内资金的增长出现了异乎历史的变化增长，随之也产生了公共投资的明显增长，只是这种判断更适合于定性分析，而难以具体到定量分析，如图3-2-23所示。

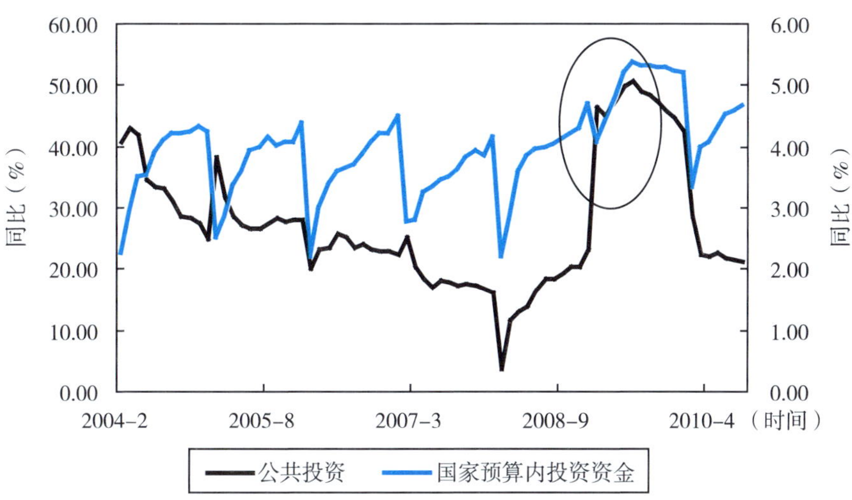

图 3-2-23　公共投资和国家预算内资金增速变化

资料来源：国家统计局 www. stats. gov. cn。

第三节　消费类经济指标——社会消费品零售总额介绍

在拉动中国经济增长的“三驾马车”中，内需消费是一个较为稳定的项目，长期以来我国的社会消费品零售总额同比增长始终维持稳步攀升的局面，除去个别时期出现过短期波动外，基本保持稳定向上的局面。

剔除 CPI 因素后的社会消费品零售实际同比增长速度同样保持长期稳定，特别是从 2009 年以来，同比增长较历史前期有一个相对明显的提高。如图 3-2-24 所示。

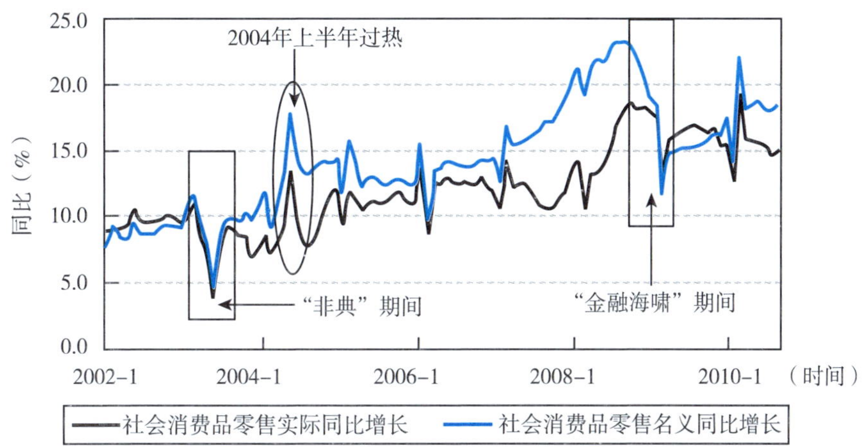

图 3-2-24　社会消费品零售增长情况一览

资料来源：国家统计局 www. stats. gov. cn。

除去定期公布的社会消费品零售总额同比增长速度外，具体到中国国情，一些重要节假日期间的零售消费情况也能够较为准确地反映我国内需中的消费成分。比如下列指标值得参考关注。

1. 春节黄金周期间社会零售消费情况。该数据从2005年开始由国家商务部统计发布，揭示的是春节黄金周七天长假期间社会零售消费的情况。最近7年春节黄金周期间消费品零售额及其增长速度如表3－2－2：

表3－2－2　　春节黄金周消费品零售额增长情况一览

年度	消费品零售总额（亿元）	同比增长速度（%）
2005	1600	16.00
2006	1900	15.50
2007	2200	15.00
2008	2550	16.00
2009	2900	13.80
2010	3400	17.20
2011	4045	19.00

资料来源：国家统计局 www.stats.gov.cn。

2. “十一”黄金周消费品零售额及其增长情况（见表3－2－3）。

表3－2－3　　“十一”黄金周消费品零售额增长情况一览　　单位：亿元

年度	消费品零售总额（亿元）	同比增长速度（%）	覆盖时间
2005	2700	14.20	10.1－10.7
2006	3000	14.50	10.1－10.7
2007	3500	16.00	10.1－10.7
2008	4200	21.00	9.29－10.5
2009	5700	18.00	和中秋节合并，有8天
2010	5920	18.70	10.1－10.7

资料来源：商务部 www.mofcom.gov.cn。

3. 每年由中华全国商业信息中心发布的全国百家重点大型零售企业零售额数据。例如，针对2009年春节黄金周的情况，中华全国商业信息中心统计数据显示，2009年春节黄金周期间，全国百家重点大型零售企业实现零售额37.3亿元，同比仅增长

6.6%，增速比2008年春节下降了17.8个百分点，这是2005年以来首次跌破10%。2005~2008年该数据增速分别为13.2%、12.7%、23.5%、24.4%。2009年中有38家企业的零售额为负增长。

4. 除去上述一些较具有权威性的统计机构发布的涉及零售消费环节的统计数据外，市场还经常自发地去寻找其他一些“草根”层面的经济数据来检验经济状况，比如中国银联发布的信用卡消费情况变化，等等。

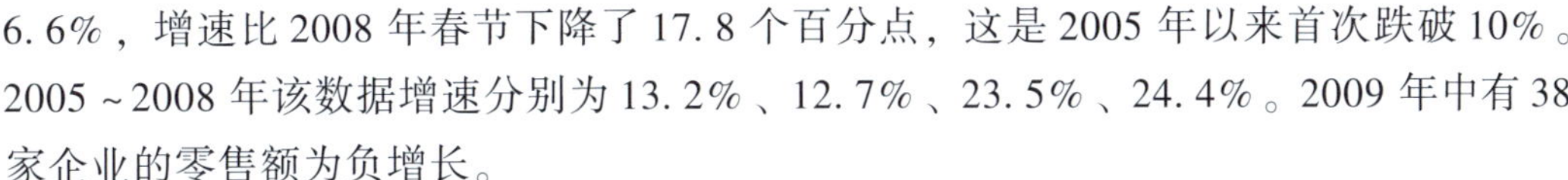

第四节　GDP与传统“三驾马车”的关系

在简要分析了投资、消费、贸易出口这三大经济增长动力指标后，非常有必要综合观察国内生产总值——GDP指标，这是衡量经济增长的最重要、最综合的经济指标。

在详细了解中国GDP指标之前，首先要了解GDP数据的核算方式。GDP有三种表现形态，即价值形态、收入形态和产品形态。从价值形态上看，它是所有常住单位在一定时期内生产的全部货物和服务价值超过同期投入的全部非固定资产货物和服务价值的差额，即所有常住单位的增加值之和；从收入形态上看，它是所有常住单位在一定时期内创造并分配给常住单位和非常住单位的初次分配收入之和；从产品形态看它是最终使用的货物和服务减去进口货物和服务。

在实际核算中，GDP的三种表现形态表现为三种计算方法，即生产法、收入法和支出法。三种方法分别从不同的方面反映GDP及其构成。

1. 生产法是从生产过程中生产的货物和服务总产品价值入手，剔除生产过程中投入的中间产品的价值，得到增加价值的一种方法。计算公式为：增加值 = 总产出 - 中间投入。将国民经济各行业的增加值相加即得到GDP数据。

2. 收入法也称为分配法。按收入法计算GDP是从生产过程创造收入的角度，对常住单位的生产活动成果进行核算。按照这种计算方法，增加值由劳动者报酬、生产税净额、固定资产折旧和营业盈余四个部分组成。计算公式为：增加值 = 劳动者报酬 + 生产税净额 + 固定资产折旧 + 营业盈余。国民经济各部门的增加值之和等于GDP。

3. 支出法是从最终使用的角度反映GDP最终使用去向的一种方法。最终使用包括货物和服务的最终消费支出、资本形成总额、货物和服务净出口三部分，计算公式为：GDP = 最终消费支出 + 资本形成总额 + 货物和服务净出口。

我国的季度GDP核算是从生产角度，也就是从各个产业部门增加值的角度进行核算的，因此日常所接触到的官方公布的GDP数据为生产法GDP数据。

但是由于采用生产法来核算GDP所需要的统计数据非常复杂、难得，因此在市场日常分析测算中常常用支出法来衡量GDP的变化，即通过分析最终消费、资本形成总额以及净出口等需求指标，间接合成GDP数据。因此，在市场分析中所提到的

GDP 内涵实际上是属于支出法 GDP。

支出法 GDP 是从最终需求，即消费需求、投资需求和净出口需求角度核算 GDP。其中消费需求称为最终需求，投资需求又称为资本形成总额，净出口需求称为货物和服务净出口。最终消费包括居民消费和政府消费，资本形成总额包括固定资本形成总额和存货变动，货物和服务净出口等于货物和服务出口减去货物和服务进口。

在实践分析中，分析人员常常遵循这样一种模式，即用社会消费品零售总额替代居民消费，用财政支出替代政府消费，用全社会固定资产投资替代资本形成总额，用贸易差额替代货物和服务净出口。实际上，这些所谓的替代类指标和真实的需求指标之间有一定的差异。如果有兴趣详细了解上述三者数据指标的内涵差异，建议阅读国家统计局副局长许宪春于 2009 年撰写的文章《如何理解今年一季度支出法 GDP 增长率》[①] 一文，在此仅将一些关键性内容浓缩于下：

第一，资本形成总额 = 固定资产形成总额 + 存货变动，其中前者变化并不等同于社会固定资产投资的变化，具体差异如表 3－2－4 所示，而后者变动则主要依靠国家统计局根据广泛的渠道对于存货变化数据进行独立预测。

表 3－2－4　　城镇固定资产投资与全社会固定资产投资内涵差异

	城镇固定资产投资	全社会固定资产投资	固定资本形成总额
频率	月度	季度，年度	年度
覆盖面	城镇固定资产投资	城镇和农村固定资产投资	城镇和农村固定资产投资
统计口径	五十万元以上固定资产投资（房地产和私人投资五万元以上）	城镇：1997 年以前，五万元以上：1997 年以后，50 万元以上。房地产和私人投资维持在五万元以上 农村：五万元以上	全口径，无最低限额

		土地改良		土地使用权转让费
固定资本形成总额 = 全社会固定资产投资	+	商品房销售附加值	－	二手设备及厂房转让费
		最低口径以下固定资产投资		

第二，居民消费的核算主要通过农村和城镇住户调查获得的居民家庭消费支出来衡量，并不是用社会消费品零售总额来衡量。政府消费主要是用政府支出中的经常性业务支出来测算，并非单纯用全部的政府支出项目来衡量，见表 3－2－5。

① 《如何理解今年一季度支出法 GDP 增长率》一文见国家统计局官网 www. stats. gov. cn。

表 3－2－5　　社会消费品零售总额与居民支出调查内涵差异

	社会消费品零售总额	居民支出调查	GDP 中的居民消费部分
覆盖范围	居民、企业及政府采购的消费品	居民在商品及服务方面的支出	居民的商品及服务消费（购买或其他方式）
数据编制	高于统计口径的企业全面上报 低于统计口径的企业抽样调查	对城镇及农村居民开展问卷调查	基于社会消费品零售总额和居民支出调查数据计算得出
可用数据	年度数据：自 1952 年起 月度数据：自 1993 年起	年度数据：农村：自 1985 年起；城镇：自 1991 年起 季度数据：农村：自 1996 年起；城镇：自 1999 年起 月度数据：主要城市：从 1992 年起	年度数据：自 1952 年起
评估			
优点	历史数据时间序列长 能够提供高于统计口径企业可售产品的详细数据 公布频率较高	与社会消费品零售总额相比，能够更好地反映居民消费情况	历史数据时间序列长以增加值计算
弱点	增长率过于平滑，未包括餐饮行业之外的其他服务行业。 计入了无法从居民消费中分离出来的非居民消费	数据编制方面存在困难，特别是存在高收入群体低报的现象。 数据公布频率低（不包括主要城市），且数据推出时间较短。 支出方面的详细数据有限	没有详细的支出数据。 只报告年度数据，且推出时间严重滞后（通常是在次年 4/5 月公布）

第三，海关统计发布的贸易差额不包括服务贸易项目，因此并不能完全反映净出口需求。

最后，需要注意的是我们最终所接触到的 GDP 数据是一个不变价格指标，在对于相应项目进行测算统计后，需要剔除期间的价格变化因素。

其中，资本形成总额一般用固定资产投资价格指数来进行剔除（该指数一般是按照季度频率来公布，发布时间相应滞后），货物和服务净出口项目一般用进出口价格指数来进行衡量剔除，而且在将美元折算成人民币过程中要注意汇率因素的变化，而最终消费项目则倾向于利用居民消费价格指数来进行衡量剔除。

需要注意的是，由于上述价格指数的发布具有滞后性特征，因此在实际运用中，很多研究机构也倾向于利用其他价格指标来进行替代。比如，观察固定资产投资指数与 PPI 的历史变化相关规律后，倾向于利用发布及时的 PPI 价格指数来测算相应的固定资产投资价格指数。

第五节　一个更为及时、综合的经济增长类指标——工业增加值

GDP 指标是一个非常重要、内涵全面的经济增长类指标，但是由于其发布频率过低，因此在实际投资交易操作中并不具有及时性特征。相对而言，金融市场在理解经济增长变动的时候，更倾向于寻找一些更为及时、有效的替代类经济指标。比如，市场非常关注贸易进出口、城镇固定资产投资以及社会消费品零售总额的变化，但是相比于综合性的 GDP 指标，上述三个指标的内涵过于狭窄，特别是当上述三者指标出现此消彼长的变化下，投资者往往无法准确地理解全部经济增长的变化方向。结合及时性和全面性特征，笔者倾向于利用工业增加值指标来衡量理解全部经济增长状况的变化。

工业增加值指标有如下几个特点，这决定了它应该是 GDP 指标的最理想替代指标。首先由国家统计局每月发布的工业增加值同比增长率是一个不变价格指标，其剔除了在月度期间价格变化的因素。再者，从我国的产业结构来看，第二产业（工业）增长是构成我国 GDP 增长的主要内容，工业增加值的变化可以代表 GDP 变化的权重接近于 50%。另外，虽然由国家统计局发布的工业增加值增长率仅包括年销售收入在人民币 500 万元或以上水平的国有企业及非国有企业（2007 年以前还包括年销售收入在人民币 500 万元以下的国有企业），即这一数据只涵盖工业增加值的一部分，不过所占比例很大，近几年的比重高于 80%，具有较好的覆盖性。

但是投资者在运用工业增加值指标的时候，一定要注意区分上中游的需求与终端需求。从传导链条来看，出口、投资与消费都属于终端需求项目，而工业增加值则属于中上游的需求。一般情况下，需求的萎缩总是最先发生在终端，随后才能向中上游传递。因此，如果经济受到冲击，最先反映的应该是在出口、投资以及消费等终端部分，随后才能传递到工业增长上。在这个意义上，终端需求的表现具有相对的领先性，而工业增加值数据则具有同步性含义。

在日常分析研究工业增加值数据中，市场常常会碰到运用理解方面的困难。官方所公布的指标是一个单纯的增长率指标，由于缺乏绝对值数据，令市场无法测算具体的工业增长的环比状况，无法有效地在同比数据中划分所谓的基期因素以及新变动因素。在本书中，我们模拟测算了工业增加值的绝对值数据，利用该绝对值测算数，可以对工业增加值数据进行一系列处理，以便规避上述困难，同样我们也模拟测算了 GDP 的绝对数据，用以对经济增长动量等指标进行分析。

对于工业增加值的短期预测进行探讨。在日常投资交易过程中，经常会遇到这样一种情况，每月 11 日是国家统计局正式发布各项宏观经济数据的时期，在此前大约一周左右的时间，市场机构会对当月各项经济增长数据进行预测，这将较为明显的影响市场心态，而在数据正式发布后，市场情绪又会反映预期数据与实际增长数据的差

异。因此，在正式数据发布前，对于经济数据进行短期预测是短期交易的基础，在此所探讨的短期预测问题就是在月度数据正式发布前的若干天对于工业增加值数据进行预测，一般是在正式数据公布前的10天左右时间中可以较有依据的对工业增加值数据进行理性预测，在市场中所流行、可参考的具体方法如下：

1. 利用发电量数据的变化对于工业增加值同比增长速度进行预测。债券市场对于发电量指标的关注始自2008年年底2009年年初，当初在世界经济危机爆发的背景下，市场纷纷在寻找危机缓解、经济复苏的信号与苗头，当时温家宝总理在一次地方考察中提及了发电量指标，这个指标的变化迅速引发了市场各界的密切关注，由于当初的发电量数据是中国电力协会按旬来及时发布，而且电力由于其独有的、不可储藏性的物理特征，因此能够较为准确地衡量工业增长变化的情况（在发电量构成中，工业用电量占据绝对多数）。一般情况下，市场分析倾向于观察发电量数据与工业增加值数据的同比变化趋势关系。

2. 利用PMI数据对于工业增加值的环比增长状况进行预测。在市场对于经济增长存在疑虑、寻求增长变化的拐点时期，增长类指标的环比变化是市场关注的焦点，而PMI数据恰恰由于其具有环比性特征引发了市场的密切关注。

在PMI系统数据构成中，有一个子数据是和工业增长情况密切相关的，即PMI中的生产指数，其上行或下降往往对应于工业增加值数据的环比增长或降低，在工业增加值绝对数据具备的基础上，环比数据方向明确能够较为准确地把握其同比数据的变化。

3. 行业数据的变化是衡量宏观经济数据变化的重要风向标。2009年之前，对于债券市场投资交易者而言，多数关注的是宏观经济数据，对于中观性的行业指标以及微观性的企业层面指标内容并不关注，但是2009年宏观增长的迅速触底复苏导致了债券投资损失惨重，相比于债券投资者对于复苏来临敏感度较低，股票市场投资者在把握此轮经济周期转换过程中则明显领先。这种敏感度的差异主要来自于两类投资者对于行业数据的关注出现偏差，而在寻求经济增长折点变化的敏感时期，这种相对领先性至关重要。

一般情况下，无论是来自于官方正式公告还是来自于各机构自行的调研，行业数据出炉的时间要略早于宏观数据，比如2010年8月份的工业增加值同比增长数据的正式发布是在同年9月11日，而之前市场关注焦点的分歧是8月份的工业增加值环比增长情况如何（具体而言，就是争论8月份的工业增长情况比7月份是改善了还是继续恶化了）。9月9日，一些重工业行业数据出炉，比如钢铁产量、汽车生产量、用电量等等，都显示出上述行业的生产情况较7月份有所改善，这实际上在一定程度上佐证了8月份工业生产状况改善的几率是较大的，而最终的官方数据发布也印证了上述推理。

那么在利用行业数据预测工业增加值的短期变化过程中，哪些行业值得关注呢？这是观察行业数据的前提条件。根据我国工业增加值的构成情况来看，其中所谓的“工业”即指GDP分类中的“采矿业，制造业，电力、煤气及水的生产和供应业”，而不含建筑业，其中制造业占其构成的绝大部分（大致比重在80%上下）。

在制造业中最为重要的子行业包括：电子设备（包括通信、计算机和其他设备，在工业中所占比例为10.8%）、交通运输设备（9.0%）、有色金属冶炼（8.8%）、化工（7.6%）、电动机械及设备（6.3%）和纺织品（5.9%）。其中，市场日常接触最为敏感、及时的行业主要是汽车生产、粗钢生产以及生铁生产，细致观察上述重点行业产量的同比以及环比增长状况对于准确把握工业增加值数据的同比以及环比变化方向非常有帮助。

范例一：工业增加值同比增长和生铁产量日均同比增长高度相关（见图3-2-25）

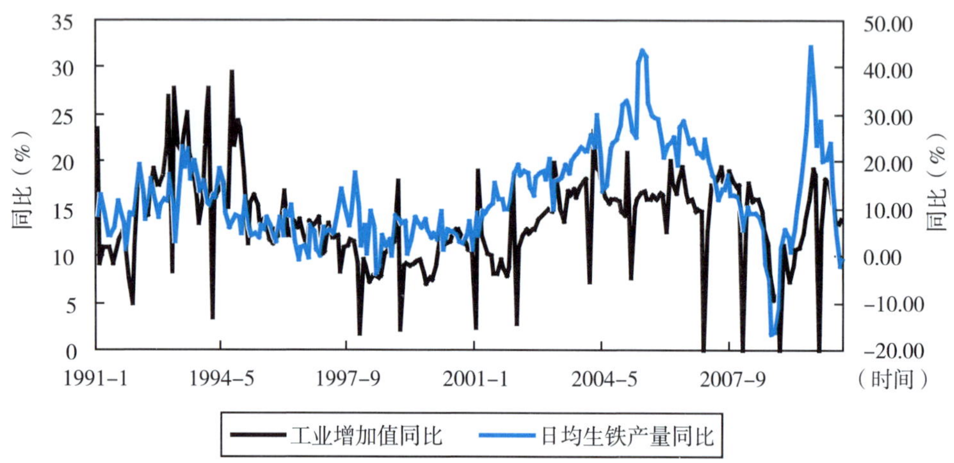

图3-2-25 工业增加值与生铁产量相关性一览

资料来源：国家统计局 www. stats. gov. cn。

范例二：工业增加值同比增长和汽车产量日均同比增长高度相关（见图3-2-26）

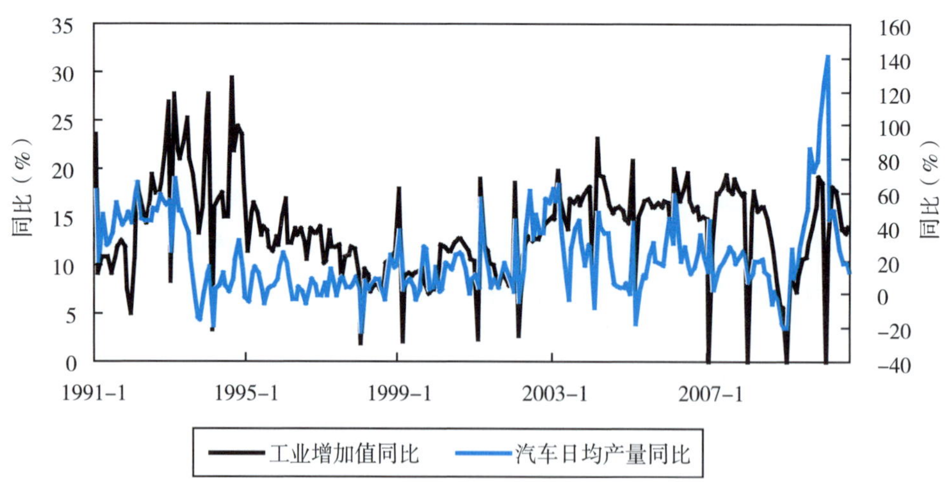

图3-2-26 工业增加值与汽车产量相关性一览

资料来源：国家统计局 www. stats. gov. cn。

范例三：工业增加值环比增长和生铁产量环比增长高度相关（见图3－2－27）

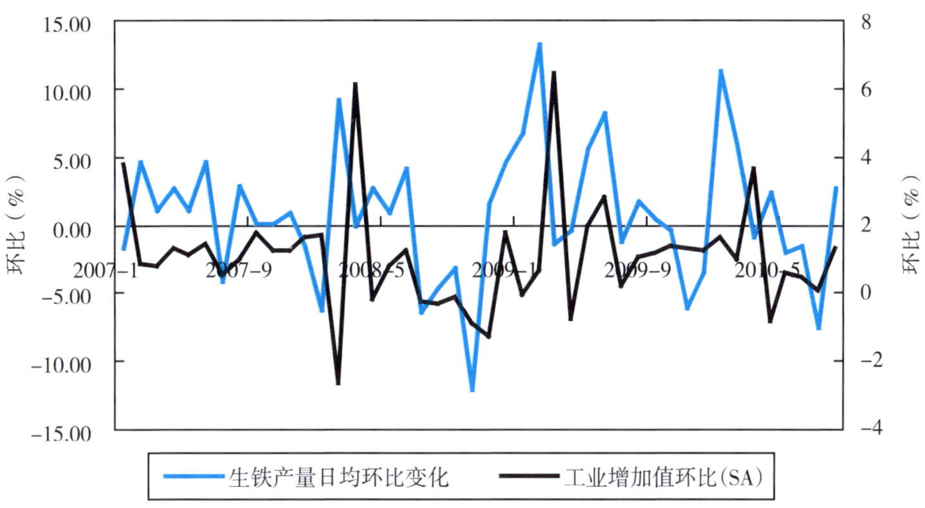

图3－2－27　工业增加值与生铁产量的月环比相关性一览

资料来源：国家统计局 www. stats. gov. cn。

在介绍完上述工业增加值短期预测的方式方法后，需要提请投资者在运用中注意的是，没有一种方法能够完全准确无误的去把握预测工业增加值的变化方向。因为，上述可替代性的预测标的要么存在覆盖面有限的问题，要么存在取样局限化的问题，因此上述方式的测算结果仅可以作为一种预测的佐证与参考。

在对工业增加值分析的过程中，有必要将"宏观——行业——产品"这一链条统筹考虑（虽然债券分析是从宏观入手，但是如果深入到行业与产品链条，则对于宏观预测的准确性更高），参照1993～2007年我国工业增加值中各个分项行业的情况，形成表3－2－6。

表3－2－6　　1993－2007年我国工业增加值各个分项行业状况一览

序号	工业增加值项目	1993～2007年平均占比（%）	所包含产品	主体产品
1	电力、热力的生产和供应业	8. 16	发电量	发电量
2	黑色金属冶炼及压延加工业	6. 64	炼铁\炼钢	粗钢
3	石油和天然气开采业	6. 17	原油\天然气开采	原油加工

续表

序号	工业增加值项目	1993～2007年平均占比（%）	所包含产品	主体产品
4	通讯设备、计算机及其他电子设备制造业	5.98	卫星\通讯\半导体\电脑	通讯设备\电子元器件（半导体）\音箱，电子计算机
5	化学原料及化学制品制造业	5.87	硫酸\化肥等	PVC，无机酸碱盐，化肥
6	交通运输设备制造业	5.62	机车\汽车等	汽车
7	纺织业	5.38	棉纺织\服装	不含服装（棉毛纺织）
8	非金属矿物制品业	4.96	水泥	水泥
9	电气机械及器材制造业	4.59	输配电设备\电器	发电机，空调
10	通用设备制造业	3.98	车床\起重机等	金属切削机床
11	烟草制品业	3.70		
12	煤炭开采和洗选业	3.25		煤开采
13	石油加工、炼焦及核燃料加工业	2.96		
14	专用设备制造业	2.65	炼铁设备等	
15	金属制品业	2.60	建筑用金属构件	
16	食品加工业	2.60		
17	纺织服装、鞋、帽制造业	2.30		
18	饮料制造业	2.24		
19	有色金属冶炼及压延加工业	2.21	铜冶炼	
20	医药制造业	2.15		
21	塑料制品业	1.78	塑料薄膜	
22	食品制造业	1.60		
23	造纸及纸制品业	1.59		
24	皮革、毛皮、羽毛（绒）及其制品业	1.36		
25	化学纤维制造业	0.96		
26	橡胶制品业	0.92		
27	仪器仪表及文化、办公用机械制造业	0.90		
28	印刷业和记录媒介的复制	0.83		
29	木材加工及木、竹、藤、棕、草制品业	0.70		

续表

序号	工业增加值项目	1993～2007 年平均占比（%）	所包含产品	主体产品
30	工艺品及其他制造业	0.70		
31	非金属矿采选业	0.63		
32	有色金属矿采选业	0.61		
33	文教体育用品制造业	0.60		
34	水的生产和供应业	0.50		
35	家具制造业	0.44		
36	黑色金属矿采选业	0.37		
37	木材及竹材采运业	0.30		
38	燃气生产和供应业	0.12		
39	废弃资源和废旧材料回收加工业	0.03		
40	其他采矿业	0.01		
41	农副食品加工业	0		

资料来源：国家统计局 www.stats.gov.cn。

另外需要注意的是，我国统计局每个月度的数据发布中，在所有 503 种产品中非常强调的是如下几个：（1）天然原油的开采；（2）发电量；（3）粗钢生产；（4）水泥生产；（5）汽车生产。

如果分析研究人员按照上述近似核定的权重将上述 5 种产品的产量构成一个指数，则工业增加值的数据和上述指数形态基本一致。这就提供了由微观把握走向宏观预测的一条途径。

由点及面，会让投资者从微观层面理解把握宏观层面的变化方向，能够相对前瞻的了解宏观经济增长的变化与方向。

附注：

工业增加值与生产者价格指数的关系

在股票市场分析中，投资者经常用到“量价分析”来判断主动性买卖力道，这种量价分析如果用需求和供应表示，可以揭示出驱动价格变化的主要力量是来自于哪个方向。如果将上述这个分析思路“移植”到工业增加值数据和生产者价格指数的相互关系上，也可以大致判断当前经济的主要矛盾是来自于需求层面还是来自于供给层面，一般情况下，一个良性运行的经济状态是以需求变化为主要驱动力的。

工业增加值在一定程度上类似于产量的概念，如果将工业增加值数据与 PPI 数据合并分析，利用传统的量价关系可以分析出“量”的增加究竟是来源于供给增加因素（该因素并不“健康”且难以持续）还是来源于需求增加因素（该因素较为“健康”且可持续），反之也可以分析出“量”的减少是来自于供给减少因素还是来自于需求减少的因素。

观察1997～2010年工业增加值与PPI的同比变化关系（为了消除季节性干扰，统一剔除了每年1～2月份的数据），如图3－2－28所示。

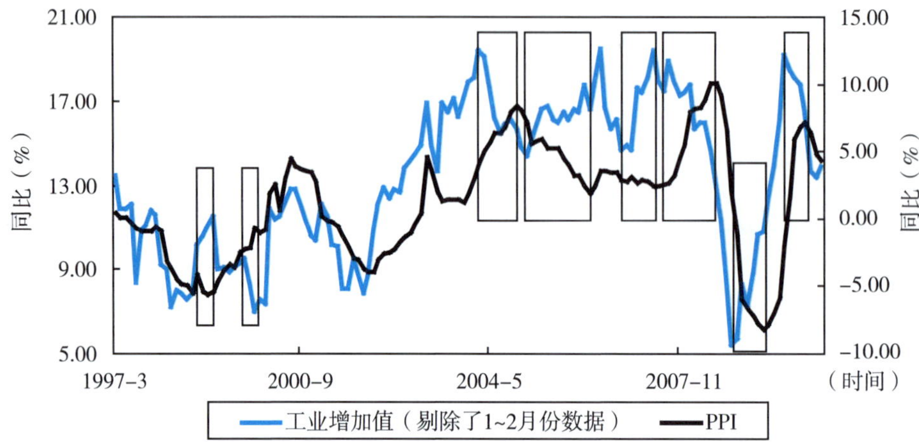

图3－2－28　我国工业增加值与PPI关系一览

资料来源：国家统计局 www. stats. gov. cn。

从趋势上来看，工业增加值和PPI同比变化应该是同向的，这实际上反映的是需求驱动性的一种经济增长，但是也有一些时期，两者的变化是相悖的，很显然，在工业增加值上行过程中，如果出现了价格走低，则一定是需求不振、供给徒增的结果，这是一种非良性的循环；而在工业增加值下行过程中，如果出现了价格走高，则往往代表了供应不足、需求大于供应的局面，从长期来看，这种下行态势是较为容易扭转的，经济增长也是可持续性的，因为供应的短缺是暂时的，而需求才是最关键的。

1997～2010年期间，共计出现过8次的背离态势，分别如下（在此用“IP”表示工业增加值）：

1. 1998年9月～1998年12月　IP上，PPI下，需求不足。
2. 1999年8月～1999年10月　IP下，PPI上，供应不足。
3. 2004年3月～2004年8月　IP下，PPI上，供应不足。
4. 2004年12月～2006年4月　IP上，PPI下，需求不足。
5. 2006年12月～2007年6月　IP上，PPI下，需求不足。
6. 2007年9月～2008年8月　IP下，PPI上，供应不足。
7. 2008年11月～2009年7月　IP上，PPI下，需求不足。
8. 2009年11月～2010年5月　IP下，PPI上，供应不足。

第三章

各类经济增长指标的领先与滞后性

在分析经济增长变化过程中，经常会根据各类指标之间变化的时滞关系，建立领先类指标、同步类指标以及滞后类指标体系框架，较为准确地把握各类经济指标之间的时间差关系对于投资节奏与步伐的指导意义是非常重要的。

以美国NBER的经济景气监测指标为例，其形成了一套较为完善的宏观经济指标监测体系。

比如其核定的领先类经济指标包括：（1）利率差额（10年国债利率减去联邦基金利率）；（2）货币供应量M2；（3）股票价格（标准普尔500种股票价格）；（4）制造业周平均工时；（5）私人建房许可证数量；（6）每周新申领失业保险平均人数；（7）零售业状况；（8）制造业非国防资本货物订单；（9）制造业消费物品订单；（10）消费支出指数（密歇根大学的数据）。

同步指标则包括：（1）非农业雇员工资总额；（2）工业生产指数；（3）扣除转移支付后的个人收入；（4）制造业与贸易业销售额。

滞后指标包括：（1）平均失业持续时间（周）；（2）存货与销售收入比率；（3）制造业单位产出中的劳动成本变化；（4）银行基本利率；（5）工商业贷款余额；（6）消费者分期付款额占个人收入的比率；（7）服务项目价格指数的变化。

在实践中，美国经济学界通常采用3个月经验法来预测经济走向的变化，即在经济衰退发生前，先行指标指数首先必须出现连续3个月的下降；同理，经济呈现复苏前，先行指标指数必须连续出现3个月的上升。从应用效果来看，美国宏观经济景气监测体系能够提前8～20个月预见美国经济的衰退，提前1～10个月预见经济的复苏。

中国经济景气监测中心和高盛（亚洲）也联合开发了立足于中国情况的监测预警系统，同样划分了先行指标、一致指标以及滞后指标，具体构成如下：

第一，先行指标：（1）恒生内地流通股指数；（2）产品销售率；（3）货币供应量M2；（4）新开工项目；（5）物流指数（包括全社会货运量和沿海港口货物吞吐量）；（6）房地产开发投资先行指数（包括房地产开发土地面积和商品房新开工面积)；(7) 消费者预期指数；(8) 国债利率差（指7年以上国债市场加权平均收益率减去1年及以内国债市场加权平均收益率）。

第二，一致指标：(1) 工业生产指数；(2) 工业从业人员数；(3) 社会收入指数（包括财政税收、工业企业利润和居民可支配收入）；(4) 社会需求指数（包括固定资产投资、全社会商品零售以及海关进出口）。

第三，滞后指标：(1) 财政收入；(2) 工商业贷款；(3) 居民储蓄；(4) 居民消费价格指数；(5) 工业企业产成品资金。

上述各类指标按照不同的权重可以合成相应的先行指数、一致指数和滞后指数，详细权重以及合成方式的了解可以参考中国经济景气监测中心发布的相关内容。如图3-3-1所示。

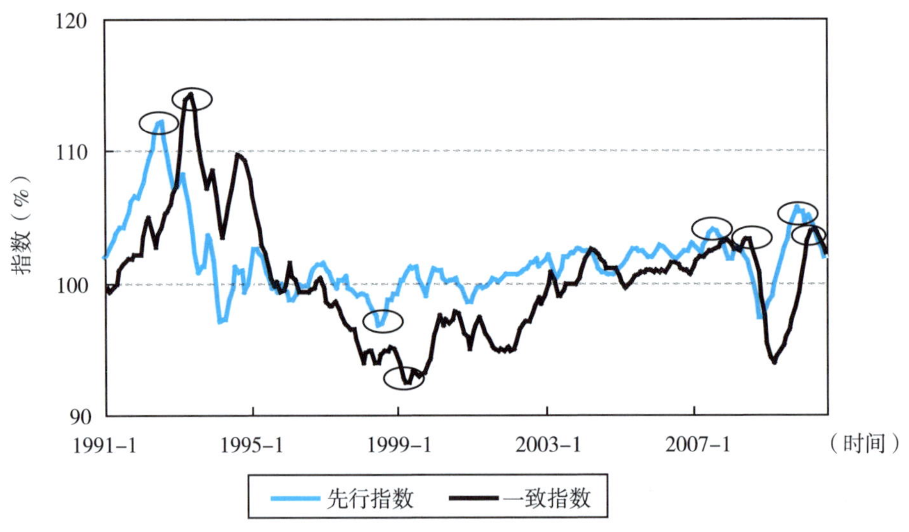

图3-3-1 中国宏观经济景气指数变化一览

资料来源：中国经济景气监测中心 www.cemac.org.cn。

20世纪90年代以来，我国总共经历过两次较为显著的经济冲击，分别为1998年受亚洲“金融风暴”冲击所导致的经济衰退，以及2008年受到欧美“金融海啸”所导致的经济衰退。在这两次衰退过程中，先行指数和一致指数较为敏感地反映了经济增长变化的方向，表3-3-1较为清晰地反映出先行指数和一致指数的关系。

表3-3-1　　先行指数和一致指数的时滞关系一览　　单位：月

周期性质	先行指数拐点	一致指数拐点	时滞（月）
顶	1992.8	1993.5	9
底	1998.8	1999.4	8
顶	1999.7	2000.4	9

续表

周期性质	先行指数拐点	一致指数拐点	时滞（月）
底	2001.1	2002.2	13
顶	2007.9	2008.6	9
底	2008.11	2009.3	4
顶	2009.12	2010.4	4

从如上的经济增长先行指标构成来看，可以发现所谓的先行指数和前面分析的多数经济增长指数的先行指数明显吻合。其实在日常实践中，市场已经在潜移默化地区别先行指标和一致指标了。比如，PMI 中的出口订单变化是未来出口数据的先行指标，城镇固定资产投资的新开工项目计划投资额变动是城镇固定资产投资增长的先行指标，等等。其中较受关注的则是货币供应量作为整体宏观经济增长的先行指标，这个指标的先行性在 2008 年年底、2009 年年初体现得非常显著，当时的市场非常关注逐月 M2 与 M1 的变化，同时由于我国的货币供应量和信贷规模增量有明显的同向关系，当时的月度信贷增长也成了“类先行”经济指标来被市场对待，这似乎和中国经济景气监测中心将工商业贷款列为滞后类指标相矛盾。

联系债券投资与交易市场，市场参与者更为关注的问题是债券投资的策略性问题，即利率的变化究竟和先行类指标联系更大还是和一致性指标联系更大。

在此引入经济增长的环比增长指标来分析与解释。常规情况下，市场所接触的经济增长类指标都是以同比增长率数据来体现的，但是实质而言，经济增长的指数应该是以绝对数量来衡量的，统计部门对于长期累计的绝对量数据进行加工处理才产生了所谓的同比、环比数据。同比数据的变化存在基期数据高低的影响，因此很难敏感地反映整体经济绝对增量的折点变化，而环比数据却相对避免了上述问题。

应该说，从先行类指标的构成上来看，所谓的先行类指标与经济增长环比指标的时间差较短，而与同比数据的时滞较长。比如，2008 年 11 月份的先行指数是最低点，12 月份开始走高反弹，这几乎在同时对应了 2008 年 11 ~ 12 月份期间，经济增长的环比指标开始出现触底反弹，因此可以发现所谓的先行指标变化与经济增长的环比变化几乎是同步的，而这种所谓的“触底”或“触顶”真正要传递到同比数据的抬头则需要等待大约 4 ~ 5 个月时间（事实上，工业增加值同比增长速度真正抬头要等到 2009 年 5 月），如图 3 – 3 – 2 所示。

理解经济增长指标中的先行（或环比）、同比之间的关系，可以利用上证股票指数的月度收盘数据为基础进行理解，上证股票指数类似于经济增长类的绝对量指标，将股票指数做同比处理后类同于经济增长的同比指标，而将股票指数做月环比处理后类同于经济增长的环比指标，利用这个简单的类比可以更为深刻的理解经济增长中的同比与环比关系。

金融市场从交易策略上而言，市场关注焦点在于寻找经济拐点（指总量拐点）

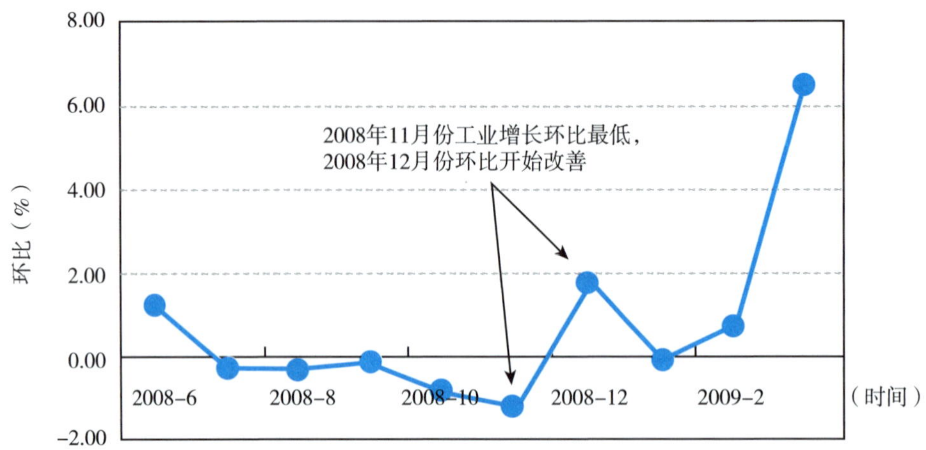

图3-3-2　2008年年底至2009年年初工业增加值环比（SA）变化一览

资料来源：国家统计局 www.stats.gov.cn。

时期，主要跟随经济增长变化的环比变化指标，更为精确一些来说，是跟随一致型指标中的环比变化。虽然有时先行类指标会更早做出反映改变，比如PMI中的订单数据至少提前3个月揭示出口数据的变化，但是从这些年的实践操作来看，市场利率对于该指标的反映并不是跟随PMI订单数据变化而变化的，更大概率上则是跟随出口数据的环比变化而反映，对于金融市场的这个特征，后文"策略篇"中将更详细论述。

综合来看，在分析了解了不少经济增长类以及物价类指标后，投资者可以简化出两个重要指标来衡量描述整体宏观经济状况，即物价类的代表性指标是居民消费价格指数，而经济增长类的代表性指标是工业增加值数据。

附注1：

从经验摸索角度来看，笔者认为有几类值得特别关注的经济基本面指标，而且可能由于管理层比较看重这些指标的变化，往往可能引发政策面的调整，列示如下：

1. 能够准确、真实地反映经济增长变化的经济指标：银行信贷、运输量、发电量。
2. 中央银行最为关注的经济指标：CPI、外汇占款变化。
3. 国家政府最为关注的经济指标：GDP增速、财政收入。
4. 能够迅速反映政府对经济扶持或压抑变化的指标：财政支出。

附注2：

从实用角度来看，如何前瞻性地观察通货膨胀指标的异常变化

从前面描述的10年期国债利率月度均值与CPI月度同比的关系图来看，CPI同比数据的变化方向在很大程度上决定长期利率的均值变化，鉴于目前市场利用"翘尾因素"和"新涨价因素"方法预测次月CPI同比变化的技术已经较为成熟，因此对于同比数据的解读不再做进一步的深入。

对于2002～2010年期间所发生的三次通货膨胀进行总结，均可以发现在通货膨胀尚未明显上升（指CPI同比数据）前，环比数据均出现了一些异常变化。因此，在实践运用中，细致地观察CPI

（或其分项）的环比变化能够相对领先地察觉通货膨胀走势的可控性。

我国的 CPI 变化主要体现为食品项目的变化，由于食品项目的变化具有很强的季节性规律，因此一旦某些食品项目的价格变化出现了季节性失常状况，则值得特别关注。总体来看，观察 CPI（或其重要分项）的环比变化是否符合历史规律成为投资者把握通货膨胀变化的一个重要内容。

例如，2007 年通货膨胀的苗头可以从 3 月份的 CPI 环比变化上显示出来。从 CPI 食品项目环比变化规律来看，一般情况下，每年的 3 ~ 6 月份食品项目的环比都是呈现负增长的（这与天气转好，蔬菜、肉类价格回落有密切关系，另外该时期也是春节后，物价有自发回落的趋势在其中）。但是 2007 年 3 ~ 6 月份 CPI 食品项目的环比变化却呈现出异于季节性规律的变化，主要体现为两点：1 月、3 月、4 月份食品项目环比虽然为负，但是价格回落的幅度明显弱于历史同期月份；2 月、5 月、6 月份食品项目的环比竟然出现了逆季节规律的上涨。这是导致当年通货膨胀失控的先兆性指标。如果将分析过程进一步深入到具体商品中，同样可以发现一般情况下，在每年 5 ~ 6 月份呈现回落态势的猪肉价格（天气炎热，造成市场需求减少）却在的当年同期出现了逆季节规律的上涨，这也是推升当年 CPI 走高的主要因素。

同样在 2010 年，7 月份的 CPI 食品项目的环比增长出现了异常，主要体现为“该落反涨”。如果进一步具体到重要食品分项中，则会发现 2010 年上半年的蔬菜价格变化出现了走势异常，体现为：虽然蔬菜的价格按照季节性惯例，从春节后开始回落，但是至 6 ~ 7 月份，蔬菜价格并没有回落到往年同期的平均水平。如图 3 – 3 – 3 所示。

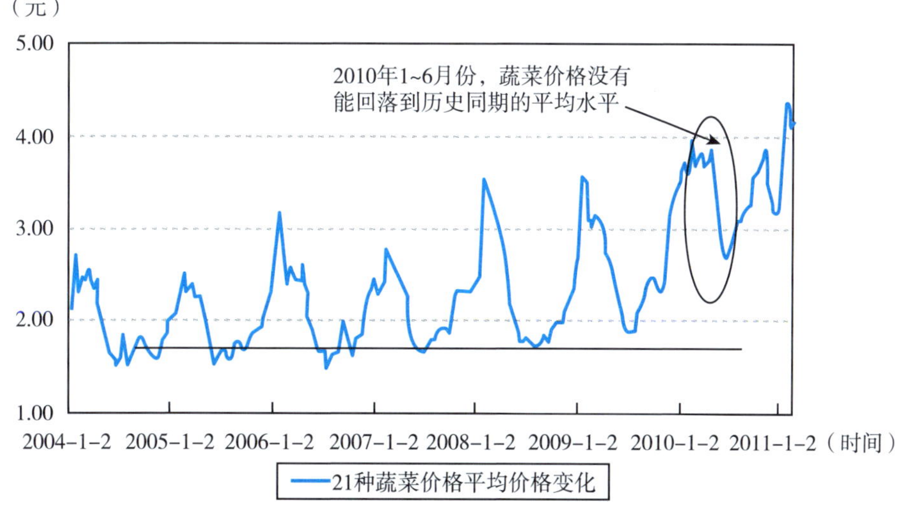

图 3 – 3 – 3　商务部统计的蔬菜批发价格变化一览

资料来源：国家商务部 http：//cif. mofcom. gov. cn。

因此在细致观察 CPI 过程中，一定要密切关注 CPI 各个构成项目的价格变化是否符合历史形成季节性规律，重点考察内容主要有两个：一个是价格拐点出现的时期是否符合季节性规律，另一个是价格的变化幅度是否符合季节性规律。

通过对环比数据的密切关注，往往可以更为敏感的把握整体通货膨胀的走向与趋势，因为我国的通货膨胀很少出现全部商品统一集中上涨，往往呈现出“以点带面、逐渐扩散”的物价上涨特征。

第四篇

货币分析

导　　读

货币分析是一个非常庞大的工程，因为货币的概念与定义是非常广泛的，可以说在目前的世界体系中，几乎无处无地不存在货币因素，但是具体到债券市场而言，首先需要对所提及的货币概念进行具体化定义。

中国银行间债券市场的投资主体是商业银行，因此商业银行的资金来源与资金运用是本书分析的一个重点。此外，从整体市场货币供应角度来看，中央银行的货币操作是构成市场货币流动性的根源，因此分析中央银行的货币供应报表是本文的另一个焦点。

因此，在货币篇分析探讨的重点一则是中央银行的货币操作，一则是商业银行的货币操作，而采用的分析工具则是中央银行以及商业银行的“资金来源与资金运用报表”（也可称为信贷收支表）。

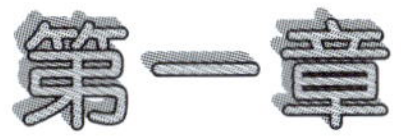

中央银行资金报表分析

从货币概念来说，货币供应量与基础货币和货币乘数相关，其本身既具有内生性又具有外生性特征。其中，对于银行间货币市场来说，基础货币是一个非常重要的内容。形象来看，金融市场流动性像一个巨大的“蓄水池”，中央银行的基础货币相当于“注水龙头”和“出水管道”，中央银行调节这两个龙头的水量，则直接影响“蓄水池”的深浅，“蓄水池”的水量则构成银行间市场的流动性，即形成货币市场的充裕度，而“蓄水池”水经过银行的“加工与再创造”，流入农田，构成了实体经济的流动性。因此对流动性的分析要从“注水管”和“出水管”入手，首先要详细了解基础货币的特征。

第一节　基础货币分析

为了直观理解，在此我们采用2007年9月份的金融机构（含中国人民银行）的资金报表作为分析对象。

一、基础货币报表形式介绍

基础货币构成情况见表4－1－1。

表4－1－1　基础货币构成情况　　单位：亿元

行列名称	本月余额	比上月增减	比年初增减	余额比同期（%）
基础货币	88048.68	4409.34	10280.47	33.03
货币发行	31804.81	1650.99	2666.02	13.55
流通中货币	29030.58	1208.19	1957.96	13.01

续表

行列名称	本月余额	比上月增减	比年初增减	余额比同期（%）
库存现金	2774.23	442.80	708.06	19.53
金融机构存款	50097.19	3149.24	8822.78	62.73
金融机构缴存准备金	49867.30	3068.26	8639.49	62.09
政策性银行存款	497.89	-585.98	-399.79	-38.55
国有独资商业银行	27532.31	1518.84	6868.43	56.82
其他商业银行	11509.07	1531.22	2086.33	81.30
城市商业银行	2974.17	215.64	250.73	72.23
城市信用社	208.53	-10.16	-105.39	10.44
农村信用社	5115.31	185.17	-565.47	63.31
资产管理公司	3.39	0.04	-1.91	-67.12
其他金融机构	2026.61	213.47	506.53	104.38
金融机构特种存款	229.89	80.98	183.29	979.80
非金融机构存款	6146.68	-390.89	-1208.33	-16.85
活期存款（机关团体）	274.10	4.31	103.28	41.86
邮政储蓄转存款	5872.58	-395.20	-1311.61	-18.43

资料来源：中国人民银行，www.pbc.gov.cn。

表4-1-1是一张典型的基础货币报表，可以清晰地看到，基础货币由货币发行、金融机构存款以及非金融机构存款三个项目构成。分别详解如下：

1. 货币发行=流通中货币+库存现金，其中流通中货币即为狭义货币供应量M0概念。

2. 金融机构存款包括两个部分，分别是金融机构缴存准备金和金融机构特种存款。后者是由于历史原因所形成，目前存量很少，逐渐趋于消失。前者是基础货币的重要构成部分，指各个金融机构以存款准备金形式存放在中央银行的资金储备，既包括法定存款准备金，又包括超额存款准备金。从商业银行资金运用角度而言，法定准备金是不可动用部分①，而超额存款准备金是商业银行进行货币派生的主要源泉。因此，在此项目中超额存款准备金数量的变化将直接影响货币市场的流动性。

3. 非金融机构存款含有两个子项：其一是机关团体的活期存款项目，其占比很少，同样趋于消失。其二是邮政储蓄转存款项目，这部分资金同样具有历史遗留特征，是指原先由邮政储蓄吸收上来的资金以高息方式存放在中央银行的存款。但是伴随邮政集团改制成立邮政储蓄银行，这部分资金运用要进行市场化操作，将逐渐转移

① 法定存款准备金可在日中进行支付使用，但是在日终时点必须回归法定规模。

出中央银行。

因此从变化来看，未来的基础货币报表构成将变化为如下模式（某月报表）见表4－1－2，即原先的金融机构特种存款项目、机关团体的活期存款项目和邮政储蓄转存款项目趋于消失。

表4－1－2　　某月基础货币构成　　单位：亿元

行列名称	本月余额	比上月增减	比年初增减	余额比同期（%）
基础货币	154473.80	135.74	10488.80	24.04
货币发行	43541.38	587.40	1985.57	15.81
流通中货币	39922.76	379.60	1675.79	16.03
库存现金	3618.62	207.80	309.79	13.42
金融机构存款	110932.43	－451.66	8503.23	27.60
其中：邮政储蓄转存款	0.81	0.22	－1241.13	－99.96

资料来源：中国人民银行，www.pbc.gov.cn。

从报表形式来看，基础货币的构成可以归结在这些项目中，但是其增减变化的实现渠道是什么呢？这需要从中央银行的资金来源与资金运用报表（又可称为信贷收支表）来解析。

二、基础货币增减变化的实现渠道

由于基础货币的供应变化完全始自中央银行，因此，中央银行资金来源与资金运用的变化是实现基础货币增减变化的主要工具。如表4－1－3所列示的即为中央银行的资金来源与资金运用报表。

表4－1－3　　中国人民银行人民币信贷收支情况　　单位：亿元

栏目 / 项目名称	本月余额	比上月增减数		栏目 / 项目名称	本月余额	比上月增减数	
		今年	去年			今年	去年
一、财政存款	19140.59	7.59	－337.75	一、金融机构贷款	22307.63	－44.47	－58.33
其中：中央财政存款	10253.86	－141.10	－271.80	1. 政策性银行	3863.48	－2.00	
地方财政存款	8886.73	148.69	－65.94	2. 国有商业银行	1638.79	－0.01	－0.53
二、机关团体部队存款	274.10	4.31	－1.53	3. 其他商业银行	82.32		－1.60

续表

栏目 项目名称	本月余额	比上月增减数		栏目 项目名称	本月余额	比上月增减数	
		今年	去年			今年	去年
三、金融机构缴存准备金存款	47341.23	1574.20	678.80	4. 城市商业银行	81.83	12.45	-0.72
1. 政策性银行	497.89	-585.98	90.41	5. 城市信用社	76.62	3.40	0.89
2. 国有商业银行	25177.98	112.05	471.78	6. 农村信用社	476.74	-29.71	-20.93
3. 其他商业银行	11337.35	1443.97	31.85	7. 资产管理公司	11613.84	-38.73	-18.87
4. 城市商业银行	2974.17	215.64	67.31	8. 其他金融机构贷款	4418.28	5.08	-19.49
5. 城市信用社	208.53	-10.16	-14.51	9. 再贴现	55.73	5.05	2.92
6. 农村信用社	5115.31	185.17	24.29	其中：国有商业银行	4.47	-2.38	0.01
7. 资产管理公司	3.39	0.04	-12.28	二、专项贷款	44.12		
8. 其他金融机构	2026.61	213.47	19.95	三、金银占款	636.37		-0.76
四、金融机构特种存款	229.89	80.98	20.84	四、外汇占款	116742.21	2982.92	1823.96
五、邮政储蓄转存款	5872.58	-395.20	-546.18	五、有价证券及投资	9172.93	17.18	
六、商业银行划来财政性存款	1356.26	96.92	92.74	六、买入返售证券			
七、卖出回购证券	1204.31	554.31	-550.00				
八、中央银行债券	38945.73	-1729.66	861.88				
九、货币发行	31804.81	1650.99	1834.70				
十、中央信贷基金	219.75						
十一、当年结益	684.80	1589.94	-216.18				
十二、其他	1829.21	-478.75	-72.45				
资金来源总计	148903.26	2955.63	1764.87	资金运用总计	148903.26	2955.63	1764.87

资料来源：中国人民银行，www.pbc.gov.cn。

根据资金运用与资金来源相同的原则，可构成如下等式：

“财政存放 + **机关团体部队存放** + **金融机构缴存准备金存款** + **金融机构特种存款** + **邮政储蓄转存款** + 商业银行划来财政性存款 + 卖出回购证券 + 中央银行债券 + **货币发行** + 中央信贷基金 + 当年结益 + 其他 = 金融机构贷款 + 专项贷款 + 金银占款 + 外汇占款 + 有价证券投资 + 买入返售证券”

在这个长长的关系等式中，黑体字项目合计构成了基础货币项目，移动变形后即为：

“基础货币 = **机关团体部队存放** + **金融机构缴存准备金存款** + **金融机构特种存款** + **邮政储蓄转存款** + **货币发行** = 金融机构贷款 + 专项贷款 + 金银占款 + 外汇占款 + 有价证券投资 + 买入返售证券 –（财政存放 + 商业银行划来财政性存款 + 卖出回购证券 + 中央银行债券 + 中央信贷基金 + 当年结益 + 其他）”

等式最右边的各个项目是构成基础货币变动的具体渠道。从长期的历史变化观察来看，有一些项目的变化幅度是较为剧烈的，而另一些项目的变化幅度非常小，可以近似认为是长期保持稳定。

变化剧烈的主要项目主要有“外汇占款”、“（买入返售证券 – 卖出回购证券 – 中央银行债券）项目①”、“财政存放”三者。

其他长期保持稳定的项目即为“金融机构贷款”、“专项贷款”、“金银占款”、“有价证券投资”、“商业银行划来财政性存款”、“中央信贷基金”、“当年结益”以及“其他”项目。

需要特别提及的是“金融机构贷款”项目，这即指通常意义上的再贷款。自从商业银行改制以来，中央银行对于商业银行的再贷款几乎停止，这导致了该项目长期以来保持相对稳定，并不构成基础货币波动的主要原因。

因此总体来看，中央银行影响基础货币变动的主要工具与渠道是公开市场操作、财政性存款存放吞吐以及外汇占款吞吐。

这三个渠道的性质并不相同，其中公开市场操作在很大程度上是取决于中央银行自身的意愿，具有相对可控性。财政性存款的吞吐变化在很大程度上是与我国的财税政策相关联的，中央银行与财政部门会有定期的沟通协商机制，在充分考虑财政性资金吞吐的基础上，中央银行才能综合衡量流动性的变化。需要特别说明的是外汇占款的变动，这个项目的变动在很大程度是不受中央银行意愿支配的，特别在我国实行强制性结售汇制度以及人民币有明显升值压力的双重背景下，外汇占款成为了我国基础货币被动投放的重要渠道。

总体来看，基础货币也同时具有内生性和外生性的属性，其总体变化综合反映了我国货币政策、财政政策以及汇率政策。因此可以大致理解如下（Δ 表示变化幅度）：

① 该项目实质上构成的是中央银行的公开市场操作。

Δ基础货币＝Δ外汇占款＋Δ公开市场操作＋Δ财政存款的吞吐

需要注意的是，在此所提及的财政性存款是指存放在中央银行的财政性存款，而存放在商业银行体系中的财政性存款变化并不构成基础货币的变动原因。

三、对于超额存款准备金的分析

在前面中，提到了在基础货币报表的构成中，最为重要的一个子项目是商业银行的超额存款准备金。应该说超额存款准备金是完全意义上的高能货币，商业银行就是针对于它的派生运作，才产生了广义货币供应量概念，这是从实体经济角度而言。

如果单纯聚焦到银行间货币以及债券市场，超额存款准备金的多与少直接对应了市场中的资金丰裕度。简言之，经常在银行间市场所提到的资金充裕与否所指的基本上对应于商业银行超额存款准备金的多少。

那么如何来测算商业银行超额存款准备金的变化呢？有如下一个大致的测算方式可供读者参考。

在基础货币报表中，可以做如下的简化理解（Δ表示增减量）：

Δ基础货币＝Δ货币发行＋Δ金融机构存款

＝Δ货币发行＋Δ法定存款准备金＋Δ超额存款准备金

则：Δ超额存款准备金＝Δ基础货币－(Δ货币发行＋Δ法定存款准备金)

从每月的基础货币报表中，可以清晰地看出“Δ基础货币”与“Δ货币发行”项目，但是无法看出“Δ法定存款准备金”项目。因此，如何确定当月法定存款准备金余额的变化是测算超额存款准备金余额波动的基础。在此之前，有必要了解一下影响法定存款准备金余额变化的原因有哪些。

导致法定存款准备金波动的原因无非有两个：其一是与货币政策变化有关。即法定存款准备金率的调整，从市场共识来看，0.5个百分点法定存款准备金率的调整对应资金大约3000亿～3500亿元（视存款规模的增大会有所增大）。其二，法定存款准备金余额的变化是与存款余额的变化以及缴付制度有关。因此，有必要了解一下目前商业银行调整并上缴法定存款准备金的制度安排。

目前我国的商业银行法定存款准备金的上缴与释放按照每旬调整的原则，每月的5日、15日以及25日是商业银行按照规定调整法定存款准备金余额的时期，每个调整日所对应的存款基期分别是上月月底、当月10日以及当月20日。

举一个例子，9月25日商业银行按照9月20日存款余额数量来核定法定存款准备金数量，并按照“多退少补”的原则来调整前期的法定存款准备金余额。

由于我国商业银行的存款余额始终处于不断增长过程中，因此从理论而言，即便在没有法定存款准备金率调整的背景下，商业银行的法定存款准备金余额也是不断增长的。所以，在衡量当月的“Δ法定存款准备金”项目时，一方面需要考虑法定存款

准备金率是否调整，另一方面需要考虑当月的存款数量是否出现激增并导致了法定存款准备金余额的明显变动。

从实践操作角度来看，对于第二个因素的分析和考虑是较为困难的，因为并非是所有的商业银行存款（或储蓄）项目都需要上缴法定存款准备金，而且也并不是所有的存款（或储蓄）项目都按照同一比率来上缴法定存款准备金，对此内容我们在了解商业银行资金来源与资金运用报表时再详加介绍。

需要提醒读者注意的是，分析货币体系的任何指标，投资者可能更为关注的是增量变化，而非是绝对余额的多少，因此在文中分析时，常用到增量符号“Δ”。

第二节　广义货币供应量分析

市场最常接触的一个指标就是广义货币供应量 M2，而且无论理论学界还是金融市场均将其作为一个经济领先指标来看待，因为广义货币的扩充必须要经过社会实体经济界的放大，而这种放大过程实质上对应着经济活力的萌动。

一、广义货币供应量在理论与实务中的构成因素

货币供应量（也称货币存量），是指全社会的货币存量，是全社会在某一时点承担流通手段和支付手段的货币总额，它主要包括机关团体、企事业单位和城乡居民所拥有的现金和金融机构的存款等各种金融资产。

参照国际通行原则并根据我国实际情况，中国人民银行将我国货币供应量指标划为四个层次：

M0，指现金或流通中的货币，即中国人民银行历年货币发行总额。

M1，指 M0 + 企业活期存款 + 机关团体存款 + 农村集体存款。亦称为“狭义货币供应量”。

M2，指 M1 + 单位定期存款 + 自筹基建存款 + 居民储蓄存款 + 其他存款（财政存款除外）。亦称为“广义货币供应量”。

此外，还有 M3，指 M2 + 债券、财政存款 + 其他金融机构存款 + 货币银行同业存款。而 M3 是考虑到金融创新的现状而设立的，在我国目前暂不测算。

M4，即：M4 = M3 + 其他短期流动资产。

从理论层面来探讨，M2 的层次划分是较为清晰简洁的。但是从实际运作来看，在中央银行的统计报表中，M2 的构成则是非常复杂的，如表 4 - 1 - 4 是中国人民银行在广义货币供应量统计过程中所涉及到的各类项目构成。

表4－1－4　我国广义货币构成项目一览

项目名称
货币和准货币（M2）
货币（M1）
流通中现金（M0）
活期存款
1. 机关团体部队存款（人行）
2. 工业存款
3. 商业存款
4. 建筑企业存款
5. 农业存款
6. 城镇集体企业存款
7. 乡镇企业存款
8. 三资企业存款
9. 私营企业及个体户存款
10. 其他企业存款
11. 单位信用卡备付金存款
12. 机关团体存款（金融机构四）
13. 部队存款（金融机构四）
14. 违规活期
15. 外资银行人民币活期存款（境内）
准货币
定期存款
1. 企事业单位定期存款
2. 单位信用卡保证金存款
3. 其他定期存款
4. 违规定期存款
5. 外资银行企业定期存款（境内）
储蓄存款
1. 活期储蓄
2. 个人定期储蓄存款
3. 违规储蓄存款
4. 外资银行储蓄存款（境内）

续表

项　目　名　称
其他存款
1. 信托存款
2. 应解汇款及临时存款
3. 保证金[①]
4. 委托存款
5. 违规其他存款
6. 财政预算外存款
7. 租赁保证金
8. 证券公司客户保证金（90%）
9. 外资银行企业存款（境外）
10. 外资银行驻华机构存款（境内）

注：① 为这里的“保证金”主要指银行承兑汇票保证金。

资料来源：中国人民银行，www. pbc. gov. cn。

从表 4 - 1 - 4 构成可见：

M2 = M1 + 准货币

M1 = M0 + 活期存款（内含 15 个子项目）

准货币 = 定期存款（内含 5 个子项目）+ 储蓄存款（内含 4 个子项目）
+ 其他存款（内含 10 个子项目）

从大体概念来看，广义货币供应量大致上就是存款概念，理论上应该对应于商业银行的资金来源报表中的项目。但是需要注意的是，M2 构成项目的内涵和商业银行资金来源项目的内涵还是具有一些差异的，了解这些差异有助于分析者更好的掌握货币供应量变化的规律。因为广义货币供应量项目的变化数据出台是相对滞后的，而商业银行资金来源项目的变化的是非常及时的（特别是在银行系统工作的人员能够随时把握其资金来源项目的逐日变化）。因此，在进行后续分析前，首先要进行的基础性工作就是将 M2 构成项目与商业银行资金来源项目一一拆解、细化、对应。

二、广义货币供应量与商业银行存款项目之间对应关系的分析

将 M2 构成项目进行细化、拆解的目的是为了寻求 M2 子项目在全部金融机构（含中央银行）资金来源以及资金运用报表（简称全部金融机构报表）中的来源，因此需要尽可能地将 M2 的子项目归结在一些更易于理解的项目上。简单来说，就是将上面中的 M2 报表子项目的来源在表 4 - 1 - 5 中寻得根源。

表4－1－5　全部金融机构资金来源与资金运用项目一览

来源项目名称	运用项目名称
一、各项存款	一、各项贷款
1. 企业存款	1. 短期贷款
（1）活期存款	（1）工业贷款
（2）定期存款	（2）商业贷款
2. 财政存款	（3）建筑业贷款
3. 机关团体存款	（4）农业贷款
4. 储蓄存款	（5）乡镇企业贷款
（1）活期储蓄	（6）三资企业贷款
（2）定期储蓄	（7）私营企业及个体贷款
5. 农业存款	（8）其他短期贷款
6. 信托存款	其中：个人短期消费贷款
7. 委托存款	2. 中长期贷款
8. 其他存款	（1）基本建设贷款
二、金融债券	（2）技术改造贷款
三、应付及暂收款	（3）其他中长期贷款
其中：应付及预收利息	其中：个人中长期消费贷款
四、同业往来	3. 信托贷款
五、流通中货币	4. 融资租赁
六、各项准备	5. 委托贷款
其中：贷款损失准备金	6. 票据融资
七、所有者权益	其中：贴现
其中：实收资本	7. 各项垫款
当年结益	二、有价证券及投资
八、其他	三、应收及预付款
	其中：应收利息
	四、同业往来
	五、人行对资产管理公司再贷款
	六、金银占款
	七、外汇占款
	八、固定资产
资金来源总计	资金运用总计

资料来源：中国人民银行，www. pbc. gov. cn。

对于表4－1－5需要解释的几个项目是：

第一，表4－1－5中的项目“其他存款”主要包括“部队存款”、“应解汇款及临时存款”、“（承兑汇票）保证金”、“保险公司及养老基金存款”、“住房公积金存款”、“租赁保证金存款”、“外资银行企业存款（境外）”以及“外资银行企业存款（境内）”项目；

第二，“同业往来”项目主要包括“证券公司客户保证金”内容。

经过一一对应可以将M2子项目分解在金融机构报表项目中，对应关系如表4－1－6所示。

表4－1－6　　广义货币供应量与全部金融机构资金来源项目对应关系一览

<table>
<tr><th>广义货币供应量构成</th><th>全部金融机构资金报表</th></tr>
<tr><td>货币和准货币（M2）</td><td></td></tr>
<tr><td>货币（M1）</td><td></td></tr>
<tr><td>流通中现金（M0）</td><td>金融机构报表中的流通中现金项目</td></tr>
<tr><td>活期存款</td><td></td></tr>
<tr><td>1. 机关团体部队存款（人行）</td><td>金融机构报表中的机关团体存款部分</td></tr>
<tr><td>2. 工业存款</td><td rowspan="3">构成企业活期存款部分</td></tr>
<tr><td>3. 商业存款</td></tr>
<tr><td>4. 建筑企业存款</td></tr>
<tr><td>5. 农业存款</td><td>金融机构报表中的农业存款项目</td></tr>
<tr><td>6. 城镇集体企业存款</td><td rowspan="6">构成企业活期存款部分</td></tr>
<tr><td>7. 乡镇企业存款</td></tr>
<tr><td>8. 三资企业存款</td></tr>
<tr><td>9. 私营企业及个体户存款</td></tr>
<tr><td>10. 其他企业存款</td></tr>
<tr><td>11. 单位信用卡备付金存款</td></tr>
<tr><td>12. 机关团体存款（金融机构四）</td><td>金融机构报表中的机关团体存款部分</td></tr>
<tr><td>13. 部队存款（金融机构四）</td><td>金融机构报表中的其他存款项目构成（剔除保险公司及养老基金存款和住房公积金存款）</td></tr>
<tr><td>14. 违规活期</td><td>几可忽略项目</td></tr>
</table>

续表

广义货币供应量构成	全部金融机构资金报表
15. 外资银行人民币活期存款（境内）	构成企业活期存款部分
准货币	
定期存款	
1. 企事业单位定期存款	企业定期存款
2. 单位信用卡保证金存款	
3. 其他定期存款	
4. 违规定期存款	
5. 外资银行企业定期存款（境内）	
储蓄存款	
1. 活期储蓄	储蓄存款（定期＋活期）
2. 个人定期储蓄存款	
3. 违规储蓄存款	
4. 外资银行储蓄存款（境内）	
其他存款	
1. 信托存款	信托存款－信托贷款
2. 应解汇款及临时存款	金融机构报表中的其他存款项目构成（剔除保险公司及养老基金存款和住房公积金存款）
3. 保证金	
4. 委托存款	委托存款－委托贷款
5. 违规其他存款	几可忽略项目
6. 财政预算外存款	
7. 租赁保证金	金融机构报表中的其他存款项目构成（剔除保险公司及养老基金存款和住房公积金存款）
8. 证券公司客户保证金（90%）	金融机构报表中的同业往来构成之一部分
9. 外资银行企业存款（境外）	金融机构报表中的其他存款项目构成（剔除保险公司及养老基金存款和住房公积金存款）
10. 外资银行驻华机构存款（境内）	

资料来源：中国人民银行，www.pbc.gov.cn。

如此一来，看似复杂的广义货币供应量 M2 可做如下变更：

M2 = M0 + 各项存款 – 全部财政性存款 – 委托贷款 – 保险公司及养老基金存放 – 住房公积金 + 证券公司客户保证金

那么，为什么要把 M2 的表现形式做上述变更呢？众所周知，市场日常最经常接触到的金融指标是定期公布的存款数据，但是这个所谓的存款数据和人们日常所理解的居民储蓄存款以及企业存款有很大的差异。从上述全部金融机构数据报表可以看到，定期公布的存款总额实际上还包含了财政存款、机关团体存款、农业存款、信托存款、委托存款以及其他存款等诸多项目，单纯的储蓄存款以及企业存款并非 M2 的全部，而所有存款也并不对应 M2 的全部。本着“用最熟悉的内容去描述不熟悉的内容”的思路，在此将 M2 与存款数据相挂钩，变形为上述形式。

总体来看，在我国的广义货币供应量核算中，有如下几个特点：(1)“财政性存款”不计入 M2 范畴；(2)“委托存款”与“委托贷款”之差计入 M2 范畴；(3)“保险公司以及养老基金存放”计入“各项存款”中的“其他存款”项下，但是并不计入 M2 范畴；(4)“住房公积金”计入“各项存款”中的“其他存款”项下，但是并不计入 M2 范畴。

在对货币供应量进行完详细拆解后，还有必要探讨一个问题：在所有的存款项目中，究竟哪些项目需要上缴法定存款准备金？这个问题的清晰化对于理解存款准备金比率非常有帮助。

在此虚构定义一个基本概念，即“净存款余额”，其基本含义是：“需要缴纳法定存款准备金的存款数量”。在具体计量时，以“全部存款”为基础，进行相应的项目（不需要缴纳法定存款准备金的项目）剔除。

其中不需要缴纳法定存款准备金的存款类项目主要有：(1) 财政性存款（中央银行账户与商业银行账户合计数）；(2) 机关团体存款（中央银行账户部分）；(3) 承兑汇票保证金存款。

这样，“各项存款”项目可以改写为如下：

各项存款 = 净存款余额 + 全部财政性存款 + 机关团体存款（央行） + 承兑汇票保证金

将上述公式代入 M2 等式中，则：

M2 = M0 + 各项存款 – 全部财政性存款 – 委托贷款 – 保险公司及养老基金存放 – 住房公积金 + 证券公司客户保证金

= M0 + [净存款余额 + 全部财政性存款 + 机关团体存款（央行） + 承兑汇票保证金] – 全部财政性存款 – 委托贷款 – 保险公司及养老基金存放 – 住房公积金 + 证券公司客户保证金

= M0 + 净存款余额 + 机关团体存款（央行） + 承兑汇票保证金 – (委托贷款 + 保险公司及养老基金存放 + 住房公积金) + 证券公司客户保证金

如果再将“委托贷款＋保险公司及养老基金存放＋住房公积金”归并到一个虚构的“合并项目”名义下，则最终的M2表达形式是：

M2＝M0＋净存款余额＋机关团体存款（央行）＋承兑汇票保证金－合并项目＋证券公司客户保证金

附注：

中央银行是如何计算超额存款准备金率的

每个月度结束后，中央银行都会发布一个商业银行体系的超额存款准备金率，这个比率是金融市场关注的焦点数据，根据笔者的了解和推测，超额存款准备金率的计算时点是每月末，其计算过程大致如下：

1. 计算法定存款准备金率（由于我国实行较为复杂的差别存款准备金制度，因此缺乏一个能够准确衡量全部金融机构的法定准备金比率。名义所规定的比率，实际上并不是全部存款类机构的综合平均法定存款准备金比率）。

分子：提取月末（比如30日）时点的法定存款准备金绝对数量（这个数据在中央银行的系统账户中一目了然）。

分母：根据上月旬末（20日时点）各家商业银行上报的存款汇总数据，剔除财政性存款、保证金以及机关团体存款数据。

2. 计算全部存款准备金比率：

$$存款准备金总比率=\frac{月末（30日）时点所有准备金余额（账户绝对数）}{月末（30日）时点存款总量}$$

需要注意的是，在此中央银行所引用的月末存款总量中包含了保险公司在银行系统的存款以及邮政储蓄在银行系统存款，而在商业银行内部计算自身的存款量或者计算备付率时，这两部分资金并不计入存款项目下，而是纳入金融机构存款或者同业往来项目下。

3. 超额存款准备金比率系倒轧而出。

超额存款准备金率＝存款准备金比率－法定存款准备金比率

由此可见，实际上所谓的超额存款准备金率的精确度是一个存在诸多争议的问题，实际上，无论什么机构只要采用统一口径的测算方式来计算“所谓”的超额存款准备金率，只要历史数据足够长期，则应该具备同样的参考意义，其要点就是注重趋势变化，忽略绝对水平。

第三节　货币乘数分析

构成广义货币供应量的另一个主要因素是货币乘数，从理论而言，货币乘数并不像基础货币那样是一种可“物化”的实质形态，而更类似于由货币供应量和基础货币所倒轧出来的金融指标。即：

$$货币乘数=\frac{货币供应量余额}{基础货币余额}$$

理论上之所以构造这样一个指标数据，更侧重于根据该指标的变化去测度金融市场的活跃度，应该说，货币乘数是类似于货币周转速度这样一种概念。

教科书对于货币乘数的基础介绍是认为货币乘数主要与法定存款准备金率相关，但是实际上影响货币乘数变化的因素有很多，在此可以根据货币乘数的原始定义来推导现实金融体系的货币乘数。在这个推导过程中，读者将会发现，在广义货币供应量分析中，将 M2 进行变形组合的用意何在。

具体推导过程：

$$货币乘数=\frac{货币供应量}{基础货币}=\frac{M0+净存款余额+机关团体存款（央行）+承兑汇票保证金-合并项目+证券公司客户保证金}{M0+准备金+非金融机构存款}$$

分子、分母同时除以“净存款余额”，得到关于货币乘数的如下表达：

$$货币乘数=\frac{现金比率+1+集团存款（央行）比率+票据保证金比率-合并项目比率+证券保证金比率}{现金比率+准备金率（法定+超额）+非金融机构存款比率}$$

通过对于上述货币乘数的影响因素分析，可以看出，现金流通速度、机关团体存款、票据承兑规模以及股票市场都会对货币乘数产生影响。但是从长期历史数据观察以及敏感度分析来看，对于货币乘数变化能够产生明显影响的是现金比率（这个存在季节性波动，特别是在春节期间）、票据保证金比率（这个和信贷规模的变化有关）、证券保证金比率（这个和股票市场的表现有关）、准备金率（法定准备金率的调整对于货币乘数的影响很大），而相对而言，其他比率项目的变化是较为平稳微小的。

对于基础货币、广义货币供应量以及货币乘数的分析不仅可以更为清晰的掌握宏观流动性状况，还可以以此对宏观经济基本面运行状况做出前瞻性判断。

一、货币乘数的高低可能是政策松紧度衡量的一个先兆性指标

2002 年以来，我国曾多次出现过货币泛滥状况，管理层对于广义货币供应量也进行过几轮紧缩政策操作。从理论角度而言，对于货币供应量的控制渠道无非是紧缩基础货币供应或降低货币乘数，但是可借助手段则趋于多样化，主要包括：（1）通过公开市场手段收缩基础货币供应量；（2）降低货币乘数。

一般情况下，降低货币乘数的手段主要是提高法定存款准备金比率，但是这在实践中存在一个问题，即决定货币乘数的是存款准备金总比率，如果商业银行体系的超额存款准备金率过高，则提高法定存款准备金比率只能形成“准备金从超额账户向法定账户的内部转移”，而并不改变总体过高的总准备金比率（这种情况在 2004 年中

曾发生过）。因此，中央银行在降低货币乘数中还往往应用另一种类行政化的调控手段，即信贷规模管制，这实质上是借助行政命令的方式在强行压制商业银行的货币派生能力，最终导致的结果必然是资金堆积在商业银行体系内部，扩充了超额存款准备金数量，为化解这种资金运用压力，资金无奈将流入债券市场或货币市场，客观造成了债券小牛市。这也是2002～2010年期间3次信贷规模管制后（2004年、2007年以及2010年）客观造成债券收益率下降的一个重要原因。

在此暂不讨论信贷管制这种行政化紧缩手段，我们从市场化手段——“提高法定存款准备金率”的角度来考察。2002～2010年的历史实践给后期投资者提供了非常宝贵的参考，这覆盖了一个完成经济周期的货币运行情况已经构建了货币乘数的合理运行区间。

当货币乘数过高导致M2过高的情况下（经验告诉我们，还可能存在一个隐含的约束条件，即超额存款准备金率处于一个相对紧平衡、非异常充裕的水平），中央银行可能会通过提高法定存款准备金率的方式来降低货币乘数并进而紧缩广义货币供应量。

目前摆在投资者面前的问题是：什么水平的货币乘数才算偏高，才可能导致中央银行提高法定存款准备金率呢？历史经验提供了一个参考依据。下面是2001年以来我国货币乘数（季末数据和月度数据趋势一致）的变化以及中央银行调整法定存款准备金比率的情况，也许从中可以借鉴一些经验性规律，如图4－1－1所示。

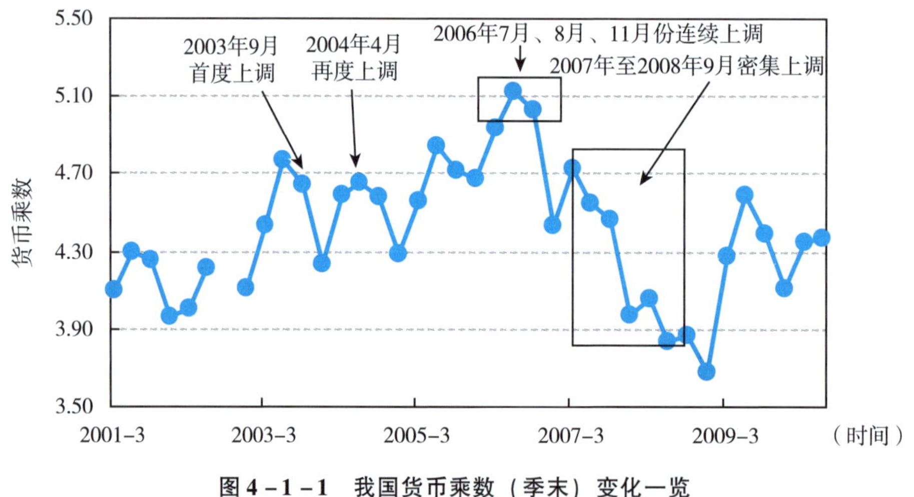

图4－1－1　我国货币乘数（季末）变化一览

资料来源：中国人民银行，www. pbc. gov. cn。

从图4－1－1可以看出，2003年、2004年以及2006年期间的法定存款准备金率上调都对应了货币乘数在高位（超过4.6），对于2007～2008年法定存款准备金率的密集上调，笔者始终存在怀疑态度，而从事实来看，此期间的密集紧缩也导致了2008年后期的经济衰退①。

① 笔者始终认为，2008年中国的经济衰退并不完全归结在外部因素上，内部紧缩也起着非常重要的推波助澜作用。

2001～2010 年货币乘数最高是 5.17（发生在 2006 年 7 月），最低是 3.68（发生在 2008 年 12 月份），中值在 4.45 附近。2003～2006 年的法定存款准备金率调整均发生在货币乘数处于 4.6 以上位置时期。因此，直观上可以判断 4.6 以上位置似乎对应着一个货币紧缩政策的触发点，而 4 以下位置应该对应着一个经济冷清的信号。因此，从直观概念来看，4.6 以上、4～4.6 区间以及 4 以下位置似乎对应了经济过热、经济适度以及经济偏冷三个状态。

二、货币乘数是宏观经济变化的先行性指标

从货币乘数的内涵来看，其反映了商业银行派生货币的能力，而这种派生是通过社会借贷行为来体现的，因此货币乘数的变化实际上反映的是社会实体经济能力的活跃度，是经济增长的先行类指标。如下是 2001 年以来货币乘数季度变化与 GDP 季度同比的关系，从货币乘数的变化来看，其往往领先于经济增长折点的产生，如图 4－1－2所示。

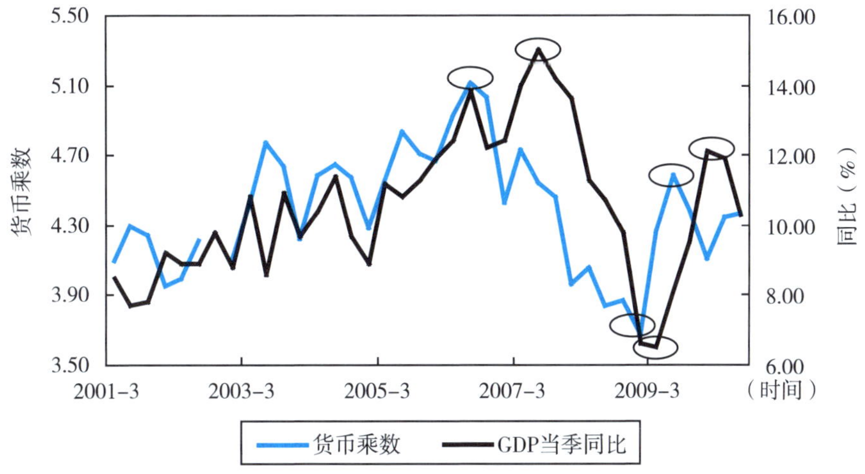

图 4－1－2　GDP 与货币乘数变化对比

资料来源：中国人民银行，www.pbc.gov.cn；国家统计局，www.stats.gov.cn。

2007～2010 年期间在经济增长中共计发生了 3 次折点变化，而这 3 次变化前期都对应了货币乘数的变化趋势发生改变。

第四节　对货币政策宽松度衡量标准的探讨

2010 年我国货币政策定调为“适度宽松的货币政策”，这里面有个问题值得探讨，就是所谓货币政策松紧度的“度”究竟应该如何理解？

对于松紧度的理解必须要从历史经验来衡量，1995年以来中国货币政策的取向经历了多重变化，从历年中央经济工作会议的公告来看，我国的宏观经济政策逐年取向非常清晰，参见表4－1－7。

表4－1－7　　我国历年中央经济工作会议公告内容摘要

年　份	会议日期	依然存在的问题	来年政策定调
1995	1995－12－8	经济总量平衡不稳固。经济结构还不合理。物价总水平仍然较高。农业依然是国民经济最薄弱的环节。部分国有企业生产经营困难。经济秩序比较混乱，财经纪律松弛。对这些问题绝不可低估，不能疏忽大意，掉以轻心	继续实行适度从紧的财政货币政策，控制社会需求，增加有效供给，促进经济总量平衡
1996	1996－11－25	在经济总量矛盾明显缓解的情况下，经济结构性矛盾愈益突出。“大而全、小而全”，重复建设的问题相当严重。农业基础脆弱的状况并没有根本改变。特别是部分国有企业生产经营困难，经济效益不好。对这些问题，必须高度重视，认真加以解决	继续实行适度从紧的财政货币政策，降低物价上涨幅度
1997	1997－12－12	一些国有企业和乡镇企业生产经营困难；下岗待业人员增加，部分职工生活困难，社会就业压力加大；金融法制不健全，监管薄弱；农业基础脆弱的状况没有根本改变，农业生态环境问题愈益突出。对这些问题应予充分重视，采取措施，加以解决	继续实行适度从紧的财政货币政策，抑制通货膨胀，稳定和加强农业，防止和化解金融风险，搞好社会保障，保持稳定的宏观经济环境和社会环境
1998	1998－12－10	当前经济工作比较突出的问题是：受国际市场需求萎缩等因素影响，出口大幅度下降；城镇居民的收支预期尚未出现明显好转，农民收入增长放慢，最终消费需求不旺；相当一部分企业经营困难，国有企业职工下岗和再就业压力继续增加；金融机构多年积累的问题日益显露，财政收支矛盾突出；经济结构调整进展迟缓，经济增长质量不高。对此，我们要有针对性地采取措施，积极加以解决	实行适当的货币政策，保持对经济增长必要的支持力度

续表

年　份	会议日期	依然存在的问题	来年政策定调
1999	1999－11－18	综观国际国内形势，我国的经济发展既有重要的机遇，也面临着困难和挑战。我国经济发展的有利条件很多，在较长时间内保持经济的较快增长仍有很大的空间。我们完全有条件、有能力、有信心，在迈向新世纪的进军中取得更大的成绩	明年要继续实施积极的财政政策，增发建设国债。要进一步发挥货币政策的作用，综合运用各种货币政策工具，适度增加货币供应，加大金融对经济增长的支持力度
2000	2000－11－18	2001年的经济工作，总体上面临着比较有利的国内外形势	继续实行积极的财政政策和稳健的货币政策
2001	2001－11－28	当前，国际形势跌宕起伏，复杂多变。但从目前情况看，仍然可以得出三个基本判断：一是和平与发展作为时代的主题不会改变。二是世界多极化的发展趋势不会改变。三是我们面临的国际环境依然是机遇大于挑战。我们要密切关注和正确分析形势的发展变化，把困难估计得严重一点，把影响时间预想得长一点，把应对预案准备得充分一点，使明年经济发展建立在扎实可靠的基础上	继续实施积极的财政政策和稳健的货币政策
2002	2002－11－28	当前国际形势仍处在复杂深刻的变动之中。世界多极化和经济全球化趋势在曲折中发展。国际局势总体缓和、稳定的基本态势没有改变，局部紧张、动荡的情况仍将继续。当前世界经济出现了一些复苏迹象，但还有很大的不确定性	坚持扩大内需的方针，继续实施积极的财政政策和稳健的货币政策。坚持把发展作为党执政兴国的第一要务，是经济工作的重要指导原则

续表

年 份	会议日期	依然存在的问题	来年政策定调
2003	2003－11－28	世界多极化、经济全球化仍是当今国际格局演变的两个主要趋势。国际形势的基本态势仍是总体和平、缓和、稳定，但局部战乱、紧张、动荡，在维护世界和平、促进共同发展方面，世界各国正面临着新的挑战。世界经济逐步回升和结构调整加快，对我国经济发展在总体上是有利的。同时国际环境的变化也使我国面临一些新的挑战	要继续坚持扩大内需的方针，实施积极的财政政策和稳健的货币政策，同时要密切关注宏观经济形势的变化，针对苗头性问题，适时适度地进行调控，增强调控的科学性、预见性和有效性
2004	2004－11－28	当前，国际形势继续发生深刻变化。世界格局处于向多极化过渡的重要时期，经济全球化趋势继续在曲折中发展。总的看，和平、发展、合作是形势的主流，但影响世界和平与发展的不稳定、不确定因素也在增加。从当前世界经济形势及其发展趋势看，明年我国经济发展面临的国际环境仍然是机遇和挑战并存，但总体上还是机遇大于挑战。针对经济生活中出现的新情况新问题，中央决定采取进一步加强和改善宏观调控的政策措施，抓住主要矛盾，抓准关键环节，抑制经济运行中的不健康不稳定因素，避免出现大的起落，保持了经济发展的良好势头	为保持经济平稳较快增长，必须合理确定经济增长的预期目标，妥善处理发展速度和质量效益的关系，把工作重点真正放在提高经济增长的质量和效益上。要实行稳健的财政政策和货币政策，继续控制固定资产投资规模的过快增长
2005	2005－11－28	经济发展中长期积累的矛盾和问题还很多，同时又出现一些新情况、新问题，主要是：经济增长方式比较粗放，发展不平衡矛盾还比较突出，体制机制还不完善，影响经济安全的因素还较多，关系群众切身利益的许多问题还需要进一步解决	努力扩大国内需求，坚持实施稳健的财政政策和货币政策，继续加强和改善宏观调控

续表

年　份	会议日期	依然存在的问题	来年政策定调
2006	2006－11－26	必须清醒地看到经济社会发展中存在的突出矛盾和问题，特别要充分认识影响我国发展全局的重大问题，充分认识长期积累的体制机制性矛盾，充分认识发展中出现的新情况、新问题，居安思危，未雨绸缪，更加积极主动地做好工作	坚持加强和改善宏观调控，保持和扩大经济发展的良好势头。必须保持宏观经济政策的连续性和稳定性，进一步落实调控政策措施，并根据经济运行新的发展变化，适时适度进行预调和微调，主动引导社会预期，确保经济平稳较快发展。要正确处理好投资和消费、内需和外需的关系，最根本的是扩大国内消费需求。当前工作的着力点，就是要合理控制投资增长，努力优化投资结构。坚持以增加居民消费尤其是农民消费为重点，加快调整国民收入分配格局，努力提高农民和城镇低收入者收入水平和消费能力。在保持出口和利用外资合理增长的同时，积极扩大进口，积极有序地扩大境外投资合作。要继续实施稳健的财政政策和货币政策，加大对重点领域和薄弱环节的支持力度；综合运用多种货币政策工具，加强流动性管理，合理控制信贷投放和优化信贷结构。要注意加强对房地产市场的合理引导和有效调控。要加强财政政策、货币政策、产业政策、土地政策和社会发展政策的协调配合，继续综合运用经济、法律和必要的行政手段，提高宏观调控的科学性和有效性。要在政策落实上狠下工夫，确保中央各项方针政策和工作部署落到实处

续表

年　份	会议日期	依然存在的问题	来年政策定调
2007	2007－11－28	当前我国经济运行中一些长期积累的突出矛盾和问题还没有得到根本解决，同时还出现了一些值得注意的新情况新问题。经济增长由偏快转为过热的趋势尚未缓解，价格上涨压力加大，农业基础依然薄弱，节能减排形势相当严峻，涉及人民群众切身利益的问题还比较突出。我们必须增强忧患意识，始终居安思危，高度重视并及时化解前进道路上的各种困难和问题	完善和落实宏观调控政策，保持经济平稳较快发展的好势头。要把防止经济增长由偏快转为过热、防止价格由结构性上涨演变为明显通货膨胀作为当前宏观调控的首要任务，按照控总量、稳物价、调结构、促平衡的基调做好宏观调控工作。明年要实施稳健的财政政策和从紧的货币政策。继续合理把握财政支出规模，着力促进结构调整和协调发展，优化支出结构，较大幅度增加对社会保障、卫生、教育、住房保障等方面的支出。进一步发挥货币政策在宏观调控中的重要作用，严格控制货币信贷总量和投放节奏，更好地调节社会总需求和改善国际收支平衡状况，维护金融稳定和安全。严格控制新开工项目，防止投资反弹，促使经济增长保持在合理水平。要采取有力措施抑制价格总水平过快上涨，加强粮食、食用植物油、肉类等基本生活必需品和其他紧缺商品的生产，完善储备体系，提高价格调控预见性，加强价格监测，加强市场监管，及时完善和落实因基本生活必需品价格上涨对低收入群众的补助办法
2008	2008－12－11	受国际金融危机快速蔓延和世界经济增长明显减速的影响，加上我国经济生活中尚未解决的深层次矛盾和问题，目前我国经济运行中的困难增加，经济下行压力加大，企业经营困难增多，保持农业稳定发展、农民持续增收难度加大	加强和改善宏观调控，实施积极的财政政策和适度宽松的货币政策。要较大幅度增加公共支出，保障重点领域和重点建设支出，支持地震灾区灾后恢复重建，实行结构性减税，优化财政支出结构，继续加大对“三农”、就业、社会保障、教育、医疗、节能减排、自主创新、先进装备制造业、服务业、中小企业、重大改革等方面的支持力度，加大对低收入家庭的补贴和救助力度。促进货币信贷供应总量合理增长，坚持区别对待、有保有压，引导和改善市场预期，保持人民币汇率在合理均衡水平上的基本稳定，进一步改善国际收支状况。保持资本市场和房地产市场稳定健康发展。要严格按照项目审批和建设程序办事，坚决防止高耗能、高污染、低水平重复建设。要提高公共投资的经济效益、社会效益、带动效应，拓宽民间投资领域和渠道，增强拉动经济增长的社会合力

续表

年　份	会议日期	依然存在的问题	来年政策定调
2009	2009－12－7	当前我国经济回升的基础还不牢固，积极变化和不利影响同时显现，短期问题和长期问题相互交织，国内因素和国际因素相互影响，保持经济平稳较快发展、推动经济发展方式转变和经济结构调整难度增大。从外部环境看，世界经济复苏基础并不稳固，国际金融危机影响仍然存在，全球性挑战压力增大。从国内环境看，经济回升内在动力仍然不足，结构性矛盾仍很突出，农业基础仍不稳固，就业形势依然严峻	要处理好保持经济平稳较快发展、调整经济结构、管理通胀预期的关系，巩固和增强经济回升向好势头。要继续实施积极的财政政策和适度宽松的货币政策，把握好政策实施的力度、节奏、重点。要突出财政政策实施重点，加大对民生领域和社会事业支持保障力度，增加对“三农”、科技、教育、卫生、文化、社会保障、保障性住房、节能环保等方面和中小企业、居民消费、欠发达地区支持力度，支持重点领域改革。要保持投资适度增长，重点用于完成在建项目，严格控制新上项目。要加强税收征管和非税收入管理，继续从严控制一般性支出。货币政策要保持连续性和稳定性，增强针对性和灵活性。要密切跟踪国内外经济形势变化，把握好货币信贷增长速度，加大信贷政策对经济社会薄弱环节、就业、战略性新兴产业、产业转移等方面的支持，有效缓解小企业融资难问题，保证重点建设项目贷款需要，严格控制对高耗能、高排放行业和产能过剩行业的贷款，着力提高信贷质量和效益。要积极扩大直接融资，引导和规范资本市场健康发展

续表

年　份	会议日期	依然存在的问题	来年政策定调
2010	2010－12－10	明年世界经济有望继续恢复增长，但不稳定不确定因素仍然较多。国际金融危机影响深远，世界经济格局正在发生深刻复杂变化。宏观经济平稳运行面临复杂形势，粮食稳定增产和农民持续增收基础不牢固，经济结构调整压力加大，资源环境约束强化，改善民生和维护社会稳定任务艰巨。我国经济社会发展中的短期问题和长期问题交织，结构性问题和体制性问题并存，国内问题和国际问题互联，我们必须增强忧患意识、风险意识、责任意识，采取有力措施，积极妥善加以解决	加强和改善宏观调控，保持经济平稳健康运行。明年宏观经济政策的基本取向要积极稳健、审慎灵活，重点是更加积极稳妥地处理好保持经济平稳较快发展、调整经济结构、管理通胀预期的关系，加快推进经济结构战略性调整，把稳定价格总水平放在更加突出的位置，切实增强经济发展的协调性、可持续性和内生动力。要继续实施积极的财政政策，发挥财政政策在稳定增长、改善结构、调节分配、促进和谐等方面的作用；保持财政收入稳定增长，优化财政支出结构，下决心压缩一般性支出，厉行节约；加强地方政府性债务管理，坚决防止借“十二五”时期开局盲目铺摊子、上项目。要实施稳健的货币政策，按照总体稳健、调节有度、结构优化的要求，把好流动性这个总闸门，把信贷资金更多投向实体经济特别是“三农”和中小企业，更好服务于保持经济平稳较快发展；进一步完善人民币汇率形成机制，保持人民币汇率在合理均衡水平上的基本稳定

资料来源：历年中央经济工作会议公告。

其中，货币政策取向分别经历了紧缩、稳健、适度、宽松等诸多描述，但是如何从定量角度来理解上述内涵是市场投资者最为关注的问题。

描述货币政策松紧程度，笔者倾向于从两个层面入手，即分别从货币资金价格以及货币资金数量两个层面来入手描述。在前面“三大基本利率的关系研究”中，曾对于货币资金价格与资金成本的利差进行过分析探讨，分别将2004～2010年7天回购利率与资金成本之间的利差进行过相应描述，并对应了每个年份的货币政策松紧度，这种利差变化和货币政策松紧度之间一一对应的关系对于指导未来政策取向以及流动性判断是非常宝贵的参考资料，这是从价格层面来理解货币流动性松紧状况。

在此也可以从货币数量角度来进行相应探讨，从前面对基础货币的分析来看，基础货币的变化主要是三个渠道，分别是外汇占款变化、公开市场净吞吐以及财政性存款变化，外汇占款变化主要是受到外部经济的影响，财政性存款的变化主要是受到财政税收政策的影响，只有公开市场资金的吞吐状况是由中央银行的货币政策思路来决定的。这样看来，在构成基础货币的变化中，实际上是由中央银行一己之力来缓释冲销其他因素，调节基础货币的变化。因此，可考虑设立这样一个比率，即“冲销比率”。

$$\text{冲销比率}=\frac{\text{中央银行公开市场操作回笼资金数量}+\text{法定存款准备金调整冻结数量}}{\text{外汇占款增量}+\text{公开市场操作到期投放资金数量}}$$

上述比率的测算可以按照月、季度或者年度的频率来进行，数据变化大致可以勾勒出历史上若干年份中货币政策松紧度变化，这种历史变化可以作为后期政策力度预期的比较基准，如图4－1－3所示。

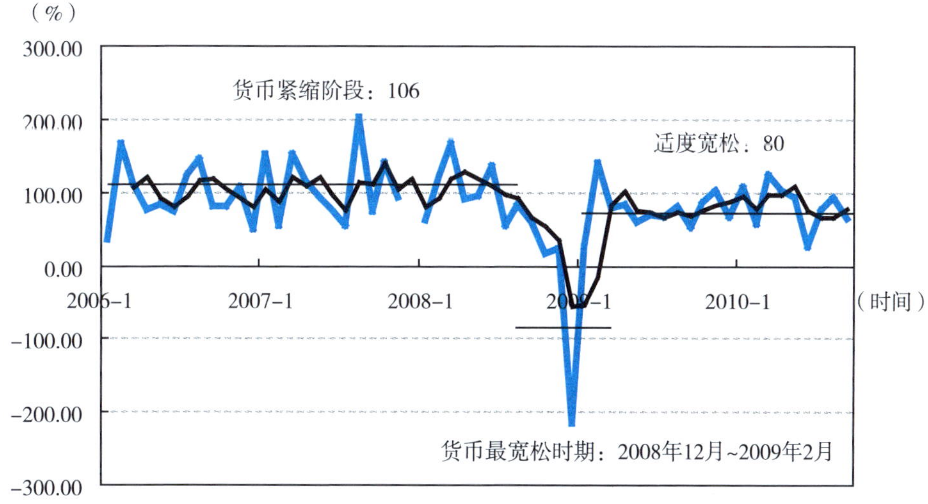

图4－1－3　中央银行总冲销比率变化

资料来源：中国人民银行，www.pbc.gov.cn。

附注一：

2010年5～6月份期间货币紧张局面详解

2010年5月份我国货币市场经历了一轮较为紧张的局面，从当时的价格型指标的变化来看，银行间市场7天回购利率脱离了前期平台出现了大幅度上行，如图4－1－4所示。

一、造成本次资金紧张的原因在于总量缺失，而非结构失衡

长期以来，在造成我国货币市场资金紧张的原因中，主要体现为结构失衡。例如2007年的IPO

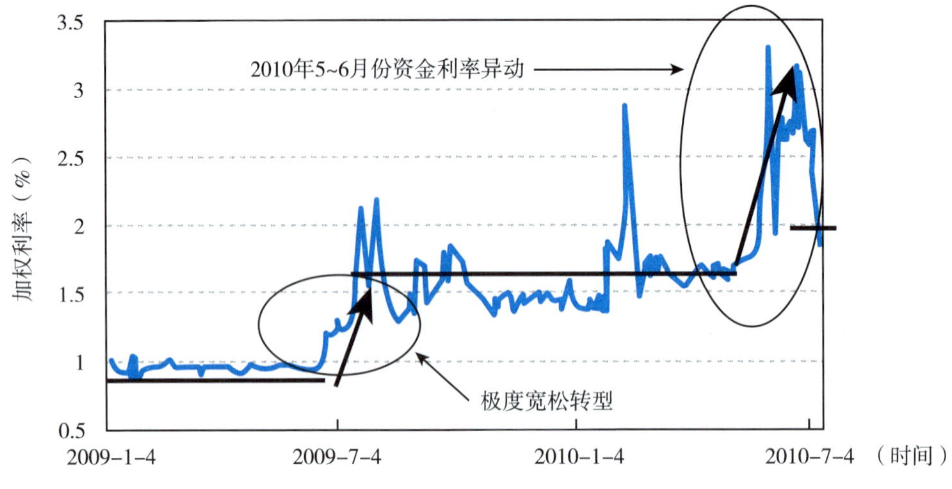

图4－1－4　银行间市场7天回购利率变化一览

资料来源：参照CDC数据，www. chinabond. com. cn。

密集时期、每个季度末商业银行经历重要的考核时期，等等，在上述时点上，货币市场都会由于资金流动分布不均，微观资金主体谨慎性情绪抬头，导致资金利率出现明显上行，但是这种情况主要反映的是资金结构失衡现象，而并非是由于资金总量的流失。

2010年5月份的资金紧张局面存在总量缺失的问题。从当期的基础货币变化报表情况来看，5月底，商业银行体系超额准备金总量下降了约2000亿元。总量缺失是导致资金面失衡的主要原因（见表4－1－8）。

表4－1－8　　2010年5月份基础货币　　单位：亿元

行列名称	本月余额	比上月增减
基础货币	147128. 24	100. 40
货币发行	42109. 91	－963. 86
流通中货币	38652. 97	－1004. 56
库存现金	3456. 94	40. 71
金融机构存款	105018. 33	1064. 26

资料来源：中国人民银行 www. pbc. gov. cn。

计算如下：

Δ基础货币（0）＝Δ货币发行（－1000）＋Δ法定准备金（＋3000）
＋Δ超额准备金（－2000）

二、造成5月份资金漏损的主要渠道

从图4－1－5可以看出造成5月份货币漏损的渠道是哪些：

造成当月出现货币漏损的渠道主要在于当时的欧洲债务危机导致当月中国外汇占款出现了明显萎缩、5月份企业上缴税款造成了资金被大量回笼、市场对于3年期中央银行票据的猛烈认购也造成了资金被大量回收，上述都造成了总量失衡。同时由于法定存款准备金率的调整造成了准备金总

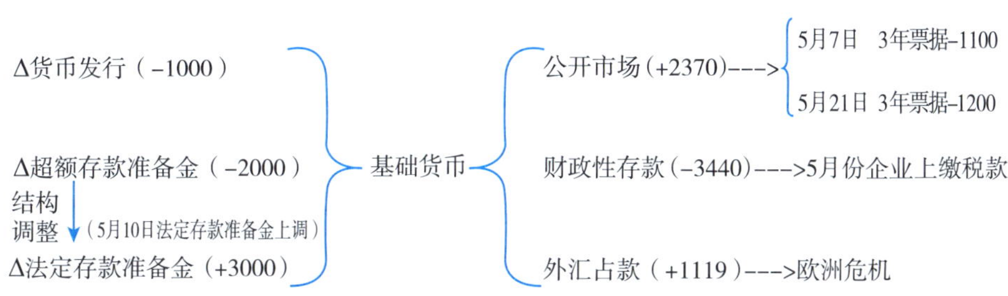

图 4-1-5　2010 年 5 月份货币漏损主要渠道

资料来源：中国人民银行，www. pbc. gov. cn。

量从“超额”状态转移到“法定被冻结”状态，造成了结构失衡问题。

附注三：

2011 年春节期间“流通中现金”规模的超预期激增造成了资金紧张

2011 年 2 月初是中国惯常的春节，在春节前，1 月份期间国内货币市场出现了明显的资金紧张迹象，回购利率大幅度飙升，直追 2007 年 IPO 密集进行时期的回购利率水平，如图 4-1-6 所示。

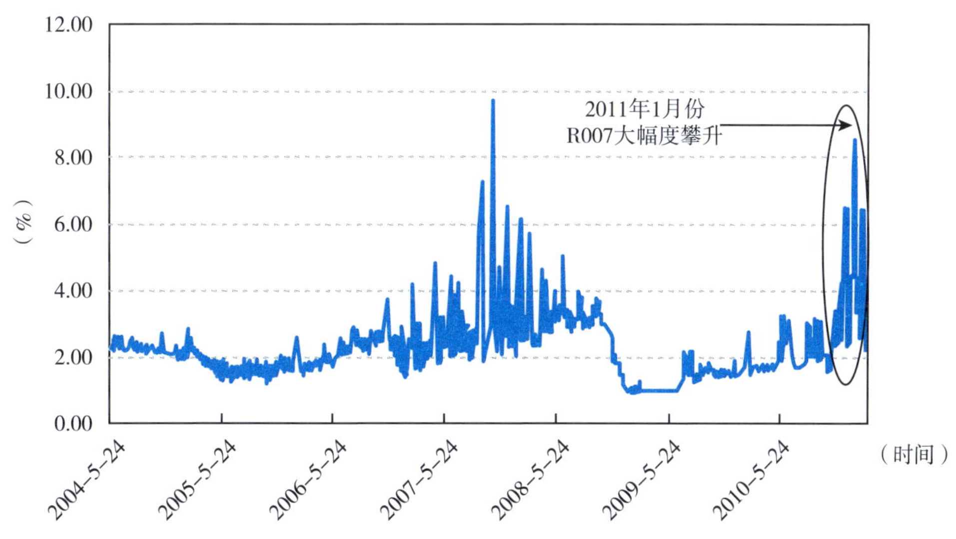

图 4-1-6　R007 利率走势一览

资料来源：参照 CDC 数据，www. chinabond. com. cn。

从货币流量角度来分析 2011 年春节前夕回购利率大幅度飙升的原因，主要要归结到 1 月份异乎寻常的流通中现金规模的增加。从历史情况来看，每年在春节月份，我国基础货币体系中的“流通中现金”规模都会明显增加，平均规模在4000亿～7000亿元增量水平。

但是在2011年春节前的1月份中，我国基础货币体系中的“流通中现金”增量规模达到了1.3万亿元，远远超出了历史同期水平。相当于过万亿资金在银行体系外流动，客观上造成了银行体系内资金的短缺（反映为商业银行体系内的超额存款准备金率明显降低），并进而对货币市场利率形成冲击。

表4－1－9为2011年1月份我国本外币基础货币变动情况。

表4－1－9　　2011年1月份我国本外币基础货币变动一览　　单位：亿元

行列名称	本月余额	比上月增减
基础货币	197489.82	12180.58
货币发行	63789.40	15143.38
流通中货币	58074.61	13475.59
库存现金	5714.80	1667.79
金融机构存款	133700.41	－2962.81
其中：邮政储蓄转存款	0.83	－0.01

资料来源：中国人民银行，www.pbc.gov.cn。

第二章

商业银行资金报表分析

对于广义货币供应量中各因素内涵的理解有助于投资者深刻把握宏观流动性状况，这对于预测把握短期资金价格（以7天回购利率为基准代表）的变化是非常有帮助的。但是如果将预测把握的着眼点放在希望预测把握金融机构对于债券产品的投资配置力度上（即不是金融机构的流动性管理需求，而是投资需求），则更需要从微观流动性角度来进行细致了解。

众所周知，参与中国银行间债券投资市场的机构类型很多，但是存在“一支独大”的现象，即商业银行是银行间债券市场的绝对需求主力，其资金压力的大小对于债券投资配置力度而言是一个重要的参照指标。

首先来看商业银行资金来源与资金运用报表的形式构成，如表4－2－1所示。

表4－2－1　　商业银行资金来源与资金运用项目一览

来源项目名称	运用项目名称
一、各项存款	一、各项贷款
1. 企业存款	1. 短期贷款
（1）活期存款	（1）工业贷款
（2）定期存款	（2）商业贷款
2. 机关团体存款	（3）建筑业贷款
3. 储蓄存款	（4）农业贷款
（1）活期储蓄	（5）乡镇企业贷款
（2）定期储蓄	（6）三资企业贷款
4. 农业存款	（7）私营企业及个体贷款
5. 其他存款	（8）其他短期贷款

续表

来源项目名称	运用项目名称
二、代理财政性存款	其中：个人短期消费贷款
三、金融债券	2. 中长期贷款
其中：政策性金融债券	(1) 基本建设贷款
四、应付及暂收款	(2) 技术改造贷款
其中：应付及预提利息	(3) 其他中长期贷款
五、卖出回购资产	其中：个人中长期消费贷款
六、向中央银行借款	3. 票据融资
七、同业往来	其中：贴现
1. 同业存放	4. 各项垫款
2. 同业拆借	二、有价证券及投资
八、委托存款及委托投资基金（净）	三、应收及预付款
1. 委托存款及委托投资基金	其中：应收利息
2. 减：委托贷款及委托投资	四、买入返售资产
九、代理金融机构委托贷款基金	五、存放中央银行准备金存款
其中：中央银行委托贷款基金	六、存放中央银行特种存款
十、各项准备	七、缴存中央银行财政性存款
其中：贷款损失准备金	八、同业往来
十一、所有者权益	1. 存放同业
其中：实收资本	2. 拆放同业
当年结益	九、代理金融机构贷款
十二、其他	其中：代理人行专项贷款
	十、库存现金
	十一、外汇占款
资金来源总计	资金运用总计

资料来源：中国人民银行，www. pbc. gov. cn。

从各个项目的历史增量数据来看，在商业银行的资金来源项目中，主要变动的项目是存款项目和同业往来项目（商业银行的同业往来项目主要指金融机构存款的变化）。①

① 商业银行并表后的同业往来项目主要反映的是商业银行与非银行类金融机构（证券、基金等，不含保险）之间的资金往来，与单体银行的金融机构存款还有一定的性质差异。

在商业银行的资金运用项目中，主要变动的项目是贷款项目、库存现金项目（除个别规律月份库存现金的月度变化较为稳定）、外汇占款项目（指居民企业和商业银行之间的结售汇情况，不是商业银行和中央银行的结售汇）、存款准备金项目（超额+法定）以及证券投资项目。

从增量角度来看，商业银行资金来源增量和资金运用增量保持平衡，考虑到在分析中我们剔除了一些变化不大的次要项目，因此构建的主要资金来源项目增量和主要资金运用项目增量之间存在差异，而从历史数据观察来看，这个差额数据是较为稳定的，即：

(Δ存款+Δ同业往来)-(Δ贷款+Δ库存现金+Δ外汇占款+Δ存款准备金+Δ证券投资)=Δ(差额)

注：从历史数据观察来看，“Δ（差额）”长期以来保持相对稳定，大致波动范围是（-2000，+2000）

在对上述等式构成来进行分析之前，需要对于银行体系资金运作的重要程度来进行一些简单介绍。

首先，目前的商业银行基本奉行的经营宗旨是“负债立行”，即商业银行实际上是无法调节资金来源的变化的。

对于资金运用项目的各个子业务品种而言，商业银行的重点侧重相对不同。

对于贷款资金需求，商业银行体系内的资金是要优先满足的，因此银行内部对于贷款增长的约束是相对薄弱的。

其次，对于库存现金项目而言，由于商业银行一定要保证储户取兑的流动性，因此这对于商业银行资金运用也是一个强约束，不过只有在春节（1月、2月份）中，该项目才会发生非常显著的波动变化。

对于剩余的三个项目（外汇占款、存款准备金以及证券投资）而言，商业银行的资金运用相对灵活，即商业银行首先在满足前两项资金运用的前提下，才考虑后三个项目。由于长期以来，人民币汇率具有较强的升值压力与升值预期，因此一般情况下，商业银行会倾向于将从居民企业手中收来的外汇全部结清给中央银行。因此，“Δ外汇占款”项目一般是小幅度负增长项目。

这样，在剔除上述各个项目后，商业银行的资金余额或缺口就在“证券投资”项目和“准备金”项目之间进行余缺调节。从商业银行的资产配置选择性质来看，证券投资在很大意义上是一种流动性管理的工具，虽然各个商业银行的债券投资都或多或少的承担盈利性责任，但是更为重要的是也承担了完成投资数量规模的任务，即商业银行的证券投资是身兼投资规模和盈利目标的双重压力。这样一来，很容易形成这样一种局面，商业银行剔除其他运用项目后的资金余缺将在保证正常性备付率的前提下，全部转移到证券投资项目中来进行消化处理。

在上述运作思路下，可以知道“证券投资”项目与“存款准备金”项目的变化主要用来调节吸收商业银行的资金余缺，其变化对应的是“债券（不含公开市场品种）到期规模”、“公开市场到期规模”、“公开市场发行规模”，以及“债券发行规模”，两相比较并进行情景分析，大致可以预测了解次月商业银行的资金运用（主要体现在债券配置投资方面）压力以及预期次月超额存款准备金率的变化方向。

货币因素是一个在债券市场中被讨论最多的因素，在各类评论报告中投资者最多听到的词汇与理由可能就是“资金推动行情”、“资金紧张导致价格下跌”等。但是从笔者这些年的体验来看，对于债券市场的走向而言，资金因素绝对不是一个主导决定性因素，更类似于一个辅助性因素，即是经济基本面因素的辅助因素。而且从作用方向来看，资金因素对于债券市场的推动作用可简单归纳为“可以锦上添花，难以雪中送炭”，即在经济基本面因素支撑债券上涨的前提下，资金的充裕可以导致债券价格上涨的更多。但是，在经济基本面因素负面冲击债券市场的大前提下，资金充裕无法改变债券市场的弱势格局。

对于经济基本面和资金面对债券市场的作用，笔者常常比喻如下：将债券利率比作“船”，经济基本面因素则是“锚”，而资金面因素则为“水（水浮力的方向是反的）”。

“锚”的位置决定“船”的趋势性定位。在“锚”的重心下降，势必带动利率下行，即便资金不多，但是依然不能阻止利率的趋势方向。反之，在经济基本面走强的背景下，就算资金再充裕，对于债券市场也难以起到实质性的利多支撑（一个典型的时期就是2009年第一季度）。

因此所谓“资金为王”的思路是需要引起反思的。应该说，经济基本面是引发资金面变动的根源，是决定资金面的先行性因素。因此，对于债券分析而言，经济基本面分析与资金面分析的主次位置一定要清晰。

附注：

商业银行体系2009年1～2月份资金运用压力的定量测算

伴随1月份宏观金融数据的公布，在此对1月份的实际情况进行说明，并预测2月份商业银行体系的资金状况。在此特为说明：商业银行体系包括国有商业银行、股份制商业银行、城市商业银行、农村商业银行、外资银行。

根据2009年1月份宏观金融数据显示，截至2009年1月末期，商业银行体系内准备金总量为52046亿元（法定＋超额），比12月份减少约5500亿元（对应准备金率大约2个点），截至1月份末期，商业银行体系中法定存款准备金率约为14.5%，超额存款准备金率约为5.1%。对应超额存款准备金数量约为1.35万亿元。

一、1月份商业银行实际资金来源与运用情况一览

首先来看1月份商业银行资金来源项目的增减变化

1. 存款项目：1月份中商业银行系统中，存款增量为1.23万亿元（远超出先前的预期，预期

中的财政性存款回流央行现象并没有发生)，存款余额同比增长率为24.33%（也远高于历史存款增加速度的变化，历史高水平大约以20%为上限)。

2. 同业往来项目：1月份商业银行同业往来资金同比增长率为-26%（先前预期为-20%)，环比增长约4.47%（先前预期为13.3%)，1月底商业银行的同业往来资金比2008年12月份增加1130亿元。

上述两项构成我国商业银行体系中的主要资金来源项目，合计1月份资金来源总量比2008年12月份多出1.34万亿元。

再来看1月份商业银行资金运用项目的增减变化

1. 贷款项目：1月份商业银行信贷增加量为1.36万亿元，同比增长约21.25%，其中四大国有银行的信贷增量为7667亿元。1月份商业银行的信贷增长速度超出先前的预期（先前预期同比增长速度在19%，增量为9100亿~9200亿元)。注意：在此文的信贷测算中并不包含其他类型的金融机构信贷投放，比如政策性商业银行、农信社等。

2. 库存现金：1月份商业银行库存现金的变化最为受到关注，往常商业银行的库存现金基本逐月保持稳定，月度增量几乎可以忽略，而2009年1月份中，商业银行的库存现金出现了大幅度增加，1月份比2008年12月份增量在2270亿元（比先前的预估额超出2000亿元)。

3. 外汇占款：1月份商业银行外汇占款余额比2008年12月份继续减少，但减少数量低于预期，为258亿元。

4. 准备金项目与证券投资项目的合计测算：1月份商业银行准备金数量减少5500亿元，证券投资余额增加655亿元。

上述4个项目构成商业银行体系的资金运用主要项目，合计1月份比2008年12月份资金运用总量多出1.36+0.2270-0.0258-0.55+0.0655=1.076（万亿元)。

同时考虑到“资金来源增量-资金运用增量=残差（1月份为2500亿元)”，因此1月份商业银行的资金来源与资金运用项目的增量变化如下：

资金来源增量-资金运用增量=13400-2500-10760=140（亿元)，基本平衡。

结论

1月份商业银行体系中，资金运用增量与资金来源增量体现如下特点：

1. 存款增量超乎预期，造成资金来源项目比前期预期值要大（往年固有的财政性存款在1月份的回流现象没有发生)。

2. 贷款增长超乎预期，是消化12月末期大量超额存款准备金的主要工具，而且库存现金量的增加也超乎预期，也为当月消化巨额超额准备金数量做出了一定的贡献。

3. 截至1月份末期，商业银行体系中的超额准备金数量为1.35万亿元，对应超额存款准备金率为5.10%。

4. 与先前的预期相比存在以下几点说明：(1）我们曾认为1月份商业银行资金运用压力不大的主要原因在于存款会出现外流，但是实际这种现象（财政性存款回流央行）并未出现，而是贷款的巨量增长消化了大量的资金，缓解为1月份中的资金运用压力；(2）1月末期的商业银行体系资金运用压力要略高于我们之前的预期（我们先前预期1月份末期商业银行体系的超额准备金数量将由约1.8万亿元下降到1万亿元，超额准备金率下降到4%附近，实际情况是截至1月份末期商业银行的超额存款准备金数量余额为1.35万亿元，超额准备金率为5.1%)。

商业银行在1月份化解资金运用压力的主要手段集中在了信贷投放上，而并没有采用运用债券投资工具来化解资金运用压力。

同时对应约1.35万亿元超额存款准备金余额（约对应5.1%的超额准备金率）是2月份商业银行所面对的现实挑战。

二、对2月份商业银行体系的资金运用压力的修订计算

首先，估算2月份的资金来源项目变化（采用就低原则）：

1. 存款项目：对于2月份商业银行存款增速我们采用同比23%的计算数据①（1月份为24.33%），2月份商业银行存款比1月份将多出约6500亿元。

2. 同业往来项目：保守预计（就低原则）同比变化速度为－18%，则2月份商业银行的同业往来资金将在1月份基础上继续增加2300亿元。

其次，估算2月份资金运用项目的变化（采用就高原则）：

1. 贷款项目：2月份信贷增长速度将在月增量上比1月份有明显回落，但是在同比增速上可能依然保持一个相对较高的水平（1月份商业银行信贷增长同比为21.25%），假定2月份同比增长速度为22%，则2月份商业银行系统的信贷增量为3500亿元。

2. 库存现金：1月份库存现金余额出现了超预期大幅度上行，预计将回归到历史平均水平，因此2月份库存现金余额应该比1月份有所降低，预计将回落2000亿元附近。

3. 外汇占款：预计将继续减少约500亿元（估算依据：参考历史月度环比变化趋势）。

4. 准备金项目以及证券投资项目合计变化：2月份债券（不含公开市场部分）到期量为1500亿元，公开市场资金投放量为3900亿元，同样按照54%，84%②的比重，流入商业银行的资金约4100亿元。

这样，遵循如下关系进行后续测算：

资金来源项目月增量－资金运用项目月增量＝估算残差（按照正负2000亿元来核算区间）

则：6500＋2300－3500＋2000＋500＋4100（＋－）2000＝（9900，13900）亿元，取中间数为：11900（亿元）。

这个数据是什么意思呢？是商业银行在2月份资金来源增量与资金运用增量的轧差数据，即需要被商业银行准备金项目以及证券投资项目所吸收的资金量。

这意味着，如果商业银行希望在2月底的超额准备金率不比1月份5.1%的水平继续上行，则需要借助于证券投资这一项目来消化过万亿元的资金，如果证券投资项目消化的资金量不足这一水平，则2月份末期商业银行的超额准备金率将在1月份5.10%的基础上继续上行。

需要思索的是：2月份中是否存在如此巨量（过万亿元）的债券供应呢？总之这对于商业银行的资金运用来说，是一个巨大的挑战！

从后期预期来看，财政性存款（2008年12月份投放出来的过万亿元）继续留存在金融体系中是一个重要的问题，这将造成商业银行体系资金的持续宽松，后面需要警惕的是何时巨大的财政性存款会回流央行体系，这可能会造成商业银行资金来源的暂时空缺。

2009年2月16日

---

① 在具体核定当月“存款项目”、“同业往来项目”增长比率时，可以考虑了解大型商业银行当月与上月同时点的存款增长情况。

② 该比率为历史上，商业银行购买债券以及在公开市场中认购的比重。

第五篇

政策与策略

导　读

在长期的市场实践中，笔者常常为这样一个问题而困扰：决定利率走向的主导力量是来自于基本面呢还是来自于政策面？即读者可以做这样一个假设：假如这个世界上是没有货币政策工具的，债券市场在面临经济过热、通货膨胀等基本面因素变化时，会呈现什么样的变化呢？更简单而言，假如即便面临通货膨胀，但是市场认为中央银行不会选择加息政策时，债券市场会如何变化呢？

这个问题如果从资金在不同投资工具转移角度来理解似乎比较容易理解。在经济过热、通货膨胀高企的基本面背景下，资金从逐利性角度出发也必然会从债券市场撤离转而进入权益类市场。因此，在主力资金存在不同配置渠道的背景下，单纯的经济基本面因素足以决定债券市场的方向（2008 年下半年至 2009 年上半年，基金行业对于债券与股票的选择差异即为如此）。

但是如果把资金配置条件放置在中国银行间市场中，即在银行投资配置力度“一支独大”，同时银行投资渠道非常单一的条件下，那么在面对上述因素组合时其行为选择可能有所不同。

从正常情况下看，是经济基本面因素的变化引发了政策面因素变化（或预期变化），并最终导致了金融市场的变化。因此从传导链条来看，与金融市场变化最直接的相关环节是政策面变化，面对政策面的变化（或预期变化），投资者才会对于不同金融投资工具做出不同的策略选择。这也是笔者倾向于在本篇将政策面因素和策略因素合一论述的原因。

第一章

利率曲线的倾斜度变化一览

2002～2010 年期间，中国宏观经济基本面形态组合各异。历史上曾出现过经济平稳增长与通货紧缩共存的 2002 年和 2009 年、经济过热和通货膨胀共存的 2004 年和 2007 年、经济小幅回落与物价缓步爬升共存（类似于滞胀）的 2006 年和 2010 年、经济增长与物价变化平稳上行的 2003 年和 2005 年，以及经济衰退与通货紧缩共存的 2008 年。

对应上述不同的基本面组合，我国的政策面（主要指货币政策层面）出现过如下几次较为明显的变化。

2004 年和 2007 年分别经历了不连续加息以及连续加息周期考验，这将成为中国债券市场变化的最主要历史参考时期。此外，来自交易所国债拍卖事件以及 2007 年增发特别国债事件，成为了中国债券市场面对供需失衡冲击的经典案例。

在描述债券市场面对上述事件的冲击过程前，笔者选定长短期利差作为重点考察对象，在着重描述利差变化（即利率曲线陡峭度）过程中还要兼顾长短期利率的方向变化，长达 9 年的积累将为未来的理性操作与判断提供重要的历史借鉴。

在中国债券市场，短期债券的代表品种是 1 年期中央银行票据，其良好的流动性适用于作为现金管理以及防御性首选工具，长期债券的代表品种则是 10 年期国债。为了剔除中央银行的政策意图影响，我们都选取二级交易市场利率作为考察标的，将长短期利差的升降作为考察对象，希望更多的反映市场交易者的预期。

第一节 2002～2004 年长短期利率变化形态一览

2002～2004 年期间是债券交易与投资理念发展的初级阶段。在此时期，1 年期中央银行票据的发行和交易还在起步发展初期，因此考虑采用当时 1 年期政策性金融债券的交易利率作为1年期品种的替代品，如图5－1－1所示。

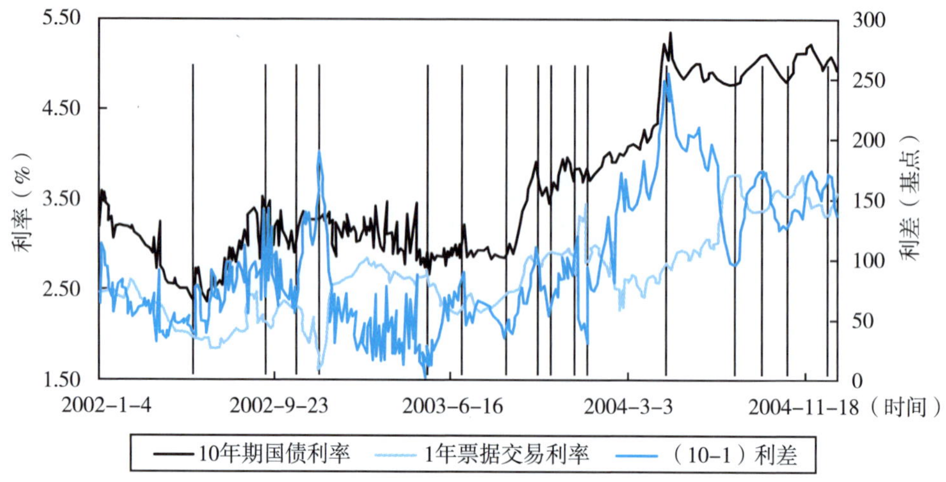

图5－1－1　2002～2004年长短期利率变化

资料来源：参照CDC数据，www. chinabond. com. cn。

2002～2004年期间，长短利差的变化可以进行如下若干阶段的划分：

1. 2002年年初至2002年6月3日： 利差曲线下行，利率曲线平坦化，而同时期长短期利率同步下行（牛市变平）。

2002年的上半年我国债券市场所面临的经济基本面环境是国际市场动荡（主要是受到美国网络股泡沫破灭引发轻微经济衰退、"9. 11"事件以及阿富汗战争影响），国内经济依然处于通货紧缩时期，CPI同比跌幅不断加大，正处于摆脱1997年亚洲金融风暴冲击的尾期，市场充斥了降息预期（但是即便存在降息预期，市场也认为这是降息周期的末期）。

长短期债券利差从年初约100个基点降低到37个基点，同期10年国债利率和1年期金融债券利率同步下行，但是长期利率的跌幅要超越短期品种。

2. 2002年6月3日～9月9日： 利差曲线上行，利率曲线陡峭化，同时期长短期利率同步上行（熊市增陡）。

该期间，债券市场出现了调整，长短期利率开始回升，其主要诱发因素可能来自于国内经济基本面因素的改善。经济增长趋于稳定回升，特别是CPI开始摆脱连续下行的通道，企稳回升。

长短期利差从37个基点起步回升到2002年9月9日的135个基点，10年国债利率和1年期金融债券的利率同步上行，长期利率的上行幅度超越短期利率。

3. 2002年9月9日～10月31日： 利差曲线下行，曲线变平，但是较为奇怪的是，在此期间，长期利率出现下行，而短期利率呈现上行态势，长短期利率的变化方向相反，这是常态债券市场中较为罕见的情形。

这种长短期利率方向差异形成的原因主要来自于短期品种受到中央银行公开市场

3M 票据发行利率走高的影响，短期品种的二级交易利率出现上行，而长期利率的下行态势在当期表现的则比较不理性①。

4. 2002 年 10 月 31 日 ~ 11 月 29 日： 利差曲线上行，利率曲线增陡，同期长期利率回升，而短期利率下降，长短期利率的变化方向相反，这在常规债券市场中属于较为罕见的情形。

该时期，短期利率的回落主要原因在于从 10 月份以来中央银行停止在公开市场中发行票据，供需失衡导致了短期利率的回落，而长期利率伴随 CPI 的回升而上行，是较为正常的一种变化形态。

5. 2002 年 11 月 29 日 ~ 2003 年 5 月 12 日： 利差曲线下行，利率曲线变平，同期长短期利率的变化方向再度相异，长期利率下行明显，而短期利率则重心走高，利差从期初的 187 个基点回落到期末的 2 个基点附近。

该期间长期利率下行的主要动力是 2003 年一季度货币环境宽松、债券供给过少造成的供需失衡以及二季度意外出现的“非典”疫情。同期短期利率的走高则在于中央银行开始警惕货币宽松问题，从 2003 年 4 月份开始恢复了正常的票据发行。

6. 2003 年 5 月 12 日 ~ 7 月 3 日： 利差曲线上行，利率曲线增陡，同期长期利率上行而短期利率下行②，长短期利率变化方向相反。利差从期初的 2 个基点附近回升到期末的 91 个基点。

在“非典”疫情解除后，长期利率恢复了上行趋势，而此期间公开市场票据发行利率上行，市场也产生了上调法定存款准备金率的预期，短期利率在此期间的方向应该是上行的。

7. 2003 年 7 月 3 日 ~ 9 月 3 日： 利差曲线下行，从 91 个基点回落到 38 个基点，利率曲线整体变平，同期长短期利率基本呈现平台整理，方向性不强，长期利率略回落，而短期利率略回升，长短期利率方向不同。从第一篇的同期历史回顾来看，这是一个预期混乱、信号混乱的时期。

8. 2003 年 9 月 3 日 ~ 10 月 20 日： 利差曲线上行，从 38 个基点上行到 112 个基点，利率曲线整体增陡，同期长短期利率均呈现上行态势，利率曲线熊市增陡。

从原因来看，该期间债券市场所面临的冲击主要来自于资金面即将紧缩的预期，主要冲击预期是华夏银行大盘股即将发行以及上调法定存款准备金率的传言冲击。从本质来看，本次调整是由于资金紧缩的“预期”所导致，似乎和实际的资金紧张因素所导致的调整还有所区别。

9. 2003 年 10 月 20 日 ~ 11 月 10 日： 利差曲线下行，从 112 个基点下行到 61 个基点，利率曲线整体变平，同期长期利率回落，而短期利率则继续上行，长短期利率方向相异。

---

① 笔者无法解释当期的长期利率，一个可能是由于当时市场处于初期发展，所累计的长期利率数据并不精确。

② 笔者同样怀疑该期间累计的短期利率存在偏差。

该期间，在中央银行一系列买断现券操作等手段的运用下，长期利率开始出现回落，但是短期利率在此期间则受制于资金面的实质性紧张，继续攀升。

10. 2003年11月10日～12月16日：利差曲线上行，从61个基点上行到117个基点，同期这又是一个长短期利率的反向时期，其中长期利率上行，而短期利率下行。

该期间，长期利率上行主要源于CPI数据走高的冲击，而短期利率的走低则来自于中央银行在公开市场中引导利率下行。

11. 2003年12月16日～12月30日：该期间在12月20日下调超额存款准备金利率，短期利率应该下行，所以笔者同样怀疑短期利率的数据累计存在偏差。

12. 2003年12月30日～2004年4月29日：利差曲线猛然增大，从31个基点一举走阔到256个基点，利率曲线陡峭化上行，长期利率的上行幅度要明显超越短期利率。

该期间，长期利率的变化成为市场关注焦点，债券市场在此期间不仅承受了CPI走高、南方证券拍卖国债等因素冲击，更为重要的是在此期间，关于货币政策紧缩的预期异常高涨，市场对于上调法定存款准备金率以及加息的预期是冲击长期利率的最关键因素。在这种“紧缩预期”高涨时期，收益率曲线呈现出明显的熊市增陡变化。

13. 2004年4月29日～8月10日：利差曲线下行，从期初约256个基点下行到期末的96个基点，利率曲线平坦化转折，长期利率明显下降，但是短期利率则持续回升，长短期利率的变化方向相异。

长期利率回落的原因一方面在于市场在对前期过于强烈的加息预期进行修正；另一方面笔者认为也存在长期利率高位钝化、投资价值显现的成分在其中。而短期利率则是受制于公开市场发行利率不断走高的牵引而一路上行。在此期间，长短期利率的方向相异性非常明显。

在此期间，有一个来自宏观经济基本面的信号较为有趣，即代表实体经济增长的指标——工业增加值从高位回落（另外一个指标就是2004年宏观调控的主要针对点——固定资产投资增速从高位迅速回落），但是代表通货膨胀的指标——CPI在不断攀高。因此，形成了一个类似于“滞胀”的经济局面，这可能是造成长短期利率走向分化的一个根本原因，而这种情况在后期也曾发生过。

14. 2004年8月10日～9月17日：利差回升，从期初约96个基点回落到169个基点，利率曲线陡峭化，同期长期利率回升而短期利率回落，长短期利率方向再度相异。

该期间，长期利率的回升主要反映的是对于7月份CPI数据的走高，同期美联储再度加息，造成了市场对于利率政策再度紧缩的预期，而短期利率的回落则主要受到同期公开市场票据发行利率持稳并小幅度回落因素的影响。

15. 2004年9月17日～10月21日：利差回落，从期初的169个基点回落到125个基点，利率曲线平坦化，但是同期的长短期利率方向依然相异，长期利率下降，短期利率回升。

该期间，长期利率回落原因在于市场加息预期的缓解，而短期利率的回升则是来自于公开市场票据发行利率的向上牵引。

总体来看，上述三个阶段中，长期利率与短期利率的方向变化基本完全相异。

16. 2004 年 10 月 21 日 ~ 12 月 20 日：利差上行，从期初约 125 个基点上行到期末的 170 个基点，利率曲线陡峭化，而同期长期利率重心走高，而短期利率重心走低。

该期间，债券市场首度经历了加息冲击，是造成长期利率走高的主要原因。此外，11 月下旬交易所再度拍卖国债也是造成长期利率回升的另一个因素。而短期利率则在公开市场票据发行利率走低的牵引下，逐渐回落。

第二节　2005 ~ 2006 年长短期利率变化形态一览

2005 ~ 2006 年长短期利率变化形态如图 5 - 1 - 2 所示。

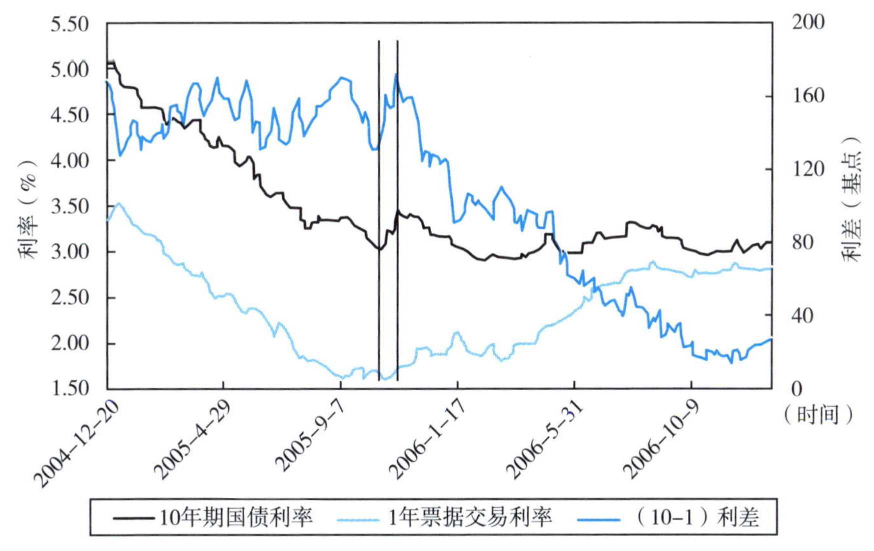

图 5 - 1 - 2　2005 ~ 2006 年长短期利率变化

资料来源：参照 CDC 数据，www. chinabond. com. cn。

2005 年开始，中央银行的公开市场制度更加完善化，票据发行利率对于整体债券市场的引导作用较前期有了明显增强，利差曲线的变化也更加平稳化。

1. 2004 年 12 月 20 日 ~ 2005 年 10 月 21 日：这个较长的周期中，利差曲线呈现平衡震荡的局面，(10 - 1)① 利差维持在（130，170）个基点之间进行波动，没有出现明显的趋势性走向。同期长短期利率同步下行，收益率曲线呈现平行下行的格局。

① (10 - 1) 指的是 10 年期和 1 年期债券的利差。

该期间是中国债券市场中一个比较显著的大牛市，其生成的深层次原因在于中央银行为了配合汇率改革制度的进行，主动将公开市场票据发行利率逐渐引低，而公开市场票据利率的走低也进一步带动长期利率下行，整个时期体现出较为显著的短期利率牵引长期利率同步下行的特征。

这是中国进行第一次“汇改”时期，长短期利率的变化，在与第二次“汇改”（2010年6月19日）时期利率变化进行比较后，应该明确并非是汇率问题直接导致了债券牛市，而是为了汇率而进行的公开市场操作导致了牛市的诞生，长期利率下行的主要牵引动力来自于短期票据发行利率的回落，而并非直接来自于汇率变化。

2. 2005年10月21日～11月11日：利差放大，从期初约130个基点回升到173个基点，同期的长期利率与短期利率开始走高，利率曲线呈现陡峭化上行。

该期间一个显著的政策面变化是公开市场中央银行票据发行利率开始脱离前期的低位开始回升，市场焦点转移到了货币政策收紧的预期中。在这种紧缩预期作用下，长期利率的回升速度超越了短期利率，造成了收益率曲线的陡峭化上行，形成熊市增陡的局面。

3. 2005年11月11日～2006年12月6日：2006年期间，利差曲线的变化方向较为单一，呈现一路下行的态势，利差从期初的173个基点一举回落到期末的18个基点附近。从趋势上看，2006年的长期利率呈现一个窄幅平台整理的态势，10年期国债利率在40个基点以内的范围内震荡，基本缺乏明显的方向性，但是短期利率则始终保持一个稳步走高的态势，形成了利率曲线平坦化的格局。

2006年是一个低通胀、平稳增长的基本面现状，而货币政策的取向也是从2005年的“极度”宽松状态向中性状态来进行转化。由于经济基本面的平稳，长期利率没有承受更大的压力，但是短期利率在货币政策适度转向的前提下，出现了缓步走高，但是整体来看，当时的政策紧缩力度与紧缩预期并不强烈，这是造成长短期利率在此期间呈现如此平缓变化的主要原因。

第三节　2007～2008年长短期利率变化形态一览

2007～2008年长短期利率变化形态见图5－1－3。

2007～2008年是一个非常值得关注的历史时期，这两年时间中，中国债券市场经历了完整的加息周期与减息周期。在这段历史时期，理解利率曲线的变化不仅要密切关注市场在利率变动周期前的动向，还应该关注在“真正的加（减）周期来临前”、“市场预期浓重中”以及“实际紧缩（放松）政策明确后”三种状态下债券市场的反映。其实在2002～2004年时期的市场变化中，读者也可以体会到在紧缩政策预期中、紧缩政策进行中两种状态下，利率曲线会产生不同的变化态势。

1. 2006年12月6日～2007年7月19日：此期间的利差曲线不断走高的，

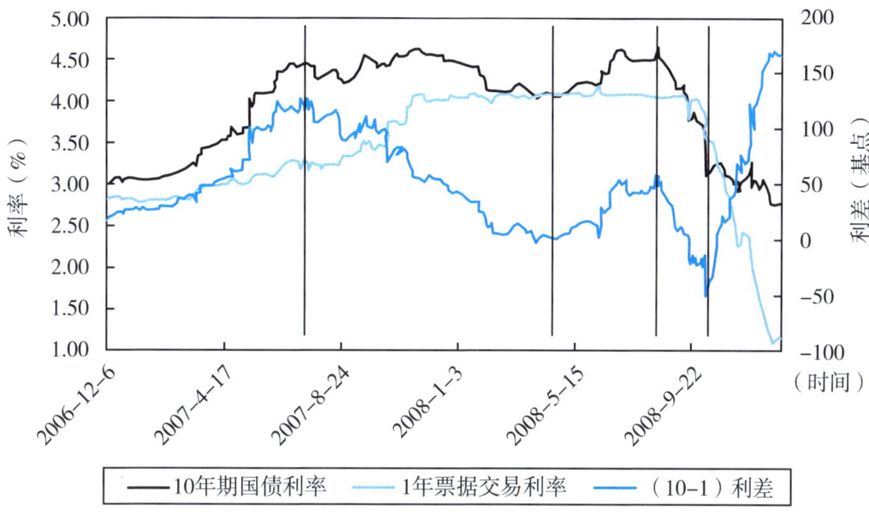

图 5－1－3　2007～2008 年长短期利率变化态势一览

资料来源：参照 CDC 数据，www. chinabond. com. cn。

（10－1）利差从期初的 18 个基点一举回升到期末的 126 个基点，而且从 2007 年 4 月份开始，利差是呈现快速走高的态势。同期长短期利率同步走高，而且长期利率的上行速度要超越短期利率，呈现熊市增陡的变化。

需要注意的是 2007 年的第一次加息是出现在 3 月 18 日，随后 5 月 19 日的第二次加息确认了该轮加息不同于 2004 年，是一次连续的加息周期。从常规理论来看，债券市场在加息周期中应该呈现的是熊市变平，即长期利率的升幅难以超越短期利率的升幅，但是 2007 年年初期的加息却导致了利率曲线的熊市增陡。

虽然在 2007 年对长期利率形成明显负面冲击的因素还有特别国债的供给（供需失衡会导致曲线的增陡上行）。但是关于发行特别国债的消息是从 6 月上旬才开始露出端倪、对市场形成冲击的，因此应该说 2007 年前期利率曲线的熊市增陡并非反映的是供求失衡问题，主要体现的是加息初期（或称加息前期、预期浓重时期）的曲线特征。

在一个加息周期的初期（也可以说在此阶段，市场机构没有确认这个加息是一个周期性现象），加息预期是决定此阶段利率曲线增陡上行的关键因素，而当市场真正确认了加息周期展开后，利率曲线的变化才可能回归到理论中的熊市变平态势。

2. 2007 年 7 月 19 日～2008 年 3 月 31 日：该期间是一个典型的加息周期（被市场所确认的加息周期）。该期间利差曲线呈现不断下行态势，从期初的 126 个基点回落到－4 个基点，长短期利率的变化稍显不同，长期利率先扬后抑，总体来看变化不大，处于高位震荡态势，而短期利率则处于上行通道中，并在后期持稳。利差的缩窄主要是由短期利率的走高所形成。

这个时期曲线形态和上一个时期恰好相反，处于一个典型的熊市变平过程，并且在加息周期的末期（2007 年 11～12 月份开始），长期利率下行而短期利率持平。期间的特别国债供应冲击虽然负面于长期利率（理应将利率曲线增陡），但是该事件混合在加息周期中，其令曲线增陡的力量弱于加息周期令曲线变平的力量，综合效应表现为利率曲线整体变平。

3. 2008年3月31日~8月14日：这个期间利差曲线明显上行，从期初的-4个基点上行到50个基点。该时期，短期利率稳定，而长期利率上行，利率曲线体现为熊市增陡。

从原因上分析，这段时期长期利率所面临的经济基本面环境和政策面环境依然是通胀高企（笔者认为主要体现为通胀预期高企），加息（或紧缩）预期不减。在此期间，虽然短期利率稳定，但是长期利率依然在创出新高，从原因以及利率曲线的表现来看，这个时期比较类似于2007年第一、二季度（加息预期浓重或加息周期初期阶段）。

4. 2008年8月14日~10月10日：此时期的利差曲线明显下行，从期初的50个基点回落到期末的-51个基点，该时期，短期利率持平，而长期利率迅速回落，造成了利率曲线平坦化下行，呈现牛市变平态势。

这是一个需要特别注意的时期，其主要特点是市场对于减息预期浓重（尚没有减息。首度减息是在2008年9月16日，而且体现为单独下降贷款利率，2008年10月9日才体现为存贷款利率同时下调），这个时期比较符合经典理论中的减息周期前期（或称预期时期），利率曲线会呈现牛市变平态势。

5. 2008年10月10日至2008年年底：这个时期的市场利差明显增大，从期初的-51个基点回升到年末的165个基点，同期长短期利率同步下行，而短期利率的降幅要明显大于长期利率，造成收益率曲线牛市增陡。

从理论上看，这个时期是非常符合利率曲线在减息周期（已被确认）中的变化形态——牛市增陡。

总结一下，可以看出如下规律：在加息周期初期（或加息预期时期），利率曲线呈现熊市增陡态势；在加息周期中（被确认的加息周期），利率曲线呈现熊市变平态势；在减息周期初期（或减息预期时期），利率曲线呈现牛市变平态势；在减息周期（被确认的减息周期）中，利率曲线呈现牛市增陡态势。

第四节　2009~2010年长短期利率变化形态一览

2009~2010年长短期利率变化形态见图5-1-4。

2009~2010年的市场所经历的政策性冲击因素不多，市场围绕经济基本面因素在不断地改变政策预期，从大趋势上看，是货币政策由极其宽松向适度宽松乃至稳健偏紧转变的过程中。

1. 2008年12月31日~2009年3月6日：该期间利差曲线延续了2008年末的上

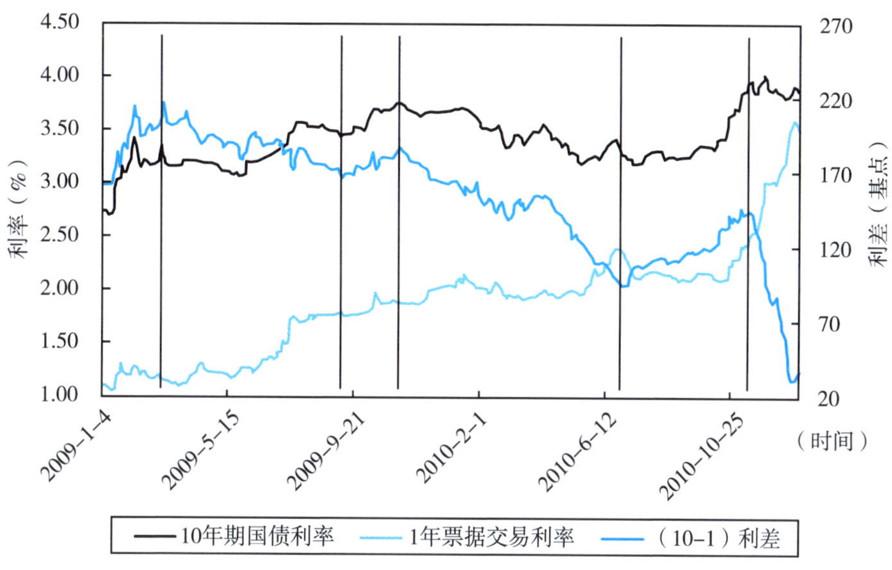

图 5-1-4 2009~2010 年长短期利率变化形态一览

资料来源：参照 CDC 数据，www. chinabond. com. cn。

行态势，利差从期初的 165 个基点继续上行到期末的 216 个基点。但是与 2008 年末的形态不同，在此阶段，长期利率上行而短期利率持稳，利差的放大主要由长期利率走高所形成。

该期间长期利率的走高主要原因在于宏观经济基本面出现了连续改善，经济增长最差的时期（2008 年 11~12 月份）已经度过。在此作用下，长期利率开始回升，但是货币政策基调在此时期没有发生变化，短期利率始终保持稳定，因此曲线形态明显增陡。

2. 2009 年 3 月 6 日~9 月 7 日：利差曲线下行，利差从期初的 216 个基点回落到期末的 165 个基点，利率曲线变平。同期，长短期利率同步上行，而短期利率上行速度快于长期利率，利率曲线熊市变平。

这个时期的一个典型特征是，货币政策正式宣告了开始出现微调（从极度宽松向适度宽松调整），但是市场主流预期认为不存在利率政策调整的可能，因此变化最为明显的则为短期利率（上行），长期利率则回升速度较慢。

3. 2009 年 9 月 7 日~11 月 10 日：利差有所放大，从期初约 165 个基点回升到期末的 187 个基点，利率曲线增陡。同期，长期利率上行，而短期利率持稳。

这个时期的长期利率走高原因一方面是当月的经济增长数据强劲，对于债券市场形成压力；另一方面则在于当期的债券供应明显加大，供需失衡是造成债券市场利率曲线增陡的重要原因。

4. 2009 年 11 月 10 日~2010 年 7 月 1 日：利差持续走低，从期初的 187 个基点下行回落到期末的 93 个基点附近，曲线明显变平，而同期的长期利率重心下行，而短期利率则重心上行，长短期利率的变化方向相异。

该时期的表现比较类似于 2006 年的市场表现。其中，长期利率的重心走低主要取决于宏观经济增长的不确定性以及对于年初浓重加息预期的修正，而短期利率则在货币政策基调转向（向中性方向转变）过程中，重心不断抬高，而短期利率的走高是决定利差收窄的主导力量。可以将此时期的变化理解为资金面紧缩所造成的利率曲线平坦化。

5. 2010年7月1日~11月12日：利差放大，从期初的93个基点回升到期末的145个基点附近，利率曲线陡峭化。同期，短期利率呈现“V”形变化，但是趋势性走高（前期的重心走低主要是对6月底资金紧张局面的修正），长期利率初期则以3.30%为中轴窄幅震荡，后期快速走高。该期间利率曲线整体表现为熊市增陡。

该期间市场环境的主要特征是紧缩预期初起（或加息初期，周期性看法尚未得到统一性看法），是一个“预期”为主的时期。利率曲线整体表现为熊市增陡。

6. 2010年11月12日至2010年年底：利差收窄，从期初的145个基点下降到期末的30个基点附近。该时期，短期利率继续走高，而长期利率则呈现高位震荡，甚至略有走低的态势。总体表现为熊市变平。

这个时期的紧缩政策接连出台，短期利率伴随紧缩政策出台而快速上行，而长期利率则变化幅度相对较小。

将2002~2010年利差曲线的方向变化进行总结归纳，可形成如表5-1-1，便于读者速览。

表5-1-1　　2002~2010年利差曲线变化一览　　单位：基点

序号	期初	期末	利差	起点	终点	短期利率	长期利率	原　因
1	2002-1-1	2002-6-3	平坦化	100	37	下行	下行	CPI下行+降息预期
2	2002-6-3	2002-9-9	陡峭化	37	135	上行	上行	CPI回升
3	2002-9-9	2002-10-31	平坦化	135	64	上行	下行	
4	2002-10-31	2002-11-29	陡峭化	64	187	下行	上行	公开市场停发票据
5	2002-11-29	2003-5-12	平坦化	187	2	上行	下行	“非典”+公开市场恢复
6	2003-5-12	2003-7-3	陡峭化	2	91	下行	上行	“非典”解除
7	2003-7-3	2003-9-3	平坦化	91	38	上行	略下行	信息面混乱
8	2003-9-3	2003-10-20	陡峭化	38	112	上行	上行	紧缩预期使然
9	2003-10-20	2003-11-10	平坦化	112	61	上行	下行	资金紧张+买断现券
10	2003-11-10	2003-12-16	陡峭化	61	117	下行	上行	公开市场牵引+CPI高

续表

序号	期初	期末	利差	起点	终点	短期利率	长期利率	原因
11	2003－12－30	2004－4－29	陡峭化	31	256	上行	上行	国债拍卖＋CPI 高＋紧缩预期强烈
12	2004－4－29	2004－8－10	平坦化	256	96	上行	下行	资金紧张，公开市场利率上行＋长期利率高位钝化
13	2004－8－10	2004－9－17	陡峭化	96	169	下行	上行	公开市场稳定＋CPI 高导致政策预期紧
14	2004－9－17	2004－10－21	平坦化	169	125	上行	下行	公开市场利率上行＋加息预期缓解
15	2004－10－21	2004－12－20	陡峭化	125	170	下行	上行	公开市场利率下行＋首度加息
16	2004－12－20	2005－10－21	平行化	170	150	下行	下行	汇率改革，公开市场同步牵引
17	2005－10－21	2005－11－11	陡峭化	150	173	上行	上行	公开市场利率变化，紧缩预期再生
18	2005－11－11	2006－12－6	平坦化	173	18	上行	平台震荡	货币政策轻微转变
19	2006－12－6	2007－7－19	陡峭化	18	126	上行	上行	加息预期＋加息周期初期
20	2007－7－19	2008－3－31	平坦化	126	－4	上行	高位震荡	加息周期中
21	2008－3－31	2008－8－14	陡峭化	－4	50	稳定	上行	紧缩预期依然强烈
22	2008－8－14	2008－10－10	平坦化	50	－51	稳定	下行	减息预期中
23	2008－10－10	2008－12－31	陡峭化	－51	165	下行	下行	减息周期中
24	2008－12－31	2009－3－6	陡峭化	165	216	稳定	上行	经济面改善
25	2009－3－6	2009－9－7	平坦化	216	165	上行	上行	货币政策宣告微调
26	2009－9－7	2009－11－10	陡峭化	165	187	稳定	上行	长期供应加大＋经济改善
27	2009－11－10	2010－7－1	平坦化	187	93	上行	下行	货币政策中性化＋经济增长不确定性
28	2010－7－1	2010－11－12	陡峭化	93	145	上行	上行	加息初期，紧缩预期浓重
29	2010－11－12	2010－12－31	平坦化	145	30	上行	高位震荡	紧缩政策实质进行中

资料来源：中央国债登记结算有限责任公司，www.chinabond.com.cn。

需要注意的是，从 2006 年 3 月份开始我们采用的是 1 年期中央银行票据的市场交易利率，而前期我们采用的是 CDC 发布的 1 年期政策性金融债券的利率，可能出现差异的时期在 2005 年前期。当时 1 年期票据的发行利率最低到 1.30% 附近，而我们采用数据在同期最低为 1.60% 附近，两者在 2005 年前期的利差存在，但是趋势相同，提请读者注意。

第二章

固定利率债券与浮动利率债券比价分析

对于单纯的债券投资者而言（比如银行），在面对利率风险变化过程中，很难采取大类资产转移的方式来规避利率风险（相对而言，在经济过热、利率上行风险加大过程中，基金、保险类的机构可以通过将债券资产转移为权益类资产来规避利率风险）。

在利率上行周期中，商业银行的债券配置只能采用如下两个基本途径来规避利率风险：一是缩短久期，将长期债券投资转化为短期债券投资（在分析中，一般倾向于用1～3年中央银行票据投资与10年期国债投资的相互转化来理解这种转化方式）；二是将固定利率债券投资转化为浮动利率债券投资，来规避利率上行风险。

本部分内容试图探讨固定利率债券与浮动利率债券的比价关系。在中国银行间债券市场中浮动利率债券的主力品种是以1年期定期存款利率为浮动基准的浮动利率政策性金融债券。

中央国债登记结算有限责任公司从2002年开始编制推广银行间债券市场的债券指数，其中就包含了“中债浮动利率金融债财富指数”和“中债固定利率金融债财富指数”（具体财富指数的含义可查询中央国债登记结算有限责任公司网站），两个指数组合所对应的综合久期大约分别在4和4.8附近。

从理论上看，无论债券类型是什么，从长期来看，同久期的债券最终的回报应该趋同。即假设同时发行一个长期浮动债券和一个长期固定债券，如果两者久期相同，则从长周期来看，最终两者的总回报应该一致。

从上述基本原理出发，虽然中债固定利率金融债券指数和浮动利率金融债券指数的组合久期有所差异（浮动组合久期略低于固定组合久期），但是相差很小。因此，从长期趋势来看，浮动指数的长期回报应该趋近于固定指数的长期回报，当两者出现明显背离差异后，可能意味着某一类债券被高估或低估。

如下是中债固定利率金融债财富指数和中债浮动利率金融债财富指数，

为了便于比较，从起始日开始，我们将其进行起点定基化处理，起点数据均为 100，如图 5－2－1 所示。

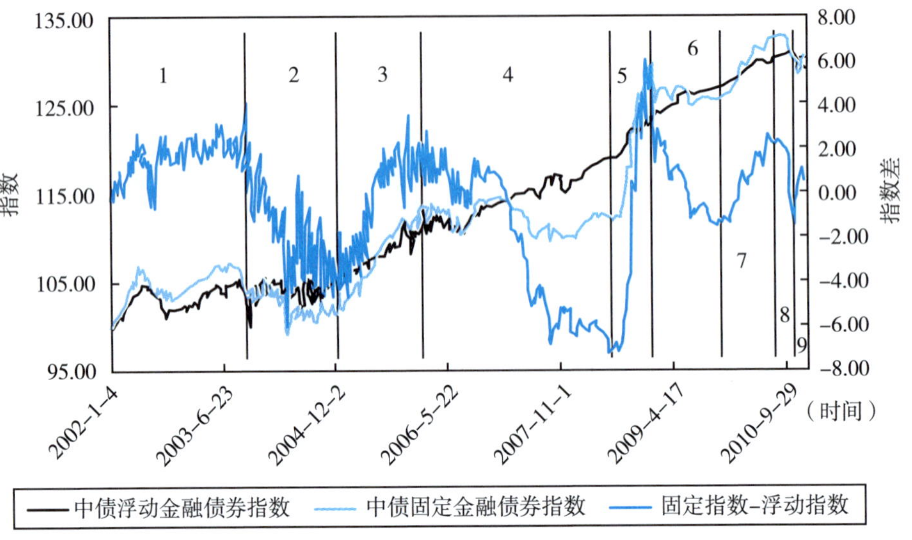

图 5－2－1　中债金融债券指数比较

资料来源：参照 CDC 数据，www. chinabond. com. cn。

从图 5－2－1 变化来看，指数差（“固定－浮动”）在 2002～2010 年期间发生过 9 次较具趋势性的转折变化：

第一次：2002 年 1 月 1 日～2003 年 10 月 14 日附近，该期间指数差重心缓步抬高，对应着的品种差异是固定利率品种的表现要强于浮动利率品种。

第二次：2003 年 10 月 14 日～2004 年 12 月 30 日附近，该期间指数差重心走低，对应的品种差异是固定利率品种的表现要弱于浮动利率品种。

第三次：2005 年 1 月 1 日～2006 年 2 月 15 日附近，该期间指数差重心上行，对应的品种差异是固定利率品种的表现要强于浮动利率品种。

第四次：2006 年 2 月 15 日～2008 年 8 月 12 日附近，该期间指数差重心下行，对应的品种差异是固定利率品种的表现要弱于浮动利率品种。

第五次：2008 年 8 月 12 日～2009 年 1 月 9 日附近，该期间指数差重心上移，对应的品种差异是固定利率品种的表现要强于浮动利率品种。

第六次：2009 年 1 月 9 日～11 月 3 日附近，该期间指数差重心下行，对应的品种差异是固定利率品种的表现弱于浮动利率品种。

第七次：2009 年 11 月 3 日～2010 年 8 月 10 日附近，该期间指数差重心上行，对应的品种差异则是固定利率品的表现要强于浮动利率品种。

第八次：2010 年 8 月 10 日～11 月 12 日附近，该期间指数差重心下行，对应的品种差异是固定利率品种的表现要弱于浮动利率品种。

第九次：2010 年 11 月 12 日至 2010 年年底，该期间指数差重心上行，对应的品种差异是固定利率品种的表现要略强于浮动利率品种。

对应这9个历史时期，我们用10年期国债利率的走向来衡量一下各个时期的利率风险度（长期利率上行表示利率风险在加大），如图5-2-2所示。

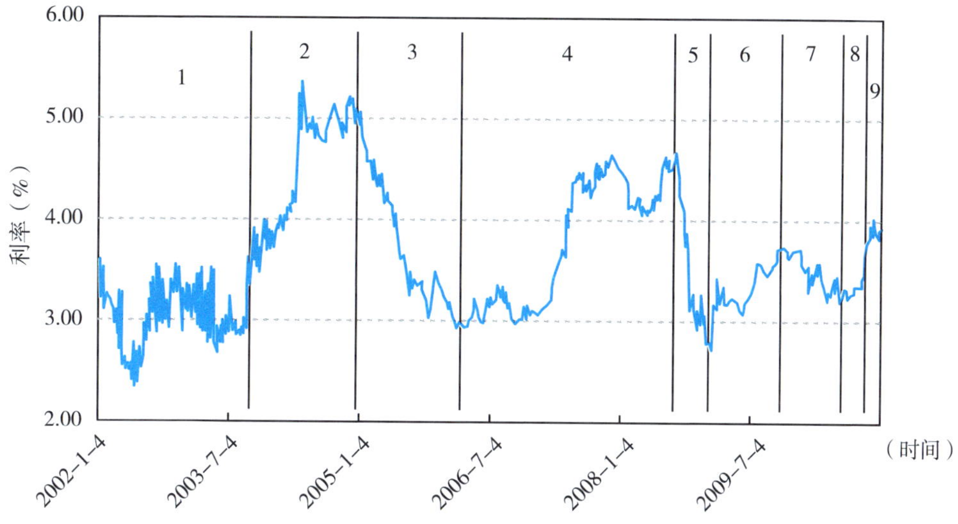

图5-2-2 10年期国债利率变化一览

资料来源：参照CDC数据，www. chinabond. com. cn。

上述的期间划分是参照指数差的趋势变化为依据，形成如下汇总表5-2-1。

表5-2-1　　2002~2010年指数差与长期利率关系对照

序列	期　间	期初利率(%)	期末利率(%)	最高水平(%)	最低水平(%)	波动幅度(基点)	趋势性强弱
1	2002. 1. 1 ~ 2003. 10. 14	3. 5	3. 7	3. 7	2. 4	130	弱
2	2003. 10. 14 ~ 2004. 12. 30	3. 7	4. 9	5. 3	3. 7	160	强
3	2004. 12. 30 ~ 2006. 2. 15	4. 9	2. 9	4. 9	2. 9	200	强
4	2006. 2. 15 ~ 2008. 8. 12	2. 9	4. 6	4. 6	2. 9	170	强
5	2008. 8. 12 ~ 2009. 1. 9	4. 6	2. 7	4. 6	2. 7	190	强
6	2009. 1. 9 ~ 2009. 11. 3	2. 7	3. 7	3. 7	2. 7	100	强
7	2009. 11. 3 ~ 2010. 8. 10	3. 7	3. 2	3. 7	3. 2	50	强
8	2010. 8. 10 ~ 2010. 11. 12	3. 2	3. 95	3. 95	3. 2	75	强
9	2010. 11. 12 ~ 2010. 12. 31	3. 95	3. 88	4. 01	3. 8	21	略强

可以基本看出，由债券指数差异所揭示的长期利率风险度和实际中长期利率的趋势性变化是几乎完全同步的。因此从技术策略来看，指数差异的历史表现可以为固定配置与浮动配置的相互转化提供一定的技术参考。具体而言可以参考其指数差的历史高点或低点，如图5-2-3所示。

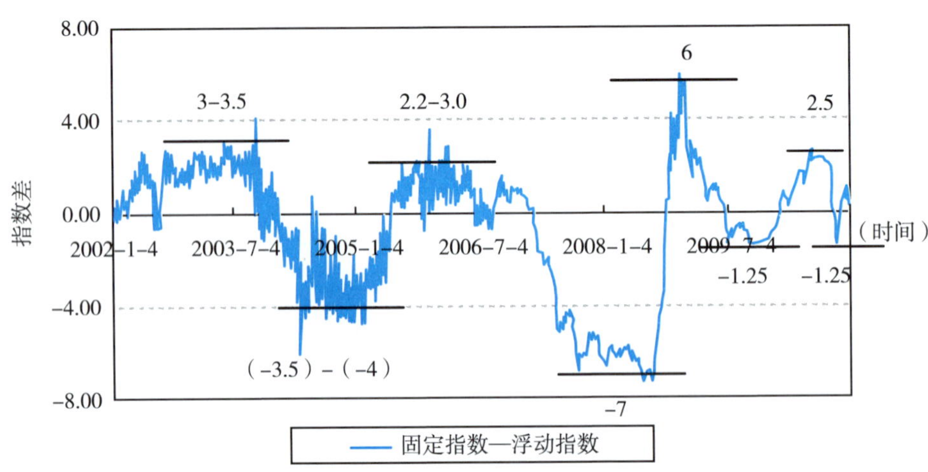

图5-2-3　中债固定利率指数与浮动利率指数差异走势

资料来源：参照CDC数据，www. chinabond. com. cn。

从图5-2-3所揭示的指数差折点变化情况来看，比较有参考意义的是（固定指数-浮动指数）的高点参考位置大约在（2.5，3）区域中，而低点参考位置则相对不太确定，比如最近一次低位折点的水平仅为-1.25。

因此，从历史技术参考上来看，对于固定利率与浮动利率的债券配置角度来看，当指数差异达到（2.5，3）范围内时，则有很大的可能性是固定利率品种的表现在后期将弱于浮动利率品种（表现为长期固定利率上行风险加大），配置重点应该由固定品种向浮动品种转化；当指数差异下行到-4附近时，则很可能应该将浮动品种向固定品种进行配置转化。后者成功的概率弱于前者。

在2007～2008年期间，从2007年7月份开始，指数差跌破-4，继续向下运行，虽然真正的固定利率折点发生在2008年下半年，而且2007年下半年到2008年上半年期间固定利率品种依然整体保持弱势，但是从长期投资角度来看，从2007年下半年开始加大固定利率品种的配置力度依然不失为明智之举。

关于固定利率债券和浮动利率债券之间的研究依然是目前市场研究的弱点，也依然存在很多值得探讨的地方。比如，投资者可以根据浮动利率的利差变化分离出市场交易中对于1年期法定存款利率的变化预期。

试想，假如在同一天同时发行1年、2年、3年、4年、5年，……，10年期的浮动利率债券，会得到每个期限不同的有效利差，这些利差大小配合期限剥离，可以分离出目前市场交易价格所隐含的“对未来法定存款利率变化”的预期。

比如，1年期的浮动利率债券（以1年期定期存款为浮动基准）的利率显然和1年期固定利率债券一致，而2年期浮动品种的现金流有2只，而且只有1只现金流是未知的，这个未知现金流取决于未来1年中法定存款利率的变化，这样把2年期浮动利率债券进行分期的现金流剥离，根据市场交易价格可以分离出市场对于未来1年法定存款利率变化的预期。在1年品种、2年品种的基础上继续对3年期浮动利率债券进行现金流剥离，则可以继续分离出对未来的法定存款利率变化的预期。在此不再多述，留待读者探讨研究。

通过现金流剥离所得到的对法定存款利率变化的预期数据可以定量的描述市场对于升息或降息的预期强弱，远比笼统的描述“升息预期加强或转弱”要明确的多。而且市场参与者还可以根据分离出的具体升（降）息幅度和自己的主观预期相比较，以便判定浮动债券是否被高估或低估。

在此需要注意的是，上面提到的升息或降息预期是指市场对于法定存款利率的变化预期，而不是针对于未来市场利率的变化预期。

第三章

短期品种所蕴涵的利率曲线变化预期

通过对浮动债券进行分析可以定量描述出市场对于法定存款利率的未来变化预期，而通过对远期利率的分析则可以定量描述出市场对于未来市场利率变化的预期。

如前面所述，在规避利率上行风险过程中两个防御性的工具是浮动利率债券和短期中央银行票据，在本部分内容中，侧重于对短期中央银行票据品种进行比较分析。

从传统意义上来看，中央银行票据由于期限短、流动性强的特点，是作为商业银行债券投资中的主力配置品种存在的。

常规来看，1 年期票据的防御性和配置参考性最强，但是有些时候（比如 2010 年前期，3 年期票据的市场偏好度要明显强于 1 年期品种。因此，3 年期品种成为各类机构的防御配置主力）3 年期中央银行票据也会替代 1 年期品种成为配置的主力品种。

在传统的利率理论中，远期利率可以分解为三个部分：（1）对于未来即期利率的预期；（2）流动性溢价；（3）CONVEX BIAS（表示为凸性偏离，但是从价格与利率的泰勒展开式来看，伴随剩余期限降低，凸度变化对价格的影响程度较弱）。因此，在上述三部分因素中，第一部分以及第二部分因素对于远期利率的决定具有主导性。

对于短期品种而言，1～3 年的中央银行票据的流动性强弱相类似，基本不存在流动性差异，因此在短期品种中，对于未来即期利率的预期是决定远期利率的决定性因素（这有点接近于利率期限结构利率中的无偏预期理论，即纯预期理论）。

第一节　1 年期和 2 年期品种的利差变化

2002 年以来，1 年期品种和 2 年期品种的利差变化如图 5－3－1 所示，

大致可以划分为如下几个阶段。

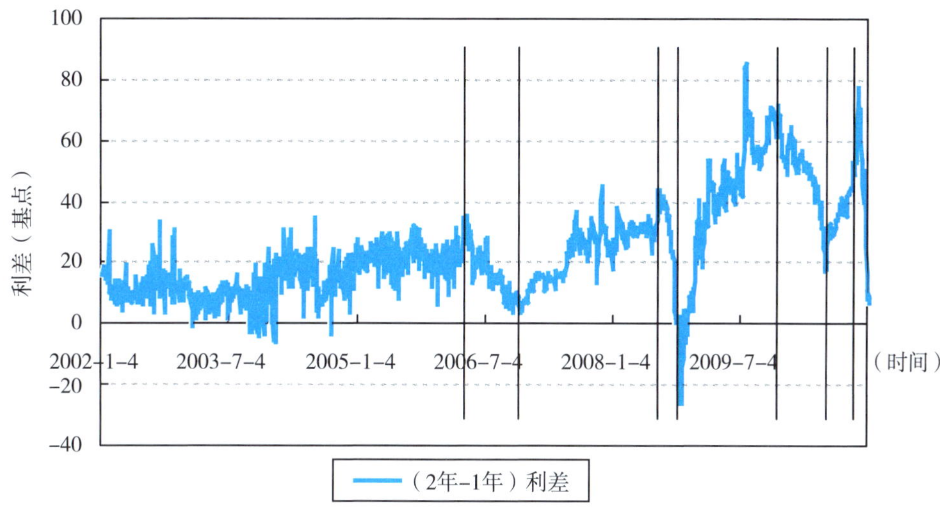

图 5-3-1　中央银行票据二级市场利差变化

资料来源：参照 CDC 数据，www. chinabond. com. cn。

1. 2002 年年初至 2006 年 4 月：该期间（2-1）Y 利差基本保持稳定，在（10，30）个基点区间内窄幅度波动，可以基本认为这个时期 1 年期利率与 2 年期利率是平行移动的。

2. 2006 年 4~12 月：该期间（2-1）Y 利差是处于下行状态，从 30 个基点回落到 10 个基点附近，短期利率曲线在该时期平坦化变动。

3. 2006 年 12 月~2008 年 7 月：该期间（2-1）Y 利差是处于上行态势，从 10 个基点上行到 40 个基点，短期利率曲线该时期陡峭化变动。

4. 2008 年 7~10 月：该期间（2-1）Y 利差是下行态势，从 40 个基点下行到 -30 个基点附近，曲线在平坦化变动，甚至在 2008 年 9 月下旬到 10 月上旬期间出现曲线倒挂（体现出强烈的降息预期）。

5. 2008 年 10 月~2009 年 11 月：该期间（2-1）Y 利差是上行态势，从 -30 个基点上行到 70 个基点，曲线在陡峭化变动。

6. 2009 年 11 月~2010 年 7 月：该期间（2-1）Y 利差是下行态势，从 70 个基点下行到 20 个基点，曲线在平坦化变动。

7. 2010 年 7~11 月：该期间（2-1）Y 利差快速上行，从 20 个基点上行到 80 个基点附近，曲线在陡峭化变动。

8. 2010 年 11 月至 2010 年年底：该期间（2-1）Y 利差再度快速回落，从 80 个基点下行到 7 个基点附近，短期利率曲线在平坦化变动。

在利用远期利率对于短期品种进行情景分析过程中必须要考虑到曲线的陡度变化。之所以强调（2-1）Y 利差，主要是为了对于 3 年期票据的远期利率分析做基础性铺垫，不是为了对 2 年期票据进行分析。如果是单纯对 2 年期品种进行远期利率分析，则无须考虑曲线的陡峭度变化。

2002～2010年期间，2年期品种与1年期品种的利差平均值在24个基点，而2006年3月份以来，利差平均在31个基点，最高为80个基点附近，最低出现过倒挂。上述变化可总结成如表5－3－1。

表5－3－1　　2年期与1年期利差趋势变化一览　　单位：基点

时间周期	起点	终点	最低点	最高点
2002年年初至2006年4月	15	35	0	35
2006年4～12月	35	5	5	35
2006年12月～2008年7月	5	40	5	40
2008年7～10月	40	－30	－30	40
2008年10月～2009年11月	－30	70	－30	70
2009年11月～2010年7月	70	20	20	70
2010年7～11月	20	80	20	80
2010年11月至2010年年底	80	7	7	80

第二节　2年期短期利率的分析

从策略角度考虑，如果把配置周期确定为1年，一个最为安全的方式就是直接购买1年期票据并持有到期；另一个选择就是购买稍长期限的品种，然后持有1年后出售。

这两种策略优劣比较的关键在于要判断：未来1年后1年期品种的实际利率究竟会达到什么位置。这就需要比较远期利率的变化，利用1年利率和2年利率可以推导出“1年后1年期的远期利率”，可表示为1×1利率。

首先需要对“远期利率”与“未来实际即期利率”的变化做一个历史比较，由于时间关系，历史数据只能反映出2002～2009年的情况，如图5－3－2所示。

2002～2009年的利率变化历史可以将短期利率曲线的变化划分为如下七个阶段：

1. 2002年年初至2003年5月：该期间投资2年品种持有1年的回报基本和直接投资1年品种相仿。因为事实证明（后期验证），当初的远期利率与未来实际的即期利率基本相同。

2. 2003年5月～2004年3月：该期间投资2年品种持有1年的回报要弱于期初直接投资1年期品种，当初的远期利率低于未来实际的即期利率。

3. 2004年3月～2005年6月：该期间远期利率水平远高于未来实际的即期利率，即投资2年期品种持有1年的回报要高于期初直接投资1年期品种。

4. 2005年6月～2007年10月：该期间远期利率水平低于未来实际的即期利率，即投资2年期品种持有1年的回报要低于期初直接投资1年期品种。

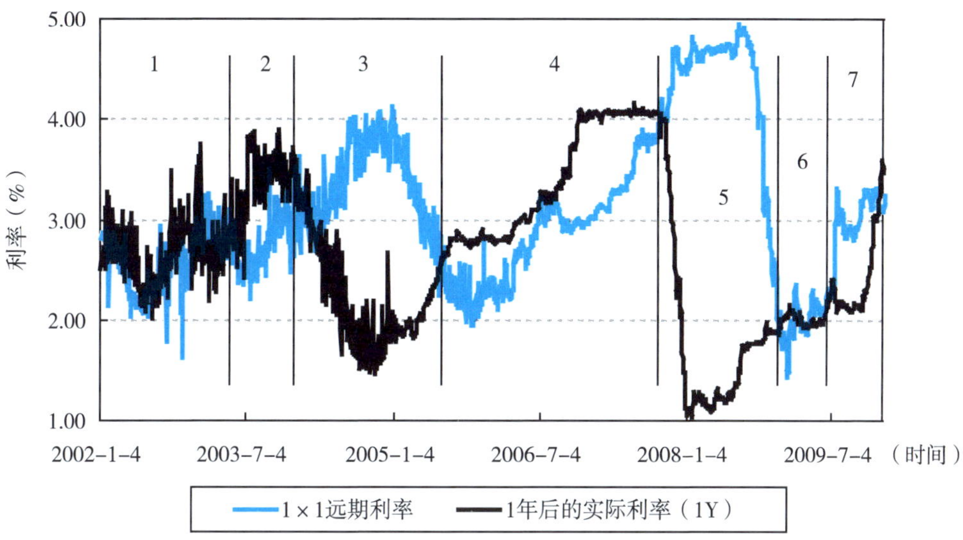

图 5－3－2　远期利率和未来的实际利率变化比较

资料来源：参照 CDC 数据，www. chinabond. com. cn。

5. 2007 年 10 月～2008 年 12 月：该期间远期利率水平高于未来实际的即期利率，即投资 2 年期品种持有 1 年的回报要高于期初直接投资 1 年期品种。

6. 2008 年 12 月～2009 年 7 月：该期间远期利率水平基本与未来即期利率水平相仿，即投资 2 年期品种持有 1 年的回报基本与期初直接投资 1 年期品种相仿。

7. 2009 年 7 月至 2009 年年底：该期间远期利率水平要高于未来实际即期利率水平，即投资 2 年期品种持有 1 年的回报要高于期初直接投资在 1 年期品种上。

“远期利率”与“同时期即期利率”的差异被称为扯平保护，这个指标反映了远期利率对于长期品种的保护幅度，如图 5－3－3 所示（各阶段划分起止日期参照上述）。

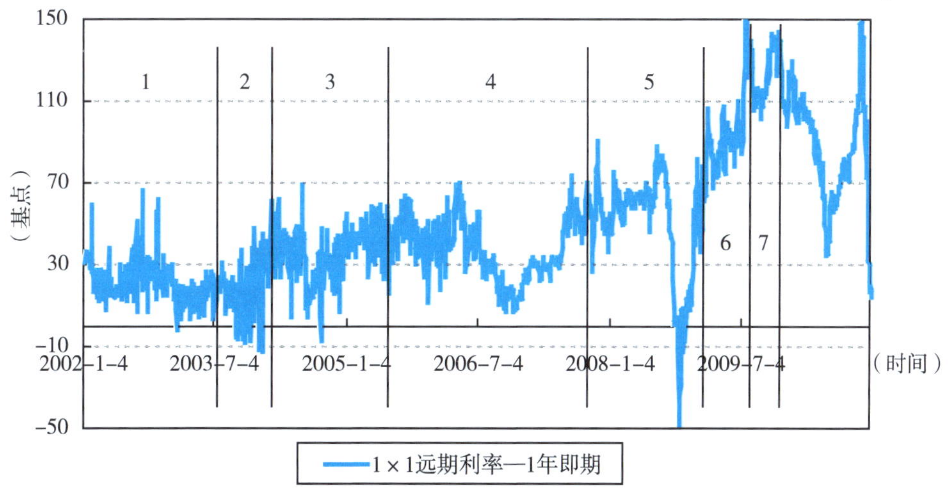

图 5－3－3　扯平保护的历史分布一览

资料来源：参照 CDC 数据，www. chinabond. com. cn。

我们希望了解的一个情况是，是否扯平保护越高，“长债短持”策略的风险就越小呢？按照上述期限划分，将扯平保护可以划分为7个阶段。从实际的历史检验来看，3、5、7三个时期的长债短持效果要强于直接持有短债；而2、4两个时期的长债短持效果弱于直接持有短债；1、6两个时期的两种策略效果基本相似。

从上述7个时期的扯平保护分布来看，扯平保护的绝对水平高低可能未必对应长债短持风险度的大小。比如时期6，整体扯平保护的水平居于历史相对高位，但是该时期的长债短持效果未必很好，而时期3则是一个反例。

因此，在利用扯平保护进行“长债短持”策略风险度判别过程中，一定要引入投资者的主观预期。即在扯平保护水平客观存在的基础上，投资者一定要对短期利率未来升（降）幅度的大小做一个主观预期判断。

简单而言，对于2年期品种持有1年的策略风险度大小的主观判断标准是：判别“未来1年时间内1年期品种的利率变化幅度”。

第三节　对3年期品种的远期利率分析要考虑利率曲线斜度变化的因素

相对于“1年期票据品种直接投资”策略和“对2年期品种的长债短持”策略，实际上市场投资者更倾向于将长债短持的对象设定为3年期票据（因为3年期票据是一个持续发行供应品种，而2年期票据是一种剩余期限在2年的品种）。因此，在实际操作中对长债短持的分析中，市场更倾向于分析“3年期票据持有1年”的策略与“直接持有1年期品种”的策略哪个更优。

这样一个整体的分析框架则变化为如下模式：（1）首先根据目前1年票据与3年票据的利率测算远期利率1×2；（2）主观预期未来1年时间内1年期票据的变化幅度；（3）根据1年和2年票据利差的变化主观估测“未来1年后2年期利率”的变化幅度；（4）比较1×2远期利率与主观估计的“未来1年后2年期票据的利率”，比较优劣。

这里需要说明的是，为什么我们在第2个步骤中不直接估计未来1年时间内2年期利率的变化，而是要首先估计未来1年时间内1年期利率的变化呢？因为，市场预期的主要标的物通常为1年期中央银行票据的发行利率，这个是市场预期的惯例，很少存在对2年期利率变化做的预期结果，如图5－3－4所示。

图5－3－4所示，反映了远期利率与实际利率变化的差异，同样也会揭示出单纯凭扯平保护水平的高低无法做出准确的判断，必须要结合投资者自身的主观预期。

但是在对3年期品种长债短持策略的扯平保护和主观预期进行判断时，必须要考虑利率曲线的陡度变化。

比如，以2010年10月20日为分析时点，当期1年票据在2.10%附近，2年利

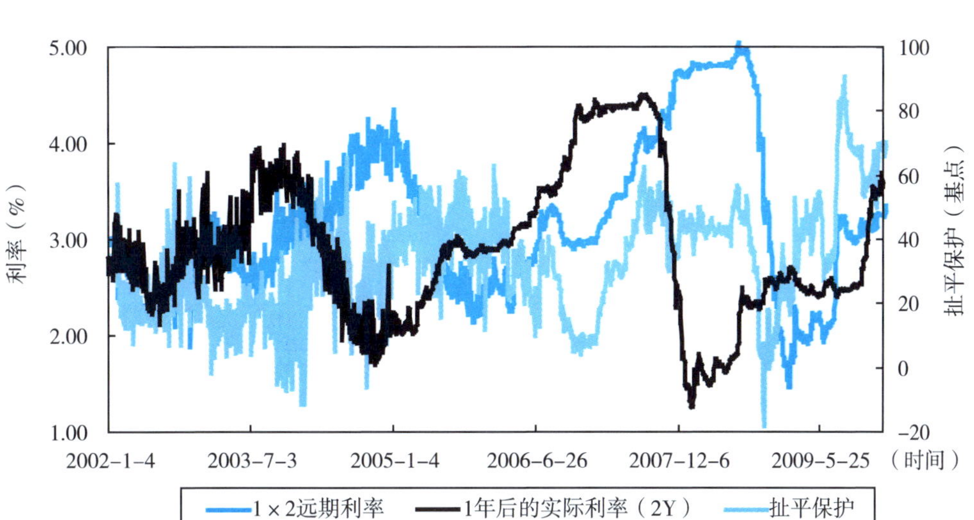

图 5－3－4　远期利率与未来实际利率变化比较

资料来源：参照 CDC 数据，www. chinabond. com. cn。

率在 2. 50% 附近，3 年票据在 2. 70% 附近，扯平保护为 55 个基点。即假如 1 年后，2 年期利率比日前的 2. 50% 上行幅度不超过 55 个基点（即未来 1 年后的 2 年期利率不超过 3. 05%），则目前投资 3 年品种持有 1 年的收益要超过直接持有 1 年期品种的收益（2. 10%），是一个优选。

情景分析假设：假定未来利率是走高的，而且从历史经验来看，曲线可能增陡，2 年期利率上行 55 个基点可能对应着 1 年期利率上行幅度不到 55 个基点，也许仅上行 35 个基点，这时就需要投资者主观评价一下，未来 1 年利率上行 35 个基点的概率有多少？而参照 2007 年加息周期中的经验，法定存款利率上行 27 个基点，1 年期票据的利率上行幅度大约有 10 个基点，则对应了未来一年加息 3 次的可能，这是否符合投资者的主观预期呢？

换个角度理解，假如投资者预期未来 1 年内 1 年期票据的发行利率会上行 55 个基点，而在曲线增陡的条件下，2 年期利率的上行幅度一定会超过 55 个基点，则在现时情况下，做“长债短持”的策略是非优的。

在什么情况下会发生（2－1）Y 利差曲线增陡（变平）的情况呢？这时候本篇第一节“1 年期和 2 年期品种的利差变化”的内容就成为较有依据的参考资料了。

比如我们用 1 年和 3 年期品种的利差（均采用交易利率）变化作为比较基准，考察在不同宏观经济基本面条件（或政策面条件）下短期利率曲线的变化，如图 5－3－5 所示。

（3－1）Y 利差的变化可以划分为 12 个阶段，每一个阶段的政策面、基本面特征以及利差变化方向和幅度的具体情况如下：

1. 2002 年年初至 2003 年 10 月：政策平稳，经济平稳，通胀稳定，利差稳定；（10～30 个基点波动）。

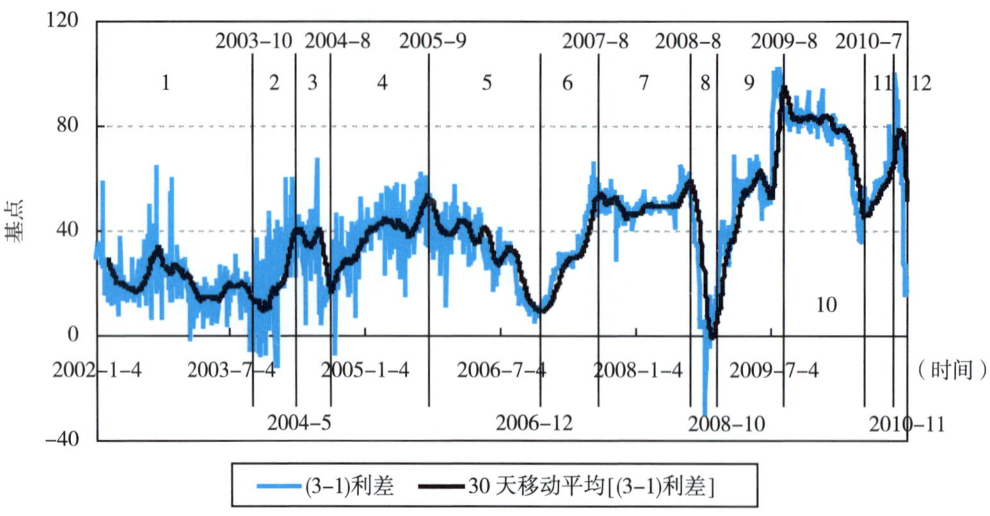

图5－3－5　1～3年利差变化一览

资料来源：参照CDC数据，www. chinabond. com. cn。

2. 2003年10月～2004年5月：政策转化为紧缩，经济趋热，通胀上行，利差放大；（10→40个基点）。

3. 2004年5～8月：政策紧缩持续，经济回落，通胀稳定，利差减少；（40→20个基点）。

4. 2004年8月～2005年9月：政策宽松，经济平稳，通胀下行，利差增大；（20→60个基点）。

5. 2005年9月～2006年12月：政策转中性，经济回落，通胀稳定，利差减少；（60→10个基点）。

6. 2006年12月～2007年8月：政策转紧缩，经济过热，通胀上行，利差放大；（10→60个基点）。

7. 2007年8月～2008年8月：政策紧缩，经济回落，通胀上行，利差稳定；（40→60个基点）。

8. 2008年8～10月：政策转宽松，经济回落，通胀下行，利差下行；（60→－30个基点）。

9. 2008年10月～2009年8月：政策宽松，经济复苏，通胀下行，利差放大；（－30→100个基点）。

10. 2009年8月～2010年7月：政策转中性，经济回落，通胀上行，利差减少；（100→40个基点）。

11. 2010年7～11月：政策向紧缩方向转换，经济回暖，通胀上行成为主要矛盾，利差放大；（40→100个基点）。

12. 2010年11月至2010年年底：政策紧缩，经济稳定，通胀在高位，利差减少；（100→20个基点）。

因此在利用扯平保护概念比较“1年期票据品种直接投资”策略和“对3年期品种的长债短持”策略优劣时，有两个环节需要发挥投资分析者的主观能动性：

（1）首先预期未来1年后1年期票据的利率定位（之所以要进行如此预期，主要原因是在于1年期票据是公开市场发行中的基准品种，是市场预期的主流对象）。

（2）在预期（1）的前提下，对未来1年后2年期票据的利率定位做出判断，这个必须要结合未来1年时期政策面、基本面因素进行预期判断，并结合上述利差变化的历史数据资料，大致定位1年后2年期利率的水平，其本质依然是一个“以史为鉴”的思路。

总体来看，利用远期利率或扯平保护因素来分析“3年期品种长债短持”策略的难度要比分析“2年期品种长债短持”策略的难度要大了很多，需要结合政策面因素和基本面因素来分析利差形态的变化。

第四章

股票市场与债券市场变化的互验互证

对于商业银行而言，其资金运用的途径只有信贷运用和债券配置，而且两者在银行经营中的权重是不同的（信贷处于主导地位，债券配置处于被动从属地位）。因此，资产配置的转移效应并不强烈。

但是对于基金、保险、证券类机构而言，债权类资产和权益类资产的转移配置效应是非常显著的。在历史上非常具有典型意义的时期是 2008 年 9 月份（基金公司大举将资产配置向债权类转移，触发了债券牛市的形成）和 2009 年第一季度（基金公司大举将资产配置方向转移向权益类）。因此，在策略研究中有必要对于大类资产配置的转换进行一些介绍。

在大类资产转换理论中，最为著名的莫过于“美林投资时钟”（有兴趣的读者可以了解阅读相关内容）。从本质来看，美林投资时钟的策略总结和本书所贯彻的基本思路是一致的，即“以史为鉴、归纳总结”。

在国际市场中由于投资类别非常多，因此可以形成一套较为全面的策略组合模式，但是具体到国内市场而言，目前金融市场的主流配置工具主要局限于两类（债权类、权益类）、三种（股票型、长期债券型、短期债券型①）。更为简化来看，实际上就是在债券资产和股票资产之间进行大类资产转换。

从美林投资时钟的思路来看，进行大类资产转换的前提是对于未来经济增长以及通货膨胀的走向要有一个准确清晰的判断，要非常准确的了解目前整体宏观经济基本面处于什么状态以及未来可能会演变到什么状态。

从实践来看，这个前提的实现是非常困难的，预测把握宏观经济基本面状态的难度绝对不亚于直接去分析金融市场情绪，这也是在现实世界中技术分析方法流行的重要原因。

因此，美林投资时钟的策略是非常完美的，但是实现过程是异常艰难的。如果单纯从投资实用性角度出发，可能存在如下两个较为有效的操作模式来辅助进行大类资产转换的判断。

① 短期债券型主要指 3 年以内品种，其作用类似于现金类资产。

第一节　逆用美林投资时钟的结论，借助于权益类资产的分类表现来判断目前宏观经济组合状态

对中国金融市场而言，债券市场无论从发展历程还是从吸纳人才的能力来看，都要逊色于股票市场。因此，从金融市场对于宏观经济的反映角度来看，股票市场的准确度和灵敏度应该是国内市场中首屈一指的。

所以，分析当前股票市场各类行业指数的变化，并对应美林投资时钟状态，可以“逆向”反推出目前宏观经济基本面的现状，这对于债券投资者的仓位变化以及久期变化具有较强的指导效应。

比如，2010 年 1 ~ 8 月份的经济状态组合是一个类似于小滞胀的形态，但是在年度初期，债券市场却将聚焦点放在通货膨胀、担心经济过热上（实质上，当年至少在 7 月份前期，中国市场的聚焦点是经济放缓问题），但是年初的股票市场却表现出较为明显的指示信号。

截止到 2010 年 5 月底，2010 年 1 ~ 5 月份中，以上证指数作为基准，形成超额收益的行业主要是医疗保健、家庭日用品、电子元器件（均属于防御类行业），而形成超额亏损的行业则主要集中在周期类行业中，如钢铁、石油天然气、房地产、电信服务、煤炭等行业。

这种行业分化实际上是对应了美林投资时钟的经济放缓阶段的行业特征，从图 5 - 4 - 1 可以看出，2010 年前三个季度的基本面组合应该是一个小滞胀组合。

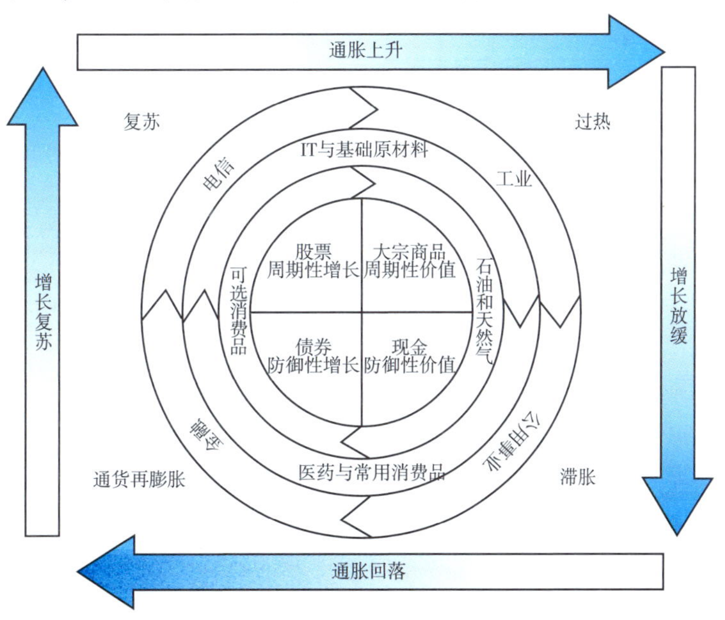

图 5 - 4 - 1　资产和行业随经济周期的循环

资料来源：美林证券。

如果更早的能从股票市场变化领悟到当时的经济基本面状态是一种“小滞胀”组合，则对于债券操作具有明显的指导性。

第二节 从长期趋势性来看，股票市场PE与长期债券利率具有较强的正相关性

2002～2010年的上证综合指数PE数据与长期国债利率呈现高度正相关性，从图5-4-2来看，2002～2010年期间共出现过5个短时期，两者出现了明显背离，分别为：

2002年1～5月期间、2002年8～11月期间、2004年2～4月期间、2004年7～11月期间，以及2008年3～6月期间，在所统计的108个月份中，有21个月份出现过相对背离，占比为19.4%。

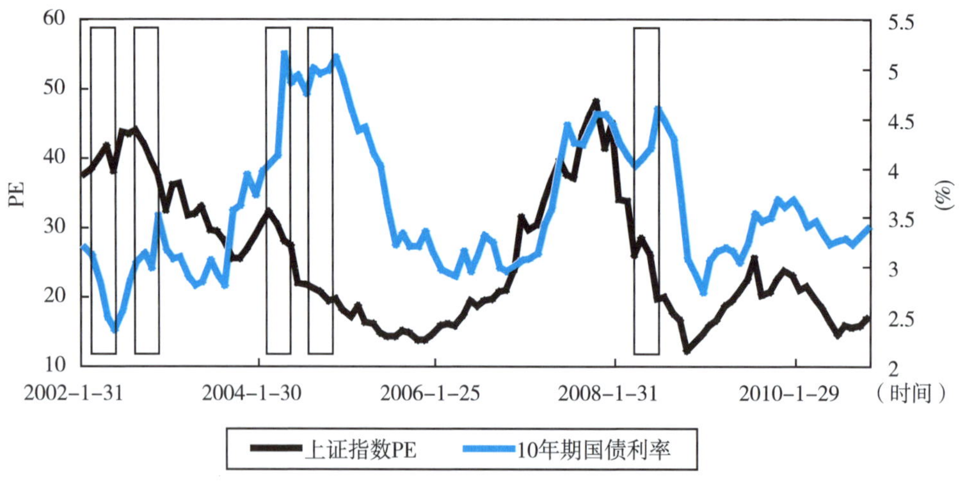

图5-4-2 股票指数PE与长期利率关系

资料来源：参照CDC数据，www.chinabond.com.cn；上海证券交易所，www.sse.com.cn。

因此观察股票市场PE变化与长期利率变化的关系，可以相互验证每个金融子市场的理性程度。

第五章

从国际因素来理解长期利率变化

伴随中国金融不断融入国际市场，国际因素对于国内利率市场的变化产生着重要影响。在纷繁复杂的各类金融指标中，最为根源的因素是美国联邦基金利率的变化，但是由于这个金融指标的变化并不频繁，因此对于短期交易没有太多的指导意义，这样各类金融工具的立足点就落位在美元的变化上。

第一节　美元变化和国内长期利率的关系

考察2002～2010年期间美元指数和中国10年期国债利率的变化关系后，可以明显看出两者之间具有较为显著的负向关系（见图5－5－1）。

图5－5－1　美元指数和中国10年期国债利率变化

资料来源：参照CDC数据，www.chinabond.com.cn；BLOOMBERG。

仅在5个时期呈现出正相关性，这5个时期分别为：2002年1～6月、2003年1～9月、2005年11月～2006年11月、2007年11月～2008年4月，以及2008年11月～2009年3月。

其余多数时期美元的上涨（回落）与国内长期利率的回落（上行）几乎亦步亦趋。这种负相关性成形的传导逻辑主要体现为美元指数对于国际大宗商品的影响，美元的上涨一般将导致以石油为代表的国际大宗商品价格出现回落，进一步引致国际通货膨胀压力降低，这样也为国内长期利率的回落创造了条件。

因此，从国际视角来看国内长期利率，美元指数无疑是最重要的一个因素。但是在实际操作应用中，同样存在问题，这会令希望通过判断美元变化来进而预测国内长期利率变化的交易者失望。因为，他会发现，能够较为准确的预测美元方向的变化本身就是一件非常困难的事情。

第二节　美元的变化与国内股票市场的相关性相对较弱

如果考察美元与国内股票市场的变化，读者可能会发现，两者之间的相关性并不如利率显著。因为，美元在不同的时期可以通过两种路径对于国内股票市场产生不同的影响。

第一，美元的走强可能反映的是美国经济的蓬勃向上，并且美国经济好的程度要超越其他经济体。在一个以美国经济为主要拉动力的世界环境中，这种意义上的美元走强将对国内股票市场产生向上的推动力。

第二，美元的走强可能反映的是美国经济不佳，但是其他经济体相比于美国可能更差。这时美元将充分发挥其避险作用，同样会导致美元指数走高（比如2009年5月份欧洲债务危机时期）。但是这时由于主要经济体的增长都处于不景气境地（无非是谁比谁更差的问题），因此在这种情况下，股票市场的表现自然不容乐观。

第六章

10 年期国债利率的技术分析指标

在国内的债券分析中，很少用到类似股票中的技术分析，这种现状的形成可能出于两个原因：一个原因是和市场参与者的结构有关，我国债券市场的主要参与机构是商业银行，而商业银行的主要持仓性质以投资配置为主，更多情况下，债券投资具有消化银行体系流动性的作用，被动投资操作的性质较强，交易性质较弱，这决定了债券市场利率波动的技术参考性存在被扭曲的可能。另一个原因可能在于中国债券市场的利率周期尚短，不具备进行技术性分析的时间周期基础。

到目前为止，中国债券市场利率已经进行了将近 10 年的积累，时间周期因素已经基本具备，而且从 2005 年商业银行集中上市后，债券账户进行了投资账户和交易账户的明确划分，商业银行的交易动机增强，也初步奠定了利率分析的技术性基础。

不过由于从发展初期角度出发，目前能够采用的所谓技术分析类指标寥寥无几，其中移动平均线的概念值得关注。

从实践角度来看，借助于所谓的利率移动平均线无法去判断利率的方向性变化，但是可以依照移动平均线的水平去预先设定利率变化的目标位置（见图 5-6-1）。

在使用该指标进行分析判断过程中，提请读者注意的是，技术分析很难提供趋势方向性的内容，移动均线仅仅可以形成一种较为强烈的技术支撑位或技术阻力位，其背后所隐含的道理是：移动均线实际上是前期介入者的成本线，当市场运行明显脱离成本线后，必然存在着方向回归的动力。

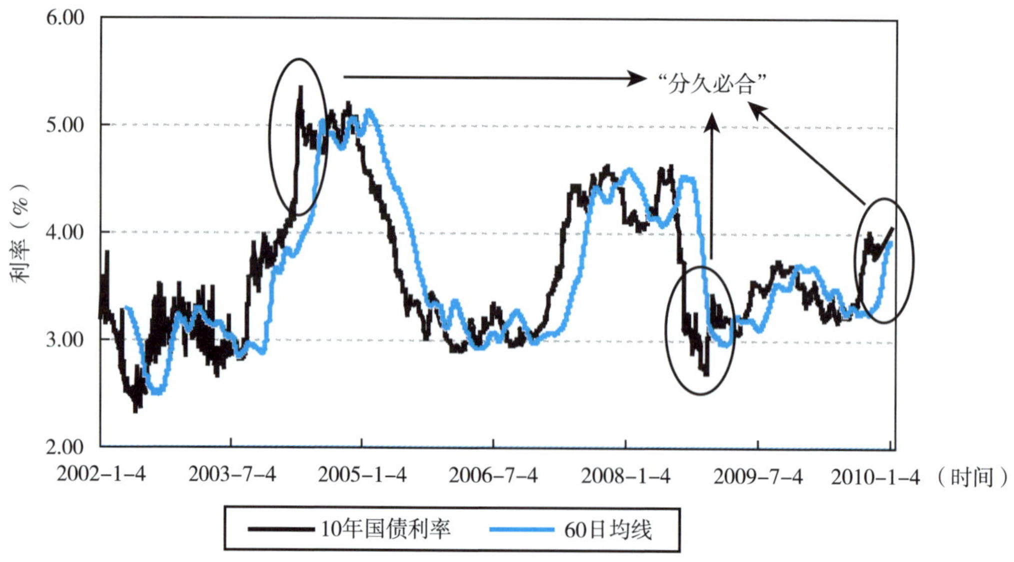

图5－6－1　利率技术分析指标——移动平均线

资料来源：参照CDC数据，www. chinabond. com. cn。

第七章

商业银行债券投资与信贷配置的关系

中国债券市场的主要参与机构是商业银行，商业银行资产配置途径非常少，基本上只有信贷、债券投资以及外汇占款（但是在人民币升值预期趋于高度一致的情况下，利用外汇渠道来进行人民币资产配置几乎是很少的）。因此，商业银行的资产配置选择基本上是在信贷与投资之间进行取舍。

需要明确的是，在商业银行取舍这两个资产配置途径中，不能单纯从收益角度出发。贷款的投放一方面会以存贷利差的方式形成利润贡献，同时还能够在客户关系、贷款转存款、中间业务等多方面形成综合收益。因此可以说，无论如何，债券投资业务的“综合收益”吸引力是不能够和信贷投放的“综合收益”相比拟的。

在此，仅从单纯的收益（不考虑其他无形的综合收益）角度来比较两种资产配置渠道的优劣性，可供以参考。

首先需要计算一下贷款投放的实际收益情况，在名义贷款利率的基础上，考虑“营业税率、贷款费用率、贷款派生收益率以及拨备率”因素，可得：

$$\text{贷款实际收益率} = \text{贷款名义利率} \times (1 - \text{营业税率} - \text{贷款费用率} + \text{贷款派生收益率}) - \text{拨备率}$$

其中营业税率假定为5%，贷款费用率指标可以参考采用上市商业银行年报中所公布的中间业务收益率来替代（实际上这可能高估了贷款派生收益情况，因为虽然多数中间业务基本由信贷业务派生而来，但是并非全部），贷款费用率同样采用年报中的费用支出情况来近似代替。

因此利用上述公式可以测算一个信贷投放的实际收益率，这个收益率可以和目前银行债券投资中的10年期国债利率（或资产配置主力：1年期中央银行票据利率）进行比较，形成比较利差。

在认识分析这个利差过程中，同样需要采取“以史为鉴”的思路，对于历史上这种利差的波动情况、大小范围进行定性判断，以形成对于未来利率走向的一种直观判断（因为在一般情况下，由于信贷利率是基本保持稳定的，因此这种利差主要反映的是市场利率对于商业银行资产配置行为的吸引力如何）。

拨备率指标是一个较容易变化的指标，从理论上看，它和经济增长状况具有密切关系。在整体经济向好的情况下，拨备率倾向于保持在低位，而在经济走弱预期下，拨备率的预期变化有增大的可能。如下是有关商业银行计提拨备的相关知识，读者可以参考。

附注：

关于商业银行的拨备问题

所谓拨备，指银行业按五级分类贷款标准及风险资产所提取的风险准备金。它包括一般拨备、专项拨备和特种拨备。

一般拨备（亦称一般准备）用于弥补尚未识别的可能性损失的拨备，主要用于信用卡透支、贴现、银行承兑汇票垫款、信用证垫款、担保垫款、进出押汇、拆出资金、应收账款、投资（包括股权、债权）等。计提标准是银行原则上应不低于风险资产期末余额的1%。

专项拨备（亦称专项准备）是指根据《贷款风险分类指导原则》，对贷款进行风险分类后，按每笔贷款损失的程度计提的用于弥补专项损失的拨备。根据中国人民银行《贷款损失准备计提指引》及财政部有关文件规定，在五级分类中，按关注2%、次级25%、可疑50%、损失100%的拨备率计提。注意：正常贷款是否计提该项拨备由银行自主决定。

特种拨备（亦称特种准备）是指针对某一国家、地区、行业或某一类贷款风险计提的拨备。由银行根据不同类别贷款的特殊风险情况、风险损失概率及历史经验自行确定。

拨备率或拨备覆盖率是指为了预防不良资产的发生而准备的金额的比例。实际上就是呆、坏账准备金的提取比率。拨备率也就是拨备覆盖率，本质相同，是衡量商业银行不良贷款损失、坏账准备金是否充足的重要指标。

一般而言，银行“提呆”（提取拨备）是根据年同比的信贷增长规模来进行的，是采用每月一提的方式。比如2007年8月末，信贷余额为100亿元，2008年8月末信贷余额为120亿元，则要对年同比新增的20亿元进行提呆，按照目前中国人民银行规定的1%比例进行，提呆2000万元。

一般情况下，银行不会进行主动性提呆，统一按照中国人民银行硬性规定的1%进行，而除非当期利润过高，需要隐藏一部分利润的情况下，除去1%外再进行一些主动性提呆。需要说明的是这种情况是很少见的，在实践操作中商业银行隐藏利润的手段更倾向于采用调节信贷资产的质量划分，比如有意识的增加不良贷款的评定数量的方法进行。

在中国人民银行规定下，拨备率＝（提呆数量）/（全部信贷增量），其中全部信贷增量并不划分什么不良与正常，统一计提。

此外，还有一个概念，是拨备覆盖率，这是按照中国人民银行《贷款损失准备计提指引》的规定，即正常、关注、次级、可疑以及损失类贷款的计提比例分别为1%、2%、25%、50%和100%提取拨备准备。

拨备覆盖率＝（提呆数量）/（不良信贷增量）。与拨备率指标的表现形式不同，分母有差异，

因此拨备覆盖率指标是与不良率指标有关联的。

但是从单纯考察提呆数量来看，两个指标所对应的呆账准备金应该相似，但是从规定的比率看，一般情况下，拨备覆盖率所对应的拨备率要低于1%，所以1%数据的约束性更强。需要注意的是，“拨备率”和“拨备覆盖率”虽然是在不同口径下计算出来的数据，但是反映的实际内容是一致的。

第八章

货币政策与财政政策的不同搭配对于债券市场的影响

每年底（大约在12月中旬附近）中央经济工作会议的召开都是金融市场的关注焦点，期间市场特别注意的是两个内容：其一是对于来年首要经济工作目标的描述；其二是对于来年货币政策（信贷政策）和财政政策的属性描述。

从历史经验来看，在经济处于明显波动期间时，财政政策是整体政策体系的重点（比如2008～2009年中国对抗经济衰退期间），而在其他多数时期，市场的关注焦点将集中在货币政策以及信贷政策的取向变化上。

第一节　财政政策与货币政策的不同搭配对市场利率的理论影响

从理论而言，松紧的货币政策和财政政策会产生四种不同的搭配，分别为“宽财政＋宽货币”、“宽财政＋紧货币”、“紧财政＋宽货币”、“紧财政＋紧货币”。

这四种不同的搭配对于整体宏观经济走向会产生不同的影响。

1. 扩张性财政政策与扩张性货币政策相配合，理论上会引发总需求的增加，从而促使经济的复苏、高涨。当经济严重萧条时，可以采用这种组合，一方面用扩张性财政政策增加总需求；另一方面用扩张性的货币政策降低利率，减少“挤出效应”。这种组合的总体效果应该是降低市场利率。这种政策搭配在中国的典型时期是在2009年。

2. 扩张性的财政政策与紧缩性的货币政策相配合，理论上会导致市场利率的上行，产生“挤出效应”。当经济萧条但又不太严重时期可采用这种组合，一方面用扩张性的财政政策刺激总需求；另一方面用紧缩性的货币政策

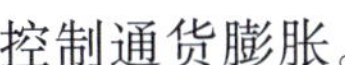

控制通货膨胀。

3. 紧缩性的财政政策和扩张性的货币政策相配合，理论上这种组合会引起市场利率的下降，投资增加，总需求减少。当经济出现通货膨胀但是又不太严重时，可采用这种组合，一方面用紧缩性财政政策压缩总需求；另一方面用扩张性的货币政策降低利率，刺激投资，遏制经济衰退。

4. 紧缩性的财政政策和紧缩性的货币政策相配合，这种组合会导致总需求减少，国民收入下降，导致国民经济发展缓慢，甚至出现衰退。当经济发生严重的通货膨胀时，可以采用这种组合，一方面用紧缩性的财政政策压缩总需求；另一方面用紧缩性的货币政策提高利率，抑制通货膨胀。

当然，上述四种搭配所产生的利率效应是理论而言的，在实际中可能存在一些不同的结果。

第二节　货币政策和财政政策的松紧搭配对市场利率的实际影响

在对于未来政策取向进行分析中，投资者首先面临的一个问题就是如何定义判别来年货币政策和财政政策的松紧状况。

从实用性角度出发，可以考虑采用逐年比较的方式来进行判断。货币政策和财政政策的松紧度判别指标分别为每年的“赤字规模变化”（之所以不选择赤字率作为判别标准，是因为这个指标受到 GDP 的基数影响过大，变化并不敏感）和“广义货币供应量”的变化。

假如来年的赤字预算规模比今年的预算规模出现了“明显”的降低或提高，则可以定性来年的财政政策取向为紧缩或扩张。同样，假如来年的货币供应量计划目标比今年出现了降低或提高，则可以定性来年的货币政策取向为紧缩或扩张，这是一个并不十分精确但是却相对实用的判别方式。

虽然在每年的中央经济工作会议上都会对来年的财政政策和货币政策进行稳健、适度宽松等之类描述，但是从比较财政赤字规模变化和比较 M2 计划目标变化上来看，依然可以用宽松和紧缩来大致定性，表 5－8－1 是我国历年来货币政策和财政政策变化的属性划分。

2002～2010 年的搭配组合大致如上表所示，其中 2002 年、2003 年、2009 年以及 2010 年四个时期，我国的宏观政策搭配为“扩张性的财政政策＋扩张性的货币政策”，这分别是为了对抗当年的亚洲金融风暴以及欧美金融海啸“后遗症”，从理论而言，这四个时期分别应该对应低利率状态。

表5－8－1　我国历年来货币政策和财政政策变化　单位：亿元

年份	财政赤字预算数	财政赤字决算数	财政政策属性	货币供应量计划目标（%）	货币供应量实际完成情况	货币政策属性	官方描述
2001	－2598.00	－2516.54		13.00～14.00	14.40		
2002	－3098.00	－3149.51	宽松	13.00	16.80	宽松	积极的财政政策和稳健的货币政策
2003	－3198.00	－2934.70	宽松	16.00	19.60	宽松	积极的财政政策和稳健的货币政策
2004	－3198.00	－2090.42	宽松	17.00	14.60	趋紧	积极的财政政策和稳健的货币政策
2005	－3000.00	－2280.99	趋紧	15.00	17.60	宽松	稳健的财政政策和货币政策
2006	－2950.00	－1662.53	趋紧	16.00	16.94	趋紧	稳健的财政政策和货币政策
2007	－2450.00	－1540.43	紧缩	16.00	16.72	紧缩	稳健的财政政策和货币政策
2008	－1800.00	－1262.31	紧缩	16.00	17.82	紧缩	稳健的财政政策和从紧的货币政策
2009	－9500.00	－7781.63	宽松	17.00	27.68	宽松	积极的财政政策和适度宽松的货币政策
2010	－10500.00		宽松	17.00	19.72	宽松	积极的财政政策和适度宽松的货币政策

资料来源：历年政府工作报告。

2004年的宏观政策搭配为“扩张性的财政政策＋紧缩性的货币政策”，主要对抗目标在于通货膨胀，理论上应该产生的后果是导致市场利率的上行。

2005年的宏观政策搭配为“紧缩性的财政政策＋宽松性的货币政策”，这一政策

搭配有一个重要的宏观经济背景就是为了配合2005年中国的汇率改革问题，利用宽松性的货币政策来拉低市场利率，从而为汇率改革铺路。

2006～2008年，中国实行的“双紧型”的政策搭配，主要对了对抗经济过热和通货膨胀问题。

如果从理论对应来看，2002～2010年的市场利率对应上述政策搭配应该表现出如下特点：2002年、2003年、2009年和2010年市场利率应该表现为“利率下行或处于低利率”时期；2004年应该处于“利率上行或高利率”时期；2005年应该处于“利率下行或低利率”时期；2006～2008年应该处于“利率上行或高利率”时期（利率的变动趋势和利率的绝对水平是衡量政策松紧的同属性指标）。

如表5－8－2是2002～2010年期间长期利率（以10年期国债的交易利率为代表）和短期利率（以1年期中央银行票据的交易利率为代表）的年度均值变化。

表5－8－2　　历年长短期利率年度均值　　单位：%

年　份	长期利率平均水平	短期利率平均水平
2002	2.99	2.21
2003	3.19	2.64
2004	4.70	3.14
2005	3.77	2.28
2006	3.06	2.46
2007	4.00	3.27
2008	3.95	3.63
2000	3.36	1.51
2010	3.47	2.25

资料来源：参照CDC数据，www.chinabond.com.cn。

如表5－8－2，从事后实际检验来看，2002年、2003年、2009年、2010年的市场利率确实处于一个相对较低的水平（10年期国债利率的年度均值低于3.50%，1年期中央银行票据的年度均值低于2.60%）；2004年的市场利率表现为一路上行，且年度均值处于高水平（10年期国债利率的年度均值达到4.70%，1年期票据的年度均值达到3.14%）；2005年的市场利率表现为一路下行，长期利率均值在3.77%，短期利率的均值在2.28%；2006～2008年的市场利率总体表现为一路向上，长短期利率的年度均值均在高位。

应该说理论上的利率变化方向或绝对水平和实际中的利率变化或绝对水平高度吻合，这可以理解为政策面因素影响市场利率的一个典型代表。

在理解政策面因素对于市场利率的影响问题中，需要注意的是：这可能无法解释利率的方向性变动，但是应该能够解释利率的绝对均值水平的位置，结合预期中的均值水平以及当前利率可以大致推测未来利率的变化方向。

第三节 货币政策和信贷政策的不同搭配对市场利率的影响

如前面所述，在经济平稳期间（未遭遇类似亚洲金融风暴或欧美金融海啸冲击的情况下），财政政策一般不是市场投资者关注的焦点，此时的金融货币政策是市场聚焦点。

对于我国而言，其核心的金融政策可以划分为两个：一为货币政策；二为信贷政策。货币与信贷政策的不同松紧搭配也会对利率产生不同的影响。

从常理来看，鉴于我国银行间市场的投资主体为商业银行，而商业银行的资金配置渠道主要体现在信贷投放和债券配置上，因此“紧信贷”政策对于债券利率具有显而易见的下拉作用。

我国实行“紧信贷”政策的判别标准非常易见，一是年初信贷额度的设定；二是在来年中所实施的信贷投放按月或按旬的额度控制手段实施。

表5－8－3显示的是2002～2010年期间我国货币政策与信贷政策的搭配情况。历史上来看，货币量与信贷量组合有三种情况（基本不可能出现“紧货币＋宽信贷”的组合）。

表5－8－3　　我国历年货币政策一览

年份	货币供应量计划目标（%）	货币供应量实际完成情况	货币政策属性	信贷目标总量	信贷目标增速（%）	信贷实际增量	信贷政策属性
2001	13.00～14.00	14.40		13000.00	10.50	13000.00	
2002	13.00	16.80	宽松	13000.00	9	18000.00	宽松
2003	16.00	19.60	宽松	18000.00	10.50	27700.00	宽松
2004	17.00	14.60	趋紧	26000.00	12.50	22600.00	趋紧（有额度控制）
2005	15.00	17.60	宽松	25000.00	10.40	23500.00	紧缩（自发控制）
2006	16.00	16.94	趋紧	25000.00	8.70	31800.00	紧缩
2007	16.00	16.72	紧缩	36300.00	15	36300.00	紧缩（额度控制）
2008	16.00	17.82	紧缩	46720.00	12	49100.00	紧缩（额度控制）
2009	17.00	27.68	宽松	46000.00	9.87	95900.00	宽松
2010	17.00	19.72	宽松	75000.00	12.60	79500.00	紧缩（额度控制）

资料来源：中国人民银行，www.pbc.gov.cn。

其中，2002年、2003年以及2009年主要呈现的是“宽货币＋宽信贷”的组合方式。“双宽”的金融政策组合无法决定银行资金的转移方向，因此对于利率方向的定

性指示意义不强。

2004 年、2006 年、2007 年以及 2008 年期间，我国的金融政策组合为“紧货币 + 紧信贷”。其中紧信贷的主要标志是在 2004 年、2007 年和 2008 年度均出现了中央银行对于商业银行信贷投放额度的节奏控制（按旬、月度控制商业银行的信贷投放），但是“双紧”的金融政策无法判断“货币量 – 信贷量”余额究竟是对债券市场有利还是无利，但是“紧货币”的整体基调无疑会将利率水平提高。

2005 年和 2010 年我国金融政策的组合为“宽货币 + 紧信贷”。特别需要注意的是，2005 年紧信贷格局的形成并非是来自于货币监管机构的控制，而是来自于国有商业银行在股份制改造上市前夕，为资本充足率指标达标而实施的自发主动控制。整体来看，这种金融政策组合方式对于债券市场会起到正面激励的作用。

第四节　综合回顾

如表 5 – 8 – 4 综述了 2002 年以来货币政策（其中包括信贷政策）以及财政政策的不同组合，以及列示了不同政策组合下，长短期利率的变化重心，可以作为一种历史资料为后期市场变化做出参考借鉴。

表 5 – 8 – 4　　2002 ~ 2010 年我国宏观管理政策和长短期利率变化一览

年份	财政预算赤字（亿元）	财政决算赤字（亿元）	财政政策属性	M2 计划目标（%）	M2 实际情况（%）	货币政策属性	信贷目标总量（亿元）	信贷目标增速（%）	信贷实际增量（亿元）
2001	– 2598	– 2517		13.00 ~ 14.00	14.4		13000（13.1%）	10.50	13000（13.1%）
2002	– 3098	– 3150	宽松	13	16.8	宽松	13000（11.6%）	9	18979（16.9%）
2003	– 3198	– 2935	趋紧	16	19.6	宽松	18000（13.7%）	10.50	27702（21.1%）
2004	– 3198	– 2090	趋紧	17	14.6	趋紧	26000（16.4%）	12.50	18367（11.6%）
2005	– 3000	– 2281	趋紧	15	17.6	宽松	25000（14.1%）	10.40	17326（9.8%）
2006	– 2950	– 1663	趋紧	16	16.94	趋紧	25000（12.8%）	8.70	30594（15.7%）
2007	– 2450	1540	紧缩	16	16.72	紧缩	36300（16.1%）	15	36406（16.1%）
2008	– 1800	– 1262	紧缩	16	17.82	紧缩	46720（17.9%）	12	41704（18.8%）
2009	– 9500	– 7782	宽松	17	27.68	宽松	46000（15.2%）	9.87	96299（31.7%）
2010	– 10500		宽松	17	19.72	宽松	75000（18.8%）	12.60	78000（19.5%）

续表

年份	信贷政策属性	官方描述	定性	长期利率平均水平（%）	短期利率平均水平（%）
2002	宽松	积极的财政政策和稳健的货币政策	松财政＋松货币＋松信贷	2.99	2.21
2003	宽松	积极的财政政策和稳健的货币政策	松财政＋松货币＋松信贷	3.19	2.64
2004	趋紧（有额度控制）	积极的财政政策和稳健的货币政策	松财政＋紧货币＋紧信贷	4.70	3.14
2005	紧缩（自发控制）	稳健的财政政策和货币政策	紧财政＋松货币＋紧信贷	3.77	2.28
2006	紧缩	稳健的财政政策和货币政策	紧财政＋紧货币＋紧信贷	3.06	2.46
2007	紧缩（额度控制）	稳健的财政政策和货币政策	紧财政＋紧货币＋紧信贷	4.00	3.27
2008	紧缩（额度控制）	稳健的财政政策和从紧的货币政策	紧财政＋松货币＋紧信贷	3.95	3.63
2009	宽松	积极的财政政策和适度宽松的货币政策	松财政＋松货币＋松信贷	3.36	1.51
2010	紧缩（额度控制）	积极的财政政策和适度宽松的货币政策	松财政＋松货币＋紧信贷	3.47	2.25

资料来源：中国人民银行 www.pbc.gov.cn；参照 CDC 数据，www.chinabond.com.cn。

第五节　带有行政色彩的政策调控行为——阶段性的价格管制措施

由于特殊事件等因素影响，我国的价格水平在某些阶段容易出现某种异常波动，这种价格的异常波动往往容易激发社会上的通货膨胀预期（特别是当通货膨胀预期和充裕的流动性环境相结合），进而加剧社会价格总水平的进一步异常波动。因此，在某些特殊情况下，我国曾启用过临时性的价格管制措施。

20 世纪 90 年代至今，我国启动过 4 次价格管制措施，分别是在 1996 年、2003 年、2008 年和 2010 年。其中 2003 年对于防治“非典”用品如口罩、中药材、白醋、食盐、洗涤用品等进行过价格干预，这种类型的价格管理制度对于债券市场的影响力不大，但是2008年和2010年的两次临时性价格干预措施对于整体市场还是产生了深远的影响。

一、2008年的临时性价格干预措施

2008年实施的临时性价格干预措施是在一个明确成型的通胀环境下出台的。2007年以来，我国的CPI同比增长速度逐月上行，2007年11月份的CPI增速高达6.9%，而且需要注意的是，在2007年中，虽然经历了多次加息、多次上调法定存款准备金率等紧缩性手段，但是CPI的上行始终没有受到抑制（至少从月度变化数据上看是如此的）。因此，在2008年春节来临之前，我国启动了全国范围内的价格干预措施。

2008年1月9日，国务院总理温家宝主持召开国务院常务会议，做出修改《价格违法行为行政处罚规定》的决定，宣布实行临时价格管制和干预措施，限制社会公共产品及人民生活必需品涨价，同时加大处罚力度，并将惩处行业协会经营者互相串通、操纵市场价格等违法活动。

随后，在1月15日国家发改委发布了《关于对部分重要商品及服务实行临时价格干预措施的实施办法》，同时对于六种商品实行临时干预：第一种是成品粮，包括大米、方便面、挂面等；第二种是食用植物油，是指小包装的食用植物油；第三种是猪肉、牛羊肉及其制品；第四种是乳品；第五种是鸡蛋；第六种是实行市场调节价的液化石油气。

图5-8-1显示的是在政策实施后，部分重点控制的食品价格变化情况，在政策出台后，食品价格依然出现了大约1个月的上涨，从2~3月份开始出现顶部回落态势，但是无法确定这就是价格管控措施的直接效果，因为从食品价格变化的季节性特征来看，也应该是这种变化态势。

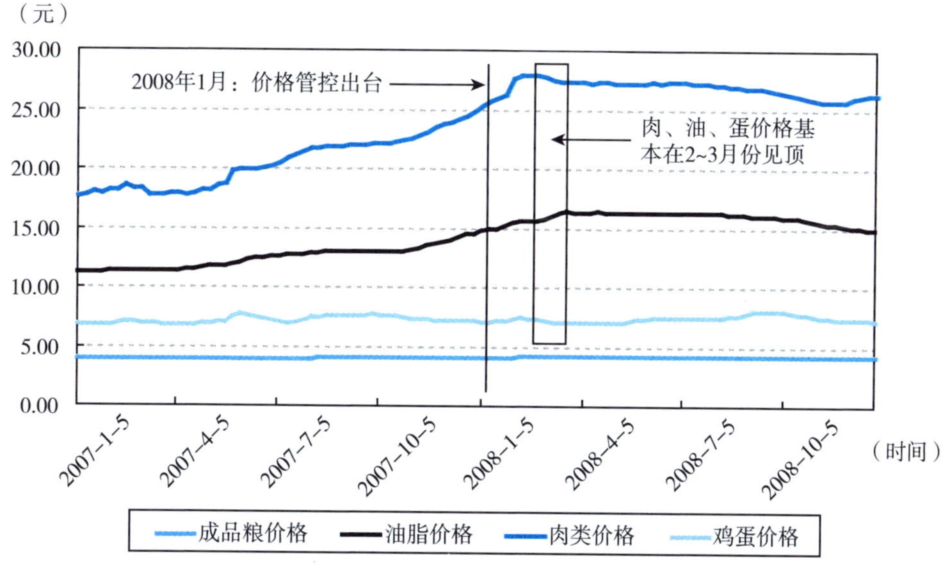

图5-8-1 2007~2008年管控商品价格变化

资料来源：国家商务部 http：//cif. mofcom. gov. cn。

二、2010年年底的临时性价格干预措施

2010年11月17日，国务院总理温家宝召开国务院常务会议，研究部署了稳定消费价格总水平保障群众基本生活的政策措施。这标志着正式启动了临时性价格干预措施①。

本次价格管制措施的重点是针对蔬菜价格的快速上涨。其触发点在于2010年6月份期间海南遭受了较为严重的洪涝自然灾害，影响了蔬菜的生产供应，并由此引发了过量流动性进入了蔬菜销售领域，造成当年蔬菜价格出现了不同于历史规律的波动（即当年上半年蔬菜价格回落幅度弱于历史同期）。

图5-8-2显示的是在价格管控措施出台后，蔬菜批发价格的变化态势，从11月上旬开始一直持续到12月中旬，蔬菜批发价格出现了明显回落（在往年正常时期，该期间的蔬菜价格是上涨的）。进入12月下旬后，蔬菜价格在春节临近以及南方冻雨灾害的影响下出现价格回升（这种上涨是正常的，符合历史经验的），而在春节过后，蔬菜价格再度出现回落（符合历史惯例）。

图5-8-2 国家商务部监控的36城市18种蔬菜平均批发价格变化

资料来源：国家商务部 http://cif.mofcom.gov.cn.

① 实际上，在2010年8月18日国务院总理温家宝支持召开过国务院常务会议，研究部署进一步促进蔬菜生产、保障市场供应和价格基本稳定的政策措施。但是当时没有引发金融市场的太多关注。

第六节 2002～2010年历次法定存贷款利率变化对债券市场影响一览

2002～2010年期间，我国债券市场经受了多次法定存贷款利率调整的考验与冲击，每度加（减）息对于债券市场的影响并不相同，而且债券市场消化每次利率政策变动的过程也并不一致，这些对特殊时点市场情况的回顾将为投资者应对政策面变化提供宝贵的资料。在此，详细描述如下：

1. 2004年10月28日晚间宣布调整存贷款利率，于2004年10月29日正式实施。其中1年期存款利率由1.98%提高到2.25%，上调27个基点，活期存款利率保持在0.72%不变。整体商业银行资金成本提高约13个基点。

中央银行事后对于该次利率调整原因的解释如下①：

问：选择当前时机上调人民币基准利率是出于什么考虑？

答：在党中央、国务院的正确领导下，本轮宏观调控综合运用经济手段、法律手段和必要的行政手段，取得了良好的效果，宏观经济金融运行继续向预期的调控方向发展。针对近期经济金融运行中仍然存在的一些矛盾和问题，为了巩固前一阶段调控成果，中国人民银行报经国务院同意，决定上调人民币基准利率。

上调人民币基准利率有利于进一步发挥经济手段在资源配置和宏观调控中的作用；有利于防止企业过多占压资金，缓解部分企业流动资金紧张状况，减少资金体外循环；有利于优化经济结构，提高经济效益，保持国民经济持续、快速、协调、健康发展的良好势头。

问：上调人民币基准利率对居民有什么影响？

答：本次利率调整，有利于增加居民利息收入。而且，中长期存款利率上调幅度大于短期，有利于保障居民的中长期储蓄存款利息收益。

这是在经历长期降息周期以来的首度加息，2004年4月份开始，CPI超越3%开始加速上行，“五一”节前夕加息预期异常浓重，利率出现明显调整。同时2004年第一季度中固定资产投资出现过热迹象（但是伴随行政性手段控制固定资产投资措施出台，投资过热迹象已经趋于平静），CPI在6～9月4个月连续在5%以上运行（9月份的CPI比8月份的最高点出现了少许回落）。

加息前，市场对于该措施出台的预期已经开始趋于消散，10年期国债利率在加息前保持在4.85%附近，因此这次加息或多或少有点出乎市场预期。

加息措施出台后，市场恐慌反映期集中在11月1～3三个交易日，10年期国债利率从4.85%上行到5.10%附近，上行幅度在20～25个基点，基本消化了这次加息。

① 后续问答均来自于中国人民银行官网公告内容，参见www.pbc.gov.cn。

同期1年期中央银行票据发行利率从3.4982%提高到3.5733%，上行大约10个基点，基本消化了这次加息冲击。

2. 2006年4月27日晚间宣布单纯提高贷款利率，而存款利率则保持不变，于2006年4月28日正式实施。该次调整由于不涉及存款利率变化，因此整体银行体系资金成本没有变化。

中央银行对于该次利率调整的原因解释如下：

问：选择当前时机上调人民币贷款基准利率是出于什么考虑？

答：第一季度，国民经济继续保持平稳较快增长，总体形势良好。但当前经济运行中的一些问题还比较突出，主要是固定资产投资增长过快、货币供应量偏高，信贷投放偏快，需要给予高度关注。为贯彻科学发展观，巩固宏观调控的成果，保持信贷和投资的合理增长，为经济结构调整和经济增长方式转变提供稳定的货币金融环境，报经国务院同意，中国人民银行决定上调人民币贷款基准利率。

上调人民币贷款基准利率有利于抑制过度投资，协调投资与消费的关系，引导资产的合理定价；有利于优化经济结构，促进经济增长方式的转变；有利于增强金融体系防范风险的能力，保持国民经济持续、快速、协调、健康发展的良好势头。

问：为什么没有同时上调存款基准利率？

答：此次利率调整不涉及存款基准利率，主要基于以下考虑：一是目前消费物价指数较低，现行存款利率水平相对比较合适；二是有利于引导储蓄存款合理增长，鼓励消费及扩大内需，改善投资和消费的比例关系；三是有利于发展多种投资工具，拓宽居民投资渠道，推动资本市场健康发展。

在本次加息前期，由于中央银行票据发行利率已经开始出现明显上行（而且是中央银行主动性抬升的结果），因此市场已经产生了加息预期（公开市场利率的变化催生了加息预期）。在政策出台前，10年期国债利率在3.19%附近。但是政策出台后，由于单纯的贷款利率提高和先前市场预期的存贷款利率提高有很大区别，因此市场利率选择了下行。随后期间，10年期国债利率从3.19%回落到2.96%附近，而同期1年期中央银行票据的发行利率则沿着前期中央银行主动性抬升的方向继续上行。

3. 2006年8月18日晚间宣布上调存贷款利率，其中1年期定期存款利率从2.25%上调到2.52%，幅度为27个基点，活期存款利率保持不变。本次调整后，银行体系整体资金成本大约上调13个基点。

中央银行对于该次利率调整原因的解释如下：

问：为什么要上调人民币存贷款基准利率？

答：今年以来，国民经济快速发展，总体形势良好，但经济运行中投资增长过快、货币信贷投放过多、外贸顺差过大等矛盾仍然比较突出。为此，中国人民银行主要采取了上调存款准备金率和加大公开市场操作力度等数量型工具收回过多流动性，从资金的供给方进行调节。根据当前社会总需求扩张势头仍很强劲的情况，为进一步增强宏观调控的效果，有必要在收回流动性的同时，加大对资金需求方的调节，利用

利率杠杆适当抑制投资和信贷需求的扩张。

存贷款基准利率代表全社会的资金成本，如果资金成本相对于投资回报率偏低，很容易助长投资和信贷的冲动。通过上调基准利率，可以加大投资行为的融资成本，引导企业和金融机构恰当衡量信贷风险，防止贷款盲目扩张；尤其是随着融资渠道日益多元化，提高资金成本还可以广泛地调节全社会投融资行为和预期，促使各类投资主体更加趋于理性。因此，上调人民币存贷款基准利率，有利于引导投资和货币信贷的合理增长；有利于引导企业和金融机构恰当地衡量风险；有利于维护价格总水平基本稳定；有利于优化经济结构，促进经济增长方式的转变，保持国民经济平稳较快协调发展。

在本次利率政策调整前，市场对于紧缩性政策的主流预期是数量型紧缩，基本没有加息预期，因此这个政策的出台多少有些出乎市场预期。但是面对这次加息，市场反映非常从容，10 年期国债利率仅从之前的 3.22% 上调到 3.30%，上行幅度为 8 个基点，调整时间仅为 1 ~ 2 个交易日。同期 1 年期中央银行票据的发行利率也从之前的 2.7961% 上调到 2.8912%，幅度为 10 个基点，且一步到位。

4. 2007 年 3 月 17 日晚间宣布上调利率，其中 1 年期存款利率由 2.52% 上调到 2.79%，幅度 27 个基点，活期存款利率保持不变，正式实施日为 2007 年 3 月 18 日。本次利率调整导致银行体系资金成本上行约 13 个基点。

在本次加息前，CPI 水平并不处于高位，而且市场当时也无法确认 CPI 将呈现持续上行态势，经济过热迹象也并不明显，但是加息之前，中央银行主动提高了公开市场中 1 年期（3 年期）票据的发行利率，这令市场产生了利率上行的预期（也可以解读为加息预期）。

政策落地后，10 年期国债利率从之前的 3.22% 上行到月末的 3.44%，调整期间大约持续两周，调整幅度为 22 个基点。此外在同期，1 年期票据的发行利率也历经两周时间从 2.87% 上调到 2.97%，上行幅度为 10 个基点。

5. 2007 年 5 月 18 日晚间宣布上调法定存贷款利率，其中 1 年期存款利率从 2.79% 上调到 3.06%，幅度 27 个基点，活期存款利率保持不变。本次利率调整导致银行体系资金成本上行约 13 个基点。

2007 年第一季度数据公布后，市场对于紧缩政策预期不减，从“五一”长假后，市场再度出现加息预期，因此在 5 月前半月期间，长期利率已经开始出现明显调整。

应该说，这次加息并不出乎市场的预期，在随后的 5 月 21 ~ 23 日三个交易日中，长期利率从 3.90% 上行到 4.10%，以 20 个基点的利率升幅消化了本次加息预期。同时 1 年期中央银行票据的发行利率也一步到位从 2.97% 上调到 3.09%，上行了 12 个基点。同时在是时隔不足两个月的时间内两度加息，基本上确立了 2007 年加息周期的展开。

6. 2007 年 7 月 20 日晚间宣布上调法定存贷款利率，其中 1 年期存款利率由 3.06% 上调到 3.33%，活期存款利率从 0.72% 上调到 0.81%，于 2007 年 7 月 21 日正式实施。本次利率调整导致银行体系资金成本上行约18个基点。

本次利率上调前，由于5～6月份的CPI一直超预期走高，长期利率一直上行（此外6月18日特别国债发行的消息也是导致长期利率走高的重要原因），由于加息周期的概念已经确立，因此本次加息对于市场而言，并不意外。

由于此前长期利率已经经过了明显的调整，10年期国债利率已经从6月初期的4.10%上行到加息前的4.45%附近（这35个基点的利率升幅不能完全归结在加息预期上，特别国债发行所造成供需失衡也是一个重要原因）。因此，面对本次加息，长期利率已经缺乏了进一步调整的动力，没有继续上冲。而1年期中央银行票据的发行利率则一步到位的由3.09%上行到3.24%，上行幅度为15个基点。

7. 2007年8月21日晚间宣布上调法定存贷款利率，其中1年期存款利率上调27个基点，由3.33%上调到3.60%，活期存款利率保持不变，在2007年8月21日正式实施。本次利率调整导致银行体系资金成本上行幅度约13个基点。

CPI的连续走高以及加息周期预期的形成，令这次加息并不意外，但是较为意外的是，市场长期利率面对这次加息基本没有反映，始终维持在4.35%附近，而且在加息后的1周时间中还出现了回落。同时，1年期中央银行票据的发行利率一步到位从3.22%上行到3.3165%，上行幅度为9个基点附近。

8. 2007年9月14日晚间宣布上调法定存贷款利率，其中1年期存款利率上调27个基点，从3.60%上调到3.87%，活期存款利率保持不变，从2007年9月15日开始正式实施。本次利率调整导致银行体系资金成本上行幅度约13个基点。

9月份以来，面对CPI持续高涨、定向票据发行等事件，市场对于持续紧缩政策以及加息的预期继续高涨。在本次加息前，10年期国债利率从4.25%附近已经上行到4.40%附近，加息后，长期利率在4.40%基础上继续上行到4.55%附近，历经9月17～19日三个交易日将本次加息政策的冲击消化完毕。同时，1年期中央银行票据发行利率从3.31%一步到位上行到3.44%，上行幅度为13个基点。

9. 2007年12月20日晚间宣布上调法定存贷款利率，其中1年期存款利率上调27个基点，从3.87%上调到4.14%，但是较为意外的是活期存款利率从0.81%下调到0.72%，从2007年12月21日开始正式实施。综合来看，本次利率调整导致银行体系资金成本上行幅度为9个基点。

面对这次加息，市场的反映非常平静。在公开市场发行利率重新定位前，各期限债券的利率不过上行1～2个基点，12月26日加息后首次进行的1年期中央银行票据发行显示，利率仅比加息前上行约6～7个点，由3.99%上调到4.05%。市场就在平静中消化了本次加息。

总体来看，2007年共计经历了6次加息，对于本轮典型加息周期的官方解释发布在2007年12月20日最后一次加息的时候，当时中央银行对于2007年的加息进行了一个综合解释。

问：调整人民币存贷款基准利率出于什么考虑？

答：2007 年以来，宏观经济保持了较快发展的势头，受食品、能源等结构性因素的影响，居民消费物价指数不断攀升，通货膨胀压力有所加大。为此，中国人民银行加大了公开市场操作力度，先后 10 次上调商业银行存款准备金率，5 次上调金融机构人民币存贷款基准利率，对于抑制货币信贷过快增长发挥了积极作用。

在国内物价水平存在上涨压力、国际环境趋于复杂的背景下，为引导公众通胀预期，发挥价格杠杆的调控作用，中国人民银行决定再次上调金融机构存贷款基准利率。此次利率调整，有利于贯彻从紧的货币政策；有利于防止经济增长由偏快转为过热；有利于防止物价由结构性上涨演变为明显的通货膨胀。

10. 2008 年 9 月 15 日晚间宣布下调法定贷款利率 27 个基点，但是存款利率保持不变，从 2008 年 9 月 16 日开始正式实施。

本次单纯降低贷款利率虽然无法改变银行体系的资金成本，但是彻底宣告了紧缩性货币政策的终结，在这个大的背景转化下，10 年期国债利率一举从之前的 4.10% 附近降低到 3.75% 附近，下降幅度为 35 个基点。同时，1 年期中央银行票据的发行利率也从 4.05% 开始回落。

11. 2008 年 10 月 8 日晚间宣布下调法定存贷款利率，其中 1 年期存款利率下调 27 个基点，从 4.14% 下降到 3.87%，活期存款利率保持不变，从 2008 年 10 月 9 日开始正式实施。

这次降息导致了 10 年期国债利率从之前的 3.70% 附近一举回落到最低 3.10% 附近，随后又上行到 3.25% 附近，下行幅度达到 45 个基点。同时 1 年期中央银行票据的发行利率连续大幅度下调。

12. 2008 年 10 月 29 日晚间宣布下调法定存贷款利率，其中 1 年期存款利率下调 27 个基点，从 3.87% 下调到 3.60%，活期存款利率保持不变，从 2008 年 10 月 30 日起正式实施。

本次降息导致 10 年期国债利率从 3.25% 水平继续回落到 2.90% 附近，随后出现了技术性修正反弹至 3.10% 附近。同时，1 年期中央银行票据发行利率急速下行，最终在 11 月 19 日发行完毕后，停止了后续发行。

13. 2008 年 11 月 26 日晚间宣布下调法定存贷款利率，其中 1 年期存款利率由 3.60% 下降到 2.52%，下调幅度为 108 个基点，活期存款利率由 0.72% 下调到 0.36%，幅度为 36 个基点，从 2008 年 11 月 27 日开始正式实施。

14. 2008 年 12 月 22 日晚间宣布下调法定存贷款利率，其中 1 年期存款利率从 2.52% 下调到 2.25%，下调幅度为 27 个基点，活期存款利率保持不变，从 2008 年 12 月 23 日起正式实施。

连续而来的两次降息（其中第一次为大幅度降息）终于将 10 年期国债利率从 3.20% 附近一举拉低到了本轮利率变化的最低点 2.70%，长期利率下行幅度为 50 个基点。

15. 2010 年 10 月 19 日晚间宣布上调法定存贷款利率，其中 1 年期存款利率从

2.25%上调到2.50%，上调幅度为25个基点，活期存款利率保持不变，从2010年10月20日开始正式实施。

对于本次加息的目的官方没有提供任何正式描述，市场普遍认为本次预期之外的加息政策是针对于10月份开始的物价加速上涨而出台的（虽然在同期，中国依然面临经济走势不确定以及升值压力较大等矛盾，但是相比而言，通货膨胀的矛盾可能已经居于了主导位置）。在2010年12月5日，和我国面临相似矛盾挑战的泰国也较为意外地宣布了加息措施，因此基本可以认为，是通货膨胀矛盾战胜了其他负面挑战，成为加息的主要原因。

这次加息是在2008年降息周期启动展开并且利率始终在低位徘徊的背景下发生的，前期市场虽然也产生过加息的讨论或传言，但是这种预期已经被10月中旬媒体所报道的官方说法①所平息。而且在今年长达9个月的债券“小牛市”背景下，市场中的投机机构累计了大量的杠杆化操作，无疑，一旦“降杠杆”行为展开，将加大市场的波动。

如此一来，“10.19”加息呈现出了如下两个基本特征，导致了市场的恐慌性调整：（1）这是降息周期以来的首度加息，这个特征和2004年10月份加息相似，但是基于市场对于本次加息几乎毫无预期，相比于2004年10月份的加息，“10.19”加息的超预期色彩更甚；（2）与2004年10月加息前利率市场已经明显调整不同，本次加息之前，债券市场是一个“小牛市”特征，大量的机构进行着“杠杆化”多头操作，因此一旦调整展开，“降杠杆”行为将导致市场的调整幅度明显加大。

因此，从10月20日开始一直到11月11日，长期利率展开了一轮超乎预期的调整，围绕“10.19”加息这个政策利空，10年期国债经历了三波连续调整，具体情况如下：

第一，10月20~25日：10年期国债利率从3.40%位置跃居到3.65%附近平台，上行幅度为25个基点。从性质来看，这25个基点的利率升幅反映了超预期加息后市场的即时变化。

第二，10月26日~11月8日：10年期国债利率从3.65%上行到3.85%附近，该阶段利率的上行主要是受到美联储QE2政策最终落定（11月4日）以及中国10月份PMI数据异常强劲所导致，市场恐慌气氛进一步加剧，推动利率再度上行。

第三，11月9~11日：在11月9日公开市场发行中，本已平稳的1年期中央银行票据发行利率再度上行5个基点，同时，市场中传言10月份的CPI同比增速将达到4.4%（前期市场主流预期认为10月份CPI同比在4%以内），这进一步加剧了市场恐慌气氛，在此背景下，长期利率脱离了前期3.85%平台，上行到3.95%附近。

较为有趣的是1年期中央银行票据发行利率面对本次加息的变化：加息后首周，1年期中央银行票据发行利率从2.09%上调到2.29%，上行幅度为20个基点，在随后一周保持稳定，而在加息后第三周再度上调5个基点至2.34%。

① 可参考第一篇历史情况介绍。

16. 2010 年 12 月 25 日晚宣布上调法定存贷款利率，其中 1 年期存款利率从 2. 50% 上调到 2. 75%，上调幅度为 25 个基点，活期存款利率保持不变，从 2010 年 12 月 26 日起正式实施。

对于本次加息的目的，官方同样也没有给出公开解释，但是市场对于本次加息的目的主流解读依然是针对通货膨胀问题，也有观点认为是针对房地产价格的调控，或兼而有之。

“12. 25”晚间中央银行宣布再度加息，虽然从出台时点来看，该政策出台略出市场预期，但是市场对于加息趋势的预期早已消化，而且市场越发认定 12 月份的 CPI 数据将比 11 月份明显下行，长期利率在 12 月 27 ~ 28 日两个交易日中，从 3. 80% 附近上行到 3. 90% 附近，以 10 个基点的利率升幅来消化了本次加息。从本次加息后市场的反映来看，历史经验再度应验。

“12. 25”加息后首周，1 年期中央银行票据发行利率从 2. 34% 上调到 2. 51%，上调幅度为 17 个基点，次周从 2. 51% 上调到 2. 61%，上调幅度为 10 个基点。

第六篇

随笔漫谈

第一章

谈谈分析框架的化繁为简

本书从2010年5月份开始酝酿，在2011年第一季度中基本成型完毕，所耗写作时间虽然不长，但是资料积累的时期是笔者至今全部的从业时间。林林总总，数十万字的内容描述了2002～2010年中国债券市场变化发展的过程以及诸多影响因素，希望能够给读者以一种直观的感受。

但是正如在本书之初所言，金融市场的神奇之处就是：身处市场中，你只能感觉到无数的小矛盾因素在主导它的波动，但是当你跳出这个市场（或事后回顾时）来审视时，你会发现，无数的小矛盾其实并不重要，真正决定周期性趋势变化的因素则是来自于一些最为根本的基本面要素。

以2002年以来的国内债券市场变化为例，在每个不同的时期，你可以用一些当期市场的关注焦点来解释长期利率的波动，例如IPO因素导致资金面紧张，进而造成长期利率上行，等等。但是，如果从更长期周期的角度来审视长期利率的趋势性变化，你可以发现实际上只有经济基本面因素（经济增长因素和通货膨胀因素）在起着决定性作用。

简单而言，可以用中国的工业增加值数据（代表经济增长因素）和CPI数据（代表通货膨胀因素）来清晰的解释长期利率每一轮趋势性的变化，如图6－1－1所示。

图6－1－1揭示了经济基本面因素和长期利率的关系。可以发现在多数历史时期，长期利率是跟随CPI同比变化而同向变化的，但是也出现过6个时期的背离，长期利率的方向和CPI同比变化方向相异，导致这种相异的驱动因素则基本来自于经济增长层面的变化（以工业增加值同比增速为代表）。

1. 2002年11月～2003年4月：该期间，CPI上行而长期利率回落，两者方向相反。这个时期，主导长期利率变化的因素来自经济增长层面，主要是“非典”疫情蔓延令市场对于经济增长产生了担忧，从而导致了

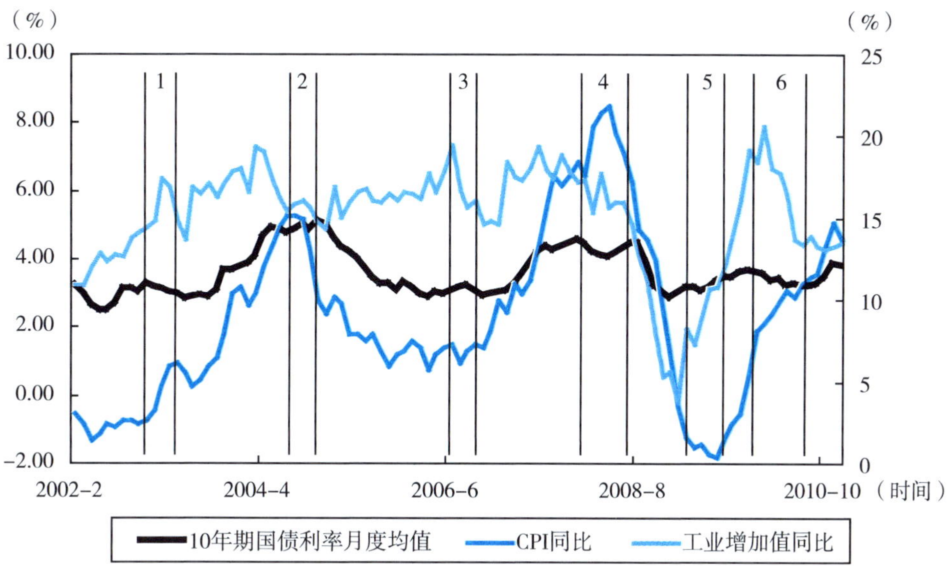

图 6-1-1 经济基本面因素和长期利率变化关系一览

资料来源：参照 CDC 数据 www. chinabond. com. cn；国家统计局 www. stats. gov. cn。

长期利率回落。

2. 2004 年 8~11 月： 该期间，长期利率和 CPI 的关系异常主要体现在8~9月份和 11 月份。其中，8~9 月份长期利率的上行和 CPI 触顶并微幅回落相伴而行（当时市场对于 CPI 触顶没有形成共识），之所以会产生这种背离，主要原因在于当时的市场紧缩预期异常浓重，对于未来通货膨胀形势的发展变化没有形成理性的预期。

相比之下，11 月份长期利率逆“势”（CPI）上行，则是受到意外加息政策降临（首度加息）以及 11 月份交易所拍卖国债事件的冲击。总体来看，该期间长期利率和 CPI 的异向变化似乎难以找到经济增长因素的影响，更多的是和市场预期（也许是非理性的）和政策冲击（预期外的，而且是长期降息周期后的首度加息）有关。

3. 2006 年 6~10 月： 该期间，虽然 CPI 在脱离底部，逐渐走高（从 1% 上行到 1.9%），但是同期工业增加值同比增速却从 19.5% 回落到 15% 附近，相比于 CPI 的温和上行（在远低于 3% 下方区域），工业增加值的回落更加令市场关注。因此，当时长期利率下行的主要动力来自于经济增长动力的弱化。

4. 2008 年 2~7 月： 该期间长期利率的变化可以划分为两个阶段。2~4 月份期间，虽然 CPI 继续上行，但是伴随中国遭遇南方雪灾引发经济增长忧虑以及美联储降息事件，国内市场的长期利率还是选择了下行。5~7 月份期间，虽然国内 CPI 显现逐级下行态势（同期工业增速也回落明显），但是长期利率却加速上行，当时虽然面临资金紧张、成品油上调引发通胀预期恶化等事件，但是笔者依然认为这是一个长期利率的非理性（事实证明，后期的实际运行态势和前期的预期严重背离）变化时期。

5. 2009年2～7月：该期间，CPI同比继续探底回落，但是整体市场的关注焦点集中在经济触底回升上，因此经济增长复苏因素拉动长期利率回升，出现了长期利率与CPI变化方向相异的现象。

6. 2010年2～8月：该期间，CPI同比回升，从2.1%（1～2月份合计平均数）上行到3.5%，但是长期利率总体呈现下行态势，其主要原因在于当期的中国经济增长出现了较为显著的下行，工业增加值同比增幅连续回落，并遭遇了4～5月份的欧洲主权债务危机事件，导致市场焦点从通货膨胀问题转移到了经济增长问题上，产生了较为浓重的经济二次探底预期，因此长期利率明显回落。

从统计情况看，2002～2010年期间，在所考察的99个月份中（注意：在此将1～2月份合计看待，可以剔除春节因素造成的数据失真现象），有大约30个月份出现了长期利率和CPI走向相异的现象，即用CPI方向来解释预测长期利率变化方向的历史准确度高达70%附近，而在30个非吻合月份中，大约有23个月份，长期利率的变化和当期的经济增长因素相吻合，占比大约为75%附近，而只有大约7个月份，长期利率的方向变化难以用CPI和经济增长类指标解释，笔者倾向于将此类原因归结在非理性因素或超预期冲击因素上。各类因素和长期利率方向的关系可以用图6－1－2归纳。

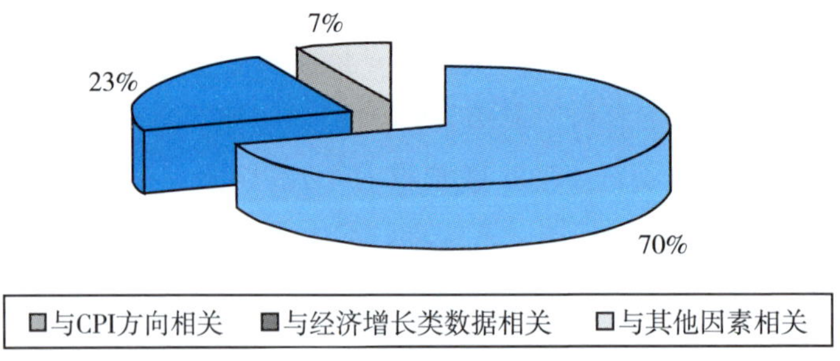

图6－1－2 决定长期利率方向的因素统计

资料来源：参照CDC数据 www.chinabond.com.cn；国家统计局 www.stats.gov.cn。

综合来看，在决定长期利率的众多因素中，笔者倾向于化繁为简，将其归纳如下：在决定长期利率方向中，有三个因素是值得密切关注、也是最为根本的，分别为通货膨胀因素（以CPI为代表指标）、经济增长因素（以工业增加值为代表指标）以及美元因素（考虑国际影响因素，以美元指数作为综合代表指标，其可以涵盖大宗商品因素、国际经济以及政治因素）。

有读者可能会质疑，是否应该考虑政策变化因素以及资金因素，但是从笔者个人理解来看，上述两个因素具有明显的滞后性特征，其中政策面因素滞后于基本面因素，且准确度、方向性易变，资金面因素能起到"锦上添花"之用（在基本面因素正面作用下，资金充裕能将利率拉低到非理性程度），但无"雪中送炭"之效（在基本面因素负面作用下，即便资金充裕也无法改变利率上行的趋势）。

附注：

长期利率的统计周期是否应该变化

在上面论述中，笔者是将 CPI 的月度同比增速与 10 年期国债利率的当月平均值做直观对比，有部分读者可能有所质疑。因为，我国的月度 CPI 是在次月 11 日附近才正式发布的，例如 5 月份的 CPI 数据在 6 月 11 日附近发布，一般的交易参与者认为，6 月上旬的市场交易依然在围绕 5 月份的 CPI 数据为焦点进行，因此是否应该将对应 5 月份 CPI 的 10 年期国债利率统计范围设定为 5 月 11 日~6 月 11 日。

这种思路也值得借鉴，但是笔者认为，这种统计周期的重新划分意义不大，可能和整月对整月的统计周期划分结论相似。更为重要的是，笔者认为 6 月上旬的利率波动虽然是围绕 5 月份 CPI 的变化而展开的，但是其并不反映 CPI 的趋势与方向性变化，只反映的是市场预期水平与实际水平的差异。

鉴于目前市场对于 CPI 的次月预测技术已经较为完善，因此一般情况下，对于 CPI 同比变化方向预测的失误很少发生，即如果预测 5 月份 CPI 同比将比 4 月份走高，则很难出现结果相反的情况。5 月份整体长期利率的变化就是在反映 CPI 这种趋势性、方向性的变化，而进入 6 月上旬（11 日正式发布日前），长期利率主要反映的则是预测数据与实际公布数据的水平差异，并不具有方向性含义。

鉴于此，笔者认为在观察 CPI 同比数据变化与长期利率月度均值的关系中，无须对长期利率的统计周期进行错位划分。

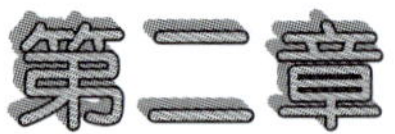

谈谈投资行为与交易行为的差异

2006年以来，我国实行新的会计准则，要求将商业银行的金融资产进行属性划分，基本上可以划分为如下几个类别（见表6－2－1）。

表6－2－1　新会计分类

分类名称	特　点	计价方式	效应体现	简称
以公允价值计量且其变动计入当期损益的金融资产	为赚取价差为目的所购的有活跃市场报价的股票、债券投资、基金投资等	按照公允价值计量	其价值变动计入当期损益	
持有至到期投资	到期日固定；回收金额固定或可确定；企业有明确的意图和能力持有至到期	按照摊余成本法计量	其价值变动计入权益项	
可供出售金融资产	存在活跃市场报价	按照公允价值计量	其价值变动计入权益项，具体体现在资本公积中	
贷款和应收款项	回收金额固定或可确定；无活跃的市场；例如，包含商业银行贷出款项；商业银行购入贷款；商业银行所持有的没有活跃市场的债券、票据；工商企业应收账款等	按照摊余成本法计量		

资料来源：国家财政部，www. mof. gov. cn。

在上述分类中，与债券资产密切相关的集中在前三类，市场中经常提及的交易户（或称交易类资金）主要是指“以公允价值计量且其变动计入当期损益的金融资产”的一部分（非全部），而投资户（或称投资配置类资金）主要指“持有至到期投资”和“可供出售金融资产”。

两类资金的价值变化计量方式不同，而且一般情况下，前者在风险管理中有止损类指标的限制，后者则基本没有。如果更为狭义理解，则一般倾向于将“持有至到期投资”类的金融资产作为投资户，这类投资规模在商业银行中占据绝对主导地位，将“以公允价值计量且其变动计入当期损益的金融资产”的一部分（非全部）作为交易户，这类资产的规模相对很小。

从商业银行角度出发，谈谈交易行为和投资行为的差异，这有助于读者更好地把握机构行为。

第一节 两类账户的成本不同

商业银行在进行投资或交易中，都会面临一个资金成本的概念，这不同于商业银行资金的综合成本概念。

在实务中，目前多数商业银行均采用 FTP 定价方式来核定各类金融资产的资金成本。例如，可能将“上季度（或年度）银行间市场 1 年期国债（或 1 年期 SHIBOR 利率）的平均收益率（或加减若干点）”作为当季（或年）“持有至到期投资”类金融资产的成本，每季度（或年度）重新定价；可能将“上季度（或月）7 天回购利率的算术平均值（或加减若干点）”作为“可供出售金融资产”类金融资产的成本，每季度（或月）重新定价；可能将“上月 7 天回购利率（或 7 天 SHIBOR）的算术平均值（或加减若干点）”作为交易类资金的成本，每月重新定价，等等。当然上述都是一种假设，只是为了给读者提供一些感性认识。

总体来看，投资配置类资金成本的定价周期要长于交易类资金成本的定价周期，在某种意义上而言，投资配置类账户在进行资产配置前是非常明确其未来一段时期内的成本的，其所需要着重考虑的问题主要在于目前的资产收益是否合乎其盈利要求或预期，而交易类账户的成本和收益均相对不确定。

可以举一个较为极端的例子。假如某一投资账户的成本定价模式是以上年度银行间市场 1 年期国债的平均利率作为成本，在利率曲线保持正向的情况下（非长短倒挂），投资者只要保证投资标的的期限超过 1 年，其收益都可以超越成本，录得正收益。但是从长期来看，其必须要考虑，长久期资产是要延续到下一考核年度的，因此要尽量保证目前所持有的金融资产在明年的票息收入（这个是固定明确的）要超越明年的成本（即今年 1 年期国债的平均利率）。

假设，2010 年 1 年期国债的平均利率为 2%，在 2011 年投资者可以买入 3 年期国债持有，票息为3%，在2011年度投资者必然取得正回报。其风险在于，假如2011年的利率不断上行，导致2011年全年的1年期国债利率的平均水平达到3.5%，如此一来，将会造成在2012年度中，投资者原先所持有的3年期国债（票息依然为3%）的收益达不到2012年的成本要求（即2011年1年期国债利率的平均水平——3.50%），造成未来亏损。

因此，理性的投资者必须要判断2011年度事关资金成本的利率标的的上行幅度（这将形成2012年的投资成本），尽可能理性的安排长久期品种的投资计划。

第二节　两类账户的考核要求不同

从考核角度而言，商业银行交易账户的目标较为单纯，即追求绝对收益。无论整体市场指数是上涨还是下跌，交易账户的追求都是绝对收益为正，并且越大越好。

相比而言，投资配置账户的约束要求比较复杂。以商业银行为例，对于新年度投资配置的要求有两项：一是对于新增投资规模的要求；二是对于投资收益率的要求。

商业银行的投资配置行为具有消化银行体系流动性的目的，因此在很大程度上商业银行对完成投资规模的约束性甚至要强于其对收益率的要求，因为规模的实现在很大程度上具有主动可实现性的，而收益的要求在很大程度上要依赖于整体市场的环境因素，商业银行作为投资主体无法完全把握。可以说，商业银行的投资配置行为很可能会出现收益率不达标的情况，但很难出现配置规模不达标的情况。

正是因为商业银行投资配置的上述约束，因此对于投资配置资金而言，基本不存在债券市场“做空”的行为，无论其对于债券市场的整体看法如何，在其行为中主要体现为如下两个选择：一是配置节奏的问题（前快后慢、前慢后快还是匀速配置）；二是配置的结构问题（侧重于拉长久期还是缩短久期）。

当投资配置主体预期全年利率上行，债券市场处于熊市状态下时，其行为选择是采取前慢后快的配置策略，并且在结构选择上侧重于配置短期品种，缩短组合久期；当投资配置主体预期全年利率下行，债券市场处于牛市状态时，其行为选择应该是采取前快后慢的配置节奏，并且在结构选择上侧重于加大长期品种的配置，适当拉长组合久期；而当投资配置主体对于全年利率走向预期不明的背景下，往往采用匀速配置的策略较为稳妥可靠。

但是需要说明的是，在预期利率上行的背景下，对于利率上行幅度的预判也是决定投资配置行为的一个重要考量方面。由于投资配置的收益考核主要依赖于债券的票息收益（或买入收益率），其配置市场主要集中在一级发行市场，而发行市场的债券供应又并非时时存在（比如10年期国债的发行频率大约是2个月一只），因此投资配置主体在利率上行的大背景下，必须要对其等待成本的大小进行衡量（比如，如果在一定时期内，利率上行的幅度微小，不足以弥补其等待时期内所损失的票息收益，则这种配置节奏的放慢是没有什么意义的）。

在此，以2009年的市场行为做举例说明。2009年年初债券市场的情况是利率开始上行，利率曲线整体陡度很大（短期利率受制于宽松货币政策，维持低位，长期利率则在经济复苏的背景下，开始上行），整体利率曲线的绝对水平处于历史偏低状态。在这种背景下，投资配置主体对于利率上行的方向是较为确定的，但是对于利率上行的幅度以及时点是不确定的。

这种情况就比较类似于前面所提及的状况，整体债券市场看空，但是由于不确定利率上行的幅度，做空的行为未必是最优的。

首先受制于“完成投资规模”的硬约束，投资配置主体在配置节奏上理性的应该选择匀速配置方式（即将全年的到期规模与新增规模的合计数平均的分配到每个月份）。

在投资配置节奏的选择上则需要相应的考虑收益问题，首先在整体利率环境看涨的背景下，配置行为需要要考虑到未来利率上行可能会出现再投资收益更高的背景，这就必然要求机构手中必须持有相应规模的储备现金，而为了保证全部投资收益达标的目标，新增投资规模中又不能完全规避长期债券，因此综合考虑采取“3个月票据+10年期国债”的组合配置策略是不错的。

3个月期品种的配置一方面可以满足投资规模的要求，另外其还兼具了现金储备的职能，在年度内，3个月品种的年内到期将提供再投资资金，假如那时候，长期利率能顺利走高，再投资获得高收益的目的将得以体现。而10年期国债作为长期品种，之所以被选择，主要是考虑到在陡峭化的利率曲线上，长期品种能够提供高收益。

因此，在2009年度中，采取“3个月品种+10年期品种”的组合配置结构是一种相对最优的选择，这不仅在即时上满足了收益要求，而且在整体利率看涨的背景下考虑了再投资问题。

总体而言，在进行投资配置策略制定中，有如下几个问题一定要有一个明确的判断（这种判断也许未必正确，但是一定要有）：

1. 当前利率曲线的形态如何：主要指陡峭化程度以及绝对水平的高低。

2. 未来整体利率的走向如何：主要指变动方向和变动幅度的预判。

上述两个问题的判断有助于投资配置机构决定配置节奏和配置结构。由于目前的利率市场已经累计了近10年的数据，对于问题1的解决相对是较为容易的，如图6-2-1所示。

关键的难点将主要集中在对问题2的预判上，而这个预判的准确度如何则要依赖于对整体宏观经济基本面的判断上。

如果配置机构对于整体宏观经济基本面因素预期不明确，则更为简洁一些的操作方式可以是机械的参考历史上长短期利率的相对位置，只要长期利率步入了高位区间（可以参考前面高、中、低利率区间的划分），即可以适当的拉长久期进行强化配置。

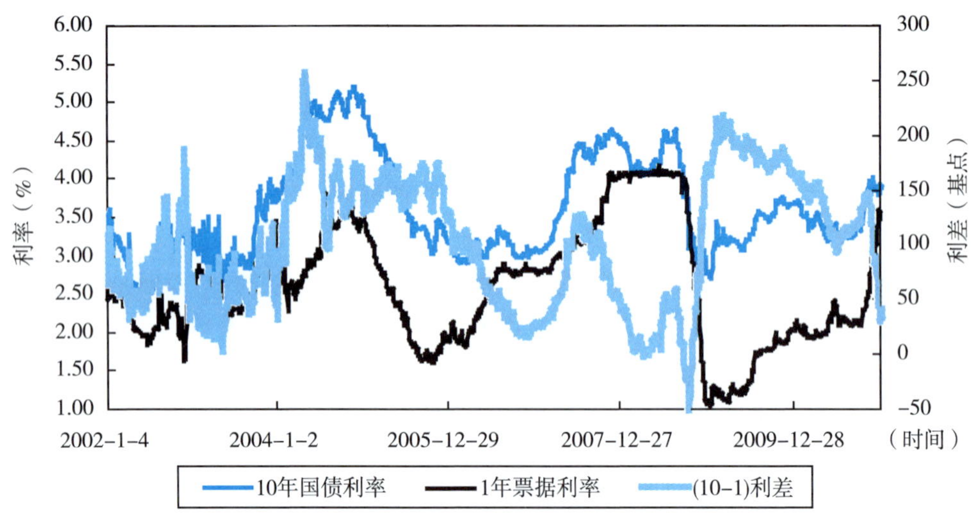

图6-2-1 长短期利率历史变化一览

资料来源：参照CDC数据，www.chinabond.com.cn。

另外在投资配置中，一个需要考虑的问题是流动性问题，由于投资配置类资金的主要操作场所是一级发行市场，而各类债券的发行节奏又非连贯，因此在配置资产过程中，必须要考虑流动性问题。从目前我国债券市场的发行情况来看，中央银行票据的发行节奏是有非常有规律的，而国债发行也是非常有规律的，因此对于上述品种的配置节奏预期是较为明确的，而其他类型债券的发行计划并不透明，在节奏上无法准确把握，所以从大方向来看，对于投资配置结构的选择上应该是以公开市场品种以及基准国债为主要参考内容。

读者在阅读本部分内容中很容易联想到债券投资组合策略的内容，比如，子弹形组合、哑铃形组合以及梯子形组合策略，等等，那么在上述论述中的策略与理论上的各类组合策略有什么分别呢？

从理论上看，理论上的各类组合策略实际上体现的是一种情景分析的思路，比如，构建两种组合，分别是1年品种和10年品种所构成的哑铃形组合、5年期品种所构成的子弹形组合，两个组合的综合久期相同，但是凸性存在差异，投资考察期为6个月。

从理论分析来看，可以分别考察在6个月时间内，如果整体收益率曲线呈现平行移动（如上下300个基点）、陡峭化移动（如整体重心上或下移动）以及平坦化移动（如整体重心上或下移动），可以分别计算两类组合的盈亏回报情况。

在经过如上的情景分析后，投资者对于未来利率曲线变化方向和变化形态所造成的结果会有一个直观感受，比如，也许结论是：在利率曲线平行移动，但是利率变化幅度少于100个基点时，子弹组合将优于哑铃组合，当收益率变动幅度超过100个基点时，哑铃组合将强于子弹组合。

读者可以发现，上述理论所探讨的各种组合策略要点主要是情景分析，而且针对

的分析对象是封闭的投资组合池，而在现实中，投资配置账户的组合是动态的，存在不断到期再投资的情况，也存在新增资金配置的情况。因此，在现实中（比如上述的“3M 票据 +10Y 国债”组合举例），组合配置的思路并不单纯局限在比较收益上的谁优谁劣，还有一个更为重要的考察要点，就是根据对未来利率方向变化的预期，在考虑当期收益的同时要考虑未来的再投资风险（包括滚动到期资金和新增资金）。可以说，3M 品种在此种组合中主要提供的提供未来流动性、保证再投资的“类现金”作用。

另外需要说明的是，由于各类投资配置机构在长期的运作中都积累了大量的原有组合，因此每类机构都存在水平不等的综合久期，在每个新的投资时期，各个机构基本都会参照原有组合的久期水平来动态调整，但是幅度不会很大（因为原有组合的规模要远远大于新增规模）。

第三节 两类行为的分析逻辑有所差异

从另一个角度来看，交易行为和投资行为的差异可以用如下传导链条来理解。首先需要明确的是从宏观经济基本面发生变化开始，效应传递到金融市场行为中，有一个中间的缓释环节，即市场预期。即形成如下一个传导链条：

经济基本面实际情况→市场预期→金融市场行为

“市场预期”环节的存在在多数情况下是平滑金融市场波动的，但是在某些情况下，比如，经济基本面实际运行情况差异于市场预期时，该环节的存在是会放大市场波动的。

交易行为在这个传导链条中，应该非常关注市场预期与经济基本面实际情况是否存在显著差异。当敏锐地感觉到这种差异时，其出击要点则是利用市场波动而谋利，因此充分了解市场情绪、把握市场预期焦点是交易类资金的重要关注点。

相对而言，投资行为对于实际水平与预期水平差异的关注度应有所弱化，其更关注的是经济基本面实际情况向金融市场的直接传导过程，虽然在战术上可以利用预期差异这个现象，从战略上更注重于实际情况的变化，因为只有实际情况的变化才能成就趋势性方向，而预期差异只能形成波动，难以形成明确的趋势性。

第三章

论左侧操作和右侧操作

在债券市场交易或投资中，介入市场或退出市场的时点是一个很重要的因素，针对于时点选择的不同，在操作模式上也往往有“左侧”和“右侧”之分。

所谓“左侧”操作是指在一个趋势的拐点还没有出现的时期，就进行操作。比如，在利率上涨过程，但是预期未来会下行，但是下行拐点还没有显现前，就介入市场的行为；反之，在利率下行过程，上行拐点还没有出现之前，就退出市场的行为。

所谓“右侧”操作是指在一个趋势的拐点已经出现后，进行操作。比如，在利率上涨趋势结束，掉头向下的态势已经显著后，介入市场的行为；反之，在利率下行趋势结束后，上行态势已经显著的背景下，退出市场的行为。

对于上述两类操作模式，风险承受能力不同、资金规模不同、研究水平不同的机构有不同的选择。

对于大型投资配置类机构而言，由于其需求巨大，往往难以进行“右侧”操作模式。在一个利率上涨环境中，其往往应该根据利率水平的变化，采取“倒金字塔”进入的模式，即伴随利率的不断提高，其配置介入的力度应该不断加大。当然这一操作模式成功与否的关键在于投资者对于未来利率上行幅度、债券市场的价值判断要有一个理性的预期。

对于交易类机构而言，上述操作模式伴随市场的不断变化发展，存在着一定的挑战。当市场价格对于各类影响因素不敏感，调整相对滞后的情况下，所谓的“右侧”操作具有一定的可用空间，但是实现这种操作的一个前提条件是价格成交较为连续。但是当市场价格的敏感度提高后，面对改变市场趋势的因素，市场价格往往是以“跳空”的形式出现的，即在很多情况下，债券交易机会的出现都是一蹴而就的，这就给希望采取“右侧”交易的机构增加了很大的困难。因此，在市场灵敏度提高的背景下，交易投机类资金原有的、相对风险度较小的“右侧”交易模式受到很大的挑战。

对于交易类资金而言，“右侧”交易模式除去上述所提到的价格反应剧烈带来的困难外，还有一个更为根本的制约因素，即为对趋势变化的判断是否准确。比如，当一个利率上行趋势出现了拐点后，很难去判断这个拐点是否具有转变趋势的意义，在缺乏基本面支撑的背景下，一些所谓的“拐点”也许只是昙花一现，难以具有改变趋势的意义。因此，所谓的“右侧”交易必须要以实际的经济基本面因素改变为基础，单纯凭借市场表象或感觉操作，本质上是无异于赌博的。

因此传统意义上所提及的“左侧投资、右侧交易”的模式值得商榷，特别是对于后者而言。伴随市场反应的敏感度不断提高，交易操作机构必须要结合自身承受风险的能力，对交易策略进行优化。一个可供参考的模式，笔者倾向于将此描述为“谨慎性左侧交易”模式。

在一个政策紧缩但是经济基本面因素改善的环境中，在战略性看多债券市场的同时，要在战术上做出谨慎性预防策略，即在利率波动的情景分析中要考虑到一旦政策变化所可能引发的利率不利波动，防止出现被迫止损的局面产生。

在现实市场中，往往会出现这样的局面，伴随 CPI 从高位缓步回落，长期利率从趋势上看应该步入一个下降期。但是在此过程中，不排除有加息等紧缩性政策出台的情况，那么交易者应该要对每次紧缩政策出台后可能造成的利率方向不利变动的幅度做出理性预期，在趋势性做多的前提下，要兼顾短暂冲击的风险。这时候，交易者必须要对历史上每次紧缩政策冲击所造成的市场波动的幅度和时间有一个大致判断，以史为鉴，对于未来可能发生的这种政策性冲击（非长期性）进行风险度量安排。

在此所提到的谨慎性的意义就是要高度重视止损等风险性指标的硬性约束，因为市场往往会出现一些非理性的波动，即便你的市场判断逻辑是正确的，但是也一样可能会出现这种状况：市场在将你消灭后再证明你逻辑的正确性，而这种消灭你的力量则往往来自于预期外、甚至非理性的短暂冲击。

第四章

谈谈政策面因素对债券市场的影响

读者可能已经发现，本书通篇内容是将债券分析归结到三个主要层面的，即经济基本面、政策面以及资金面。而在这三者之间，笔者最为强调的则是经济基本面问题。

在现实的市场分析中，笔者认为是存在两个倾向：一是以政策面因素为导向，其中心思想是认为政策面的基调将决定利率的趋势；二是以经济基本面因素为导向。笔者赞同后者观点。

首先，政策面因素是基本面因素的滞后反映，而金融市场应该是基本面变化的同步指标。任何一个宏观管理者都是在观察到经济基本面因素变化后才着手制定或改变政策面导向的，从这点来看，政策面因素的变化必然要滞后于经济基本面因素的变化。一些政策预先调控、走在实际情况变化之前的说法，应该只存在于理论中，难以出现在现实中。从这点来看，市场投资者和宏观管理者对于经济基本面的信号在接受频率、接受时点上不具有时滞性差异，差异可能仅在于理解水平上。

在现实中，很容易出现这样的情况，经济基本面的易变将导致政策滞后性明显，特别是2008年以来，当中国债券市场由原先的单因素（通货膨胀因素）驱动转变为双因素（通货膨胀+经济增长）驱动后，经济基本面的易变性明显增强，而政策面因素的变化往往更为滞后，这也决定了金融市场的变化是跟随经济基本面因素，而非政策面因素的。

其次，具体到我国实际情况来看，影响利率市场的主要政策面因素是货币政策，而我国的货币政策形成机制和成熟国家存在明显差异。例如，美联储的利率决策会议是定期召开的，市场将自发的在固定会议召开前调整预期，而不担心中途出现预期外的变化，但是中国货币政策变化往往带有“出其不意”的效果，因此市场在把握政策变化的时点和节奏上往往带有盲目性，所以过多的将侧重点集中在政策面因素变化上，难度不可估量。相对而言，笔者个人认为，对于基本面因素变化把握的难度要明显小于对政策面因

素把握的难度。

总体来看，笔者认为市场分析的重点更应该倾向于对经济基本面问题的深入研究，而不是寄托于对政策面因素的猜测。

第五章

谈谈市场研究与分析的作用

关注国内债券市场的读者可能有一个基本观察，2008～2010 年期间，每年度初期市场研究机构对于该年度债券市场的基本形式都有一个预判，从实际运行的结果来看，毫无例外，3 年的年初主流预期与后面的市场实际运行状况基本是完全反向的。那么如何来理解这种现象呢？

首先需要说明的是，2008～2010 年这 3 年时期恰好是我国债券市场受到双因素（通货膨胀＋经济增长）共同驱动的时期，经济基本面情况多变，也导致了市场关注焦点的多变性，从研究分析角度来看，分析人员对这 3 年市场状况把握的难度确实在增加。

但是上述原因不是笔者在此论述的要点，在不考虑了这 3 年的经济环境特殊性的背景下，读者一样会发现针对金融市场的研究分析与实际情况经常会出现背离的状况，最为常见的两种现象是：一是预期的结论和后期实际运行情况背离；二是预期的结果虽然和实际结果一致，但是推导逻辑不对。

产生这种现象的主要原因除去研究分析能力与水平因素外，还有一个非常重要的因素，即市场往往依赖于“超预期因素”来产生波动。

当分析人员对于未来一段时期内的金融市场方向进行判断时，首先是要了解市场当前的关注焦点是什么（例如，通货膨胀因素），然后在一系列数据、模型等测算前提下，对于未来一段时期内该焦点的变化方向做出判断，进而根据基本面判断进行策略的选择。在这一分析预判框架下，前半段工作是难度最大的。之所以常常会出现预测结果与实际结果相背离的情况，问题往往出现在前期工作上，在上述分析链条中，有如下几个环节容易出现问题：

1. 对于当前市场关注焦点的把握是否准确。

2. 在对焦点因素进行未来预判过程中，任何一个分析机构毫无例外都要采用“以史为鉴”的思路，因此未来一段时期的变化是否能够重复历史，是一个关键性的问题。

3. 在预测期内，市场的关注焦点是否会发生明显的转换（例如，2010

年年初期市场关注焦点集中在通货膨胀问题上，但是很快在第一季度末期，市场关注焦点转移到了经济增长问题上）。

一般情况下，分析研究人员在实际测算技术与策略选择上不会出现什么问题，重要错误的产生一般是出现在上述三个问题上的。

上述三个环节是容易出现“超预期现象”的，特别是后两者。

一者，历史的状况能否在当前乃至未来重演，是一个不确定的问题。比如，在利用“翘尾因素 + 新涨价因素”合成未来年度 CPI 的测算中，在多数年份，预期的趋势和实际趋势保持相对一致，但是 2007 年是个例外，就是因为历史中 CPI 新涨价因素的惯性变动没有在 2007 年出现，导致预期与实际相背离。这就是超预期的因素（物价变动的季节性变化规律出现预期外变动）导致的错误。

针对这种超预期因素的变化，分析人员必须要采用高频数据随时跟踪的方式来甄别异常因素的产生，以期待在异常初露端倪期就有所警觉，以便及时修正预期（例如，仔细观察 CPI 环比变化的方向与幅度，及时察觉物价变动是否会出现逆周期现象，更为精细的机构可以做到对数据的每周、每旬的跟踪与比较）。

二者，市场关注焦点的转化是另一个容易产生超预期因素的领域。目前总体来看，决定债券市场大势的主导因素有三者，分别为通货膨胀因素（CPI 为代表性指标）、经济增长因素（工业增加值为代表性指标）以及国际因素（美元为代表性指标），主导市场焦点的大类因素无外乎上述三者。如此看来，规避该环节出现错误的方法只有更为全面的关注各类因素，不能只关注当前市场的焦点，而忽视了其他因素，因为近些年的实践显示，基本面转换焦点的变化往往是非常迅速的，因此以上述三者为核心，建立一个完整全面的观察系统是非常必要的。

总体来看，对于市场分析中经常出现的“超预期”现象，在现实中是无法完全规避的，只能尽量减少其发生，因此分析逻辑与结论是需要随时进行跟踪修正的，这种修正并不说明原有分析的质量不高，但是高水平的研究分析人员是要随时跟踪、修正或强化原有判断的。

那么，债券市场分析研究报告的价值和看点究竟何在呢？笔者个人理解，首先报告能够揭示出目前阶段市场的关注焦点何在，这个焦点是在一定时期内驱动市场波动的主要动力。再者，根据共同的焦点关注，不同的市场分析者具有不同的分析框架和分析逻辑，得出不同的分析结论。应该说该环节是最容易产生分歧的地方，也是需要阅读者和撰写者认真把握的地方。最后，针对不同的焦点分析结论，提出相应的操作策略，在历史数据积累和归纳的前提下，这个环节出现错误的概率不大。

总体来看，在一份完整研究报告的上述三个环节中，第一和第二环节是最容易出现错误的，尤其是第二个。第二环节的错误会导致操作策略出现“阶段性”错误，但是只要分析者能迅速纠偏，则这种策略错误是短期的，也是技术性的失误，不颠覆全部的分析框架。第一个环节的错误则是属于全局性质的，会导致策略上的方向性错误，这样则需要打破原有所有的分析框架。

作为分析研究人员，所期待的是市场的实际运行情况符合预期的轨道，但是作为市场操作者，特别是交易投机类资金更希望的则是主流预期被打破或被逆转，因为只有这样的“超预期”才能够提供市场的波动，产生盈利的机会。

因此，总的来说，市场研究与分析提供的就是这样一个平台，在这个平台上产生主流预期，当实际情况和主流预期相吻合的时候，研究报告会给投资配置类资金提供重要支撑，当实际情况打破主流预期的时候，研究报告的价值则体现于为交易投机类资金提供波动操作的机遇。这也许就体现了市场操作机构对于研究分析报告的矛盾心态：缺少不了，但又“爱”不起来。

参考文献

1. 王松奇等著：《金融学》，中国金融出版社1997年版。

2. 刘敖：《国外货币金融学说》，中国展望出版社1989年版。

3. 胡海鸥等著：《当代货币金融理论》，复旦大学出版社2000年版。

4. 中华人民共和国国家统计局编：《中国主要统计指标诠释》，中国统计出版社2010年版。

5. 丁圣元著：《国债投资指要》，企业管理出版社2002年版。

6. ［美］弗兰克·J·法博齐著，骆玉鼎、高玉泽等译：《债券组合管理》，上海财经大学出版社2004年版。

7. 中央国债登记结算有限公司编：《债券市场实务研究文集》，中国市场出版社2008年版。

8. ［美］法博齐编著，任若恩，李焰等译：《固定收益证券手册》（第六版），中国人民大学出版社2005年版。

9. 中国人民银行编：各季度《中国货币政策执行报告》，中国人民银行网站。

10. 刘锡良、戴根有著：《宏观经济与货币政策》，中国金融出版社2001年版。

11. 周正庆著：《中国货币政策研究》，中国经济出版社1993年版。

12. 孟建华著：《中国货币政策的选择与发展》，中国金融出版社2006年版。